转型跨越的积极探索

——2013年度山西省优秀调研成果选

本书编辑组

ZHUANXINGKUAYUE DE JIJITANSUO

山西出版传媒集团

山西人民出版社

图书在版编目（CIP）数据

转型跨越的积极探索：2013年度山西省优秀调研成果选／本书
编写组编．—太原：山西人民出版社，2014.3
ISBN 978 - 7 - 203 - 08476 - 1

Ⅰ.①转… Ⅱ.①山… Ⅲ.①区域经济发展 - 研究报告 - 山西省
②社会发展 - 研究报告 - 山西省 Ⅳ.① F 127.25

中国版本图书馆 CIP 数据核字（2014）第 044053 号

转型跨越的积极探索：2013年度山西省优秀调研成果选

编　　者：本书编写组
责任编辑：侯浩天
装帧设计：王聚金

出 版 者：山西出版传媒集团·山西人民出版社
地　　址：太原市建设南路21号
邮　　编：030012
发行营销：0351 - 4922220　4955996　4956039
　　　　　0351 - 4922127（传真）　4956038（邮购）
E - mail：sxskcb@163.com　发行部
　　　　　sxskcb@126.com　总编室
网　　址：www. sxskcb. com

经 销 者：山西出版传媒集团·山西人民出版社
承 印 者：山西出版传媒集团·山西新华印业有限公司

开　　本：787mm×1092mm　　1/16
印　　张：28.5
字　　数：490 千字
印　　数：1 - 2 000 册
版　　次：2014 年 3 月第 1 版
印　　次：2014 年 3 月第 1 次印刷
书　　号：ISBN 978 - 7 - 203 - 08476 - 1
定　　价：78.00 元

如有印装质量问题请与本社联系调换

目　录

市县篇

目录

企业篇

前　言

　　调查研究是党的优良传统和基本工作方法，也是提高党的领导水平和执政水平的重要环节。习近平总书记强调指出，要把调查研究"贯彻于决策全过程"，坚持从群众中来、到群众中去，广泛听取群众意见，尤其对群众"最盼、最急、最忧、最怨"的问题更要抓住不放，主动调研。近年来，山西省委、省政府坚持把开展调查研究作为成事之基、谋事之道，紧紧与推进转型跨越发展结合起来，围绕战略性、全局性工作，确定重点调研课题，由相关领导领题展开调研，深入研究事关山西长远发展和人民福祉的紧迫性问题，并及时转化为我省深化转型发展、全面建成小康的重大决策部署。全省各地、各部门、各单位大兴调查研究之风，形成了一大批高质量的调研成果，为促进科学决策、民主决策提供了智力支持。

　　按照《关于组织编纂〈山西省优秀调研成果选〉的通知》（晋研发〔2013〕10号）要求，《转型跨越的积极探索——2013年度山西省优秀调研成果选》征稿以来，各地、各部门、各单位组织推荐上报了500余篇集体或个人调研成果，经认真筛选，从中精选出66篇。可以说，这些调研成果选题准、内容全、质量高，具有一定的理论性、针对性和可操作性，许多成果已转化为各级党委、政府的决策部署，为推进经济社会发展发挥了积极作用。需要说明的是，我省2013年的优秀调研成果丰硕，既有省领导领题调研成果、也有专家学者研究的成果，都是上乘之作，非常优秀。但考虑到大都已结集出版，故本书未予选入。本书选编重点以省直、市县（区）或企事业单位为主，由于编者水平有限，挂一漏万、值得商榷和不妥之处肯定不少，希望各级领导、专家学者及广大读者提出宝贵意见,以便今后选编新书时为鉴。

党的十八届三中全会的召开,为我省全面深化改革加快转型跨越发展带来了新的历史机遇,深入基层、深入一线、深入群众,加强调查研究工作显得愈发重要和日益紧迫。希望本书的出版,能为广大党员干部,尤其是各级领导干部提供有益启示和借鉴,并以此推动更好地贯彻群众路线,大兴调查研究之风,不断提高决策的科学化水平。

编 者

2014 年 1 月

省直篇

"庸懒散奢"问题专题调研

山西省纪委监察厅党风室

党的十八大和中央纪委二次全会明确指出,要着力整治庸懒散奢等不良风气。省纪委十届三次全会对深入开展整治庸懒散奢专项行动进行了部署。2013 年 3 月 4 日至 3 月 15 日,省纪委监察厅组织了督查调研组,分赴 11 个市和 55 个省直各厅局,采取走访基层、实地考察、召开座谈会、问卷调查等方法,对"庸懒散奢"等问题的表现形式、形成原因、对策建议进行了专题调研。

一、"庸懒散奢"问题的表现形式

通过调研了解,干部群众对"庸懒散奢"的基本认识是:"庸"就是政治立场中庸,工作业绩平庸,私生活腐庸;"懒"就是遇事不动脑筋,工作不主动,懒政怠政;"散"就是不遵守纪律,不按规定办事,自由散漫;"奢"就是讲排场、比阔气、贪图享乐、奢侈浪费。在近年来连续开展的作风纪律整顿过程中,大家对"庸懒散奢"问题总结出 5 个特点:一是有普遍性。既表现在党员干部思想境界上,又表现在学风、文风、会风、工作作风、生活作风和决策、落实等行为方式上;既有领导干部,又有普通职工;既表现在所谓的"实权部门",也表现在"清水衙门"。二是有隐蔽性。"庸、懒"问题不刺目,容易被人忽视,甚至被认为与世无争,淡泊超脱,不像违反工作纪律、"吃拿卡要"问题直观、明显、具体。三是有反复性。"庸懒散奢"与世界观密切相关,不解决思想问题,往往"抓一抓就有成效,放一放就会反弹"。四是举报较少。群众对"庸懒散奢"司空见惯、见怪不怪,很少主动向有关部门投诉反应。五是与"一把手"关联度高。"庸懒散奢"问题与各级主要领导的作风有很大关系,主要领导作风正派、率先垂范,该地区该单位的"庸懒散奢"问题就不明显。

在这次调研中干部群众反映比较强烈的"庸懒散奢"问题,总结归纳起来有 9 个方面：

1. 政治纪律不严肃、执行力差。一些地方、部门和党员领导干部以本位主义取代大局意识，以实用主义对待上级精神，对上级决策和部署合意的就执行，不合意的就消极应付，搞"上有政策、下有对策"，有令不行、有禁不止，甚至在贯彻执行上级决策部署上打折扣、做选择、搞变通。

2. 政治生活庸俗、是非不分。一些党员干部不遵守民主集中制原则，独断专行，大事不研究、小事不沟通；一些党员干部立场不坚定、原则性不强，是非对错不分，好人主义严重，跑风漏气，甚至拿原则做交易、用权力谋私利，对不正之风不敢抓、不想抓、不愿抓；一些领导班子成员之间奉迎讨好、拉帮结派，明争暗斗，谋人谋官不谋事，正职一团和气，副职疏于担当，甚至讲无原则的"团结"，搞无意义的内耗，闹无原则的纠风。

3. 特权思想严重、服务意识差。只讲待遇、不讲奉献，特权思想严重，个人、团体利益至上，尤其是一些党员干部只要"位置"好，不要工作好，跑官要官，买官卖官，"官本位"意识明显，服务意识淡薄，尤其是一些执纪执法部门不主动执行规定，只约束别人，不约束自己。

4. 学风不正、能力不高。一些党员干部不学习理论，不钻研业务，不创新思维，政策理论素养不高，机械、生硬地开展工作，在复杂问题和急难险重任务面前束手无策，对群众疾苦漠然置之，居高临下、发号施令，态度生硬、方法简单。尤其突出的问题是领导干部不愿做表率，中层干部不愿攻坚克难，一般干部混日子。

5. 办事拖拉、效率低下。一些党员干部责任心、事业心不强，缺乏爱岗敬业、勇于担当的精神，工作中拈轻怕重，推事避责。特别明显的是领导干部缺乏主动的科学谋划和决断，中层干部缺乏主动完成工作任务的积极性，一般干部以各种理由应付工作部署，消极怠工，办事拖拉，效率低下。对工作中发现的苗头性、倾向性问题和群众反映强烈的问题，不调查、不研究、不动脑筋、不想办法，导致问题长期得不到解决。

6. 文山会海、形式主义。一些领导干部不注重解决问题的实效性，把开会、发文作为履职、推卸责任的主要手段，中基层干部疲于应付。突出表现为：会议多、会期长；文件多、篇幅长；讲话虚、时间长；会纪差、顶替多；重形式、轻效果。

7. 不遵守工作纪律、自由散漫。一些党员干部和国家工作人员无视党纪政纪和有关规章制度，在编不在岗，上班迟到早退，工作期间擅自离岗；在岗不出力，工作时间上网聊天、购物、玩游戏、炒股票等，干与工作无关的事。

8. 不作为、慢作为、乱作为。一些有审批和执法职能的部门、窗口单位工作人员不认真履职,该公开的信息不及时公开,应受理的事项不及时受理,应告知的事项不一次告知,对前来办事的企业和群众漫不经心、语气生硬、态度傲慢,门难进、脸难看、话难听、事难办,甚至利用职权和职务便利"吃拿卡要"、牟取私利。

9. 享乐主义、奢靡之风蔓延。一些党员干部不遵守财经纪律,奢侈浪费严重,突出表现在:用公款大吃大喝,盲目攀比,超标准接待,超规格开会、办庆典,送高档礼品,大搞形象工程;一些党员干部超标准购置公务车,公车私用,豪华装修办公室和公务车、公款旅游;一些党员干部大操大办婚丧、生日、乔迁等事宜,甚至一些地方的党员干部借传统民俗,搞名目繁多的"红白"事宜,借机敛财。

二、"庸懒散奢"问题的形成原因

"庸懒散奢"问题的成因是多方面的,既有主观的,又有客观的;既有制度机制本身的缺陷,又有制度执行不彻底的问题。深入分析,主要是以下五个方面。

1. 理想信念动摇、思想道德滑坡。一些党员干部理想信念动摇,思想道德约束感和现实责任感不同程度地降低,价值取向扭曲,倾向于实用化、功利化,滋生了拜金主义、享乐主义,进而演化为工作中的"庸懒散奢"。同时,教育方式落后,干部教育缺乏针对性疏导、真心交谈与帮助,尤其对处在迷茫中的干部,了解不及时,指导和帮助不及时,导致其思想长期处在浑浑噩噩之中。

2. 特权思想严重,群众观念淡薄。一些党员干部对人民赋予的权力看作是对自己长期奋斗的"回报",或者是上级对自己的"奖赏",奉行"有权不用、过期作废",大肆利用手中的权力为个人或者小团体谋利益,讲排场、比阔气、搞特权,在群众面前摆"威风"、瞎指挥,在领导面前显"本事",大搞形象工程、政绩工程,从来没有认真想过群众需要什么,对群众的冷暖疾苦漠不关心,对群众的诉求置之不理,业务荒废,纪律松弛,导致"庸懒散奢"作风蔓延。

3. 制度缺乏刚性、执行制度不力。一方面,许多制度顶层设计过于原则宽泛,缺乏刚性和约束力,给执行制度者提供了选择、变通、打折扣的机会,削弱了制度的严肃性;另一方面,职责不明确,怕丑护短,制度执行不力、执行不到位,失职不追究,渎职不处理,助长了"庸懒散奢"行为。

4. 岗位设置不科学、任务不匹配。一些单位或部门工作任务多,编制少、人员少,有活没人干;一些单位或部门工作任务少,编制多、人员多,有人没活干;一些领导干部利用职权将自己的儿女和亲戚安排到事业单位或效益好的国有企业中,这部分人大都不学无术,娇生惯养,在单位摆架子、说假话、干破坏工作环境的事;还有些单位的人员占编制领工资、长期不上班、"吃空饷",滋长了"庸懒散奢"问题。

5.奖惩制度不落实、干部的选任、进退深层次问题还未有效解决。目前,奖惩制度的不落实,导致党政机关仍然存在"干多干少一样,干和不干一样,干好干坏一样"的问题,有些工作人员只要在编在岗,即使工作平庸、懒政怠政、纪律松散,也不会少一分钱;有些工作人员每天加班加点,工作积极、业绩突出,也不会多一分钱。加之,领导干部能上不能下,公职人员能进不能出,能者上、平者让、庸者下的问题,没有从根本上得到解决,还未形成科学、有效、正常的管理机制,挫伤了许多人干事创业的积极性。

三、整治"庸懒散奢"问题的对策建议

开展"庸懒散奢"问题专项整治,不仅是作风建设的实际需要,更是巩固党的执政地位、提高党的执政能力的必然选择。我省从2010年开始的纪律作风整顿活动,每年一个主题,取得了良好的效果,建议今年把开展"庸懒散奢"专项治理作为纪律作风整顿活动的延续。整治"庸懒散奢"专项工作,一定要把贯彻落实中央"八项规定"和省委四个《实施办法》结合起来,运用前三年作风纪律整顿结中创造的好做法、好经验、好制度,推进整改工作;一定要把对全体干部的学习教育和对重点人员的惩处结合起来,惩防并举、疏堵结合,促进整改工作;一定要把"重点抓"和"抓重点"与"领导抓"和"抓领导"结合起来,充分发挥领导的表率作用,提高整改效率;一定要把阶段性专项治理和迅速形成高压态势与长效机制建设和形成常态化管理结合起来,做到远近结合,常抓不懈、防止反弹,确保整改实效。整治"庸懒散奢"问题,要结合实际,有什么问题就解决什么问题,什么问题突出就抓什么问题,全省每年确定重点问题,各市各单位结合全省工作部署确定本地区本单位的突出问题,制定整治方案,集中精力加以解决。在专项整治中,要加强以下六个方面的工作:

1.加强理想信念和思想道德教育。加强宣传教育,引导和鼓励各种媒体大力宣传社会主义核心价值体系、中国特色社会主义理论体系和山西精神,加强形势教育、示范教育、警示教育、艰苦奋斗教育、宗旨教育和党章党纪教育,认真解决一些党员干部存在的等待观望、"避风头"等错误认识。要加强正、反两方面的宣传教育,用身边人、身边事感染、警示广大党员干部,增强党员干部整改"庸懒散奢"的自觉性和坚定性。同时,要紧密结合以为民、务实、清廉为主要内容的党的群众路线教育实践活动深化教育,增强教育的实效性。

2.增加制度刚性,提高制度执行力。要借鉴吸收现代企业制度的管理经验和实践中行之有效的办法,抓紧修订完善缺乏针对性、操作性的制度,增加制度的刚性。要加

强制度执行的组织领导、宣传教育、监督检查工作,尤其要督促领导干部率先垂范,带头学习制度、带头严格执行制度、带头自觉维护制度。同时,要坚持制度面前没有例外,加大查处违反制度的行为,维护制度的严肃性。

3. 深化体制改革、完善用人机制。要深化管理体制机制和制度改革,对各级各部门的工作任务进行量化,科学定编定岗,解决好"有人没活干、有活没人干"的问题。同时,要加强效能建设,加大绩效考核力度,科学评价工作能力和业绩,奖勤罚懒,激活大家工作的主动性、积极性。要深入研究干部选任、进退机制,既要重用想干事、会干事、能干事、干成事、不出事的干部,又能使干部退出机制顺畅,干部的交流正常、和谐,解决干部能上能下,公职人员能进能出,功劳苦劳合理对待的问题,营造干事创业的良好环境。

4. 加强监督检查、严肃查办案件。采取自查自纠、交叉检查、集中督查、随机抽查、明察暗访、巡视监督、信访受理等多种有效方式,加强对整治"庸懒散奢"工作效果的监督检查。要创新监督检查方式,坚持集中监督检查与日常监督检查相结合、上级检查与自查自纠相结合、传统检查方式与现代科技方法相合,重点检查政治和个人生活庸俗化、工作平庸、懒政怠政、作风漂浮、自由散漫、奢侈浪费等突出问题,对发现的问题,要及时提出对策,指导整改工作。要畅通信访举报渠道,鼓励群众有序参与监督,引导媒体开展舆论监督,发挥电子监察的优势,对发现的顶风违规违纪问题和群众举报的违规违纪问题,要一查到底,绝不姑息。要对典型案件进行通报,做到查处一件,教育一片,以儆效尤,促进党政机关作风转变。

5. 注重调查研究,建立长效机制。要把调查研究贯穿整治"庸懒散奢"工作的全过程,坚持边落实边探索,把握客观规律,善于发现整改中出现的新情况新问题,及时研究破解的对策和办法,适时修正整改工作中不切合实际的做法,以更好地适应改进作风、促进经济社会发展的需要。要认真总结好的经验和做法,对基层创造的有效解决实际问题的做法,认真总结提炼,努力探寻解决问题的普遍规律和办法,提高长效机制建设的生命力、预见性和可操作性,以有效管用的长效机制保障党风政风持久向好。

6. 明确责任主体,加强组织领导。各级各部门党政"一把手"既是专项整治工作的组织领导者,又是第一责任人。要加强组织、协调、领导,使纪检、组织、宣传等部门充分发挥各自职能,形成工作合力。各级纪检监察机关要加强监督检查,严肃查处典型案件,及时总结经验,加强指导。各级各部门要结合实际,突出重点,深入开展自查自纠,切实使本地区本部门的工作作风实现根本好转。

山西组工文化建设的实践与思考

张高宏　胡志国

文化是一种精神现象和观念形态。组织部门作为一个具有特定工作目标、组织体系、活动方式以及纪律规范的政治组织机构,在长期的工作实践中逐步形成了自身特有的组工文化。近年来,山西省委组织部高度重视组工文化建设,积极探索实践,在打造过硬组工干部队伍,推进组织工作科学发展上发挥了重要作用。

一、探索与实践

近年来,山西省各级组织部门结合"保持共产党员先进性教育"、"学习实践科学发展观"、"讲党性、重品行、作表率"、"创先争优"等主题实践活动,在加强党性修养、坚持公道正派、树立学习理念、加强制度建设、倡导团结协作等方面进行了积极探索和实践,以组工文化的全方位发展,提升组工干部整体素质,提高组织工作服务党的建设和中心工作的能力水平。

(一)加强党性修养,引领组工文化的发展方向

李源潮同志强调,组工干部必须做党性最强的干部。这是新时期对组工干部最刚性的要求,也是组工干部最好的人生坐标。加强组工文化建设,必须抓住党性修养这个根本,引导组工干部树立对党忠诚的政治品格。

一是突出理论学习,在学习中培育党性。思想理论素质是组工干部素质的灵魂和基础。加强马克思主义理论武装, 是新时期提高组工干部党性修养的基本途径和方法。全省各级组织部门按照中央领导提出的要真正把组织部门建设成为高举中国特色社会主义伟大旗帜、深入贯彻落实科学发展观的模范部门的要求,坚持用中国特色社会主义理论体系武装组工干部。多年来,省委组织部部务会坚持中心组理论学习制度,通过讲党课、谈体会等形式,带动部机关全员系统地进行政治理论学习。省委组织

部多次对部机关干部和全省组织人事部门领导干部进行了集中培训,邀请党建专家为部机关全体干部作专题辅导。我省运城市委组织部提出树立"政治意识、大局意识、责任意识、服务意识"四种意识,以建设模范部门,打造过硬队伍为目标,先后开展了党性教育、"创见学习型组织部门、争做学习型组工干部"、创先争优等主题实践活动,持续推进"讲、重、作"活动,把社会主义核心价值体系教育融入党员干部队伍建设的各个环节。通过持之以恒的学习教育,使组工干部政治更坚定、思想更纯洁、行为更先进,为各项工作的顺利开展奠定了坚实的基础。

二是增强大局意识,在实践中锤炼党性。自觉服从和服务大局,是组工干部政治成熟、党性坚定的首要标志。省委组织部坚持"时刻胸怀全局,顾全大局,服务大局,维护大局,紧紧围绕大局开展工作"。如 2009 年 1 月,李源潮同志考察山西时提出"科学规划、加快城市化进程"、"努力实现'绿色崛起'"要求后,省委组织部坚决贯彻落实,多次召开专题学习会,组织部机关全体人员听取了省直业务厅局和太原市主要领导关于转变经济发展方式、推进城镇化进程、创新社会管理、建设生态文明山西以及煤炭资源整合与煤矿企业兼并重组等专题讲座。全省领导干部大会召开后,部机关及时传达学习了省委书记袁纯清同志的重要讲话,要求全体组工干部要围绕中心、服务大局,为山西经济社会的发展提供坚强的组织保证。

三是选树先进典型,在激励中增强党性。省委组织部坚持把"讲党性"摆在突出的位置,以先进典型引导人、激励人、感染人。一方面,树立先进集体典型,教育引导组工干部心系大局,服务中心。如近年来,省委组织部在全省范围内通过各地市推荐、部机关与各市综合评选、省委组织部部务会票决等环节,评出了"组织工作服务'三个发展''十大创新项目'",并在全省组织部长会议上予以郑重推介,让全省的组织部门通过学习各地的好做法,来提高服务中心工作能力和水平。另一方面,树立优秀个人典型,教育组工干部保持淡泊名利、清正廉洁的政治品格和职业操守。先后开展向王彦生、李林森、尹中强等先进模范人物学习活动的同时,组织开展了"向身边的优秀组工干部学习"活动。创先争优活动开展以来,全省组织系统加大了对组织系统先进典型的挖掘、表彰和宣传力度,营造组织部门创先争优的良好氛围,增添组工干部创先争优的内生动力。

(二)坚持公道正派,实现组工文化的核心价值

公道正派是组工文化的精神内核和价值核心。我们不断培养和强化公道正派理念,使之内化于组工干部的思想认识,外化为组工干部的自觉行动,成为组织部门良好形象的基本支撑。

一是用高尚的品行体现公道正派。组工干部既要重政治品行，又要重生活品行，要带头实践社会主义核心价值，始终保持高尚的境界和品行。省委常委、组织部长汤涛同志要求部机关全体同志，要在新形势下做到"忠、品、信"。"忠"就是组工干部要忠于党、忠于人民、忠于事业，要倍加珍惜党和人民群众赋予自己的权力和职责，以强烈的事业心和高度的责任感，为工作尽心尽力、忘我奉献，为党和人民的事业鞠躬尽瘁；"品"就是组工干部要保持高尚的品德，要不断提升思想境界，堂堂正正做人，认认真真做事；"信"就是要言必行，行必果，做到立说立行、知行统一，对待组织要忠诚老实，对待同志要热情真诚，处人处事要出以公心，坚持原则，主持正义。全部同志积极实践这一要求，收到很好效果，在广大干部群众中产生了良好的影响。

二是用务实的做法体现公道正派。求真务实是我们党的思想路线的核心内容，也是对组工干部基本要求。我们坚持调研先行，深入基层，问政于民，大力倡导说实话、出实招，办实事、求实效，不做表面文章，努力破解组织工作难题。在"组织部长下基层"活动中，省委组织部结合实际，精心选定热点、难点问题，部务会成员每人一题，集中开展调查研究。如，针对干部考核工作存在的多头考核、程序繁杂、效果不佳等问题，汤涛同志领题对目标责任考核工作进行了深入调研，通过对考核理论的解读和山西省考核工作现状、发展趋势的研判，提出了"建立目标责任考核长效机制"的具体对策。课题坚持考核标准注重科学性，考核办法注意操作性，考核过程力求公正性，考核结果追求真实性，努力做到定标让人明白，考标让人信赖，应用让人服气。通过实践，年度目标责任考核工作已成为山西经济社会发展的方向标和助推器。在省委组织部的带动下，全省各级组织部门的领导干部深入基层开展调查研究，取得了一批重要成果，许多已经转化成为推进工作的实际举措，为山西经济社会发展起到了有力地推动作用。

三是用严格的要求体现公道正派。长期以来，省委组织部要求全体组工干部，要始终把党和人民的利益放在第一位，办事出以公心，慎用手中权力，任何情况下都不能拿党的原则做交易。严格遵守党的政治纪律和组织人事纪律，坚持按原则办事，按政策办事，按制度办事，按程序办事，不以感情代替政策。省委组织部机关认真贯彻组工干部"十严禁"纪律要求，制定并严格执行《进一步从严管理干部的具体措施》、部机关工作人员外出执行公务"八项规定"、部机关工作人员"五个不准"、工作人员保密守则等纪律要求。与此同时，省委组织部倡导组工干部要有良好的生活习惯，参加健康向上的社会活动，教育引导组工干部时刻牢记身份，扮好角色，自警自省，慎处"交友圈"，净化"生活圈"，纯洁"娱乐圈"，以"最讲党性、最重品行、最作表率"的良好形象赢得群众的信赖和社会的尊重,把公道正派体现在日常工作生活的方方面面。

(三)创新学习理念,丰富组工文化的精神内涵

建设学习型政党和学习型组织,为组织部门加强学习提供了良好契机。组工干部坚持把学习当作工作要求、精神追求、生活需求,努力做到精通业务、提高素质、增强能力,进一步丰富组工文化的精神内涵。

一是业务学习求"精"。组织工作具有很强的业务性。一方面,我们通过加强对组工干部业务知识学习培训,培养了一批组织工作的"活字典"、业务通。另一方面,我们努力探索组织工作的规律性认识,着力提高组织工作的科学化水平。如《干部任用条例》、《公务员法》和干部选拔任用工作四项监督制度等重要法律政策出台后,我们通过汇编辅导资料、闭卷测验等形式及时组织组工干部进行学习。党委换届后,我们对新任组织部长全部进行专题培训。面向新进组工干部,举办了"组织部门传统教育"和"公文写作知识讲座",在提高他们的业务能力和写作水平上发挥了重要作用。

二是知识积累求"博"。组织部门带头推行自主选学,进一步加强经济、法律、人力资源管理、城市建设等方面的学习培训。举办组工干部境外培训班,组织全省120余名组工干部分批赴美国、加拿大、澳大利亚等国家,学习人力资源管理先进经验。我们自编了《中国古代选官制度》、《我省经济工作背景知识》等一批学习资料供组工干部参考。组织了网络舆情处置、国防教育等讲座,增进了干部对相关领域的认识和了解。部机关认真征求了每位干部的阅读兴趣,成立了读书小组,定期推荐阅读书目,召开读书心得交流会,形成读书学习、调研思考的良好风气。

三是交流锻炼求"实"。为了全方位提高机关干部的能力素质,省委组织部通过让机关干部参与中心工作增强大局意识,在本职岗位多压担子,下派基层进行锻炼等多种形式,使组工干部在丰富的工作实践中,不断增强解决复杂矛盾能力、组织协调能力和实际工作能力。坚持选派部机关没有基层工作经历的干部有针对性的到基层锻炼。同时,省委组织部制定实施了《关于年轻干部到省委组织部工作锻炼的暂行办法》,每年从基层组织人事部门选择一批优秀年轻干部到部机关进行为期一年的工作锻炼,促使其提高自身素质和业务水平,为基层培养骨干力量。

(四)加强制度建设,规范组工文化的工作行为

文化的作用在于它对人有长期的潜移默化作用,制度的作用在于它的规范性和约束力。我们把制度的规范作用和文化的内化作用紧密结合,逐步形成符合时代要求,体现公道正派的组织工作制度体系,使组工文化融入实际工作中。

一方面,建立健全选人工作制度,规范组织部门用人行为。全省各级组织部门抓住组织工作的关键部位、薄弱环节和制度空白点，研究制定和实施了一系列规章制度。如，对干部群众普遍关注的干部任用问题，以省委名义出台了推荐、考察、酝酿、讨论决定领导干部的四个规定，使关键程序和重点环节规范运行，为解决选人用人中存在的突出问题提供了制度保证，得到了中组部的充分肯定。胡锦涛同志来山西视察时，也肯定了山西的这一做法。另外，在部机关干部的选用、培养、考核和日常管理等方面也作了明确的规定，形成了刚性管理措施。2008 年通过公开选拔的方式从乡镇党委书记中为省直机关选拔了 30 名副处长，其中省委组织部就有 3 名，在社会上引起很大反响。特别是省委组织部机关在全省组织系统率先开展竞争上岗，对处级领导职务全部实行竞争上岗，起到了带头示范作用。

另一方面，修订完善工作规章制度，规范组工干部办事行为。根据形势任务的变化，及时修订了《省委组织部工作规则》、《督查工作暂行规定》等制度，建立健全了各类会议制度、内部管理制度、基层联系点制度。为了加强对部机关干部的监督管理，制定实行了《机关人事工作暂行办法》、《平时考核暂行办法》、《考勤管理办法》、《外出执行公务八项规定》、《机关干部诫勉谈话试行办法》等规定。近年来，通过抓监督管理这一重要环节，坚持教育、监督、管理并重，前移监督关口，对于组工干部在思想政治、履行职责、工作作风、廉政勤政等方面出现苗头性问题时，及时进行谈话，告诫提醒，收到了很好的效果。

（五）倡导团结和谐，营造组工文化的良好环境

良好的环境是先进组工文化发展的土壤，可以使人感受到关怀、尊重、爱护和理解，有助于形成团队合力。我们把提高组工干部主观能动性、激发潜能作为组工文化建设的重要目标，努力营造一种团结和谐、健康向上、充满活力的工作氛围。

一是加强人文关怀。坚持把"尊重人、依靠人、发展人、为了人"的思想贯穿到组织工作的各个环节，每逢春节、"七一"等重大节日，部领导都要安排专门时间与大家座谈联欢，向大家通报工作、征求意见，对遇到困难的同志进行慰问。平时注重加强组工干部心理疏导，关注心理健康，掌握思想动态，倡导和谐理念，引导组工干部以积极向上的态度处理工作和生活上的问题。对干部工作、生活上的实际困难，积极帮助解决，不断增强组工干部队伍的凝聚力和归属感。省委组织部在连续多年被表彰为省直文明和谐单位标兵的基础上，又被省文明委表彰为省级"文明和谐单位"。我省朔州市坚持人文关怀，实施亲情管理，树立人本管理思想，以学习培育人、以活动引导人、以机制激励人、以环境陶冶人、以感情凝聚人，切实把先进文化要素转化为组工干部的内在特质与追求目标，推动了组织工作的不断创新与发展。

二是激发团队活力。我们着眼于培育团结协作精神，积极加强团队意识教育，努力增强组工干部的集体意识、协作意识和大局意识，引导组工干部珍视集体荣誉，维护团队形象。平时积极加强各级组织部门之间、组织部门处室之间的联系交流，对工作中的重点、难点问题开展联合攻关，使大家在思想上合心、行动上合拍、工作上合力。省委组织部坚持组织全体机关干部参加增强协作意识、相信团队力量、强化个体责任的拓展训练活动，从部领导到每一位干部都参与其中，营造了团结和谐的集体氛围，组织部门的凝聚力和团队精神明显增强。

三是丰富文化活动。我们不断创新活动载体，运用生动活泼、丰富多彩、寓教于乐的形式，积极开展文化体育活动，形成严肃紧张、生动活泼的组工文化氛围。省委组织部定期组织文体比赛、座谈联欢等活动，唱响主旋律，弘扬真善美，增进交流，激发干劲。运城市委组织部不断完善干部职工生病祝愿慰问探望、生日关怀等制度，为组工干部心理"减压"，为潜能"增量"，努力营造宽松和谐的工作氛围。闻喜县委组织部每逢重大节日，都要在组工干部中举办演讲比赛、文艺汇演、知识竞赛、篮球比赛等活动。通过丰富多彩的文化活动，达到了在潜移默化中陶冶情操、提高修养的目的，组织部门"公道正派、甘为人梯、务实高效、创新争先"的价值取向和文化氛围正在形成。

二、问题与成因

组织部门特有的组工文化，在打造过硬组工队伍，推进党的建设和组织工作科学发展，在强基础、建队伍、育人才，促进经济社会发展上，起到了非常重要的作用。但是也不可否认，当前在组工文化建设中存在着一些不容忽视的问题，一定程度上束缚和制约着组工干部思想和行为。体现在组工干部身上，主要表现在：

一是工作比较专注，但思路不够开阔。应该讲，组工干部在长期奉献和敬业精神的熏陶下，已经形成了对工作认真负责的传统，只要是组织安排的工作都会尽心竭力地去完成。但是有的组工干部则习惯于就组织工作抓组织工作，在思考问题，研究工作时思想比较封闭，思路不够开阔，不能把组织工作放在经济社会发展大局中去看。究其原因，主要是因为有的组工干部受传统组工文化的影响，把业务以外的事都当作分外之事，不能站在全局的高度认识问题，因而思想保守，思路狭窄。尽管进入组织部门的干部，都是素质较高，经过严格选拔的，但长期受这种传统的影响，不少人变得墨守成规，故步自封，影响了自身的全面发展和进步。有的干部走出部外以后，面对新情况新问题，拿不出新办法，出不了好主意，工作流于一般化。

二是业务比较熟悉，但知识结构比较单一。应该讲，多数组工干部对所从事的工作,政策把握得好,业务比较精通,工作起来也得心应手。但是也有一些组工干部,只重视业务学习,搞组织工作是行家里手,而对经济发展、社会管理、科学技术等方面知识则知之较少,对其他工作基本不介入、不了解。如在考察干部时,对一些经济指标不了解,对干部的政绩难以作出科学分析评价;在下基层调研时,易说外行话,不能与群众很好交流,等等。究其原因,一是组工干部的来源比较单一,主要从党政部门熟悉党务、文字工作的干部中选调,熟悉经济和其他领域工作的干部偏少;二是一些组工干部长期从事组织工作某一领域的具体工作,不仅与部外不交流而且在各处室之间也不交流,不了解其他业务;三是各级组织部门工作任务十分繁重,致使组工干部经常处于紧张忙碌、被动应付的高压状态,工学矛盾比较突出,长期得不到"充电",缺乏系统培训。

三是行为比较规范,但灵活性相对较差。由于组织工作的特殊性,组工干部在日常工作和外部交往中也形成了忠于职守、办事稳妥、严谨细致等许多优良传统和作风,形成了"按规矩办事,按程序运行"的特点。但长此以往,遇事往往翻本本、找依据,文件上没有的话不敢说,没有先例的事不敢办。有时过分拘泥于程序,层层请示汇报,遇事不敢负责,放不开手脚,灵活性不够,变通能力不强,影响了组织工作效能的进一步发挥。究其原因,正是因为组织工作特别是干部工作,往往是涉及干部切身利益甚至是前途命运,对干部本人事关重大,甚至会引起连锁反应。因而在工作中如果没有新的政策规定或领导批示,则遵循固有的思维习惯和心理定式,拘泥于以往的工作思路和行为模式,决不越雷池半步。

四是处事比较谨慎,但氛围比较沉闷。组工干部大多谨言慎行,严肃有余,活泼不足,给人的印象处事低调,比较沉稳。但是从另一方面讲,组织部门工作氛围总体比较沉闷。有的组工干部,由于各种顾虑不愿当众展示自己,怕说错话、做错事,给自己和单位带来不好的印象,因而在机关走路放轻脚步,说话压低声音;工作中听从领导安排,发表个人意见较少。有的人甚至说,组织部门的干部出了门,"话不会说、事不会办"。究其原因,一方面这是因为组织部门管干部,外面的干部到了组织部门,一般说话轻声细语,汇报的多、争论的少,更不会有大吵大闹的。另一方面,部分组工干部官本位思想严重,等级观念较强,开会领导讲话,工作上级指点,什么都论级别,哪里都讲顺序,难以形成活泼的氛围。

三、建议与对策

优良的传统理应传承,存在的问题必须克服。为了弘扬优良传统,体现时代精神,我们在总结经验、发现问题、理性思考的基础上,应在以下几方面做出努力。

一是要更加突出价值文化建设,树立以公道正派为核心的组工形象。建设组工文化关键要推进价值文化建设,要围绕公道正派这一最核心、最本质的要求,形成体现政治特色和时代要求的组工价值文化。加强信念教育,在思想上坚持公道正派,使组工干部成为讲政治、讲党性的表率,成为胸怀大局、顾全大局、服务大局的表率,成为爱岗敬业、乐于奉献、全心全意为人民服务的表率。加强观念教育,在目标上坚持公道正派。组工干部要做到公道正派,树立科学的人生观、价值观、权力观是基础。没有崇高的人生目标,没有科学的自我定位,坚持公道正派就是一句空话,更谈不上组工价值文化建设。加强理念教育,在工作上坚持公道正派。公道正派不仅仅是为人的公道正派,更是做事的公道正派。

二是要更加突出行为文化建设,培育以创先争优为目标的时代精神。加强组工行为文化建设最根本的就是要从组工干部的工作、学习、生活、作风等方面入手,不断推进组织工作创新、创优。规范组工干部的学习行为,要完善以考学、述学、评学、奖学为主要内容的激励约束机制,营造讲学习、善研讨、求创新的浓厚学习氛围。规范组工干部的工作行为,要继续弘扬组织工作创新的传统、务实求实的精神、深入基层的作风,坚持以观念创新、实践创新、制度创新来引领、推动和保障工作创新。规范组工干部的生活行为,要教育引导组工干部时刻牢记身份,扮好角色,自警自律,慎处"交友圈",净化"生活圈",纯洁"娱乐圈"。同时,要注重提高组工干部的人格魅力,以高尚的道德情操和严谨的工作作风赢得群众的信赖和社会的尊重。

三是要更加突出制度文化建设,完善以规范高效为要求的工作机制。要用文化的思维、理念和视角来加强制度建设,逐步形成符合时代要求、具有组织部门特点的制度体系。建立健全人事管理制度,要进一步健全完善以学习、培训、锻炼为主要内容的学习制度,完善考核制度,使组工干部选调任用、学习培训、考核评价等机制更加科学规范。建立健全工作运行制度,要规范组织部门各项业务与日常工作制度,坚持和完善民主决策、首问负责、限时办结、重大过错责任追究等责任制度,使组织工作程序更加规范、组工干部职责更加明确。建立健全监督约束制度,要进一步坚持和完善谈心谈话制度、开门评议制度和部风监督员制度等,使组工干部的行为得到有效的监督,及时发现和有效解决组工干部队伍中出现的苗头性、倾向性问题。

四是要更加突出人本文化建设，营造以和谐团结为主旨的良好环境。围绕目标和谐，创造性地体现人本文化的价值取向。要充分尊重组工干部的人格、个性、权利，尊重他们的发展需求，努力拓展自由和充分发展的空间；要充分承认组工干部的努力和创造，鼓励和引导其开拓进取、干事创业；要充分从制度和机制上理解人，积极深化用人制度改革，不拘一格选拔优秀组工干部。围绕事业和谐，创造性地培育组工团队的战斗合力。牢固树立"大组织"的理念，促进组织系统、组织部门内部的团结协作，努力形成工作的合力。围绕环境和谐，创造性地发扬"三个留人"的优良传统。要多与组工干部沟通交流，主动掌握其思想动态，为其解惑，引导他们把精力集中到工作上来；要多为他们排忧解难，主动关心其切身利益，及时帮助协调、解决工作与生活中遇到的困难；要善于保护组工干部，在政治上主动支持保护他们在热点、焦点、难点工作中大胆履职，动真碰硬，为其营造宽松的工作环境。

四、几点启示

在新的形势下，要用发展着的马克思主义引领组工文化建设，不断巩固组工干部共同思想基础，打造过硬的组工干部队伍，需要认真把握以下几点。

(一)遵循传承性，组工文化建设必须坚持在弘扬中发展

文化的一个显著特征就是具有传承性，任何文化的发展都是人们思想长期积累的结果。组工文化是政治文明和精神文明相互融合的一种文化形态，只有注重历史，坚持文化的延续性，充分挖掘优秀传统文化，组工文化建设才有坚实的基础。因此，我们要以新时期的伟大实践为坐标，用现代的眼光去审视历史上的用人文化，将历史文化资源转化为现实的组工文化发展优势。如古代在用人上就有"任人唯贤"、"君子用人如器，各取所长"等论述，至今仍闪耀着真理的光辉。特别是要深入研究和总结建党90年来组织建设的成功经验，继承和借鉴其精华，让组织部门的优秀文化传统薪火相传。

(二)注重开放性，组工文化建设必须坚持在博采中发展

组工文化是社会主义先进文化的重要组成部分，需要借鉴一切先进文化的优秀成果。特别是在当今经济全球化和我国对外开放不断扩大的情况下，更应该以开阔的视野、博大的胸怀对待外来文化，积极参与各种先进文化的对话与交流，借鉴一切有利于组工文化建设的有益经验和优秀成果。建设面向现代社会的组工文化，必须以科学发展观和社会主义荣辱观为指导，突破组织部门自我封闭、"体内循环"的局限性，与社会大环境紧密结合、共同发展,既从深厚的文化传统中吸取营养,又善于借鉴中外文化建设的成功经验,真正创造出具有组织部门特色和优势的组工文化,促进组织部门的自身建设。

(三)把握时代性,组工文化建设必须坚持在创新中发展

创新是人类社会进步的根本动力。组工文化建设作为一项新生事物,必须把创新的理念贯穿始终,才能实现可持续发展。在工作思路上,坚持以宽广的视野进行理性思考、科学规划,牢牢把握工作的主动权;在工作内容上,坚持把组工文化建设与落实科学发展观和构建社会主义和谐社会紧密结合起来,与社会主义荣辱观教育紧密结合起来,丰富组工文化的内涵,实现组工文化建设的与时俱进;在工作载体上,坚持寓教于理、寓教于乐、寓教于一切有益的活动之中,增强组工文化建设的效果和影响力;在工作手段上,运用最新的思想方法、科技手段、信息资源,及时总结和提炼基层创造的好做法、好经验、好思路,将其上升为一种理性的思考,使组工干部的思想跟上形势的发展和变化,跟上时代文化发展的需要。

(四)探索规律性,组工文化建设必须坚持在规范中发展

规范的行为是文化建设的重要衡量标准,只有统一的并为人们所接受和遵循的行为准则的普遍实行,才能达到文化的和谐发展。当前我国处于社会转型时期,人们在处理人与社会、人与国家、人与人的关系方面往往更加复杂,行为标准更具有差异性。对组工文化建设而言,如何规范组工干部的行为有着更高要求。组工干部的政治素质、工作水平、服务意识、奉献精神都必须通过自身行为体现出来。因此,在组工文化建设中,要从建立制度入手,探索符合组织工作特点的行为规范,并通过长期的规范要求,努力使组工干部适应组工文化、实践组工文化、弘扬组工文化,打造过硬组工干部队伍。

(作者分别系中共山西省委组织部常务副部长、研究室主任)

太原公交"微笑服务"模式的调查与思考

李永和

太原公交坚持十余年开展以"微笑服务"为特征的优质服务活动,对社会道德建设带来积极影响,受到广大太原市民的广泛赞誉,得到了政府部门的首肯,也在国内同行中产生了深刻的影响。这些年来,前后已有数十个城市的公交同行到太原公交学习考察。太原公交已成为一张靓丽的城市名片。

一、"微笑服务"模式的提出与实践

"微笑服务"模式的提出,起始于上世纪 90 年代末期。当时的太原公交车辆少、车况旧、线路少、准点率低。捧惯了铁饭碗的国有公交企业面临着市场化改革以后来自个体公交的激烈竞争。然而发展初期的个体公交车,由于管理尚未到位,一些人只图挣钱,不讲服务,市民群众意见很大,许多意见不仅批评公交企业,政府部门也承担了很大的压力。在公交公司经营举步维艰的情况下,新组建的市公交领导班子审时度势,在公交基础设施一时还无法有大的改善的情况下,把提升国有公交市场竞争力的突破口放在了提升司乘人员的服务意识和服务质量上,公司响亮地提出:依靠微笑服务树立信誉、赢得乘客、占领市场。于是太原公交"微笑服务"模式应运而生。

这一服务形式的内容起初比较简单,只是要求司乘人员出车要做到"车容整洁、行车平稳、语言文明",乘客上下车时主动说一声"您好,欢迎乘车","下车请慢走,下次乘车再见"。遇到老弱病残孕等特殊乘客上车时要主动说一声"请让座"。随着实践的推移,这一形式在近年来又注入了新的内容,即要求司乘人员要发自内心地善待每一位乘客,要尽心尽力地为乘客"创造特殊的家的氛围,为乘客解决特殊的困难,帮助特殊乘客解决困难"的"三特殊"服务要求。在这一服务理念的指导下,太原公交车上普遍设立了优先为老弱病残孕乘坐的特殊专座,司乘人员冬季给冰冷的扶杆上套扶手套,车厢显眼的位置张贴上了"人人都有老的时候,人人都应尊敬老人"等温馨感人的宣传提示标语,使既有的"微笑服务"增添了新的内容。

太原公交"微笑服务"从一种形式到一种模式,不仅在内涵上有一个不断发展的过程,在实践上也经历了一个员工从不太理解到自觉去做的过程。起初,有的司乘人员认为车上有语音播放设备,让喇叭播放录音就行了,何必要求司乘人员话筒播报。时任公司党委书记兼总经理高潮在全公司"微笑服务"再动员会上强调说,"有客人到你家,你不亲自迎接,说一声欢迎的话,你觉得对客人尊重吗?"一句话,点到了问题的实质。作为窗口服务行业,由司乘人员面对乘客亲口说一声欢迎问候语,实际就是司乘人员把公交车厢当成了自己的家,体现的是对客人的尊重。由于太原公交的领导班子认准了以"微笑服务"为特征的优质服务,既是企业生存发展的一个有力抓手,又是社会良好风气建设的重要载体,因此不论遇到多少困难都坚定不移。经过十余年的坚持,终于得到社会的充分肯定。

二、"微笑服务"模式产生了广泛的社会经济效益

太原公交"微笑服务"模式的推行,起初只是着眼于企业自身经营发展,自身服务质量的改善和形象的提升,但是,其坚持十数年不间断的"微笑服务",所带来的影响已远远超出公交自身,而对太原市良好社会风气的建设乃至社会和谐发展都产生了积极的引导和推动。

1. 在市民中树立了太原公交的良好形象,激发了广大市民对家乡的热爱与自豪。近年来,随着服务质量的不断提升,太原公交在广大市民中已得到了普遍的认可。我在调查中曾听到一个事例:两个女青年在公交车上聊天,一个说,我刚从青岛回来,我们太原城市建设比人家还是有差距;另一个接话说,我也走过全国不少城市,但我们太原公交车的服务可一点不比其他城市差。确实是,只要打开互联网搜索太原公交,网民赞叹太原公交"微笑服务"的帖子不下千万条,有的帖子这样说:"太原公交的回忆很美好。""去了广州后才发现家乡的公交好。""第一次看到这么多说山西好的帖子,作为一个山西人,也值得骄傲一回了。"这些话语,都是广大民众的一种真切感受和真情流露。多有一些像太原公交"微笑服务"这样留给市民的美好记忆,会激励多少市民对自己家乡的热爱与自豪,这是我们转型跨越发展不可缺少的内在精神动力。

2. 在社会倡导和培育了人际友善、尊老爱幼的美德,促进了社会风气的好转。公交车厢是一个流动的窗口,也是一个人员复杂、易生矛盾和纠纷的场所。太原公交坚持十数年开展"微笑服务",营造了一个文明和谐的乘车环境。广大市民乘坐一次公交

车,上车一句欢迎和问候,马上使你体会到一种被尊重的温暖。老年和带小孩的乘客,上车被人主动让座,更体会感受到一种人与人之间的友善温馨。年轻人给老年人和带小孩的乘客让一次座,面对受让者和司乘人员的一声道谢,微小的付出也马上感受到了一种奉献后的满足和快乐。太原公交"微笑服务"所倡导和培育的人际友善,尊老爱幼的美德,对促进社会风气有效好转发挥了十分积极的引导示范作用。有网友说:"让座的习惯就是在太原公交车上养成的。"有的说:"一个在外多年的人,回太原陪 70 多岁的父母坐公交车,一上车就站起来好几个人让座,让我感动得眼泪都差点掉下来。"爱是可以传递的,一个人在太原公交车上所感受到这种"爱"的道德力量,一定会通过他的言行传递到社会更广的层面。

3. 在全国范围内宣传了太原,提升了太原市和山西人的社会美誉度。一个时期,频发的安全事故及煤老板"炫富"现象,太原及山西的对外形象受到了很大的伤害。在一些国人的眼中,山西似乎只有大自然赋予的煤炭资源和老祖宗留下的文物古迹可圈可点。太原公交"微笑服务"模式的实践及其在全国同行及省外产生的影响,可以说有效地宣传了山西人的内在美德,树立了山西和太原文明和谐的良好形象。一些来过山西的外省人在网上留言:"如果全国公交都能像太原公交一样,人民生活质量必能够得到一定提高,至少精神生活质量得到改善。""文明化于无形之中,我走过全国好多地方,在太原的公交车上,我真切感觉到了山西人民的淳朴和善良。"

4. 公交服务质量的提升,推动了太原公交事业的快速发展。上世纪 90 年代末,太原公交仅有运营车辆 600 余台,开行线路 40 多条。由于车量少、车况旧、线路有限,市民乘坐公交车非常不便,市民对公交公司乃至政府的怨气很大。如今,在政府加大投入力度,公交基础设施有效改善的前提下,加上公交"微笑服务"的持续推行,太原公交赢得了市民的广泛称赞,公交乘车人数逐年迅速增加,公交市场被有效地开发。截至目前,太原市公交运营车辆达到了 1936 台,线路增加到 124 条,日均客运量达到百万人次,较 10 年前提高了 4 倍。公交优质服务,促进了市场开拓;市场增加,推动了公交设施建设的提升;公交基础设施的改善,又为提高优质服务的水平奠定了更坚实的物质基础,太原公交事业的发展步入了一个协调互动,软硬件并举的良性发展轨道。

三、对"微笑服务"模式成功实践的思考

作一种典型的行业,服务质量是各个城市公交面临的共性问题,也是城市化快速发展进程中面临的难题。经过深入的调查和分析比较,我认为太原公交"微笑服务"模式成功的主要原因体现在以下几个方面:

首先是有一个具有很强事业心和社会责任意识的企业家集体。党的十六大以来，中央提出以人为本，科学发展、构建和谐等一系列新的发展理念后，太原公交党政一班人自觉地创造性地将科学发展观的理念融入企业工作中，从以人为本的理念重新认识"微笑服务"的意义，从科学发展的要求进一步坚定实施"微笑服务"的决心。推行"微笑服务"模式，一定程度上要增加一线司乘人员的工作量，也增加了企业管理成本，但太原公交领导班子自觉以企业利益服从社会利益，努力通过自己的工作与付出，向社会传递一种清新的文明之风。应该说，太原公交领导班子这种自觉的社会责任意识，是推动"微笑服务"模式成功实践的重要保证。

其次是有一种坚韧不拔，认准目标就一抓到底的良好工作作风。"微笑服务"模式在刚提出时，许多职工习惯地认为搞这种活动就是"一阵风"的事情。针对这些认识，公司主要领导带头在各种场合宣传，提高员工的认识。提出"要让司乘人员对乘客微笑，管理者就首先要对司乘人员微笑"的口号，在全公司开展了干部下基层，帮一线司乘人员开一趟车、拖一次地、提一桶水、抹一把灰的活动。现在，公司干部服务基层一线司乘人员的活动已成为太原公交的一项制度。这一制度本身又是对基层司乘人员工作的督促和检查。这种不搞形式，认准了目标就一抓到底的扎实工作作风，是太原公交"微笑服务"模式成功的又一原因。

三是在实践中建立起了一套配套完善的服务质量管理制度。其中有出车前"十不准"和车厢服务"十否决"的规范服务标准，有规范检查考核的"检查查到最下层，责任追到上一层"的考核管理办法，有奖优罚劣公开曝光制度和单位领导和职工同奖同罚制度，有规范一线管理干部行为"上班提前进场，工作深入现场，发生问题到场，收完末车离场，夜间值班驻场"的"五场制"制度等。一系列来自实践的行之有效的制度规范，是太原公交"微笑服务"模式成功的制度保证。

四是真心实意地尊重关心员工，有效激发了员工的主人翁意识。太原公交始终把企业广大员工作为企业发展的依靠力量，把真心实意地尊重和关心每一位员工作为做好公交服务工作的内在动力。在经济上关心每一位职工的发展和生活，如公司组建股份制公交企业时，对确有困难，一时无法出钱入股的困难职工，公司工会便出面担保，帮助他们从银行贷款加入股份公司，保证了职工的收入权利。在企业管理上，充分尊重职工民主权利，公司实行企务公开，对企业重大项目和资金使用情况及时真实公开，对涉及职工切身利益的住房分配、子女就业安排实行公开打分制。在精神关爱上，为缓解一线司乘人员紧张工作后的身心疲劳，公司为每一个车队配置了按摩健身器材，建起了健身房，添置了床铺被褥，建起了临时休息室。公司明文规定，职工家庭有婚丧嫁娶之事,公司要派车派人服务。每一位职工过生日,公司都会送上一份精美的生日蛋糕,并在全市公交车车载电视上播出每天过生日职工的姓名及具体单位名单。一份精美的生日蛋糕,一句温馨的生日祝福,有效地增强了职工以公司为家,自觉做好本职工作,为乘客提供优质服务的主人翁责任感,这是太原公交"微笑服务"模式成功的群众基础。

五是自觉接受社会监督,广大乘客的关心监督有力地促进了公交服务质量的不断提升。让乘客满意,是公交微笑服务的核心内涵。太原公交自觉地将服务置于乘客的监督之下,把服务最终效果的评判权交给广大群众。为此,太原公交公司在实践中陆续出台了一系列服务质量监督办法。一是投资 20 多万元,建立了全市的公交服务热线,热线建立几年来,共接听市民电话超过百万次。二是在全市所有公交车厢的醒目位置,公布了公司服务热线电话号码和本趟车的车号,方便乘客在需要时及时投诉。三是公司在全市开展了花钱买意见活动,向社会发出了《关于有奖征集合理化建议和受理服务违章举报的公告》,截至 2012 年年底,已累计收到投诉 472 条,建议 253 条,公司按规定对其中 127 个有效投诉和 8 项有价值的建议分别给予奖励。四是对乘客投诉涉及的人员,落实情况后按规定实行下岗培训,同时该车队队长、书记要相应承担经济处罚责任。各项社会监督制度的制约,是太原公交"微笑服务"模式持久实行和服务质量不断提高的外在动力。

(作者系山西省文明办创建指导处处长)

促进民营经济转型跨越发展调研报告

中共山西省委统战部　　山西省工商联

为深入贯彻落实党的十八大精神,找出制约民营经济发展的突出问题,提出促进民营经济健康发展的对策建议,推动民营经济在全省转型跨越发展中发挥积极作用,省委统战部、省工商联牵头,省委政研室、省政府发展研究中心等 9 个单位和部门,联合开展了全省民营经济转型跨越发展大调研。现将调研情况报告如下:

一、总体情况

由省委统战部、省工商联联合相关部门,组成 6 个综合组和 2 个专题组,先后赴全省 11 市 30 余个县区进行了调研,赴江苏等 7 个省份学习考察。共召开了 60 余个座谈会,广泛听取了各级党委、政府及部门主要负责人、民营企业家的意见和建议,了解掌握外省发展民营经济好的经验和举措,实地考察了 150 户(家)民营企业、工业园区及商会组织。

通过调研,我们明确感受到:各级党政领导对民营经济发展寄予厚望;各级党委政府和有关部门对民营经济发展支持力度加大;广大民营企业投身山西转型跨越发展、综改试验区建设愿望迫切;我省民营经济发展环境亟须进一步创优;鼓励支持民营经济发展的正能量有待进一步提振。

二、突出问题

近年来,我省各级各部门按照省委、省政府的决策部署,全面落实各项支持政策,着力推动民营经济加快发展,全省民营经济呈现出实力增强、速度加快、结构优化、贡献提升的喜人局面。但是与其他省份相比,我省民营经济发展还有很大差距,存在总量不足、规模偏小、结构趋同、管理落后、自身素质低的状况。调研中,民营企业家普遍反映当前民营经济发展困难重重,最突出的问题是思想不够解放、认识不够到位、氛围不够浓厚,最突出的障碍是要素供给缺、竞争不公平、政策落实不到位,最突出的软肋是企业素质不高、人才队伍匮乏、核心竞争力弱,最核心的问题是发展环境欠佳。主要表现在:

(一)社会对民营经济的认识有偏见

从整体上看,我省社会各界对民营经济发展认识上存在偏差。长期以来,山西的国有企业在产业布局、经济总量、竞争实力方面具有绝对优势,这种绝对优势不仅造成各种资源配置上的"挤出"效应,也在客观上形成了一种观念上的"挤出"效应。不少人认为,在山西只要抓好国企这棵大树就抓住了经济发展主要矛盾,而民营企业是小草无足轻重。这种认识客观上削弱了支持民营企业发展的动力,成为制约民营经济发展的瓶颈。同时社会对民营企业鄙视歧视的现象还很严重。一些领导干部对发展民营经济心存顾虑,不愿与民营企业打交道,不敢与民营企业家交朋友。"羡富"和"仇富"心理纠结、失衡成为一些人的社会心态。一些媒体和网络对民营企业投资创业、吸纳就业、上缴税收的社会贡献宣传不够,对个别负面新闻大肆炒作。此外民营企业家普遍感到山西投资软环境欠佳,各种羁绊束缚多,牵扯精力大,加之缺乏安全感和应有的社会尊重,一些企业家在本土创业投资激情陷入低谷。

(二)政策落实不到位

企业家反映很多政策制定很好,但仅仅停留在文件层面,普遍存在不完善、不配套、可操作性差的问题,落实不到位。如《山西促进民营科技企业发展条例》第十八条规定,民营科技企业企业自认定之日起,5年内所征企业所得税由同级财政给予全额返还,一直没有落实。政府部门职能转换不到位。自2001年开展行政审批制度改革以来,我省先后10次发文取消调整了1521项行政审批项目,各地市也对行政审批制度进行了改革,但还存在"管制思维多、服务意识少;浮在上面多、沉下身子少;各自为政多、协力推进少"的现象,造成行政审批事项过多、手续烦琐、周期过长、效率低下。企业家反映,新上或改扩建一个项目,需要发改委、工商、国土、煤炭、环保等多个部门的前置审批手续和评估,每个部门的审批手续又有多个审批类型、多个环节,而且大部分都集中在省级部门,全部办下来需要1~3年时间,甚至4~5年时间。影响了企业投资创业的积极性,也导致部分企业只能一边办手续,一边违法违规生产。个别部门和工作人员服务意识较差,不给好处不办事,该快办的慢办。还有些部门把本应内部机构承担的工作,交给中介组织来增加收费项目。

（三）要素配置不平等

生产要素的供给与民营企业发展的需求不匹配。土地供给上,民营企业获得的土地指标只占土地总供给的 5% 左右。用地指标的不足与用地需求的旺盛,造成了民营企业的技术改造和新上项目得不到用地保证,一批有前景、有技术的好项目因解决不了土地问题而无法上马。金融支持上,民营企业取得的贷款只占全省贷款总额的 10% 左右。民营中小企业普遍面临融资形式单一、渠道狭窄、融资成本高、财务制度不规范、信用不健全等问题,贷款难、融资难的问题仍没有根本性的改观。生产成本上,民营企业普遍反映收费负担重、经营成本高。如煤炭基金的收取,国有企业通常按下限收,而民营企业要按上限收。民营企业排污费按 8 元收,国有企业按 3 元收。省煤运公司对民营企业收取的出省费等服务费,原本是多年前针对民营煤矿小而弱、市场发展形势需要收取的。现在经过多年发展和煤炭资源整合,民营煤矿企业已经和国有煤矿企业站在一个起跑线上,理应享有同等政策。特别是当前受进口煤炭挤压、外省煤炭低价进入、部分省份出台"煤电互保"政策的限制,加之高额的收费成本,山西民营煤炭企业运销收入大幅下滑, 市场份额萎缩。据有关部门不完全统计,2013 年 1~4 月份,共有 2900 万吨外省煤炭进入山西市场,预计全年将有 8700 万吨外省煤炭挤占本地煤炭企业份额,约占山西省内煤炭销量三分之一。以民营企业为主的焦化行业已经连续 5 年净亏损。虽然政府出台了减负政策,但与外省相比费用仍然高。以河津市焦化企业为例,目前承担主要行政规费 13 种,吨焦费负 117 元。比一河之隔的陕西省韩城市 6 种费用,吨焦费负 13 元的行政规费多出 104 元。如恢复执行原征收标准,我省焦化企业吨焦承担 159 元,比韩城市高出 146 元。收费部门多、项目杂、额度大,使得我省传统煤焦产业负担重、成本高,民营煤焦企业优势几近殆尽。人才使用上,由于工资、社会保障、晋升等方面与国有企业待遇的差异,民营企业技术人才、营销团队和管理人才短缺,留不住人才,难以适应新兴产业发展和结构升级的需要。招商引资上,本地投资者不能享有同外来投资者一致的优惠政策,重视外来"女婿",轻视本土"儿子",是导致本地资本外流和投资虚拟经济的重要原因之一。

（四）政府政策不连续

前几年,个别地方政府为完成 GDP 任务,不考虑民营企业的自身管理水平和技术能力,鼓励民营企业重复上了一些资源型项目和转型项目,有些刚刚建起的项目,不到三年,投资还没有收回,就让重新上规模,否则关闭。有些项目巨额投资进去却难以得到相应回报。有些实行先上车后买票,结果由于部门利益、责任的制约,最后形成要交罚款再补票的恶果。此外一些产业政策频繁调整,企业每年办审批手续都增加新的条件,有的项目还没有等企业办完手续,已经属于淘汰落后产能范围。不仅给企业投资造成重大损失,也浪费企业和企业家大量时间和精力。还有些政府在招商引资时承诺的优惠条件,因主要领导变更或有关部门不兑现,未能落实,政府的公信力和诚信度受到严重影响,企业投资的愿望与激情受挫。

(五)服务体系不完善

服务体系和平台不健全,是民营经济发展面临的新问题。一是省级层面缺乏民营经济专门工作机构和制度,不能协调推进撬动民营经济大发展;二是公共服务平台少,人才、技术、创新支撑弱;三是民营经济统计体系不健全,分地区、分产业、分行业数据统计缺位,不利于决策层全盘精准把握发展态势和科学决策;四是依法保护民营企业合法权益的法律服务和法律援助体系不完善,民营企业缺少投诉渠道,民营资本投资项目和投资者财产权、知识产权、自主经营权等不能得到保障。

(六)民营企业素质不适应

我省大多数民营企业是借助家族力量共同创业,依靠血缘关系维持经营的。企业技术水平不高,经营管理能力不强,制度不健全、人才缺乏、财务混乱。许多民营老板的财富积累源于对煤炭、矿产资源的开发,对转型投资发展非资源类的产业缺乏相应的知识、素质和魄力,制约了民营企业的转型发展和升级优化。

三、对策建议

针对上述问题,我们认为当前促进民营经济转型跨越发展的总体思路是:以科学发展观为指导,以加快转变经济发展方式为主线,以转型、跨越、翻番为目标,紧紧抓住国家资源型经济转型综合配套改革试验区的重大机遇,着力实施"民企环境改善、民企政策支持、民企要素供给、民企素质提升、民企服务创新"五大战略工程,破解制约民营经济发展的突出困难和问题,使民营经济焕发新的动力,成为我省转型跨越发展的活力之源。

(一)加强宣传,营造良好社会氛围

1. 继续解放思想。一是开展以"进一步解放思想,促进民营经济转型跨越发展"为主题的大讨论。从思想根源上彻底破除姓"公"姓"私"的传统观念,破除"重官轻商"、"轻视民企"的思想,树立为民营经济服务就是为人民群众服务的发展意识,鼓励人们大胆闯、大胆试、大胆干,"放心、放胆、放手、放开、放宽、放活"发展民营经济,理直气壮地支持,大张旗鼓地表彰,旗帜鲜明地维护其合法权益。

2. 加大宣传力度。在省市县主要新闻媒体、网站开设专栏、专版,播出专题片,大力宣传典型民营企业和典型人物,营造投资创业光荣的氛围。采取载入官方史志、授予"享受政府津贴的民营企业家"称号、推荐担任人大代表、政协委员、工商联领导等职务,使民营企业家政治上有待遇,社会上有美名,在全省营造浓厚的重商、亲商、安商、富商的氛围。

3. 实施五项"重点工程"。一是持续开展高层活动。即每年年初召开一次省委、省政府主要领导与民营企业家见面会或恳谈会,每两年召开一次促进民营经济发展大会,每三年召开一次世界晋商大会。二是组织好评选表彰。每年从财政增收的部分拿出一定比例重奖进入全国民营企业500强企业、获得全国驰名商标和主导制定国际、国家、行业标准的企业,重奖纳税大户,重奖优秀民营企业家,重奖服务民营经济先进单位和人员。每年进行50家优秀中小微企业评选,十佳民营企业家年度风云人物评选。三是点燃全民创业激情。每年选拔50名优秀民营企业家和专家学者,开展民营企业进校园、进社区、进乡村"大讲堂"活动,对有志创业者进行培训、咨询辅导,点燃全民创业激情。四是推动晋商回归工程。既要大力招商引资,也要眼睛向内,善待本土企业,留住民间资本,推动晋商回归,吸引"凤还巢"。五是深化提升晋企形象活动,弘扬晋商精神,塑造新晋商形象。

(二)搞好顶层设计,制定发展目标规划

1. 制订行动计划。把民营经济发展纳入山西省发展战略总体规划,搞好全省民营经济发展顶层设计,抓紧制定出台促进民营经济发展行动计划(2013~2015),明确总体要求、重大改革、重大事项、重大项目、重大课题、保障措施。坚持鼓励支持与规范引导相结合,坚持培育旗舰型龙头企业与扶持中小微企业相结合,坚持提升传统产业与抢占新兴产业相结合,引导民营企业"以煤为基、多元发展",高碳资源低碳发展,黑色煤炭绿色发展,培育壮大新兴产业,大力发展第三产业。

2. 鼓励先行先试。抓住山西综改试验区建设的机遇,充分尊重基层首创精神,鼓励支持各地结合实际,先行先试。民营经济发展不足的地方,按照"专业化、精细化、特色化、新颖化"思路,冲刺行业"隐形冠军",引导民营企业向新业态、新模式、新经济方面发展,做大总量。民营经济发展较好的地方,要进一步扶优扶强,做优结构、做强龙头、做精产品、做长链条,促进民营经济集聚发展、融合发展、优化升级。

3. 重点扶持培育。全省组织实施"5111"工程,重点扶持培育5家营业收入200亿元以上大型民营企业,扶持10个特色产业集群,扶持100个优势重点项目,储备100个高成长性潜力项目。各市要立足本地资源禀赋、产业基础、市场潜力等条件,集中打造1个民营经济园区,打造2~3个特色民营企业产业集群,每个县打造1个中小微企业基地。

(三)加大引导扶持,创新服务机制

1. 创新金融支持。允许民间资金兴办中小银行。每个市试点成立一个民营商业银行,完全由民间资本投资入股运营,允许采取浮动利率等政策吸储和放贷。允许民间资本作为主要股东发起成立村镇银行。支持民间资本参与农村信用社改制为农村商业(合作)银行、城市信用社改制为城市商业银行以及城市商业银行的增资扩股。拓宽小额贷款公司融资渠道。允许向多家银行融资,支持通过金融资产交易所、银行机构、资产管理公司、信托投资公司和金融资产交易机构进行资产转让融资,支持通过小额贷款公司的主要股东定向借款融资,支持小额贷款公司之间同业借款,支持通过发行债券等其他方式融资。推动民营企业进入资本市场融资。每年筛选、培育和储备30家拟上市或发债民营企业,帮助企业做好改制、辅导和上市或发债申报工作。对成功上市的企业,省和同级财政分别给予适当奖励。对成功发行企业债、公司债、债务融资工具、中小企业私募债和中小企业集合信托计划的中小企业,省和同级财政按发行额度给予补助。建设太榆科技城金融聚集区。参照国内众多高新科技园区建设经验,在我省正在建设的太榆科技城建立金融聚集区。吸引银行、证券、保险等传统金融机构以及私募股权基金、风险投资基金、投资银行等新型金融机构入驻,形成投融资平台与金融服务联盟,提供投融资服务。

2. 加强用地保障。各级政府要在土地利用总体规划和年度土地利用计划中,按照民营经济占全省生产总值中的比重年均提高2个百分点的发展目标,同比例增加民营经济项目用地指标,保障重点民营企业发展用地需要。对列入省级重点项目的民营企业,在全省域内调整优先统筹安排新增建设用地指标,优先办理用地报批手续,在符合招、拍、挂政策的前提下,优先办理供地手续。在存量盘活上给予地价优惠。对建设3层以上标准化生产性厂房的,在保证设施专用的前提下,由同级财政给予一定补助。对租用政府投资标准化厂房的小型微型企业,3年内给予租金优惠。对民营企业利用现有厂区改造、厂房加层、利用地下空间等途径提高工业用地容积率的,在不改变用途的前提下,不再增收土地出让金。探索土地租用新模式。进入开发区、园区内工业企业可先交一部分土地出让金,其余一至两年内分期缴纳。对申请入园的项目实行试用、共租共用厂房等措施。政府可以通过统建、配建等方式,筹措一定规模的创新型产业用房和人才公寓,支持法律、会计、咨询等中小型专业服务机构和科技服务、文化创意等民营企业发展。

3. 加快科技创新。支持建设民营企业技术中心和公共科技服务平台,对达到省级以上标准的,省级专项资金给予补助。支持科技型中小微企业发展,鼓励企业开发新产品、应用新技术。支持民营企业创品牌,鼓励企业并购国外高端品牌,对并购国外高端品牌的,按核定后并购金额的一定比例给予补助。

4. 支持引进人才。对民营企业引进省外"两院"院士、"千人计划"、"百人计划"人员并签订3年以上合同(每年在我省实际工作时间6个月以上)的,分别给予100万元、50万元、20万元补助资金。对建立院士工作站、博士后科研工作站和技能大师工作室的民营企业,分别给予50万元、10万元、10万元的建站资助。

5. 建设公共平台。积极建设我省及各市大学生创业园、科技企业孵化器、生产力促进中心。通过组建各种孵化基地,提供创业载体,促进本地区创业和中小企业的发展。建设民营企业公共服务平台网络体系。及时公布发展规划、投资政策、产业布局、财政税收、统计数据、审批程序等信息。为民营企业提供信息、人才培训、科研平台共享、科技引进消化吸收再创新等专项服务。

(四)狠抓落实,营造良好发展环境

1. 强化政策落实。继续巩固和细化现有政策,配套出台财政引导、金融、土地、科技支持等专项实施细则。打造省政府政策发布平台,定期发布我省产业政策、投资指南和目录。积极开展政策宣讲、政策进民营企业活动,举办有关政策知识竞赛,确保民营企业及时了解掌握各项政策。对国家和省支持民营经济发展的政策进行一次专项督查。全面清理废除与国务院、省委、省政府有关规定不一致的政策规定,形成促进民营经济发展的政策合力。

2. 改革工商登记。按照我省转型综改试验区建设要求,批准我省先行先试市场主体登记主体资格与经营资格相分离(即先照后证),注册资本实缴变认缴等一系列改革现行企业登记管理制度的新举措,以促进各类市场主体,特别是民营企业宽松便捷的市场准入。

3. 减少审批事项。建立"三集中二到位"模式,部门审批职能向一个处室(审批办)集中,审批平台向政务大厅集中,审批许可向首席代表集中,审批窗口要授权到位,审批事项要在窗口办理到位。推行简化办事程序的"一站式"服务和网上审批的"一网式"服务,充分利用现有的信息网络服务平台,实施工商、税务、审批等环节联网,逐步实现审批事项、审批机关、审批程序、税务登记、纳税申报等业务的网上申请审批,由"一家审大家等"的串联审批改为联合审、并联审的模式。

4. 规范涉企收费。行政事业性收费项目和政府性基金项目对国有企业、民营企业一视同仁。凡国有企业不收的行政事业性收费项目和政府性基金项目,民营企业也不收,一律取消。如省煤运公司收取的各项服务费,焦炭公司代收的环保服务费予以取消。经济困难时期部分行业和企业实行的减免政策,根据实际情况可以长远化和制度化,放水养鱼。

(五)建立长效机制,形成工作合力

1. 成立山西省民营经济发展工作领导小组。由省委、省政府主要领导挂帅,成立山西省民营经济发展工作领导小组。负责专门研究、协调解决民营经济发展中出现的新情况、新问题,推进民营经济发展。建立山西省民营经济发展联席会议制度,定期召开会议,集中解决民营经济发展中的全局性、普遍性和关键性问题。

2. 建立领导干部与民营经济组织的联系机制。省四大班子领导要分别联系 2 个大型民营企业、3 个中型民营企业和 2 个小微民营企业,分工联系省外的晋商商会以及外省驻山西的商会(企业协会)等商会组织,定期向民营企业和商会组织通报省委省政府的发展思路、战略规划和招商项目。

3. 建立科学民主的事先协商制度。政府制定出台涉及民营企业发展重大决策、兼并重组等意见时,举行听证会、召开座谈会,吸收统战部、工商联、中小企业局负责人、民营企业家参加。

4. 健全目标责任考核问责机制。制定出台《全省民营经济考核评价办法》,2013 年起将民营经济的年度增加值、户数及增长速度、新增就业人数等指标纳入我省市、县域经济发展考核评价指标体系,进行考核评价和综合排队,对完成情况好的市、县(区)政府给予表彰和奖励。

5. 建立民营经济发展督查机制。由省委省政府督查部门采取逐项督办、进度跟踪、定期报告和年度回头看等方式,对促进民营经济发展的政策落实情况予以督查,发现问题及时通报,并对责任部门和责任人启动问责。

6. 建立山西省民营企业维权中心。建立民企维权平台,受理民企投诉,确保民营企业投诉有具体的部门和人员负责。加大投诉查处力度,对阻碍和破坏山西投资环境的行为,要依法依纪严肃查处。每半年组织一次民企评议职能部门活动,对反映强烈的失职渎职公务人员一律清除出公务员队伍。

7. 建立健全民营经济统计体系。由省统计局牵头,省工商局、省工商联、省中小企业局参与,对全省民营企业分行业、分地区统计,加强对民营经济的动态监测与分析,以便决策层全面、准确把握全省民营经济发展态势。支持工商联建立中小微企业监测平台,及时了解掌握民营企业营业收入、利润税收、研发投入、市场拓展等动态信息。

关于对政法事业科学发展的研究

马炜宏

政法事业是中国特色社会主义伟大事业的重要组成部分，推动政法事业科学发展对于提高政法事业自身工作水平、推进国家法治进程、促进和保障中国特色社会主义伟大事业的科学发展具有十分重要的意义。在新的历史起点上，推动政法事业科学发展，必须进一步明确政法事业所处的历史方位、发展的目标定位、推进的具体路径，以及在操作层面需要科学统筹的若干重大关系。

一、政法事业科学发展的历史方位

进入新世纪新阶段以来，国际国内形势深刻变化，对政法事业科学发展提出了新的更高要求。主要表现在以下三个方面：

1. 开放。全球化的深入发展和改革开放的不断推进，使国内外形势的联系更加密切，政法事业越来越成为国际舆论广泛关注的重点领域，法治水平越来越成为评价不同国家社会进步的关键指标，法学理论和法学话语权越来越成为不同社会制度对话、竞争、交锋、争夺的前沿阵地。

2. 透明。随着网络信息化的快速发展和社会民主程度的不断提高，公众对公共事务的了解、参与和监督意识不断增强，社会舆论对政法工作透明度的要求越来越高，司法个案不断成为网络热炒的焦点。回应社会关切、接受社会监督、公开重要信息、正确引导舆论成为政法工作的重要内容，成为做好政法工作、维护社会稳定的重要手段。

3. 转型。在工业化、城镇化、市场化、信息化等因素的共同作用下，我国政治、经济、文化、社会的转型日益深化，人民群众的民主意识不断增强，利益诉求更加多样，思想意识日趋多元，社会结构加速重构，政法事业发展中动态性、不确定性因素增多，处理和协调利益矛盾的任务更加繁重、难度进一步加大。

在开放、透明、转型为主要特征的新的历史条件下,政法事业面临对内促进和谐稳定、对外赢得尊重支持的双重压力。政法事业的发展既要立足国情、发挥优势,坚持正确的政治方向,同时也必须顺应潮流、把握规律、与时俱进、科学发展,更好地适应形势任务的要求。

二、政法事业科学发展的目标定位

基于对当前国际形势、国内大局和政法事业基本任务的把握,政法事业科学发展的目标定位可以概括为:

"坚持党的领导,以捍卫国家政权、代表人民利益、维护公平正义、促进社会和谐为根本,加快推进中国特色社会主义法治进程。"

这个目标定位可以从三方面来把握:

1. 基本前提:"坚持党的领导。"这是建设中国特色社会主义法治国家、实现依法治国的根本保证,是实现政法事业科学发展的政治优势所在。只有坚持党对政法事业的领导,才能始终保持政法事业的正确发展方向,才能有效协调和凝聚各方力量,才能为政法事业的科学发展提供强有力的组织、人才和机制保证。

2. 根本任务:"捍卫国家政权、代表人民利益、维护公平正义、促进社会和谐。""捍卫国家政权"是政法机关作为国家机器所应担负的基本任务,是政法事业的本质属性;"代表人民利益"是我们党和政府存在发展的政治基础,是政法事业的政治属性;"维护公平正义"是法的根本追求和价值所在,是政法事业的法律属性;"促进社会和谐"是政法机关履行社会管理职能的具体目标,是政法事业的工作属性。明确这四项根本任务,就突出了政法事业科学发展的着力点和主攻方向。

3. 目标方向:"加快推进中国特色社会主义法治进程。"建设社会主义法治国家,是中国特色社会主义事业的重要目标。在"有法可依"已基本解决的法治建设新阶段,加强法律实施工作、实现"有法必依、执法必严、违法必究"就成为推进中国特色社会主义法治进程的重点,而这正是政法机关的职责所系,是政法事业科学发展的目标所在。同时,这也是衡量政法事业是否科学发展的总标尺。

三、政法事业科学发展的推进路径

基于政法事业科学发展的历史方位,围绕政法事业科学发展的目标定位,针对政法事业发展中存在的突出问题,政法事业科学发展应当沿着以下四条路径推进:

（一）改善党的领导。党对政法事业的领导地位是非常明确的,领导作用是十分突出的。在坚持党对政法事业领导的前提下,最重要的任务是要进一步改善党对政法事业的领导,切实提高党领导政法事业的科学化水平。在这个问题上,一方面需要从执政规律、领导科学的角度,研究和深化对党的执政规律的认识,明确党对政法事业领导的内容、领导的方法、领导的边界,使党对政法事业的领导更加高效;另一方面需要从政法事业自身发展的角度,研究和深化对政法事业自身发展规律的认识,使党对政法事业的领导更加符合政法事业科学发展的要求。我们认为,改善党对政法事业的领导,应当坚持有所为有所不为,集中精力在加强政治建设、掌控发展方向上下工夫,在加强执法监督、保证法律执行上下工夫,在加强统筹协调、增强工作合力上下工夫,在加强队伍建设、提供组织保证上下工夫,在完善体制机制、落实领导作用上下工夫,使加强党对政法事业的领导与发挥政法各机关的主观能动作用更好地结合起来。

（二）深化司法改革。我国的司法体制,总体上是与经济社会发展、与社会主义民主政治发展的要求相适应的,但同时也存在不少问题亟待解决。党的十七大以来,围绕人民群众反映强烈和司法工作中存在的突出问题,司法体制机制改革取得了积极的成效,执法规范化水平进一步提高。但司法改革作为一项长期的任务,不可能毕其功于一役,必须继续深化。今后一个时期,司法体制机制改革应当围绕政法事业科学发展的目标定位,切实解决执法工作不透明、不公正、不廉洁、司法公信力不强的问题,切实解决执法监督机制不健全、监督措施不到位、错案追究不落实的问题,切实解决司法效率不高、执法独立性不够、执行迟缓的问题,切实解决基层执法队伍力量薄弱、素质不高、业务不精、保障不力的问题,切实解决社会主义法学理论研究滞后、法治话语权不足、法治文化竞争力不强的问题,全方位提升政法机关的内在素质和外部形象,以工作水平的不断提升体现政法事业的科学发展成果。

（三）创新社会管理。社会管理已经成为政法事业的重要组成部分,但客观上成体系的社会管理工作还处于刚刚起步、继续探索、不断完善的阶段,必须以创新的理念全面推进各方面工作。面对人口分布城镇化、信息传输网络化、资源配置市场化、利益格局多元化、政府职能服务化的社会发展趋势,要对社会管理的定位、内容、方法和机制作进一步的明确。在工作定位上,社会管理工作要围绕社会和谐这个根本目标来展开,把维护社会稳定作为高于一切的任务;在工作内容上,要着力做好人口服务管理、重点人群管教、"两新"组织管理、矛盾纠纷化解、社会治安防控、公共安全防范、网络舆情管控、基层社会服务等重点工作,实现对传统体制之外、整个社会面活动的全面覆盖;在工作手段上,要充分利用信息化手段提升管理效能,充分运用服务的方式实现对社会事务的有效管理,在服务中掌握信息、推进管理、化解纠纷、防范隐患;在组织领导上,要进一步发挥党委政法委在社会管理工作中统筹协调、调研指导和督促推动的作用,建立有效的联络和协调平台,切实增强社会管理合力。

(四)加强人才开发。人才是兴国之本,更是政法事业科学发展的强大支撑。要围绕政法事业科学发展的主要任务,着重加强三方面人才的开发培养:第一,以政治上忠诚、业务上内行、能统揽全局、能廉洁自律为标准,加强各级政法机关领导干部特别是各级"一把手"队伍建设,培养一批能够创造性开展工作的政法事业领导人才;第二,以精通法律实务、熟悉世情国情、理想信念坚定、研究能力突出为标准,加强政法事业理论研究队伍建设,培养一批能够为政法事业科学发展提供决策参考的政法事业研究人才;第三,以忠诚敬业、公正执法、业务娴熟、群众工作能力出色为标准,加强基层一线执法队伍建设,培养一批能够高效落实工作任务的政法事业基础人才。

四、政法事业科学发展应当正确处理的若干关系

政法事业的科学发展,其根本衡量标准要看是否为中国特色社会主义事业的全面发展创造了和谐稳定的社会环境,是否提高了社会主义法治水平、增强了我国司法制度的软实力,是否巩固了党的执政地位、维护了人民群众的根本利益。在此基础上,在具体操作层面要充分考虑体制机制和方法手段是否符合形势任务的要求,各项工作举措是否符合政法事业科学发展的客观规律。要体现以上要求,就需要立足国情实际,坚持科学发展,正确处理政法事业发展中的若干重大关系。

第一,在改善党的领导方面,要正确处理加强党对政法工作的领导与支持政法机关独立办案的关系。党对政法工作的领导既是宏观的,也是具体的,既要管政治方向、思想建设,也要管干部使用、执法监督。各级党委既要通过加强执法监督、管理干部队伍来落实党对政法工作的领导,但同时也必须把党对政法工作的领导置于宪法、法律的框架之下。特别是在执法监督工作中,要把支持政法机关依法独立办案作为提高监督水平的重要前提,主要通过对执法行为的监督评议来促进法律的正确执行,通过对政法干警的严格管理来促进公正廉洁执法,而不参与具体案件的业务办理,更不代替政法机关作出关于案件的具体决定。

第二,在深化司法改革方面,要正确处理发挥传统优势与学习借鉴创新的关系。一个国家实行什么样的司法制度,归根结底是由这个国家的国情所决定的。深化司法改革必须坚持从国情实际出发,充分发挥社会主义司法制度的优越性。但与此同时也必须看到,世界各国在社会进步的过程中也形成了大量值得我们借鉴的文明成果,其

中包括政治文明与法治文明。我们既不能妄自菲薄，用西方的司法理念来评判我国的司法制度，也不能故步自封，把学习借鉴别国的法治文明成果当作司法改革的禁区。要善于根据政法事业科学发展的需要大胆学习、借鉴，谨慎试行、检验，不断深化对政法工作客观规律的把握，不断提高政法工作的科学化水平。

第三，在对待社会舆论方面，要正确处理回应群众呼声与坚持依法办事的关系。社会舆论在一定程度上反映了人民群众的要求，这是做好政法工作必须考虑的重要因素。但在具体案件、具体工作的办理中，也应当理性对待社会舆论，正确把握情、理、法的关系。既要积极回应人民群众的期待和要求，努力实现法律效果与社会效果的统一，但也要充分考虑群众意见的客观性、可行性与实际效果，特别是要准确判断网络舆情与社会民意的差别，防止因过分强调民意而被网络舆论所左右，干扰司法机关依法独立办案。

第四，在加强社会管理方面，要正确处理推进末端治理与加强源头预防的关系。在社会管理工作中，调处矛盾纠纷、打击违法犯罪、维护公共安全、做好人口服务管理、加强对社会面的控制，这些末端治理行为是加强社会管理本身必须完成的内容；而保障改善民生、关注弱势群体、发展社会事业、加强对重大决策的社会稳定风险评估，则属于促进社会和谐稳定的源头预防工作。末端治理和源头预防，二者同等重要，不可偏废。但从工作范围上来划分，末端治理是社会管理的当然要求，是政法事业科学发展的有机组成部分，而源头预防在很大程度上属于社会建设和公共服务的范畴，更多地属于宏观决策层面。就推动政法事业科学发展来说，应当充分考虑社会管理的源头因素，但主要精力还是要围绕末端治理来展开，这也有助于政法部门突出工作重点，先抓好职责范围且能够做好的事情。

第五，在服务发展大局方面，要正确处理促进经济发展与打击违法犯罪的关系。为经济发展提供优质的法律服务和坚强的法治保障是政法机关的重要职责。各级政法机关应当以"排干扰、解纠纷、化风险、保平安"为着力点，自觉更新执法理念，稳妥处理经济纠纷，积极提供法律服务，努力创优发展环境，主动为经济建设创造良好的法治环境。但同时也要注意把握服务的边界与底线，科学认定经济犯罪与经济纠纷、渎职犯罪与工作失误等行为的界限，防止一些人钻改革的空子实施犯罪，防止以服务经济为名对违法犯罪行为姑息纵容。

第六，在维护社会稳定方面，要正确处理维护公共秩序与维护群众权益的关系。维护公共秩序符合人民群众的根本利益，这二者在本质上是一致的。但在现实工作中部分群众表达自身利益诉求而影响公共秩序、危害社会稳定的事也大量存在，政法机关在处理群体性事件中也经常要面临维护公共秩序与维护群众权益的矛盾。对此,要坚持把劝解疏导群众、解决群众合理诉求作为化解群体性事件的重要方针,慎用警力和强制性手段,努力通过调解的方式解决问题,使维护社会稳定的过程成为维护群众权益、改善党群干群关系的过程。与此同时,对于借维权之名挑头闹事的骨干分子和无理缠访闹访的极端上访人员也必须依法打击处理,防止形成"大闹大解决、小闹小解决、不闹不解决"的错误导向,坚决维护社会稳定。

第七,在网络信息管理方面,要正确处理保障言论自由与打击恶意炒作的关系。随着互联网的快速发展,网络虚拟社会对现实社会的影响日益广泛,微博、QQ、贴吧等网络社区成为人们自由表达的重要平台,这也为党委政府了解社情民意增加了一个重要途径。但由于互联网信息发布的分散性、随意性、突发性以及信息发布者的相对隐蔽性,网络这个新兴媒体平台越来越成为一些人散布政治谣言、炒作敏感问题、攻击党委政府的重要场所,网络负面舆情越来越成为影响社会和谐稳定的重要因素。事实上,网络热点问题形成的背后,大都有一些幕后推手在精心组织运作,甚至有不少"灌水"、"炒作"和传谣的发帖是受雇于特定组织。对这个问题,必须引起高度重视。要进一步加快互联网管理立法进程,逐步推广实名制上网制度,在保障人民群众言论自由的同时,依法打击恶意炒作和传谣行为,建设健康的网络环境,维护正常的网络秩序,牢牢掌握网络舆论的主动权。

第八,在加强队伍建设方面,要正确处理从严治警与从优待警的关系。司法权力是社会公器,其运作和行使涉及每个社会成员的切身利益,对于掌握这一权力的政法干警队伍必须严格管理、严格教育、严格监督,这是政法事业科学发展的组织保证。但在从严治警的同时,也要看到政法干警特别是一线干警责任繁重,工作辛苦,必须加大从优待警的力度,在生活上关心,在待遇上保障,在荣誉上激励,充分激发广大政法干警的主观能动性,以完善的激励机制教育和引导广大干警认真落实各项工作部署,扎实推动政法事业科学发展。

(作者系中共山西省委政法委研究室主任)

山西省煤炭资源整合过程中的有关法律问题

山西省高级人民法院课题组

山西省在实现转型跨越发展战略中,成功进行了煤炭资源整合,走出了一条具有山西特色的煤炭资源整合路子。从这几年的实践来看,煤炭资源整合和煤矿兼并重组,有效促进了资源的合理开发,在管理上实现了体制和机制的创新,大幅度减少了安全生产事故。随着煤炭企业的兼并重组深入进行,一些矛盾和纠纷逐渐显现出来。为了从法律层面上保障煤炭企业兼并重组工作的顺利推进,省法院成立了专门课题组,对这类法律纠纷专题调研。在认真研究分析的基础上,提出了一些具体的法律对策和建议。

一、煤炭资源整合过程中存在的法律问题

我省煤炭资源整合的实践,也正是不断完善法律法规的有益探索。对煤炭资源整合过程中存在的法律问题进行系统分析研究,以期推动有关法律法规的修改完善。

(一)现行的煤炭法律法规严重滞后

我国现在规范煤炭产业的法律主要是《矿产资源法》和《煤炭法》,以及国务院制定的《探矿权、采矿权转让管理办法》等行政性法规。由于我国煤炭行业的迅速发展,上述法律法规已经严重滞后,主要表现在三方面:一是对探矿权、采矿权的主体规定得不明确,《矿产资源法》规定我国和外国公司、企业和个人均可以开采矿产资源,而《煤炭法》只规定我国国有企业和集体企业开矿。二是对探矿权、采矿权的内容规定得不明确,也就是说对探矿权、采矿权人有哪些具体的权利和义务没有明确规定,这是造成煤炭资源整合中出现一些问题的主要原因。三是《矿产资源法》、《煤炭法》与行政性法规、部门规章之间缺乏协调性,甚至出现相矛盾的规定,表现出上位法和下位法缺少逻辑关系,互相冲突且不能支持,作为煤炭法体系框架的部门规章和规范性文

件,应急性和临时性强,缺乏对整个煤炭法体系的总体设计、规划,导致整个煤炭法体系内部系统性、条理性差。

(二)煤炭资源产权虚置和矿业权异化

煤炭资源属于国家所有,由国务院行使国家所有权,而煤炭资源具有区域性,只能就地开采,通常情况下是授权地方政府行使所有权。这样就产生了从中央到地方各级政府在煤炭资源产权上界定不清,出现一个产权、众多利益主体的现象,各自的权利、义务和责任难以明晰,导致产权虚置。《物权法》第三编"用益物权"中规定依法取得的探矿权、采矿权受法律保护,将探矿权和采矿权分列,没有统称为矿业权。矿业权属于财产权中的哪一种具体权利形态,探矿权、采矿权的法律性质是否同一,没有做出明确规定。至于探矿权、采矿权的权能到底有哪些,《物权法》也没有规定,使矿业权主体的地位、权利、义务、责任等不具有确定性、稳定性和针对性。

(三)煤炭采矿权的流转缺乏有效机制

目前,《矿产资源法》、《煤炭法》中没有明确规定矿业权一级市场出让的具体方式,事实上主要采取申请授予、委托出让方式,市场属性较大的招标、拍卖等方式很少运用。这就导致了资源配置的市场功能被扭曲,降低了煤炭资源开发利用的效率,也使国家的财产权益得不到最大限度的实现。《矿产资源勘查区块登记管理办法》和《矿产资源开采登记管理办法》虽然明确规定了探矿权、采矿权可以通过招投标的方式有偿取得,但没有具体的实施办法和程序规定。2003 年国土资源部虽然颁布了《探矿权采矿权招标拍卖挂牌管理办法》,进一步明确了"两权"招标、拍卖、挂牌的程序,但全国范围的矿业权一级出让市场还未形成。同样,矿业权二级市场的流转也存在法律阻碍。《民法通则》规定"国家所有的矿藏、水流不得买卖、出租、抵押或者以其他形式非法转让",这样的矿业权民事立法严重阻碍了矿业权的流转。1996 年修改后的《矿产资源法》对上述规定作了变通,允许了一定条件的矿业权转让。2000 年出台的《矿业权出让转让管理暂行规定》允许矿业权人可以采取出售、作价出资、合作勘查或开采、上市等方式依法转让矿业权。矿业权人可以出租、抵押矿业权,可以说这时才正式确立了矿业权流转制度。

二、煤炭资源整合过程中引发的法律后果

煤炭企业兼并重组是一项复杂的系统工程,其直接法律后果是企业法人的终止、变更和重新设立。从我省煤炭企业兼并重组的实践来看,主要存在以下几个方面法律问题。

(一)债权人合法权益的保护问题

一些煤炭企业借兼并重组之机,抽逃资金,恶意逃废债务,使债权人的合法权益得不到实现。如有的煤炭企业借兼并重组之名,不履行已签订的买卖合同;有的煤炭企业与兼并主体或者其他企业相互串通,签订虚假合同,转移优质资财;还有的煤炭企业名义股东未经隐名股东(实际出资人)同意,擅自转让股份,造成实际出资人的损失等等。这些恶意的民事行为在兼并重组过程或后期就显现出来,形成被兼并主体与兼并主体、债权人之间的纠纷。

(二)煤炭企业的职工安置问题

职工安置问题关系到社会的和谐稳定和资源整合的进程。在调研中,我们发现国有控股煤炭企业普遍对职工安置做得比较好,乡村集体煤矿和民营煤矿做得不太好,造成职工到法院起诉或长期上访。从审判实践角度分析,主要有以下几种情况:一是一些乡镇集体煤矿和民营煤矿借兼并重组之名,对煤矿职工撒手不管,拖欠工资;二是有的煤矿企业不给职工上养老保险、医疗保险、伤亡保险等费用;三是有的煤炭企业被兼并后不给原来职工安置工作,造成职工下岗失业;四是有的煤炭企业给职工的安置费用过低,职工接受不了。以上种种情况,如果处理不好,将会激化劳资矛盾,形成群体性事件,影响社会稳定。

(三)煤炭企业产权混同的问题

在审判实践中,我们发现一些乡镇煤矿进行假改制,形成产权名为公司,实为村集体的现象。一部分乡镇煤矿为应对2006年的煤炭资源整合,进行了公司化改制。从形式上看,这些煤矿均是有限责任公司,通过转让村集体的采矿权,购买煤矿资产,产权明确。但实际上,这些公司并没有支付给村集体相应的对价,甚至有些地方虽然在工商登记时申报的是通过受让的净资产出资设立的,却不能提供资产转让协议的原件,不能出示转让价款的凭证,查阅不到村集体处置资产决议的资料。原来这些煤矿在办矿初期承包给了个人,煤矿技改扩、缴纳采矿权价款均是由承包人付款,但采矿权人仍是村集体。为了完成改制任务,"写了"一系列的改制方案,实际是假"改制"。

(四)涉及煤炭资源整合的民事、行政诉讼问题

当前已形成并已进入司法程序和可能形成进入司法程序的民事、行政纠纷主要归纳为以下十个方面:

1.被整合主体原有债务纠纷。按照主体不同,可以分为拖欠国家债务、拖欠职工债务、拖欠企业债务、拖欠银行债务。按照财务账目上记载是否明确,可以分为显性之债和隐性之债。实践中拖欠煤炭资源价款和各种税费的情形比较普遍,且数额巨大;

有相当一部分企业拖欠职工的工资、医疗保险和养老保险等费用;还有一些企业拖欠银行、村集体和企业债务。

2. 煤矿被整合后转让股权产生的纠纷。比如:整合主体提前介入,最终未整合该煤矿而引发的纠纷。鉴于煤炭资源整合是"政府主导",整合区域也是由政府指定,所以一些整合主体提前介入但最终有的未整合而是被其他主体整合,由此产生纠纷。

3. 被整合煤矿由于承包转包引起的纠纷。经常遇到被整合的煤矿由于规模小、经营不善,多次承包、转包、租赁,投资人众多,债权债务约定不明产生纠纷。

4. 被整合主体隐名股东问题引发的纠纷。审判实践中这类纠纷比较多。

5. 因开采煤炭引起的损害赔偿纠纷。主要是采煤引起道路塌陷、房屋毁损、庄稼树木枯死等要求损害赔偿的案件。涉及整合后的责任主体转移问题。

6. 因开采煤炭引起的环境污染损害赔偿纠纷。这类案件与第5类案件的不同之处在于污染的是空气、水、土壤等环境,审理原则和标准不一样。也同样涉及整合后的纠纷承担问题。

7. 超层越界开采引起的纠纷。如超层越界开采引起的损害赔偿纠纷和行政诉讼纠纷。

8. 被整合煤矿用工纠纷。如煤矿被整合后,拖欠职工工资、养老保险、医疗保险等费用。

9. 被整合煤矿用地纠纷。如被整合煤矿未办理征地出让手续引起的土地使用权纠纷,煤矿被整合后土地关系未理顺而产生的纠纷。

10. 因办理采矿许可证和营业执照而产生的行政诉讼纠纷。如整合主体告工商、国土资源部门不作为的案件等等。

三、完善我省煤炭资源整合的法律对策及建议

我们从立法、执法、司法三个层面提出法律对策及建议。

(一)尽快修订完善煤炭法律法规

一是建议尽快启动《矿产资源法》和《煤炭法》的修订程序,两部法律同时修订,注意合理划分两者分工,消除原有立法冲突和交叉。修订时,明确规定煤炭矿业权的主体、客体,规定矿业权人的权利、义务,规定矿业权出让转让的具体条件和程序。

二是建议对我省煤炭资源整合的成功经验和做法进行认真系统的总结,注重加强总结提炼,概括出具有普遍性的矿产资源整合的基本原则、条件、程序,设计出全国矿产资源整合的预期前景,以及分步实施的可行性目标,形成议案,提交全国立法机

关,供修订法律时参考借鉴。

(二)加强行政执法工作

虽然我省基本完成了煤炭资源整合工作,但煤炭企业开采过程中仍然存在许多问题,在调研中,我们发现个别县仍然存在开黑煤窑、越界开采、污染严重的现象,因此对煤炭企业的监管工作必须常抓不懈,建议充分发挥国土资源、公安、煤炭、安监、工商、税务等行政执法部门的作用。

一是建议严厉打击无证勘查和开采等违法行为,对无证或持过期失效许可证进行勘查开采的,公安部门不得批准购买、使用民用爆破器材,电力部门不得供电,国土资源部门责令停止开采,没收矿产品和违法所得,从重处罚。对持开采矿种与采矿许可证不符的,要责令停止违法行为,按无证开采处罚;对拒不改正的,依法吊销采矿许可证。国土资源部门应加强巡查工作,发现无证勘查和开采的,及时取缔。

二是建议加大对矿产资源开发环境保护和矿山企业安全生产的监管力度,对严重污染环境、未进行环境影响评价的矿山企业,对不符合安全生产要求超通风能力生产,未按规定建立瓦斯抽放系统的矿山企业,环保、安监部门依法责令限期整改或停产整顿,有关部门及时收回证照。

三是建议建立矿产资源开发监管责任体系。国土资源部门进一步加强对矿产资源开发各个环节的监管并承担相应责任,充分发挥执法监察队伍和矿产督察员队伍的作用,建立监管责任体系,维护矿产资源勘查、开采的正常秩序。

(三)法院处理因煤炭资源整合引发纠纷的对策

1. 被整合主体原有债务纠纷的处理。对于拖欠国家的债务、拖欠职工个人的债务以及显性债务,起诉到法院的很少,说明一般都进行了处理。未处理的,双方也都进行了协商和约定,明确了对债务的承担主体和承担方式。起诉到法院主要是隐性债务,由于整合时对债务没有协商也没有约定,审判实践中较难处理。可以从以下几个方面审查处理:(1)准确认定煤炭资源整合的法律关系,此次煤炭资源整合对企业来讲是兼并,是经济概念,而不是法律概念,在法律上应认定为企业合并,企业合并包括吸收合并和新设合并两种,应适用《公司法》的规定。(2)确定承担责任的主体。兼并企业是否承担被兼并企业的原有债务,应适用债务随资产转移理论,即:对于资产收购式兼并,兼并企业或新成立的公司应在接收财产的范围内承担责任;对于控股式兼并,兼并主体以被兼并企业的股权为限承担责任。(3)审查兼并之前是否履行了公告义务,通知债权人在一定期限内申报债权,如逾期未申报债权的,则不受法律保护;在期限内申报债权的,兼并企业在承担民事责任后,再向被兼并企业资产管理人追偿。

2. 煤矿被整合后转让股权产生纠纷的处理。实践中名为承包实为采矿权转让的情况比较多,这类纠纷在法律上如何处理呢?《矿产资源法》及其实施细则规定,采矿权转让必须经过批准,如果未办理批准手续的,不产生物权上的效力,应认定为效力待定合同。对于以承包的方式转让采矿权的,属于法律法规明令禁止的行为,应认定为无效合同。对于未生效和无效合同的处理,按照《民法通则》和《合同法》的规定,按照过错原则各自返还财产。

3. 被整合煤矿由于承包转包引起纠纷的处理。实践中,承包人急于在承包期内收回投资,往往进行掠夺性开采、破坏性开采,不仅浪费国家矿产资源,而且容易发生安全生产事故,还破坏当地生态环境,最后由政府埋单。同时,通过承包、转包、租赁等方式开采煤矿,往往出现多个投资人,由于企业经营机制不完善,造成产权不清,债权人的合法权益得不到保障。根据《矿业权出让转让管理暂行规定》和《探矿权、采矿权转让管理办法》的规定,采矿权人不得将采矿权以承包、转包等方式转让给他人开采经营。煤矿承包转包合同虽然是基于双方自愿,意思表示真实,但由于行政法规的禁止性规定,因此,这类合同应认定为无效。在审理过程中,对涉及煤炭资源整合的,要从大局出发,保证整合工作的顺利进行,动员当事人配合政府工作,确定采矿权人和资源费补偿数额。对涉及投资纠纷的,要确定投资额,合同无效后要求返还投资的,一定准确鉴定,充分协商,既要考虑投资经营时间长短、投资回报情况,又要考虑资源整合中政府确定补偿情况,还要考虑采矿权人同期回报情况。在综合考虑的基础上慎重下判。对于生效判决要求返还采矿权的,要放在资源整合中统一考虑,一般不宜强制执行。如果政府确定的采矿权人和判决胜诉方一致,则应由政府发证时协助执行;如不一致,则应通过协商,保证申请人通过资金补偿或确定股权等形式实现合法权益。

4. 名义股东侵犯隐名股东权益纠纷的处理。名义股东是指仅在股东名册和工商登记中记载有名字但未实际投资的股东。隐名股东与名义股东相对应,是指实际投资但未将姓名或名称记载股东名册、工商登记中。审判实践中隐名股东与名义股东投资权益纠纷比较普遍。对于这类股权纠纷如何处理呢?《公司法》及其司法解释规定,隐名股东与名义股东签订的投资协议,在不违反法律规定,不损害第三人合法权益的情形下,可以认定合同有效。如果名义股东未经隐名股东同意,擅自将股权转让给第三人,名义股东的转让行为如何认定呢? 分两种情况,第一种情况是如果第三人是善意取得的,则保护善意取得人的合法权益,则认定转让行为有效;第二种情况是第三人明知存在隐名股东,仍与名义股东签订协议,将转让协议认定为效力待定合同,如果隐名股东事后追认,则认定协议有效,否则无效。

5. 因开采煤炭引起的损害赔偿纠纷的处理。审判实践中这类纠纷比较常见,侵权人一般是煤炭企业,受害人是村委会、农民个人和驻地单位,受到损害的是道路、桥梁、房屋、庄稼、树木等财产,法律关系比较简单清楚,难点是损失有多大和如何确定侵权行为与损害结果之间的因果关系。因开采矿产资源是在地下几十米甚至上百米深处作业,与地面道路、房屋、庄稼受损是否存在因果关系,是共同侵权还是单独侵权,受到的损害程度有多大,这些问题非常专业,不是仅凭法律知识和审判经验所能认定的,必须依靠专门的鉴定机构进行鉴定,才能作为判案的依据,也才能令受害人信服。在审理这类案件中,应坚持全部赔偿原则和财产赔偿原则,同时注意保护群体利益和弱者利益。

6. 因开采煤炭引起的环境污染损害赔偿纠纷。在处理此类案件中,应该注意以下几点:(1)此类诉讼属于公益诉讼,不仅受害人可以起诉,有关机关和组织也可以起诉,如检察院、环保局等单位可以代表国家起诉;(2)在诉讼中举证责任是倒置的,受害人证明的只是受害的事实,至于是否由侵害人造成的,即侵害行为和结果之间的因果关系,由侵害人承担证明责任,加重了侵害人的举证责任;(3)采用无过错责任原则,受害者遭受损害是判定污染者承担责任的主要标准,而不考虑主观上是否有过错。在审判中,应注意认真执行《侵权责任法》和最高法院的民事证据规则,造成环境污染的煤矿要承担举证责任。

7. 超层越界开采纠纷案件的处理。关于受害人对超层越界开采行为提起的民事赔偿诉讼,审判实践中对这类案件有不同认识,一种观点认为是民事侵权纠纷,人民法院应该受理。另一种观点认为超层越界开采行为不仅侵害了煤矿的煤炭资源,而且破坏了国家正常的煤炭资源开采秩序,侵害的客体是双重客体,应该先由行政部门做出处理决定,再由人民法院审理,走先行政后诉讼的程序。我们认为对这类纠纷应分三种情况处理:一是对受害的煤矿没有参加有偿使用制度改革的,应视为侵害的矿产资源是国家的,受害的煤矿无权提起诉讼,应驳回起诉。建议先由行政部门处理,对处理不服的,当事人可提起行政复议或行政诉讼。二是对受害的煤矿参加了有偿使用制度改革的,由于已经向国家支付了开采矿产资源的对价,获得了使用权、收益权,因此,当事人有权提起诉讼,属于民事侵权案件。三是若受侵害的是国家的矿产资源,尚未出售给有关企业的,对这类诉讼,因为与当事人并无利害关系,无权提起诉讼,人民法院应驳回起诉,建议有关行政机关做出处罚。在审理过程中,受害煤矿要求赔偿的,应做司法鉴定,由有关专家和技术人员对是否超层越界开采、是否受到损害、损失多少等做出权威的结论,人民法院判案才有依据。不能依据一方当事人提供的损害数额作结论,否则引起另一方当事人不满,损害人民法院的公正性和权威性。

8. 被整合煤矿用工纠纷的处理。审判实践中这类纠纷比较常见,直接涉及职工的合法权益,如果处理不好,将引起群体上访告状。这类案件中,被整合的煤矿大多是乡镇集体煤矿和私营煤矿,在整合过程中对拖欠的职工工资、养老保险、医疗保险和伤亡保险等费用约定不明确,极易产生纠纷。煤矿职工往往将被整合煤矿和整合煤矿一起告到法院,要求支付工资和相关费用。在审理中,对整合协议中有明确约定的,按约定执行;对没有明确约定的,根据债务随资产转移的原则,判决谁接受财产,谁承担责任,使煤矿职工的合法权益得到实现。

9. 被整合煤矿用地纠纷的处理。我国煤炭采矿权和土地使用权是相分离的,分别审批,拥有采矿权并不当然拥有煤矿所在的地面上的土地使用权,因此容易产生纠纷。实践中,许多煤矿对煤矿所占的土地并没有使用权,而是租赁当地村委会或村民的,签有土地租赁协议,交纳一定费用。煤矿被整合后,如何处理当地村委会或村民与整合煤矿产生纠纷诉讼。对这类案件应首先审查土地租赁协议是否合法,是否到期,是否存在欺诈胁迫行为。然后根据不同情况分别做出处理。对土地租赁协议合法有效的,责令继续履行;对已到期的协议,可做协调工作,适当增加租金,签订新的协议;对采取欺诈手段胁迫签订的协议,根据《合同法》的规定,应认定为无效合同。总之,通过平等保护双方当事人的合法权益,促进煤炭企业的正常生产经营活动,使当地村委会和村民的合法权益得到实现。

10. 煤炭企业行政许可诉讼纠纷的处理。据了解,采矿许可证绝大多数已经重新核发,工商执照作为最后一道工序,由于前期手续不完善和法律法规不明确,核发工作进展缓慢,已出现一些煤矿企业将工商部门诉到法院,要求尽快注销、颁发或变更工商执照。这类纠纷属于行政许可案件。审理的主要依据是《行政许可法》和有关行政法律法规以及最高法院的司法解释,同时参照省政府颁发的规章和规范性文件。审判实践中可从以下几方面审查认定:(1)准确适用法律规定。根据《行政许可法》规定,煤炭企业的采矿许可证和工商营业执照的设定权,只能由全国人大及其常委会和国务院行使,省级人大及其常委会和省级政府只能在设定的行政许可事项范围内作出具体规定,而且不能与法律、行政法规相抵触。国土资源部门和工商行政管理部门作为行政执法机关,职责是认真执行法律、法规及政府规章,无权设定行政许可。(2)认真审查规范性文件的合法性。针对兼并重组煤矿企业的工商执照颁(换)发进展缓慢的情况,省政府于2011年印发了《关于进一步做好兼并重组整合煤矿企业工商登记注册工作的通知》,明确了界限,做出具体规定。对于省政府发布的规范性文件,人民法院在审理具体案件中，审查其是否符合法律和法规，如违反禁止性规定和强制性规定，则不能参照；如符合，则可以参照适用。省政府的《通知》属于规范性文件，对于做好这项工作具有重要的指导作用，在不与法律和行政性法规相抵触的情况下，我省各级法院可以参照适用。(3)慎重处理煤炭企业行政许可案件。对于起诉到法院的煤矿企业行政许可案件，煤矿企业要求注销原营业执照，颁发新营业执照的，人民法院先进行司法审查，审查有关手续是否齐全、是否符合法律规定的程序，如符合规定，可作出司法判决，责令工商部门先注销后颁证；否则，可驳回起诉。如地方政府已介入解决，工商部门暂缓办理的，人民法院参照省政府的规范性文件，则支持工商部门的决定，做出中止审理的裁定。待条件具备时，再恢复审理，作出判决。

关于开展民生警务亲民公安建设的实践与思考

刘 杰

实施民生警务、打造亲民公安,是新时期公安机关贯彻群众路线的客观需要,也是新形势下加强公安队伍建设,提升公安工作水平的重要途径。2013年以来,山西省公安厅党委认真贯彻落实党的十八大精神,针对队伍中存在的违法违纪率高、人民群众满意率低等问题,积极创新理念,主动转变作风,在全省公安机关强力推进以"五个一"总体思路为统筹、以深化大走访活动为基础、以建立网上便民服务平台为支撑、以长效机制建设为保障的民生警务、亲民公安建设,有力提升了全省公安工作和队伍建设水平,受到了省委、省政府和公安部的充分肯定,取得了较好的社会效果。

一、开展民生警务亲民公安建设的做法

(一)坚持为民服务理念,打牢民生警务的思想基础

推进民生警务、亲民公安建设首先要解决思想认识问题。为此,厅党委立足全省工作大局,结合公安工作和队伍建设实际,紧紧围绕"三个怎么办",深入了进行思考和研究。一是贯彻党的十八大提出的更加注重以人为本、更加突出民生、更加强调社会管理创新的新部署,落实全国政法工作会议、公安厅局长会议提出的平安中国、法治中国、过硬队伍建设的新要求。山西公安怎么办?二是近年来,全省公安机关和广大民警认真履行职责,尽职尽责,做了大量工作,但与省委、省政府和公安部要求和人民群众期望相比,还有很大差距,要顺应时代要求,回应人民群众期待,实现赶超和跨越,山西公安怎么办?三是面对一段时间以来,山西公安负面影响不断,队伍违法违纪居高不下,执法公信力降低,领导不满意、群众不满意、公安民警自身也不满意的现状,要重塑公安队伍形象,山西公安怎么办?

在认真思考、反复讨论研究的基础上,厅党委明确提出了"五个一"总体工作思

路,即:"确立一种'民生警务'理念,坚持队伍建设这一根本,打造一支'亲民公安'队伍,夯实基层基础工作这一根基,坚持群众满意这一标准"。其核心是实施民生警务、打造亲民公安,把民生警务的理念贯穿于全部的公安工作中,坚持把人民群众的安全感和满意度作为衡量和检验公安工作的根本标准,坚持把保障民生、改善民生、服务民生作为公安工作的出发点和落脚点,更加积极主动地为人民群众提供优质高效的服务,进一步密切同人民群众的血肉联系。

(二)深入开展走访活动,明确民生警务的工作方向

群众需求是警务工作的"风向标"。实施民生警务关键是要准确把握人民群众对公安工作的新期待、新要求,找准人民群众对公安工作不满意的症结所在,从而明确努力方向和工作重点。为此,从 2012 年年底开始,我们在全省公安机关部署开展了"走基层、察民情、解民忧、创满意"大走访活动,领导干部带头,全警积极参与,主动走访群众,接受群众评议,坚持从群众关心的小事做起,办好"小案件"、调解"小纠纷"、消除"小隐患"、化解"小信访"、解决"小难题",在一点一滴中增进同群众的感情,累积群众的信任,赢得了群众理解和支持。同时梳理出人民群众对公安工作最不满意的五个方面的问题,即社会治安状况不够好、防控体系建设不尽完善、执法办案不太规范、民警工作能力不够强、群众办事不方便。针对这些问题,全省公安机关进行了认真整改。一是因地制宜组织开展侦破命案、打黑除恶、打击"两抢一盗"、治爆缉枪、打击非法吸收公众存款、打击电信诈骗等"六大战役",深入开展城乡结合部、城中村、工矿区、出租房屋、"九小场所"、校园及其周边等"六项整治",严厉打击群众最关切、最深恶痛绝的犯罪活动,强力整治群众最担心、最不放心的治安乱点。二是深入实施城乡社区警务战略,制定了加强派出所和社区警务的 20 条措施,警力下沉,警务前移,服务上门。同时推进"天网"工程建设,完善了社会治安防控体系,提高动态环境下驾驭复杂社会治安局势的能力。三是狠抓执法规范化建设,改进执法方式,完善执法规范,加强执法管理,着力提高广大民警的执法素质和执法水平,着力提高公安机关的执法公信力。四是强化民警培训工作,重点轮训基层一线科所队长,着力提升基层一线民警的业务能力和群众工作水平。五是最大限度地惠民、利民、便民,省厅集中推出了维护发展环境和服务民生的双 15 条措施。

(三)搭建便民服务平台,提升民生警务的服务质量

在深入开展走访活动的同时,全省公安机关坚持与时俱进、改革创新,积极探索社会动态化、信息化条件下开展群众工作的新方法,充分利用科技信息化手段,积极建设网上便民服务平台,进一步拓宽了联系群众、服务民生的渠道,提高了服务群众、保障民生的效率和水平。一是搭建山西公安便民服务在线。按照"全国一流、深度应用"的建设目标,省、市、县三级公安机关在互联网上全部开通了统一设置标准、统一工作规范、统一服务要求、上下贯通的综合性便民服务网站群——山西公安便民服务在线,形成了全国规模最大的公安便民服务网站群。山西公安便民服务在线集亲民热线、短信平台、互联网门户网站、3G 手机版四位于一体,由信息发布、业务办理、交流互动、考核评测四大板块 20 多个栏目组成,为群众提供信息查询、咨询投诉、交流互动、网上预约、在线申办等服务。群众足不出户就能了解办事流程,打开电脑就能表达意愿诉求,鼠标一点就能快速办理户政、出入境、交警、治安等九类 185 项与群众密切相关的公安业务,变以往公安机关"坐等群众上门办事"为群众足不出户在家"敲敲键盘,事情办完;点点鼠标,业务办好",努力实现"让数据多跑路、让群众少跑腿、服务群众零距离"。自正式开通运行以来,山西公安便民服务在线访问量已达 900 万人(次),每天有近 6 万人登录网站,在线咨询事项、表达诉求,办理业务。半年来,共受理群众咨询求助和业务申办 35 000 余件,办结率 98.7%。其中,群众在网上办理机动车自选号牌 11 000 余副,办理护照 2 200 余本、港澳通行证 1 500 余件;便民公告栏目发布服务信息 2 500 余条,通过手机短信为群众发布服务信息 200 余万条。二是着力打造山西公安微博集群。在进一步做大做强新浪"山西公安"微博的基础上,省公安厅在腾讯网开通"山西公安发布"微博,收入各市、县公安机关和有关警种的微博,建立警民互动新渠道,通过微博实时发布辖区社会治安动态、群众办事指南和安全防范常识等信息,积极与网民互动交流,及时回应网民咨询、投诉和求助,不断增强人民群众对公安工作的支持和理解。目前"山西公安发布"微博已成为拥有 141 个公安微博的微博群,访问量超过 1 000 万人次,拥有粉丝 30 余万人。新浪"山西公安"微博拥有粉丝 230 万人,2012 年入围全国百大政务微博,其中"晋中公安"微博被评为全国党政机关政务微博第 22 名。三是深度拓展 QQ 应用空间。充分利用 QQ 空间信息量大、交流实时快捷等优势,在各级公安机关普遍开通 QQ 空间、吸引网民加入互动的同时,主动搜集企业单位、小区业主的 QQ 群和社区居民的 QQ 号码,对 QQ 空间信息进行实时关注,实现了与网民的即时音频、视频和文字聊天,实现了警民关系的伙伴化、亲情化。网上便民服务平台的组建和集中推出,引起了社会普遍关注,不仅让人民群众即时感受到了方便、快捷和公安机关的服务举措,起到了集群、规模效应,更重要的是把公安机关能公开的行政管理、审批全部公开,阳光运作,方便监督,满足了人民群众对公共服务、公平正义的新期待。

(四)大力加强制度建设,构建民生警务的长效机制民生警务、亲民公安建设重在坚持、重在常态、重在制度。为把好的经验做法固定下来、坚持下去，我们坚持立足当前、着眼长远，制定出台多项制度规范，从工作运行机制、监督制约机制、考核评价机制、队伍建设保障机制等方面，强化民生警务的长效机制建设。一是建立完善工作运行机制。制定出台了《关于建立"走基层、察民情、解民忧、创满意"走访活动长效机制的实施意见》《山西公安便民服务在线管理办法》《关于进一步加强新形势下公安派出所和社区警务工作的意见》等制度和规定，从制度层面上规范了实施民生警务的各项任务、程序和要求，形成了一整套相互支撑又环环相扣的工作体系。二是建立完善考核评价机制。坚持把人民满意作为检验公安工作的根本标准，把公安工作的评判权交给群众，省公安厅采取委托独立第三方机构调查的方法，对全省群众安全感和满意度进行调查，将调查结果进行排名公布，并将调查结果作为对各地公安工作考核的重要指标，切实加大民意在考评中的权重，在全省公安机关形成了主动听取群众意见、自觉接受群众评议的浓厚氛围。三是建立完善监督制约机制。为确保民生警务、亲民公安建设各项措施落到实处，我们充分发挥纪检监察和警务督察等部门的职能作用，切实强化监督工作。省厅组建了 5 个派驻督察队，分片包干，长期深入基层对各地工作开展情况进行督导检查。制定出台了厅长督办令制度，对重大事项进行督办并在网上通报，由全体民警共同监督落实。同时，以警务督察信息系统建设为依托，实现了对全省公安机关所有窗口服务单位的实时监督，从源头上压缩滋生腐败问题的空间。2013 年以来，全省公安机关已对工作落实不力的 49 名领导干部进行了问责，维护了制度的刚性权威。特别是在深入开展"整治吃拿卡要，创优发展环境"活动中，先后对 553 个单位开展各类明察暗访 46 轮次，核查民警"吃拿卡要"问题 32 件 78 人，并对 23 项行政审批项目进行了合并、精简、下放。目前，我们正按照公安部的统一部署，即将开通 12389 专用举报电话和互联网举报平台，建设公安监督信息系统，形成监督合力，提高监督水平，推动工作落实。四是建立队伍建设保障机制。实施民生警务必须打造一支纪律严明、执法公正的亲民公安队伍。省厅党委坚持从严治警方针，先后制定了《关于加强党委班子建设的意见》《关于改进工作作风的九项规定》《党员领导干部廉洁从警若干规定》，部署开展了争创"无违法违纪单位"、"尊重红绿灯、警车做标兵"等活动，并组织拍摄了《贪途末路》警示教育片，建立了网上"警钟长鸣"、"曝光榜"等栏目，以身边人、身边事警示民警引以为戒。通过抓早、抓小、抓苗头，努力把问题解决在萌芽状态，实现"人民群众满意度不断提高、民警违法违纪率逐年下降"一高一低目标。同时，牢固树立"带兵要狠、爱兵要深"的理念，在全省公安机关部署开展了内联警心，建和谐警营;外联民心，建和谐社会的"双联双建"活动,制定出台机关服务基层15条措施、异地分居民警夫妻"团圆计划"等一系列从优待警措施,并在公安信息网上开通了"厅长信箱"、"服务之窗"、"政工直通车"等栏目,及时了解基层情况、倾听民警心声、解决民警困难。这些措施有效解决了民警实际困难、舒缓了民警压力、引导了民警正面情绪、增强了民警职业认同感和自豪感,进一步激发了广大公安民警实施民生警务的内在动力和工作热情。

通过近一年来的探索实践,全省公安机关民生警务、亲民公安建设取得了初步成效:一是有效维护了全省社会治安大局稳定。2013年上半年,全省公安机关刑事案件同比下降10.6%,其中八类严重暴力犯罪案件下降13.9%,"两抢一盗"案件下降11.2%,经济犯罪案件下降56.1%。二是山西公安形象得到了显著改善。全省公安机关广大民警牢固树立民生警务理念,自觉服务群众,主动接受群众监督,精神面貌、工作态度都有了显著变化,民警违法违纪问题明显减少,今年上半年共查处民警违法违纪案件57起80人,同比分别下降39.4%和27.9%。《人民日报》、《人民公安报》等媒体对山西公安机关"实施民生警务、打造亲民公安"的做法进行了宣传报道。《山西日报》头版头条报道了山西公安便民服务在线的情况,并配发了专评,认为此举具有表率作用,不仅是公安机关创新社会管理、加快自身职能转变迈出的重要一步,而且创造了值得在更大范围内进行总结推广的经验做法。三是以民意为导向的公安警务机制基本形成。随着民生警务、亲民公安建设的深入推进,全省公安机关服务群众的能力和水平进一步提高,以民意为导向的警务机制不断完善,警民关系更加和谐,群众安全感和社会满意度明显提升。山西公安便民服务在线开通后,网上办事群众对在线服务的满意率为98.5%。全省公安机关推进民生警务、亲民公安建设的做法,也得到了公安部和省委、省政府领导的充分肯定,2013年4月18日,国务委员、公安部部长郭声琨批示:"请政治部组织总结山西公安机关'走访'活动的做法,推进民生警务、亲民公安建设。"5月2日至13日,公安部政治部派员组成调研组,对我省公安机关推进民生警务、亲民公安建设情况进行了专题调研,对我们的做法和成绩给予了较高评价。5月14日,省委书记袁纯清作出重要批示:"活动主题好,民生警务的实质是警务为民,要始终把活动的着力点、落脚点放在为民、便民、利民、护民上,使公安机关真正成为人民群众生命财产的保护者、捍卫者。"省委常委、组织部部长汤涛,省委常委、纪委书记李兆前,省委常委、政法委书记王建明等领导也先后多次批示并到省公安厅调研指导,对民生警务、亲民公安建设充分肯定、大力支持,认为这些举措抓住了山西公安的核心问题,有利于全省公安机关更好地承担使命、履行职责,更快地转变作风、改善形象。省纪委还在省公安厅召开,现场会,推广省厅经验和做法。

二、开展民生警务亲民公安建设的体会

通过近一年来的实践,我们深深体会到:

第一,群众路线是党的根本宗旨对公安工作的本质要求,也是做好维护稳定工作的根本保证,无论在任何时候任何情况下,都要毫不动摇地坚持下去。面对世情、国情、党情、社情的深刻变化,面对长期执政、改革开放、市场经济、外部环境的严峻考验,始终保持同人民群众的血肉联系,最大限度地防止脱离群众、丧失民心的危险,变得比过去任何时候都更为紧迫。公安机关是人民民主专政的重要工具和维护稳定的专门力量,担负着巩固共产党执政地位、维护国家长治久安、保障人民安居乐业、服务经济社会发展的重大政治和社会责任。在新的历史条件下,要切实担负起党和人民赋予的神圣使命,就必须进一步继承和发扬公安机关的优良传统,始终把人民放在心中最高的位置,坚持立警为公、执法为民、立足本职、竭诚奉献,以实际行动践行"人民公安为人民"的庄严承诺,把公安工作深深扎根于广大人民群众之中。

第二,警民矛盾的主要方面在公安机关自身,密切警民关系的主动权在广大民警,解决对群众的感情问题,是人民警察践行全心全意为人民服务宗旨的基本前提。人民警察来自于人民,群众在我们的心中有多重,我们在群众的心中就有多重;我们对群众的感情有多深,群众对我们的感情就有多深。你对群众用心,群众就对你上心;你跟百姓有多近,百姓就对你有多亲。只有紧紧依靠最广大的人民群众,才能巩固我党坚如磐石的执政根基,筑牢维护稳定坚不可摧的铜墙铁壁。只有带着深厚的感情深入群众、联系群众,到群众最需要的地方去了解民生诉求,到群众最困难的地方去排忧解难,到矛盾最突出的地方去化解矛盾,才能真正把工作做到群众的心坎上,才能真正赢得人民群众的拥护和支持,真正使公安工作永远立于不败之地。

第三,做好新形势下的群众工作,必须紧密结合当前公安工作实际,创新群众工作方式方法,提升群众工作本领。我们要准确把握社会生活的新变化和群众工作的新特点,积极探索群众工作的新思路,不断创新群众工作的新方法,进一步提高做群众工作的新本领。要在大力推进传统走访联系群众工作制度化、常态化的同时,积极探索信息化条件下公安机关群众工作的新方法,充分借助互联网、手机等新兴传媒,建立"网上公安局、派出所、警务室"、警务"微博"、QQ群等警民联系新平台,让群众足不出户就能了解办事流程,打开电脑就能表达意愿诉求,鼠标一点就能办理相关业务,进一步拓宽联系群众、服务群众的渠道。要坚持把提高群众工作能力作为公安民警的一项基本功,进一步加大对公安民警的培训力度,使广大公安民警着力练就为民服务

的硬功夫,努力成为做群众工作的行家里手。

第四,必须始终坚持把人民群众的安全感和满意度作为衡量和检验公安工作的根本标准,充分发挥绩效考评的"指挥棒"作用,进一步树立正确的工作导向。要按照这一标准,改革传统的民警绩效考评机制,将群众工作考核结果作为评比表彰、奖优罚劣的重要依据,加大民意在考核中的权重,切实把做群众工作从"软指标"变为"硬任务",引导广大民警真正把心思用到百姓身上,把工夫下到百姓身上,把工作成绩体现到百姓身上。要科学设置考评指标,尽可能减少不必要的考核项目、取消不切实际的考评指标,尽可能减少多头考核、重复考核。要合理确定考评办法,推行业务工作与群众工作捆绑考核,既要考核业务工作指标完成情况,也要考核群众工作情况。

第五,要打造一支亲民公安队伍,就必须在坚持从严治警的同时,扎实做好从优待警这篇大文章。既要严格管理队伍,持之以恒地抓好"五条禁令"、"五个严禁"等制度规定的贯彻落实,做到严字当头、严明纪律、严肃警风,坚决防止队伍内部"大恶丑"案件的发生,努力在公安队伍中营造一种干事创业、风清气正的良好氛围。更要牢固树立以警为本的理念,更加注重警营文化建设,更加注重科学用警,更加注重人文关怀,争做民警的贴心人、知心人、暖心人,努力从政治上关心、思想上关爱、生活上关怀民警,着力拓展民警职业发展空间,有效舒缓民警工作压力,促进民警全面发展,着力激发民警创造潜能,确保广大民警始终保持饱满的热情、旺盛的斗志,全身心地投入到各项公安工作中去,不断增强民警的职业认同感和职业自豪感,努力使广大民警快乐工作、幸福生活。

三、深入推进民生警务亲民公安建设的措施

虽然我省民生警务、亲民公安建设取得了初步成效,但形势不容乐观。民生警务理念尚须进一步植入警心,队伍违法违纪还时有发生,基层基础工作尚未改善和加强,执法规范化差距很大,公安队伍形象不容乐观。特别是部分领导同志还存在政治责任心不强、精神状态不佳、工作标准不高、廉政纪律不严、表率作用不好的问题,这些问题在一定程度上制约着民生警务、亲民公安建设的深入推进。下一步,我们将坚持以党的十八大精神为指导,深入贯彻落实全国政法工作会议和全国公安厅局长会议精神,进一步强化措施,深入推进民生警务、亲民公安建设。

(一)坚定不移地用民生警务和亲民公安理念统领全部公安工作

党的十八大的召开,标志着我国社会进入一个新的历史发展时期,全省转型跨越发展进入了一个新的阶段,公安工作也处于一个历史发展机遇期,我们必须站在新的

起点上思考,从更深的层面谋划公安工作,振奋精神,抢抓机遇,让广大民警特别是领导干部明白和懂得:警务要围着民意转,工作要围着群众干,民警好不好,百姓说了算,工作行不行,群众来评判,进一步打造山西公安新形象。

(二)坚定不移地坚持"双联双建"工程,突出抓好两个服务措施的落实

两个服务措施就是领导服务基层,公安服务群众。各级公安机关领导干部要坚持下基层活动,讲实话、察实情、办实事、求实效,坚决克服走马观花和形式主义。要真正关爱基层,尊重民警,服务群众。要进一步深化"双联双建"活动,突出一个"情"字,体现一个"实"字,落实一个"建"字,讲究一个"效"字,坚决克服看得见、摸不着、搞花架子的"橱窗"效应。工作中,要坚持"传统+科技"、"脚板+网络",坚持面对面,注重键对键,坚持人来人往,注重情来情往。真正把民生警务,把亲民公安做大做好,做出实效。

(三)坚定不移地抓好队伍建设这个根本,确保实现"一高一低"的目标

一是要突出解决各级领导党风廉政意识。要让各级领导和广大民警明白,廉政决定民生,廉政决定政声,廉政决定前程。切实增强广大民警的忧患意识、纪律意识、廉政意识和规范意识。二是要组织和引导广大民警认真开展"全省公安要发展,公安民警怎么办"的大讨论,进一步统一思想,坚定信念,始终把加强公安队伍建设作为公安工作的根本和主线。三是严肃纪律,整肃作风,公正廉洁执法。各级公安机关领导同志在队伍建设和管理上,要做到举轻若重,把涉及人民群众的事看在眼里,记在心上,办在实处。对损害利益的违法违纪苗头做到早发现、早查处,始终保持公安队伍的纯洁性。同时,及时发现工作中涌现的优秀民警和模范事迹,大力弘扬,让社会各界了解、理解和支持公安工作和公安队伍。

(四)坚定不移地夯实基层基础工作的根基,努力推进打防管控一体化工作格局

要认真落实好省厅关于进一步加强基层基础工作的二十条措施,全力保障和调动基层民警的工作积极性。同时,要夯实社会治安整体防控根基。办好群众身边的"小案件",调处好"小纠纷",解决好"小隐患",帮扶好"小难题"。要进一步加强社会防控的基层基础工作,特别是人防、物防、技防、天网工程、爆炸物品管理、交通安全管理和消防安全管理等等,通过这些实实在在的工作和措施,保障人民群众的生命财产安全,让老百姓切实感受到民生警务和亲民公安给他们带来的实效和实惠,使公安工作获得更广泛的社会支持和群众拥护。

(五)坚定不移地深化执法规范化建设,不断提升执法规范化水平

一是执法理念要继续深化。二是执法过程要进一步规范。三是执法场所建设和管理水平要不断提升。四是执法考评要不断完善。坚决禁绝因执法不公造成的执法过错,防范因执法错误造成的嫌疑人或当事人自伤、自残、死亡、脱逃等事故。减少因执法不公导致的责任追究,防止因执法不公造成的群体访事件。

(六)坚定不移地转变作风,努力营造干事创业、奋发有为的精神状态和做事氛围

领导干部工作做决定着团队的战斗力,也决定了社会稳定和治安秩序。一是要切实增强模范和标兵意识,着力在以身作则、为人表率上下工夫。二是要切实增强超前思维,着力在提高工作超前性和预见性上下工夫。三是要切实加强整体谋划,统筹兼顾,着力在提高把握大局的能力上下工夫。四是要切实做到敢为人先、勇创一流,着力在提高争先创优的能力上下工夫。五是要切实做到勇于负责,敢于担当,着力在提高执行力上下工夫。

(作者系山西省省长助理,公安厅党组书记、厅长)

山西省司法厅创新干部下乡驻村新路子

山西省司法厅

坚持干部下乡驻村,是我省党员干部联系群众、推动"三农"工作的一项重要举措。近年来,山西省司法厅紧紧围绕省委中心工作,克服困难,探索山区农村建设新路子,创新干部下乡住村新路子,在帮民富、解民忧、锤炼干部转作风上取得实效,赢得群众的支持和信任。

一、上堡村的基本情况及存在的主要问题

上堡村是我厅的扶贫点,地处国家级贫困县平陆县圣人涧镇东北部,距县城 20公里。全村有 6 个自然庄和 4 个村民小组,92 户,335 口人,其中回族居民 208 人,属于回汉聚居村落。由于贫困等原因,青壮年大多外出务工,村里常住人口不到 100 人。有低保对象 22 名,孤寡老人 2 名,残疾人 3 名。全村耕地面积 2200 余亩(以种植小麦、玉米为主),草场面积 300 余亩,机井 4 眼。2010 年,人均纯收入仅有 874 元。没有矿产资源,没有村办企业,年集体经济收入仅几千元。村两委班子成员 4 名,党员 14名。上堡村存在的主要问题和困难是:

(一)经济结构单一,组织结构松散

上堡村耕地面积不少,有 2200 亩,人均 7 亩多,但属于典型的传统农业村,还没有摆脱靠天吃饭的小农生产方式,商品化程度很低。这个村的经济结构非常单一,种植业以玉米和小麦为主,只有少量的经济林木和作物;养殖业以牛羊为主,但数量也太少,养殖最多的两家也仅仅养羊四五十只,全村养殖数量不足 300 只。由于粮食价格低、农业物资价格上涨快等原因,农民种粮积极性不高,农业实行家庭经营,规模化、产业化程度更低。

(二)农民生活困难,基础建设落后

平陆县属于国家级贫困县,上堡村的农民人均纯收入仅有 874 元,进城务工人员收入也很低,年收入仅有几千元,多的也不过一、两万元。基础设施建设数量少、不完善,对土地的投入也很不足。2010 年在我厅扶贫工作队的帮扶下,才新建起 800、1000 立方米蓄水池各一座,铺设管道 10500 米,扩大了水浇地面积,解决了全村人畜饮水问题,但道路、通信、电力等基础设施建设仍很落后,是制约上堡村发展的重要因素。

(三)教育科技落后,农民素质较低

上堡村教育落后,至今没有一所小学,学生上学需要去 10 里以外的南村,新中国成立以来至今全村没有考出过一个大学生,高中生也不多,不少学生上完初中就因贫辍学。绝大多数村民仍属于体力型和传统经验型农民,技能单一,生产经营粗放。受地理条件、文化水平的限制,村民接受科技能力差,农产品的科技含量低,基本上维持着传统农业的耕作和管理模式。

(四)社会建设滞后,保障水平不高

近几年,随着全省"五个全覆盖"的实施,上堡村各项社会建设也得到明显加强,不少老乡生平第一次享受到了农村合作医疗、最低生活保障和养老保险。但目前的医疗、养老、最低生活保障等还不能完全适应现实的需要,农村社会建设的任务还很繁重。比如,由于生活困难、对政策了解不够等原因,全村参加养老保险的都是四五十岁以上的老年人,年轻人基本没人参保,在中老年人中,没有参加的也不在少数,在工作队的协调下,县民政局才特事特办,帮助村里的 11 位 80 岁以上的老人办理了养老保险。再比如,上堡村是贫困村,人均年收入不足 900 元,但全村仅有 22 人享受到了最低生活保障,与实际的需要差距很大。

(五)民主意识不强,法制观念淡薄

很多村民还没有意识到投票权的作用,以至于让别人代替投票的情况屡见不鲜,外出务工经商人员绝大多数不愿专门为参加村民会议或选举而回村,对村里选举漠不关心;现实中与村民切身利益密切相关的事项,多数仍实行村党组织和村民委员会联席会议决定,没有征求村民代表的意见;村务公开、财务公开基本没有推行;关系农民切身利益的土地征用补偿及分配,退耕还林还草款物兑现,以及国家其他补贴农民、资助村集体的政策落实等关键性、敏感性情况公开不全面、不细致等等。

二、下乡住村工作队的主要做法

(一)实施"五个起来"的基础工程

下乡住村工作队经认真调查研究,结合村情民意,帮助上堡村制定了未来 5 年的发展规划,明确提出"要把上堡村建成平陆县山区农村建设领先发展村"的奋斗目标,并在 2010 年大力推进实施"五个起来"的基础工程,即:分户圈养把羊养起来,疏通道路把路连起来,沿村道路把灯亮起来,活跃文化把文化广场建起来,扩大保障把困难群众保起来。协调投资 43 万元建设羊圈,挖窑洞羊舍 10 眼,建钢架饲养棚 90 平方米,拓展分户养殖羊圈 800 多平方米,为扩大全村养殖规模创造了良好条件;协调投资 7.8 万元建灯杆式路灯 12 组,壁挂式路灯 13 组,太阳能路灯两组,进一步改善了全村的公共照明;协调交通部门投资 48 万元,硬化水泥路面 5000 余平方米,使全村道路连了起来,方便了居民出行和农副产品运出;新建 800、1000 立方米蓄水池各一座,铺设管道 10500 米,扩大了水浇地面积,解决了全村人畜饮水问题;协调城建部门投资 64 万元,建设了 700 余平方米的文化广场,硬化了 230 平方米的群众健身场地,安装了篮球架、漫步机、旋转轮等健身器材,满足了群众的文化需求;协调为 16 户村民发放小额贷款 32 万元;积极争取为全村 70 岁以上老人和困难群众办理了低保。通过一年的努力,干群思想大转变,上堡村旧貌换新颜,为新农村建设奠定了坚实的基础,下乡住村活动实现良好开局。

(二)落实"五二指标"的致富措施

上堡村地处晋南,紧邻黄河,土地丰富,气候适宜,发展现代农业条件得天独厚。2012 年,省厅党委根据省委关于推进"一村一品"战略规划要求,结合上堡村的实际,确定了培育优势产业,扶持集体经济,力争形成以农为主,高效经济林业、绿色观光农业、生态养殖业、特色加工业四业并举的现代农业的工作思路。在认真调研、反复论证基础上,以最大程度、最快速度帮助村民增收为目标,在帮助农民种植优质核桃树 600 亩的基础之上,提出了"五二指标"的富民措施,即:继续加强种植业,种植红薯 200 亩,萝卜 200 亩;大力发展养殖业,养羊、猪达 2000 只(头);积极发展加工业,兴建红薯加工厂,年产粉面、粉条 20 万斤;通过强养种、促加工,实现上堡村人均收入纯增 2000 元以上。为此,我们召集村民大会,广泛动员发动群众,制定了种植养殖奖励措施和协议产品销售办法,掀起了下乡驻村工作新一轮高潮。当年新筹资 210 余万元,建成了思源玉薯加工厂,打深井一眼,建蓄水池一个,为每户村民赠送家用粮仓一个,集中为村民销售白萝卜 200 吨,收售红薯 70 余吨,仅此两项便帮助村民人均增收上千元,至 2012 年 12 月底,"五二指标"内容全部实现,如期兑现了省厅党委的庄重承诺,下乡驻村工作取得新的成效。

(三)探索山区农村建设新路子

在实践中,我们围绕"干什么、怎么干"进行了深入思考、实践创新,积极探索山区农村建设新路子。

一是长远规划与阶段目标结合,科学规划,扎实推进。在认真调研,反复论证的基础之上,我们制定了切合村情,合乎民意的上堡村未来五年发展规划,提出了把上堡村建成平陆县"山区农村建设领先发展村"的奋斗目标。围绕这一目标,实施了"五个起来"基础工程、制定了"五二指标"农民增收措施,明确了阶段性目标任务,为上堡村的发展绘就了宏伟蓝图和实现路线图。在全村进行宣传和公示,方便村民监督实施,为下乡住村活动的开展提供了明确的工作内容和有效载体,保持了工作的连续性,受到了群众的衷心拥护和支持。

二是"输血"与"造血"并重,资金投入,创业指导。"输血",就是积极协调争取资金投入,累计争取各类资金290多万元,重点保障了村级基础设施、公共事业建设,优化创业环境,培育优势产业,壮大集体经济,确保人人都受益,家家得实惠。"造血",就是在推进现代农业为主导产业,实现"一村一品"发展规划进程中,按照"一户一策"的要求,有针对性地为每户村民出谋划策,制定落实致富计划,充分发挥个体从业优势,增强自我发展能力,对确需资金支持的农户,帮助联系小额贷款,鼓励他们加快发展,树立致富典型,带动全村经济发展。

三是行政手段与经济手段并举,多措并举,多管齐下。我们在利用行政资源,落实国家惠农政策,争取项目、争取资金的同时,充分尊重村民意愿,坚决反对大包大揽,强迫村民从事指定产业。对于部署开展每项活动,事先都经反复论证,充分考虑到反对意见和不利因素,细算账、算细账。在推进落实当中,综合运用宣传教育、经济激励等多种手段,吸引村民自觉自愿参与,避免出现"拉郎配"和"夹生饭"现象。如在制定"五二指标"过程中,不少村民担心红薯、萝卜种不好和卖不了,我们与村委会研究制定《上堡村养殖种植奖励办法》,确立了"大养大种大奖励、多养多种多奖励"的原则,作出"红薯和萝卜一律包销"等承诺,并积极协调运城市政府及发改委、林业局、畜牧局、农信社、平陆县委、县政府及相关部门到上堡村现场研究解决各种具体问题,及时打消了村民的顾虑。

四是包村增收与基层建设同步,相互促进,和谐发展。建设一个坚强的基层党组织,这是省委干部下乡"六个一"活动的明确要求。我们了解到,由于外出打工人员较多,制约上堡村党、团、村委、妇委、治保等各类村级组织建设停滞不前,有的多年未开展任何活动,处于瘫痪状态,整体凝聚力不高,战斗力不强,直接影响到新农村建设进程。对此,我们在包村增收的同时,夯实基层组织建设,完善了村委会建设,建立加强了民兵组织,完善了团支部建设、妇委会建设,组建成立了上堡村人民调解委员会,完善了治保会建设。通过强化基层村级组织建设,充分发挥他们在新农村建设中的主导和主力作用,打造和培养了一支"永远不走的工作队",既促进了下乡住村活动的顺利开展,又为上堡村长期和谐发展奠定了良好的组织基础。

(四)创新干部下乡住村新路子

下乡期间,省司法厅工作队切实转变作风,真正住下去、扎下去、干起来,为群众办实事、解难事、做好事,积极探索"新形势下干部下乡住村的新路子":一是实行全员下乡。我们制定了活动实施方案,成立了驻村临时党支部,把活动扩大到厅机关全体干部,除现有 5~7 人的常年驻村工作队外,每月一批由一位厅领导带队,10 名以上机关干部参加,每批驻村一周,厅机关 100 多名干部已全部驻村 2 次以上。每批工作队回来后,都要及时召开"下乡住村工作报告会",上至厅长,下到司机,人人都发言,个个谈体会,既是工作述职,又是经验交流。确保了人人肩上有担子、有责任,个个下乡有收获、有提高。二是切实转变作风。我们坚持"坚决不花村里一分钱,尽量少给基层添麻烦"的原则,行程安排上"不去县里接头,不到乡镇碰头,直达帮扶村里头",住村期间全部吃住在村民家,行李洗漱用品自带,食宿费用自理,真正做到了与村民同吃、同住、同劳动,极大密切了干群关系。三是坚持群众路线。广泛深入发动群众,工作队员走家串户,数十次创新开展了"问政于民、问需于民、问计于民,建立感情信任,树立发展信心,坚定党的信仰"的"三问三信"活动,充分调动了当地干部群众干事创业的积极性。四是丰富活动内容。在包村增收的同时,组织开展了"文化下乡"、"法律下乡"、"科技下乡"、"医疗下乡"等主题活动,既密切了与群众的关系,又有效帮助村民脱贫致富,不仅得到本村群众拥护,还吸引了周围乡村农民参与,取得良好实践效果。

三、对加强农村工作的几点建议

通过下乡住村活动,我们对如何加强农村工作有一些初步体会和建议,主要是:

(一)大力推进农业经营主体制度改革创新

从世界各国农业生产的情况来看,尽管经营规模大小有很大差异,但基本的经营主体都是农户。我国农业人口数量庞大,稳定农户的经营主体地位,对农业生产的稳定发展,对农村乃至整个社会的稳定,都具有特殊重要的意义。但稳定农户的经营主体地位,绝不是维持传统的小农经济。我省要实现以专业化、规模化、产业化、商品化为基本特征的农业现代化,绝不能建立在传统的小农经济基础上。因此,一定意义上讲,对农业经营主体制度进行改革创新,是关系我省农业现代化整体进程的关键性举措。没有规模化,就没有专业化、产业化、商品化。为此,要在稳定家庭承包经营的基础上,大力发展农民的合作经济组织,将其作为提高农民组织化的基本形式,以扶持"示范社"为抓手,着力在提高质量、拓宽领域、完善机制上下功夫,为家庭经营向农业现代化迈进不断完善外部环境和条件。

(二)积极建立农业社会化服务体系

农业社会化服务体系是现代农业分工与协作进一步发展、农工商一体化日益加强的必然产物。从上堡村的情况看,农业社会化服务的发育还很不成熟,技术、生产、销售、信贷和保险等社会化服务功能全面滞后,极大地影响着农业现代化进程。为此,一方面要发挥政府公共服务功能的应有作用,积极建立健全现代农业产业技术、农业技术推广、动植物疫病防控、农产品质量安全、农村市场信息和农业综合执法等体系,加强对农业产前、产中、产后的全过程服务。另一方面,要积极培育多种形式的农业服务组织,结合"一村一品、一县一业"的推进,扶持建设一批集研发、推广、服务和商贸流通于一体的农科公司、农贸公司,使之发展成为农户进入市场并形成规模的良好媒介,加速推进农业专业化、规模化和产业化进程。

(三)把城镇化与新农村建设协同推进

顺应经济社会发展规律,提高我国的城镇化水平,是促进我国经济社会全面协调发展的必然要求。但在相当长的历史时期中,我国农村仍将有大量人口。因此,只有坚持并行不悖地推进城镇化和新农村建设,不偏废任何一个方面,才能使最广大的人民群众共享改革发展和现代化建设的成果。我在上堡村了解到,由于农村不能消化全部劳动力,加之农业收入较低、方便子女就学等原因,上堡村 335 口人中有 200 多人外出务工(有的中青年妇女为子女上学住城做饭),但年收入并不高。同时,农村发展经济的潜力还很大,目前农村经济的发展又缺乏劳动力。这就形成一对矛盾,一方面由于农村经济落后无法消化劳动力,导致农业劳动力大量进城务工;另一方面,农村经济要发展又缺乏必要劳动力,劳动力缺乏成为制约农村经济发展的重要因素。因此,要更加注重农业对劳动力的需求和对就业的促进作用,既积极稳妥推进城镇化,增强城镇对农村的辐射带动作用,促进农村人口有序向城镇转移;又要扎实推进新农村建设,发展现代农业和社会事业,落实支持农民工返乡创业的各项政策,以创业带动就业,实现城乡良性互动、共同繁荣。

(四)把教育科技作为基础抓紧抓好

现代农业被称为知识密集和技术密集型产业。土地和其他物质资源必须通过农业劳动者才能转化为各种农产品。因此,高素质的农业劳动者是发展现代农业必不可少的条件。我在上堡村下乡住村时了解到,农村的教育和科技水平都还比较落后,远不能适应农业和农村的发展需要。因此,还是要把加强农村的教育和科技水平作为紧迫任务和长期任务抓紧抓好。政府要加大投入,建立适应现代农业发展的技术培训和职业教育体系,鼓励各类科研院所、高校、民办教育等教育机构服务于农村教育,不断提升农民的教育水平。既要注重通过技能培训、科技培训、就业培训提高农民的科技素养,更注重增加投入、政策倾斜尽快改变农村科技落后状况,努力培养造就有文化、懂技术、会经营的新型农民,不断发挥教育和科技对农村和农业发展的支撑和带动作用。

(五)把民主法制作为保障强力推进

加强民主法制是新农村建设的重要内容,是农村发展和进步的重要保障。在上堡村我们了解到,近年来,随着依法治国方略和依法治省、"法治山西"建设的实施和推进,随着5个五年普法规划的实施,农村的民主法制建设得到了显著加强,"两委"干部及广大村民民主管理、依法办事的意识和能力普遍增强。但同时,民主法制建设仍然是农村工作的薄弱环节,不论是民主意识、法制意识,还是民主管理能力、依法办事能力都还需要尽快提高,以不断发挥民主和法制在新农村建设中的保障和推动作用。

(六)把下乡住村活动长期坚持

我省是全国贫困地区集中连片最大的省份之一,扶贫攻坚的任务非常繁重。我厅厅机关干部下乡住村归来后,普遍认为,开展下乡住村活动一方面帮助农村和农民发展生产脱贫致富,另一方面,干部通过下乡住村了解了"三农"工作,增进了与群众的感情,对机关干部树立群众观念、转变工作作风、振奋精神状态的促进作用十分明显。因此我们建议,要对活动进行全面认真总结,并把下乡住村活动作为促进农村发展和加强干部队伍建设的重要形式长期坚持下去。

关于新兴产业对我省转型跨越发展重大作用的调研报告

山西省财政厅

山西省委、省政府提出大力发展新兴产业,实现转型、跨越发展战略。省财政在转型跨越发展中如何发挥积极作用?围绕这个问题,我们从装备制造、新材料、化工以及特色食品等行业中选取了多家重点企业,通过现场考察和召开座谈会等多种形式,实地了解我省新兴产业发展基本情况和发展动态,切实认识到新兴产业在发展战略实施过程中的关键作用,并对现存的问题和不足进行总结分析,相应提出建议措施。

一、山西产业结构亟待调整优化

山西是个资源性地区,特殊的资源禀赋形成了独特的产业结构。由于煤炭资源丰富,故而形成了以煤炭、焦炭、电力为主导的产业结构。以煤炭、冶金、焦炭、电力为主导的支柱产业,为山西经济快速发展立下汗马功劳,这些主导产业也带来了一系列的问题。

(一)主导产业高度集中,产业链条极度脆弱

我省工业占到地区生产总值的一半以上,其中煤炭、焦炭、冶金、电力等支柱产业,四个产业占到全省工业经济的 80%以上,特别是煤炭、焦炭工业,2011 年二者实现的增加值占全省工业增加值已经接近 2/3(为 65.76%),这种情况在全国其他省份中尚无先例。我省这些产业都集中在国民经济产业链的初级端和价值链的最低端,产业结构极易受到外部市场变化的冲击,在亚洲金融危机、国际金融危机都给我省经济造成巨幅波动。

(二)主导产业发展空间受到限制

从煤炭产业来看,随着国际减少碳排放压力加大,国家资源、环境资源约束日趋紧张,加之省外同行竞争,我省煤炭产能扩张空间将更加受压,产量提升幅度有限,加之煤炭价格高位运行,价格向上攀升的动力已经缩减。2001 年至 2010 年我省煤炭工业的增加值率已由 49% 提升到 57%,高于全国平均水平约 11 个百分点,"十二五"时期,随着开采设备投入的提升和环保要求、行业安全标准的提高,我省煤炭成本将相应上升,增加值提升空间受到限制;从冶金行业来看,冶金行业由于受至前后两端价格挤压发展受到限制,虽然产量大幅增长,但没有实现价值量的快速增长,2010 年我省钢产量达到 3049 万吨,在我国钢铁总量过剩的背景下,未来我省钢铁产量再大幅增长的空间将会受到限制。从电力情况来看,电力行业已经处于支柱行业边缘,未来扩张乏力。2010 年我省电力工业占比为 5.8%,呈现支柱产业(占 GDP5% 以上的产业)被边缘化问题,"十一五"期间由于市场煤和计划电的矛盾加剧,发电量出现增长趋缓的态势,考虑到火电受资源和环境制约大,发展成本不断提高等情况,其增加值翻番增长也会受到制约。

(三)消费率偏低、第三产业发展不足

生产结构直接决定和影响一个地区的需求结构,近年来山西消费需求对国民经济的贡献走弱,消费率低于投资率,随着投资的快速增长,二者差距逐年拉大。2010 年山西消费率为 35.3%,比当年 69.9% 的投资率低 34.6 个百分点,2009 年山西居民消费水平仅相当于全国的 75.3%,排各省市区第 21 位;而 2008 年山西人均储蓄余额在全国排第 8 位,呈现出山西特有的"低收入、高储蓄"现象。消费率持续走低,直接影响了第三产业发展不足,"十五"期间山西第三产业年均增幅达到 13.7%,但是在"十一五"期间回落到 11.7%,特别是在 2010 年,增幅只有 9.1%。

(四)接续产业规模偏小

从比较分析看,在全省 39 个工业大类中,煤焦冶电四大主导产业增长空间有限,纺织服装、医药等工业增加值经比重均不足 1%,能够担当下一阶段主导产业重任的,看来应是装备制造业、以煤焦产品为原料的化学工业。这两大行业 2010 年占工业增加值比重为 5.8% 和 2.9%,占比与上年比都有提高,但就其占比份额而论,作为主导产业还远远不够。

(五)以煤焦冶电为主导的财政结构单一,抵御风险能力弱

长期以来,煤焦冶电为主导的产业结构形成了单一财源结构。在 2010 年全省财政总收入中,来自煤炭行业完成 830.43 亿元,占财政总收入 45.88%,比重较"十五"期末提高 14.28%,占煤焦冶电四大支柱行业所提供的财政收入的 83.95%,比 2005 年提

高 23.95%,长远看,一煤独大的产业格局不利于形成稳定增长的财源结构。

总体来看,山西独特的产业结构,在推动山西经济社会发展中的作用,已呈现出后劲不足的态势。在全国各省份 GDP 位次中,"十五"期末的 2005 年,我省排第 16 位,2009 年排第 21 位,4 年后退五位。从增速看,"十五"期间我省 GDP 年均增长 13.3%,而"十一五"前四年年均增长 10.5%,在中部和周边的省份中均排末位。从各省份城乡居民收入位次看,2009 年我省城镇和乡村居民收入分别排全国第 23、22 位,数量和增速在中部均排末位。从调研中我们感到,山西目前的发展模式难以持续,产业结构亟待调整优化,转型发展是山西的根本出路。

二、山西新兴产业发展现状

"十一五"时期,我省不断遏制高耗能行业扩张发展,稳步实施十大产业调整振兴规划,促进传统产业新型化、新兴产业规模化的步伐加快,来自新兴产业的财政收入大幅增加。

从投资看,传统产业投资回落,新兴产业投资规模稳步提高。"十一五"时期,全省城镇工业投资中,煤焦冶电四大传统支柱产业累计投资年平均增长 12.8%,增幅较"十五"时期回落 17.4 个百分点,投资规模占比为 67.5%,比"十五"时期下降 8.8 个百分点,而以特色食品、新型材料、现代煤化工和先进装备制造业为主的新兴产业(简称"四新"产业)快速发展,投资比重逐步提高,5 年平均增长 32.1%,高于传统产业 19.3 个百分点,投资规模占比为 24.6%,比"十五"时期提高 7.2 个百分点。

从规模看,投资力度加大、有效增强了产业发展后劲,产业效益质量进一步提高。"十一五"时期末的 2010 年,全省"四新"产业累计实现工业增加值 551.53 亿元,比 2005 年增长 1.13 倍,年平均增长 16.36%。

从态势看,"四新"产业发展势头强劲。煤化工行业保持了持续快速发展的势头,经济效益大幅提高,重点调产项目进展顺利,自主创新能力较大提升,节能降耗初见成效,产业核心竞争能力明显增强。2010 年全省规模以上企业 331 户,全行业资产合计 967 亿元,工业总产值 574 亿元,主营业务收入 594 亿元,实现利税 27.7 亿元。资产总计、工业总产值、主营业务收入和实现利税分别比 1999 年增长 38.3%、5.9 倍、4.3 倍、2.3 倍,"肥、醇、炔、苯、油"五大领域的产业布局初步形成;装备制造业规模效益大幅度提升,产品结构明显改善,产业素质进一步提高。山西装备制造业是位列煤炭、焦炭、冶金、电力之后的重要产业部门,"十一五"时期,已形成一批在全国同行业具有明显优势的企业和产业。太原重型机械集团公司、经纬纺机山西分公司、大同齿轮集团公司、大同机车厂、榆液集团公司等企业在全国同行业中已占有举足轻重的地位。太重集团公司生产的大型起重机、大型挖掘设备、油膜轴承、永济电机厂生产的内燃机牵引电机,经纬纺机山西公司生产的细纱机,榆液集团公司生产的高技术液压系统等30多种机械产品达到国内领先水平。2010年底,全省共有规模以上装备制造企业741家,从事7个大类的生产和销售,当年实现工业增加值256.49亿元,比2005年增长1.67倍,年均递增18.24%,实现利润达到43.21亿元,比2005年增长4.15倍,年递增19.2%。新型材料工业开始步入快速发展的轨道,产品结构也不断优化。2010年全省材料工业实现销售收入280.5亿元,比上年增长45.6%,占全部规模以上工业销售收入的5.4%。其中水泥3670万吨,同比增长33.3%;平板玻璃1673万重量箱,同比增长31.2%。规划确定建立的太原新型墙体材料工业基地、阳泉白泉耐火工业园、阳城建陶工业园、朔州陶瓷工业园和太原、运城、阳泉等3个磁性材料工业基地,重点建设项目进展顺利;特色食品行业呈现出良好的发展势头,总体规模不断扩大,经济效益逐年提高。食品工业增加值由2005年的51.25亿元扩大到2010年的129.01亿元,平均年增长17.98%。

新兴产业较快发展,为山西增加了新的财源,促进了财政收入平稳较快发展。"十一五"时期,全省装备制造、新型材料、煤化工、食品工业提供财政收入总计515.64亿元,其中2010年财政收入分别完成42.59亿元、83亿元、22.27亿元、2.47亿元,分别比2005年增长3.1倍、1.7倍、1.14倍和53.51%,年平均增长32.62%、21.96%、16.44%和15.36%;"十一五"时期,建材、装备制造、化学三个行业提供财政收入为147.86亿元,占同期财政总收入的8.17%,比"十五"期末提高1.37个百分点。

三、意见和建议

我省新兴产业发展势头良好,但存在的问题和不足也有待解决,比如能够成为我省主导产业的先进装备制造业和以煤焦产业为原料的化工业经济规模偏小和实力尚小,又因其前期投入大、周期长、短时期内无力大规模新增储备项目,以及第三产业有待完善等。现就总体情况提出一些意见和建议。

(一)深刻理解国家宏观调控政策,将用好政策与破解难题相结合

近年来中央出台一系列扶持我省转型发展的政策,如煤炭工业可持续发展政策措施试点,促进中部地区崛起的意见,支持煤炭化工产业发展的意见,50个县比照执行西部大开发政策,4个市比照执行振兴东北地区等老工业基地政策,循环经济发展方案等,我们要充分利用这些政策,解决新兴产业项目策划、布局与推进中的实际困难;要用足用好国家级"综改区"给我省带来的先行先试的政策优惠,加快出台配套政策,完善新兴产业发展促进机制。充分利用我省作为全省域、全方位、系统性的国家级综改试验区所带来的政策优惠,紧紧围绕加快培育发展新兴产业的目标和任务,借鉴周边及沿海地区的先进经验,建立健全科学、合理、有效的政策保障体系,调动各方面积极性,整合资源,形成发展合力,统筹推进,为我省新兴产业发展提供更高、更广泛的平台;要加强对重点领域的扶持力度,即综合考虑我省产业基础及优势,根据新兴产业自身发展规律和特点,在统筹规划、系统布局、协调推进的同时,选择最有基础和条件的煤化工、装备制造等产业进行重点扶持,加快形成竞争优势。

(二)完善产业政策,结合税制改革方向和税种特征,建立完善符合新兴产业的特点的鼓励创新、引导投资和消费的税收支持政策

综合运用投资补助、财政贴息、融资担保等多种方式,支持利用高新技术和先进适用技术促进装备制造、现代煤化工等新兴产业发展壮大,加快特色食品产业发展;设立新能源产业发展专项资金,大力支持煤层气产业发电装备制造技术研发项目,大力促进新兴产业发展;加大对省内外投资者在我省投资新兴产业发展规划项目以及研发机构的招商引资财政奖补力度;逐步建立政府引导、市场驱动、企业投入为主体,多元化、多层次、多渠道的新型科技投融资体系;大规模设立政府科技创新引导资金,大力支持新兴产业科技创新、技术研发、成果转化等项目,通过设立引导基金,引领带动社会资金投向科技创新领土域;用足用好用活煤炭企业转产发展资金,充分发挥财政资金引导、杠杆、调控作用,更好地促进新兴产业发展。

(三)创新财政国库资金管理方式,拓宽融资渠道

通过鼓励金融机构加大信贷力度,发挥多层次资本市场的融资功能,发展创业投资和股权投资基金等多种渠道增加投入,引导鼓励各银行金融机构加大对新兴产业项目的信贷支持和金融服务力度。安排专项资金补充晋商银行等地方金融机构资本金,对农村新型金融机构给予财政支持和税收优惠政策,鼓励民间资本参与农村金融服务体系建设;加大对省内企业上市融资的财税扶持奖励力度,积极鼓励企业利用资本市场直接融资。进一步完善促进我省地方金融体系发展的财税政策,鼓励我省各类金融机构加快发展,为全省新兴产业项目提供多元化、多渠道的融资途径。

我省国土资源利用效益分析及思考

李建功

保护国土资源、提高国土资源的利用效益,既是国土部门的基本职责,也是优化国土空间的重要途径,更是促进经济方式转变的本质要求。为了切实促进国土资源利用效益的提高,近年来我省各级政府和国土部门相继采取了一系列行之有效的举措,取得了显而易见的成绩。那么,这些成绩究竟表现在哪些方面? 如何拓展更为广阔的效益空间? 本文将就此进行分析并提出相应思考。

一、国土资源利用效益情况分析

事实表明,我省国土资源部门忠实地履行了保护资源、保障发展的职责,耕地利用效益、建设用地效益和矿产资源效益均呈明显的增长态势。

(一)耕地利用效益明显提高

近年来,我省全面落实严格的耕地保护政策,在耕地面积不减少的基础上,实现了耕地质量有提高。如下数据可资证明:

2011 年与 2005 年相比,粮食作物每亩产量由 215 公斤提高到 242 公斤,增加 27 公斤,增长 12.6%;油料每亩产量由 51.9 公斤提高到 83.1 公斤,增加 31.2 公斤,增长 60.3%;棉花每亩产量由 70.4 公斤提高到 79.3 公斤,增加 8.9 公斤,增长 12.7%;麻类每亩产量由 50.7 公斤提高到 100.9 公斤,增加 50.2 公斤,增长 99.1%;蔬菜每亩产量由 2453.9 公斤提高到 2863.8 公斤,增加 410 公斤,增长 16.7%;水果每亩产量由 5498 公斤提高到 11478 公斤,增加 5978 公斤,增长 1.1 倍。

(二)建设用地利用效益明显提高

近年来,我省严格落实节约集约用地政策,建设用地效益明显提高。主要表现在如下几个方面：

一是单位建设用地的 GDP 明显提高。2010 年与 2005 年相比,全省每亩建设用地产出的 GDP 由 3.36 万元提高到 6.32 万元,增加 2.96 万元,增长 88.4%,平均每年增长 13.5%。2011 年,全省每亩建设用地产出的 GDP 达 7.63 万元,又比 2010 年增长 20.7%。

二是单位建设用地的财政总收入明显提高。2010 年与 2005 年相比,全省每亩建设用地产出的财政总收入由 0.6 万元提高到 1.26 万元,增加 0.66 万元,增长 1.1 倍,平均每年增长 15.95%。2011 年,全省每亩建设用地产出的财政总收入达 1.55 万元,又比 2010 年增长 23.2%。

三是规模以上工业单位建设用地的增加值明显提高。2010 年与 2005 年相比,全省规模以上工业每亩建设用地产出的工业增加值由 16.43 万元提高到 39.8 万元,增加 23.37 万元,增长 1.42 倍,平均每年增长 19.4%。2011 年,全省规模以上工业每亩建设用地产出的工业增加值达 51.37 万元,又比 2010 年增长 29.1%。

四是单位新增建设用地投资强度明显提高。2010 年与 2005 年相比,全省每亩新增建设用地投资额由 345 万元提高到 393.3 万元,增加 48.3 万元,增长 14%,平均每年增长 2.7%。2011 年,全省每亩新增建设用地投资额达 449.3 万元,又比 2010 年增长 14.2%。

(三)矿产资源利用效益明显提高

一是产业集中度明显提高。经过对全省煤矿企业的重组整合后,至 2010 年年底,全省煤炭矿井数量由 2005 年的 4278 座减少到 1053 座,压减 75%,30 万吨以下的小煤矿全部淘汰,单井平均规模达到 120 万吨/年以上,比 2005 年提升了 6 倍多。

二是安全生产保障能力进一步增强。全省煤炭生产百万吨死亡率,由 2005 年的 0.905 下降到 2010 年的 0.1876,2011、2012 年均在 0.1 以下,分别为 0.086 和 0.091,明显低于同期全国水平的 0.564 的 0.374,达到了世界先进水平。

三是煤炭总产能不断增加。在整合矿井还没有全部投产的情况下,2010 年、2011 年两个年份,全省煤炭产量连创历史新高,分别达到 7.41 亿吨和 8.6 亿吨。2012 年在国内外市场需求减少的情况下,全省原煤产量仍超过了 9 亿吨,再创历史新高。

四是煤炭资源回收率提高。全省煤矿企业重组整合后,不仅单井平均规模明显扩大,而且经过改进采煤方法和应用新设备、新工艺,大大提高了煤矿采区回采率、原煤入选率和矿产资源综合利用率。有关资料显示,全省煤矿采区回采率由整合前的 40% 左右已提高到目前的 80% 左右。

二、扭转国土资源粗放低效的利用方式依然任重道远

尽管我省近年来在提高国土资源利用效益方面取得了长足进展，但从根本上扭转国土资源粗放低效的利用方式依然任重道远。

一是提高耕地质量难度不断加大。一方面是镇工矿和农村对耕地形成双向挤压，保护耕地特别是优质耕地和基本农田的压力越来越大；一方面是经过多年的占补平衡，可复垦的耕地范围日益狭窄，很多复垦地都是在较为偏僻的荒坡低陵进行，地块零散，面积较小，复垦难度越来越大，提高耕地质量殊为不易。

二是建设用地的利用方式亟须优化。2011年的有关资料显示，全省人均城镇工矿建设用地已达到175平方米左右，农村人均建设用地近300平方米，均明显超出国家规定最高标准；全省规模以上工业企业单位土地产出率为51.37万元/亩，不足上海市的5%。而且随着经济发展方式的转变，对节约集约用地提出了更高的要求。近几年全省的GDP增长速度和固定资产的增长速度均呈下降趋势，如2010、2011、2012三个年份，全省GDP的增速分别是13.9%、13%和10.1%，固定资产投资三个年份的增速分别为29.7%、27.3%和26.1%。而与此同时，我省近几年的用地供应基本是只增难减，如果按照这种态势发展下去，则势必使单位建设用地产出水平和投资强度的增长空间不断受到挤压。

三是矿产资源的节约集约利用仍需大力强化。受资源利益驱使，非法采矿仍然呈易发多发态势，其中以大规模涉煤涉矿工程为主，而且手段越来越高明，行为越来越隐蔽；没有形成统一的资源集约高效利用管理体系、评价体系和运作机制，仍有部分矿山企业注重既得利益，采富弃贫、采易弃难。一些国有大矿更是没有严格执行矿产资源利用方案，越界开采、超量开采现象时有发生；此外，还有一些矿产综合利用工艺技术没有突破，我省相当部分矿山企业的生产尚属低层次的原料生产和加工利用。凡此种种，都在不同程度上影响矿产资源的高效集约利用。

三、进一步提高国土资源利用效益的若干思考

提高国土资源利用效益，实质就是要提高国土资源的产出率，实现土地、矿产资源利用方式的根本转变。应着力从提高耕地复垦质量、提高建设用地的节约集约水平和提高矿产资源的"三率"方面展开工作。

(一)进一步加大耕地复垦力度，切实提高耕地的利用效益

提高耕地利用效益，首先要保证耕地面积不减少，当从保护开发环节着力。一是

严把审批关,从严控制建设项目占用耕地,鼓励、引导各类建设尽量不占或少占耕地。二是规范运行30亿元省级耕地开发专项资金,打造省级耕地开发样板项目,形成典型示范效应,推动高质量完成省级开发造地15万亩。三是强化市级耕地占补平衡,严格落实"先补后占、占一补一"政策,完成补充耕地15万亩。四是实行集中连片的中低产田改造,争取相关地区增加水浇地面积,加快推进基本农田整理重大项目建设。

提高耕地利用效益,更重要的是确保耕地质量有提高,当从项目管控环节着力。一是强化项目资金管理。根据项目规划设计要求编制项目预算,核定项目资金,确保项目资金足额投入到位。二是完善项目监管机制。要从项目选址立项、规划设计、工程施工、竣工验收、后期管护等各个环节严格把关,从监管机制上提升项目质量。三是强化项目质量验收。要严格量化质量验收标准,严格执行验收程序,如实反映验收结果,并不定期对验收结果进行随机抽查,切实保障项目质量。四是加强项目后期管护。在项目预算中安排后期管护补助费用,专门用于项目耕种补助,对项目区内各项配套设施要明晰产权与管护责任。五是健全质量管理奖惩机制。对落实耕地占补平衡而且补充耕地质量达到规定标准的地区,奖励适当的建设用地计划指标。否则,将相应扣减下一年度建设用地计划指标。

(二)进一步强化节约集约用地力度,切实提高建设用地的利用效益

提高建设用地利用效益,不仅是实现转型发展的内在要求,也是转变发展方式的题中之意。尤其是值此经济下行压力不断加大时期,极易产生土地的低效利用。因此,提高节约集约用地水平,更显得必要而迫切。一要不断完善差别化的用地政策。把有限的建设用地指标投入到产出效益最大化的项目上,优先保障重点工程、战略性新兴产业、重大基础设施在建和续建项目、民生项目用地。要严把项目用地预审关,结合当前我省产业产能情况,对区域产业用地提出预警,对产能过剩的行业和地区提高用地门槛,防止地方盲目上项目。二要严格执行单位土地的投资强度标准。对达到投资强度的项目,可以单独供地,否则引导其租赁使用标准厂房。鼓励企业利用厂内绿地、空地新建厂房、新上项目,对厂房进行立体式开发。三要强化"以亩产论英雄"理念,进一步完善和实施节约集约用地考核评价体系,对各市年度节约集约用地水平进行考核排队,考核结果与下一年度用地指标分配相挂钩。"十二五"期间,全省建设用地亩均GDP产值要达到10.75万元,固定资产投资达到300万元,亩均承载新增从业人数不低于1.67人,非农业人口占用城镇建设用地不超过102平方米。

(三)进一步加强矿产资源节约利用管理,切实提高矿产资源利用效益

首先要合理控制资源开发强度。一是要强化矿产资源开发利用规范管理和日常监管。进一步推行储量块段管理,加强储量动态监测,严格核定矿山企业开采规模,监督矿山企业按照《开发利用方案》开采矿产资源。控制保护性特定矿种开采总量,保证优矿优用。调控矿业权投放数量,省级审批矿种,年度通过市场公开出让探矿权和采矿权分别控制在 30 个以内。二是要优化矿产资源开发布局。综合考虑资源禀赋、产业政策、环境保护等因素,合理划分重点、限制、禁止开采区,从空间上引导区域矿产资源开发利用方向,促进矿产资源开发合理布局。逐步压减矿山总数,扩大大中型矿山比例。力争全省 80% 的煤矿单井规模达到 120 万吨/年以上,大集团煤炭产量达到全省的 80% 以上。

其次要提高矿产资源综合开发利用水平。一是鼓励和支持矿山企业依靠科技进步和科学管理,研究开发贫矿和难选冶矿,积极利用新技术、新工艺,提高采选综合回收率;二是坚持采气采煤一体化,加强煤层气富集区煤层气和煤炭的综合勘查开发;三是综合勘查、评价、开发铝土、铜、金等共伴生矿种,推进矿产资源综合利用示范基地建设。到 2015 年,全省重要金属和非金属矿产资源回收率与共伴生矿产综合利用率较 2010 年提高 3%~5%。

(作者系山西省国土资源厅党组书记、厅长)

防范化解劳资纠纷促进社会和谐稳定

张　健

劳动关系是指劳动者与用人单位在实现劳动过程中建立的社会经济关系，是现代社会中最基本、最重要的一种社会关系。劳资纠纷是劳动关系双方矛盾冲突的外在表现。防范化解劳资纠纷，发展和谐劳动关系，是构建和谐社会的重要基础，是加强和创新社会管理的重要任务。近年来，省委、省政府高度重视保障和改善民生，高度重视维护劳动者权益，高度重视发展和谐劳动关系，坚持依法开展综合治理，劳动关系总体上保持了和谐稳定。

一、我省劳动关系的基本状况

从就业情况看，目前全省城镇从业人员 547.7 万人，其中，单位从业 385.7 万人，私营个体及灵活就业人员 162 万人。此外，还有 400 万农民工在城乡之间流动就业。每年新增就业约 40 万人，城镇登记失业率在 4% 以内，全省就业局势总体稳定。

从劳动报酬看，近三年来，全省企业在岗职工平均工资年均增长 15.9%，在全国的排位一直保持在前 10 名，2010 年升至第 7 位，达到 36794 元。全省工资水平最高的金融、采矿、电力等 3 个行业，收入分别为 52644 元、52403 元、43496 元，职工人数约占城镇从业人员的 23%；工资水平最低的住宿餐饮业、公共设施管理业、房地产业等三个行业，收入分别为 15157 元、16910 元、17940 元，职工人数约占城镇从业人员的 5%。整体上讲，职工收入稳定增长。

从社会保险覆盖情况看，"十一五"时期全省城镇养老、医疗、失业三项社保综合覆盖率，比"十五"期末提高了 15 个百分点。目前，国有企业、集体企业参保率达到 95%，非公经济组织为 60%。

从劳动用工监管情况看，目前规模以上企业劳动合同签订率达到 98%，小型企业偏低且不规范。在建有工会的企业,集体合同签订率达到 70%;60%企业实施了劳动用工备案制度,初步实现了对用人单位劳动用工的动态监管。

从处理劳资纠纷情况看,近三年来,全省受理劳资纠纷的投诉案件分别是 23192件、22828 件、21534 件,主要诉求涉及工资报酬、社会保险、经济补偿、工伤医疗费用等。面对大量案件,我们通过争议调解、劳动仲裁、执法监察等多种手段,有效化解和处理,综合结案率达 97%以上。

二、我省劳动关系的主要矛盾表现

近年来,随着工业化、城镇化、市场化进程的加快,用工主体多元化,就业方式多样化,劳动关系越来越呈现复杂化趋式。劳资纠纷进入多发期,主要表现在以下几个方面。

(一)因劳动合同引发的纠纷极易形成连锁反应

劳动合同是劳动者与用人单位建立劳动关系的重要凭证,是明确劳动关系双方权利义务的重要契约。自 2008 年《劳动合同法》实施以来,企业劳动用工行为总体上得到法律规范,但有法不依,规避法律的问题还在一些单位仍然存在。特别在一些中小型企业、民营企业,在用工上双重标准,在劳动合同签订上具有选择性,只与管理层、技术骨干签合同,而对一些苦、脏、累、险,流动性大的岗位不签订劳动合同,使这部分人的劳动报酬、社会保险、工作时间、休息休假、劳动保护等,缺乏明确的书面约定,当权益受损时举证难,处理难;一些单位,甚至是中央企业,为降低人工成本,违反《劳动合同法》规定,在主营岗位上大量使用劳务派遣人员,当企业遇到经营困难,首先裁减的是劳务派遣人员,而许多劳务派遣公司抗风险能力弱,极易形成大批失业风险;还有一些机关事业单位,自行招用了大量编外人员,长期聘用、同工不同酬,同岗不同待,既不签劳动合同,又不属于事业单位性质,管理不规范、随意性大,容易引发劳动人事纠纷,处理起来非常棘手。《劳动合同法》颁布实施前后,发生的多起群体性劳动纠纷告诫我们,一定要高度重视和规范劳动合同管理,坚决查处违法违规行为,防止因劳动权益受侵害引发连锁反应和群体事件。

(二)因劳动报酬引发的纠纷极易形成社会热点

收入分配是全社会关心的热点话题。工资是劳动者提供劳动后应得的报酬,是劳动关系的核心。目前,在企业工资分配方面存在的一些突出问题,一是在部分行业、部分企业,仍然存在拖欠和克扣工资问题,特别是建筑领域由于工程层层转包,工程款不能及时结算,造成工资拖欠,在每年的"元旦"、"春节"期间,呈集中爆发趋势。比如,最近经省主要领导亲自批示,我厅牵头会同建设、公安联动查处了晋中建设集团有限公司平遥分公司,从 2005 年至 2010 年累计拖欠农民工工资 75 万元,主要原因就是非法发包、工程不招标、项目无合同、费用不结算,很有典型性;二是一些困难企业,长期处于停产半停产状态,发不了工资,拖欠社保费,只发基本生活费,职工生活比较困难,以省属企业为例,列入政策性破产计划的企业 165 户,涉及职工 30.16 万人,但目前终结破产的只有 40 户,相当数量的企业改革没有进展。还有一些劳动密集型企业,主要招用农民工,虽然经营效益不错,但给职工的工资却很低,大多以政府发布的最低工资标准作为企业工资标准,劳动者处于弱势,"资本压榨劳动、利润侵蚀工资"倾向严重;三是一些企业没有按照政府要求落实企业工资指导线制度,导致职工工资长期得不到合理增长而引发集体停工,比如,阳泉公交公司、山西鲁能河曲电煤公司最近发生的停工事件,就具有典型意义。

(三)因社会保险引发的纠纷极易造成群体上访

社会保险是社会稳定的"安全网",省委省政府高度重视。近三年来,我省社保事业快速发展,覆盖城乡的社保体系框架基本建成。但历史的、现实的问题仍然不少。一是《工伤保险条例》实施之前的企业"老工伤"人员尚有 6 万余人未纳入统筹管理,部分困难企业工伤人员待遇得不到稳定的保障;二是未参保集体企业退休人员养老问题突出,他们主要靠"城市低保"维持基本生活,要求享受基本养老保险的呼声高;三是一些非公经济组织履行社会责任差,其中就业的农民工参保意识不强,任其发展,就会造成大量的农民工社保缺失,对促进就业,构建和谐劳动关系,维护社会稳定带来严重危害,成为群体性事件诱因。

(四)因劳动标准引发的纠纷极易形成对抗性冲突

落实基本劳动标准,是保障劳动者合法权益的重要内容。但是,由于我国目前的劳动标准工作比较薄弱,为一些不法企业盘剥劳动者提供了可乘之机。有的企业以产品订单和交货时间确定劳动定额,职工想提高收入,除非超时加班,别无选择;有的企业随意延长劳动时间,不支付加班工资,或加班工资低于规定的加班工资;有的企业把工人当机器,缺乏人文关怀。当今劳动力市场,80、90 后新生代农民工已经成为农民工的主体,与老一代农民工相比,他们在追求物质利益的同时向精神文化生活拓展,他们的生活目标发生了明显的转移,希望融入城市,留在城市,受人尊重,享受城市文明。他们的维权意识较强,对一些不公平现象和不公正待遇敢于说"不",敢于通过多种方式进行维权。2010 年以来在沿海企业因要求加薪引发了 100 多起停工事件,给我们敲响了警钟。

（五）因煤矿工伤问题造成众多家庭陷入困境

我省是煤炭大省,煤矿从业人员67.04万人,共有伤残职工12.95万人,占到全省工伤人员的70%,在这方面存在的主要问题:一是新老工伤人员待遇不平衡。工伤人员待遇与发生工伤时本人工资水平按比例挂钩,老工伤人员发生工伤早,基础待遇相对偏低,近年来煤炭职工工资得到较快增长,新工伤人员待遇相对较高,新老工伤待遇形成的"剪刀差"比较明显;二是部分伤残职工和工亡职工家庭存在较大困难,多数煤矿职工是家庭经济的支柱,职工因工伤残后,收入待遇降低,而且大部分工伤职工配偶来自农村,没有稳定工作,主要靠工伤职工的伤残津贴维持生活,还有一些农民合同制工伤职工,由于农村户籍限制,难以享受城市最低生活保障、廉租房和经济适用房等政策,加剧了家庭生活困难;三是职业危害形势依然严峻,由于煤矿粉尘难以从根本上治理,一些企业防尘防护设施制度落实不严、职工自我防护意识淡薄,职业病发病率呈上升趋势,是劳资纠纷个案多发领域(2006年至2010年,煤炭行业尘肺病新发病人数分别是300例、217例、355例、593例、1203例)。

分析我省劳动纠纷产生的主要原因:一是随着经济体制改革的深化,不同群体之间的利益重新调整,不同时期不同的政策界限使人们的待遇差距扩大,造成心态不平衡,必然产生一些不同的利益诉求;二是随着法制的不断健全,近些年来国家密集颁布《劳动合同法》、《就业促进法》、《劳动争议调解仲裁法》、《社会保险法》,各项法律法规逐步健全完善,用人单位和劳动者均有一个适应过程,加之一些单位学法守法意识不强,市场逐利性强,规避法律责任。另一方面,劳动力供大于求,找工作不易,使劳动者处于弱势地位,形成资强劳弱的用工格局,劳动者权益易受到侵害;三是在劳动纠纷调处能力上,随着各项劳动保障法律法规的颁布实施,劳动纠纷调处体系不健全,机构、人员、经费、素质、能力不适应,使大量的矛盾不能及时化解在基层。

三、防范化解劳动纠纷的对策建议

面对大量的历史问题和不断出现的新情况、新问题,必须加强和创新社会管理,坚持标本兼治原则,防范和化解各类劳动纠纷,着力构建"规范有序、公正合理、互利共赢、和谐稳定"的新型劳动关系,实现职工得实惠、企业得效益、经济得发展、社会得稳定的共进局面。

（一）着力解决当前存在的突出问题

民有所呼,我有所应。自觉回应群众的合理诉求和期待,着力解决群众最关心最直接最现实的利益问题,是加强和创新社会管理的重要切入点。首先,我们要以积极态度妥善处理历史遗留问题,年内将把18万"老工伤"人员全部纳入工伤保险统筹管理,继续稳步提高煤炭行业老工伤人员待遇。进一步规范职业病诊断管理。研究解决工伤职工家属"农转非"户口问题,使他们能够享受城镇居民的一些优惠政策。二是出台政策彻底解决未参保集体企业退休人员等相关类似人员养老保险问题,使他们共享社会发展成果。三是加强工资分配调控,认真贯彻国家关于收入增长"两同步"原则,推动企业开展工资集体协商,建立工资正常增长机制,实现企业职工工资增长不低于企业经济效益增长,一线职工工资增长不低于企业平均工资增长。统筹抓好机关事业单位津补贴和绩效工资实施。四是实施今明两年城乡社保全覆盖工程,精心编织社会保障这张社会稳定安全网。

(二)健全劳动纠纷调处的管理体制

各级党委、政府要把和谐劳动关系建设纳入和谐社会建设的总体规划,列入重要议事日程,建立劳动关系调处工作领导组,定期研究解决当地重大劳动关系问题,将劳动关系调处工作的重要指标列入政府工作考核内容。建立完善省、市、县、乡(街办)四级调解、仲裁、劳动监察组织体系。在调解组织建设上,重在建立行政调解、企业调解和人民调解多元调解组织,最大限度将劳资纠纷化解在基层;在仲裁机构建设上,加快劳动争议仲裁机构实体化建设步伐,对涉及劳动合同签订、工资支付、社会保险等案件,设立"快速通道",优先立案、优先审理、快速结案,以适应当前及今后一个时期劳动争议案件高发态势;在劳动监察体系上,形成横向到边、纵向到底的监察网络,将城乡所有用人单位纳入监管范围。在此基础上,建立并实行严格的网格监管责任制,坚持重大情况报告制度,加强群体性事件预防和应急处置工作,妥善应对突发事件和重大事件,确保事态不激化、不蔓延。

(三)健全劳动纠纷调处工作机制

主要是完善四个工作机制。一是渠道畅通的诉求表达机制,畅通以职代会、调解、信访、举报投诉为主要渠道的各级各层次通道。各级组织要主动倾听职工呼声,提高职工在企业管理,特别是涉及职工切身利益问题的决策中的知情权、话语权。二是工会参与下的平等协商机制,支持工会组织代表职工,和企业方开展集体协商,签订集体合同,维护职工群体利益。把工资集体协商作为工作的重点,就企业的内部工资分配制度、工资分配形式、工资收入水平、工资支付办法等事项进行平等协商,使平等协商在协调劳动关系方面发挥重要作用。三是政府主导下的三方协调机制,发挥政府的主导作用,加强与工会(职工)、企业家协会、工商联(雇主)劳动关系三方机制建设,就行业性、区域性劳动关系的重大问题,提出意见建议和解决方案,形成构建和谐劳动关系的合力。四是强化部门行政执法维权机制，创新劳动执法方式，由事后查处向事前指导、事中预警转变，加强与相关部门的执法联动，提高执法效能。

（四）提高劳动纠纷调处队伍能力水平

劳动调解仲裁队伍、劳动监察队伍是依法维护劳动者合法权益的职业队伍，工作在一线。要求有完备的法律素养和较强的调解矛盾能力。目前，这支队伍从省到乡，人数庞杂，参差不齐。配齐人员，提高整体素质，提高依法办事能力和执法水平是当务之急。为此，要依法加强机构队伍建设，加大劳动保障法律法规培训力度，实行严格考核，持证上岗，更重要的是实践中锻炼，提高化解矛盾的能力。

人社部门的工作涉及大部分民生领域，关系到人的切身利益，是社会管理的重要内容。我们要紧紧围绕构建和谐劳动关系这一目标，在管理的内容和方法上大胆创新，加大劳动保障法律法规社会宣传力度，营造全社会学法守法的浓厚氛围，加强舆论监督，促进各类用人单位自觉遵守法律，自觉履行社会责任，促进广大劳动者学法用法，自觉通过合法途径反映诉求，维护自身合法权益，为共同构建和谐劳动关系局面，促进转型跨越发展做出应有贡献。

（作者系中共山西省委组织部副部长、省人力资源和社会保障厅党组书记、厅长）

城乡规划协调机制创新与规划管理一体化对策研究

山西省住房和城乡建设厅

党的十八报告提出了加快实施主体功能区战略,构建科学合理的城市化格局、农业发展格局、生态安全格局,促进生产空间集约高效、生活空间宜居适度、生态空间山清水秀;促进工业化、信息化、城镇化、农业现代化同步发展;加快完善城乡发展一体化体制机制等新的要求。在城镇化发展的新阶段,创新规划统筹协调机制,推进城乡规划和管理一体化,完善城乡规划管理体系,推进空间规划的衔接与协调,是深化规划体制改革的重要举措,是引领城镇化健康发展,促进城乡统筹发展的重要内容。山西省国家资源型经济转型综合配套改革总体方案中提出,要"推进主体功能区规划、产业发展规划、土地利用规划、城乡建设规划、生态环境保护规划五规合一,建立都市圈及城镇群高效协同管理机制,形成省域以一核一圈三群为主体,协调发展的省域新型城镇体系。"为此,需要把"规划转型"工程作为山西省国家资源型经济转型综改试验区建设的一项重要任务,先行先试、勇于创新,以充分发挥城乡规划的引领和龙头作用,促进工业新型化、市域城镇化、农业现代化和城乡生态化"四化"同步协调发展。

一、我国规划体系现状与面临的协调问题

我国空间规划体系呈现出依据行政体系设置的并行体系特点,主要分为主体功能区规划、城镇体系规划和城市(镇)总体规划、土地利用总体规划、生态功能区划 4 类。"十一五"规划以来,国民经济和社会发展"五年"规划充实了主体功能区规划内容,试图从资源环境承载能力、现有开发密度和发展潜力的角度,制定统筹区域中长期发展政策来完善的综合统领作用。产业发展规划,如农业发展规划、行业振兴规划等也有涉及产业布局的内容,但多涉及不到具体的用地规模、范围等,落实不到具体空间。各规划的主要内容如表 1。

表 1　我国主要的空间规划体系构成

编制主体	规划名称	规划层级	规划目标	侧重点	作用特点	法律依据
发改系统	主体功能区规划	两级：全国、省级	通过主体功能区的定位、方向、强度、时序安排等，指导未来国土空间开发的管制规则等	划分四类政策区；制定配套政策	区域空间开发指南，具有战略性和约束性的规划	行政文件国务院关于编制全国主体功能区规划的意见
城乡规划系统	城镇体系规划	四级：国家、省级、市级、县级	从区域的层面确定城市的规模性质和空间布局	统筹安排行政区内城镇和基础设施布局	行政区内的协调规划，为城市总体规划提供依据	法律：城乡规划法；部门规章：省域城镇体系规划编审办法、城市规划体系编制办法等
	城市总体规划	三级：市级、县级、镇级	依据区域城镇体系规划，制定城市发展目标，城市性质、规模，安排城市用地和各项建设的总体布局	根据城市性质、确定城市总体布局，统筹安排规划区内的功能用地布局	整合社会经济和物质空间建设	法律：城乡规划法；部门规章：城市规划编制办法
	城市详细规划	依据上位总规编制	依据城市总体规划或分区规划，确定各项用地的控制性指标性依据	确定具体地块的控制性标准	开发建设审批的直接法律依据	
国土系统	土地利用总体规划	五级：全国、省级、市级、县级、乡镇级	根据国家政策土地的开发、利用、保护，时间上所做的总体安排和布局，是国家实行土地用途管制的基础	分解和落实用地指标，划分土地用途区	通过控制土地供给的规模、性质和布局实现保护耕地和管控建设，从而达到宏观调控社会经济发展的目的。	法律：土地管理法；部门规章：土地利用总体规划编制审查办法
环保系统	生态功能区规划	四级：全国、省级、市级、县级	通过划定各类生态功能区明确国土空间对人类的生态服务功能和生态敏感性大小，有针对性地进行区域生态建设和合理地进行环境整治政策的制订	根据生态评价划分生态功能区	生态"底图"，强调保持空间生态功能的可持续性	行政文件：全国生态环境保护纲要

资料来源：林坚、陈霄、魏筱，我国空间规划协调问题探讨——空间规划的国际经验借鉴与启示[J].现代城市研究,2011(12):15~21

国民经济和社会发展规划纲要、主体功能区规划、城镇规划、土地利用规划、产业规划、生态环境规划等"规划合一",并非指只有一个规划,而是指只有一个城乡空间,在规划安排上互相统一,同时加强规划编制体系、规划标准体系、规划协调机制等方面的制度建设,使规划真正成为建设和管理的依据和龙头。从协调角度,目前存在法律授权、行政部门分割、规划的技术标准、目标、重点和管理方式等方面的差异,给规划的协调与衔接造成了一定困难。

(一)规划法律依据不同,编制与管理部门分割

各规划的职能决定法律地位的差异,法律地位反过来影响规划的实施效能。从法律地位看,经济和社会发展"五年"规划的法律地位高于城乡规划和土地利用总体规划。城乡规划、土地利用总体规划是法定规划,依据分别是《城乡规划法》和《土地管理法》;主体功能区规划、生态功能区划等依据国务院行政规章制定的规划。

从现有国家规划管理模式看,规划的编制、审批、实施和监督都在条条内完成,由于各规划编制的主管部门之间缺乏足够的协调性,导致以下问题:(1)在同一区域层面,缺乏具有法定意义的起主导作用的空间规划。(2)尽管现行《城乡规划法》、《土地管理法》都规定要与其他规划相衔接,但都没有明确规定"衔接"的方式、程序等,在实践中往往会遇到很多障碍。(3)城市总体规划、镇总体规划的规划期限一般为二十年,而国民经济和社会发展规划纲要通常都是以 5 年作为规划期。以 20 年甚至更长期限的城乡规划依据 5 年目标的国民经济和社会发展规划纲要,现实操作性差。同时,规划的审批权限不同,规划着力点相同,导致在实践中规划之间的脱节问题。

表2 我国主要空间规划编制依据、主管部门和审批比较

规划名称	国民经济和社会发展规划纲要	主体功能区规划	城乡规划	土地利用总体规划	生态功能区划
法定依据	宪法	行政文件	城乡规划法	土地管理法	行政文件
主管部门	发展与改革部门	发展与改革部门	城乡规划主管部门	国土资源管理部门	环境保护部门
审批机关	本级人大	上级政府	上级政府	上级政府	上级政府
实施力度	指导性	政策性	约束性	强制性	约束性
实施计划	年度计划		近期建设规划年度实施计划	年度计划	
规划年限	五年		一般二十年	十到十五年	
类别	经济社会综合性规划	空间战略性、基础性规划	空间综合规划	空间专项规划	空间专项规划

(二)规划编制数据统计口径与技术标准不统一,技术方法不一致

在地(市)级和县级规划层面,城乡规划矛盾更多体现在城市总体规划和土地利用总体规划的矛盾上。而从编制角度,问题主要表现为:(1)规划编制所依据的基础资料、基础统计口径不一致。(2)规划编制采用的用地分类体系和标准不一致,使得统计手段、方法、口径有差异,造成用地基础数据不一致。(3)规划技术方法不同。土地利用总体规划主要采用"以供定需"的方法,反映的是自上而下的调控意图;城市(镇)总体规划确定建设用地规模是在人口预测基础上,结合人均指标和空间布局,确定建设用地规模,更注重反映地方需求。

(三)规划编制期限不一致,导致规划编制的不同步

在规划期限方面,土地利用总体规划的规划期限由国务院确定,具体是由国家土地行政主管部门正式发文,对各级土地利用总体规划的规划基期、规划期及规划基期数据做出明确的规定。而城市总体规划,其规划期限一般都由编制规划的政府部门根据城市的发展条件、发展趋势等经报批后确定。国民经济和社会发展规划纲要期限以"五年"为基准,规划期限基本固定。主体功能区规划和生态功能区划都是近年新出现的空间规划,在编制时间和期限方面与前两者的协调也缺乏明确法律规定。由于各规划开始编制的时间不同,导致规划方案编制的不同步,造成规划基期、规划期、采用基础数据时限等的不同。

(四)审批和实施制度各自为政,导致规划关系复杂

城市总体规划实行分级审批制度,从直辖市到建制镇,相应的总体规划审批也由国务院一直到县级人民政府,均拥有规划审批权。土地管理方式为土地用途管制制度,只有国务院和省级人民政府具备能够审批土地利用总体规划,乡(镇)土地利用总体规划可以由省级人民政府授权的设区的市、自治州人民政府批准。国民经济和社会发展规划纲要由同级人代会审批,产业规划、生态环境规划等由同级人民政府审批,上级规划对下级规划控制较弱。规划审批和实施制度各自为政,导致规划关系复杂、上下级规划之间层次不清和不同规划之间的矛盾冲突。

二、山西省近年来的规划体系改革探索与进展

"十一五"以来,为适应城镇化和城乡统筹发展的新形势,强化规划在城乡建设和经济社会发展中引领和控制作用,山西省有关部门按照省委、省政府的安排部署,围绕城镇化和城乡统筹推进工作,密切协作、积极配合,加快推进规划理念、规划重点、规划方法、规划实施等方面的改革,不断完善城乡空间规划体系,切实促进规划之间协调衔接,积极探索规划统筹协调新机制,以充分发挥规划的统筹指导作用。

(一)空间规划体系不断完善

省域层面,在山西省国民经济和社会发展"十二五"规划纲要中,强化了省域空间规划内容,明确了实施主体功能区规划,努力构建"一核一圈三群"为主体的城镇化格局,构建以六大区域为主体的农业发展战略格局,以"一带三屏"为主体的生态安全战略格局,形成"点状开放"的生态友好型能矿资源开发格局的空间开发战略;完成了"山西省主体功能区规划"、新一轮土地利用总体规划、省级生态功能区划等空间规划的编制工作,并在宏观布局层面初步实现了各规划之间的协调与衔接。

区域层面,区域性战略规划编制工作得到加强,完成了太原都市圈、晋北城镇群、晋南城镇群、晋东南城镇群等六项规划编制工作,初步实现"一核一圈三群"城镇化和工业化重点开发区域战略规划的全覆盖。城镇组群协调发展规划编制工作也不断深入,长治上党城镇群、晋城"一城两翼"城镇组群、临汾汾河百里城镇带等次区域规划已经实施。

市、县域层面,为进一步优化完善城乡空间布局,探索新型城镇化和新农村建设有机结合的城乡统筹发展的新路子,加强了地级市市域城镇体系规划的单独编制,并开展了阳泉等"市域总体规划"编制试点;在市县层面,加强县域村镇体系规划、城镇总体规划、重点镇近期建设规划和名城名镇名村保护规划编制,开展了孝义市、侯马市等城乡空间全覆盖、各类规划衔接、专业部门协调的"县(市)域城乡总体规划"编制试点。

(二)规划之间统筹协调取得初步进展

在新修编的长治、运城、阳泉等城市规划和大部分县城总体规划中,在近期(2011-2015年)城镇发展目标、主要指标、发展战略和总体布局方面基本实现与国民经济和社会发展"十二五"规划的协调,在城镇建设用地规模、用地控制范围等方面基本实现与土地利用总体规划的衔接。在加强城镇总体规划修编的同时,开展了城镇近期建设规划编制工作,通过近期建设规划实现城镇规划与国民经济和社会发展"十二五"规划、土地利用总体规划、产业规划、环境保护规划等规划之间的衔接与协调。太原市率先推进"四规合一"探索,在中心城区城市建设用地规模和范围以及全市城镇发展体系等方面土地利用总体规划与城市总体规划进行衔接,并且同步开展规划环境影响评价,较好地做到了与产业发展规划、城市总体规划、环境保护规划的相互协调、有机统一。

(三)开展了规划协调的制度和实施机制创新探索

在规划协调机制方面,重点加强了省、市、县"规划委员会"在规划协调中的作用。在山西省城乡规划条例、土地利用总体规划等指导性文件中强化了规划编制协调与衔接的相关要求;在规划编制审查中初步建立了发改、建设、国土、环保等管理部门联合参与规划评审的机制,为各规划编制过程中的衔接、协调提供保障。

在实施机制创新方面,重点探索了以年度实施计划作为实现"城规"、"土规"、"五年规划"对接与协调途径和手段的协调机制。出台了"城市规划年度实施计划办法",依据城市近期建设规划确定的目标、行动,制定年度实施计划,明确年度城市发展目标和建设重点,确定建设量、建设时序和基础设施等建设项目,以项目落实来实现实施层面的规划协调。

尽管,山西省在空间规划体系完善,规划之间协调及机制创新方面做了上述工作。但是,与我国情况相似,仍然存在城乡规划体系不完善、规划之间不协调等突出问题,规划统筹的编制与实施机制体制仍亟待完善。

三、创新规划统筹协调机制的思路和主要任务

(一)总体思路

根据山西省经济社会发展的总体目标和当前城乡发展的实际情况,城乡规划统筹协调机制创新的总体思路是:坚持以科学发展观为指导,以构建城乡互动、区域协调、共同繁荣的新型城乡关系,形成科学合理的城市化格局、农业发展格局、生态安全格局,促进生产空间集约高效、生活空间宜居适度、生态空间山清水秀为目标,创新规划理念、方法和管理机制,完善城乡规划体系,建立规划管理联动机制,健全规划管控机制,强化规划协调实施机制,加快形成定位清晰、功能互补、统一衔接的空间规划体系,建立起管理机构统一对口、管理范围覆盖城乡、横向职能分工合理、纵向职能权责一致的新型城乡规划管理体制。

(二)基本原则

——全域覆盖,层次分明:根据统筹区域发展、统筹城乡发展的要求,重点加强区域协调发展规划、城乡统筹规划工作,形成全域覆盖,区域协调,城乡统筹,层次分明,上下衔接的规划管理体系。

——定位清晰,功能互补:按照国民经济和社会发展规划纲要定目标,主体功能区规划定政策,城乡规划定布局,土地利用总体规划定指标,生态环境规划定底图的分工模式,合理界定各空间规划的关系,形成以国民经济和社会发展规划纲要为依

据,主体功能区规划为基础,各规划定位清晰、功能互补、统一衔接的空间规划体系。

——侧重近期,重点衔接:以近期建设规划作为规划衔接的重要抓手,以"五年"为一个时段,加强与国民经济和社会发展规划纲要相配套的城乡近期建设规划、土地利用规划、产业规划、生态环境规划的衔接与协调,突出不同规划之间的协调重点,从规划内容、信息平台、协调机制等方面,统筹推进规划协调与衔接工作。

——健全机制,部门联动:推进形成规划编制、审查、项目审批等联动合作机制,强化规划管理的协调统一;借鉴发达地区城市规划管理体制改革经验,推动建立城市规划与国土合一的规划管理体制。

(三)主要任务

1. 完善空间规划体系,加快建立层次分明、功能清晰、上下衔接的规划体系。遵循"强化龙头,横向协调;完善层次,纵向指导"路径,确立国民经济和社会发展五年规划纲要的统领地位,明确主体功能区规划的基础地位和市县域城乡总体规划的龙头地位,理清规划体系的功能分工,加快形成全域覆盖、横向协调、上下衔接的空间规划体系。

在省域层面,建立以国民经济和社会发展"五年"纲要规划为统领,以主体功能区规划为基础的空间规划体系;市县域层面,建立以国民经济和社会发展"五年"规划纲要为依据,以市、县域城乡总体规划为主导的空间规划体系;城市层面,建立以国民经济和社会发展"五年"规划纲要为依据,城市总体规划为主导规划体系。

2. 完善规划编制的协调衔接机制,尽快实现规划目标、规划标准、规划内容、信息平台的"四个对接"。以城乡规划建设用地"一张图"为平台,按照定位清晰、功能互补,突出重点、侧重空间,建立平台、统一信息的思路,加快推进各项规划编制的协调衔接工作,尽快实现规划目标、规划标准、规划内容、信息平台的"四个对接"。

突出规划协调衔接重点内容。各规划之间协调重点包括人口、经济与用地规模协调;城镇建设用地发展方向的协调;产业用地布局的协调;重要空间资源和生态环境保护的协调和建设时序安排。

构建以"一张图"为基础统一的规划空间信息平台。充分利用第二次全国土地调查成果,建设空间规划共同的地理空间信息平台和管理系统,推进"城乡全覆盖、空间一张图"建设,并将其作为规划衔接的基本平台,促进各相关部门信息互通、资源共享,促进各类规划"无缝衔接"。

完善规划协调法规与标准体系。从法律层面理顺各类空间规划的关系,保证各类规划在法律层面完成衔接,形成空间规划体系。发展与改革、城乡规划管理、国土资源管理、生态环境管理等部门联合制定涉及空间规划的人口、城乡建设用地、管制区划等统计和分类标准,联合制定规划协调的指导意见等。

3. 完善规划协调的实施机制,建立以近期(五年规划)规划为抓手的"5、3、1"规划实施衔接制度。在实施层面,依据国民经济和社会发展五年规划纲要,与政府任期目标相结合,滚动编制五年期的城乡近期建设规划、土地利用五年规划、产业发展专项规划和生态环境专项规划等,结合"五年"规划中期评估,调整制定三年期的行动纲要,落实年度城乡建设计划,建立"5、3、1"规划实施衔接机制。

4. 健全规划管控机制,建立以"三区"、"七线"为重点的空间管制制度。加快建立适应主体功能区要求的政策法规体系和差别化的评价考核体系。强化区域发展禁建区、限建区和适建区"三区"管制。严格城乡规划红线、绿线、蓝线、紫线、黑线、橙线和黄线七类控制线的强制性控制。

5. 健全规划管理协调机制,形成职责明晰、分工有序、衔接顺畅规划协调管理工作制度。完善城乡规划委员会制度,强化规划编制的部门联动;逐步推进大中城市规划管理机构改革,逐步建立统一的规划管理体制;健全部门联席会议制度和规划专家论证制度;建立规划实施联合监管机制和建设项目审批的部门协同机制。

四、创新规划统筹协调机制的主要行动与政策建议

(一)规划体系完善的主要行动

1. 加快实施"山西省主体功能区规划",制定实施主体功能区规划配套政策法规体系和差别化评价考核体系。突出主体功能区规划在国土空间开发方面的战略性和基础地位,加快实施"山西省主体功能区规划",配套完善财政、投资、产业、土地、人口、环境等政策和差别化的评价考核体系。率先推进投资政策、产业政策、财政政策的实施,初步形成适应不同区域主体功能定位的差别化评价考核体系。研究制定开发强度、资源承载能力和生态环境容量等约束性指标分解落实的办法,提出适应主体功能区要求的规划体制改革方案。

2. 推进省域各专项规划与主体功能区规划之间的衔接协调工作。按照山西省主体功能区规划,修编或调整山西省城镇体系规划、山西省土地利用规划、山西省生态功能区、环境功能区规划和产业布局规划,按照主体功能分区及功能定位,分区域落实城镇布局、产业布局、建设用地及耕地保护、生态环境保护要求,做好各专项规划与主体功能区规划以及专项规划之间的衔接协调。

3. 切实加强区域规划编制,实施都市圈、城市群发展规划。按照主体功能区确定

的功能分区,加强都市圈、城镇群等重点开发地区和生态功能区、重点农业区等限制开发地区的区域规划工作。加快实施"一核一圈三群"6个协调发展规划和重点城镇组群规划,根据"一核一圈三群"协调发展规划修改相关市、县总体规划,健全城市之间、市县之间的多层次协调机制;实施太原都市圈及城镇群规划管理条例,强化都市圈、城镇群区域规划的立法保障和实施监督,发挥区域规划统筹协调区域发展的作用。

4. 加强市、县域城乡总体规划编制试点,争取与"十三五"规划同步全面推进。适应城乡统筹发展的新要求,将市、县城乡总体规划试点作为空间规划编制体系改革的重要环节。在继续抓好市、县域城镇体系规划编制工作基础上,选择"一圈三群"部分市、县开展市、县域城乡总体规划编制试点,总结市县域城镇体编制的经验,试行建立以全覆盖的城乡总体规划为统领,五大规划协调与融合机制。在试点基础上,城乡规划、发展与改革、国土管理、环境保护等部门联合制定"市县域城乡总体规划编制导则",并通过省城乡规划条例,将市县域总体规划纳入法定规划范围,争取与国民经济和社会发展"十三五"规划同步,全面推进市县域总体规划工作。

5. 全面开展城镇总体规划层面的"五规合一"工作。根据经济社会发展和推进城镇化的需要,科学有序开展城市、县城和"百镇"总体规划修编工作。总结和借鉴国内其他城市和太原市"五规合一"实践探索的经验,在大中城市率先推进一张图、一个信息平台、一个协调机制、一个审批流程、一个监督体系、一个反馈机制等六大工作,构建"五规合一"综合性协调管理决策机制。

(二)建立完善规划统筹机制的主要行动

1. 健全城乡规划委员会制度。健全省、市、县城乡规划委员会制度,修改完善《城乡规划委员会工作章程》,强化城乡规划委员会在规划协同编制、联合审查、成果汇交等方面的职能,建立健全城乡规划委员会审议、论证制度和工作规则,保障各层次、各部门规划的有效衔接。先行先试,积极探索发展与改革、城乡规划、国土规划等规划管理部门的机构改革,逐步建立实体性城乡规划委员会。

2. 健全部门联席会议制度和规划专家论证制度。制定和颁布"山西省重大规划协调会议制度实施办法",建立重大规划协调会议制度,明确协调会议工作制度,协调重大规划中发展目标、发展规模、重点发展任务、区域空间布局、基础设施建设、生态环境保护、重要资源开发、重大项目建设等规划协调的主要问题,以及协调解决各类规划编制、论证、实施过程中遇到的其他重大问题以及跨区域、跨领域、跨部门不能达成一致的问题。

3. 逐步推进大中城市规划管理机构改革。借鉴上海、天津、深圳、武汉、沈阳等城市城市规划管理机构与土地管理机构进行整合的规划管理体制改革经验,在太原、大同、阳泉、长治等大中城市推进城市规划、土地利用规划和国民经济和社会发展规划纲要职能部门的整合改革,逐步建立统一的规划管理机制。

4. 建立建设项目审批的部门协同机制。以统一的信息联动平台为技术支撑,推进建设项目审批发改、规划、国土、环保等部门的业务协同机制,加快建立发改、规划和国土部门业务综合受理和"一站式服务"。

(三)建立"531"规划实施衔接机制的主要行动

1. 抓好"十二五"后三年"五规"协调衔接工作。结合"十二五"规划中期评估,推进国民经济和社会发展"十二五"规划、城乡发展近期建设规划、土地利用规划、产业发展专项规划和生态环境专项规划的"三年"协调工作,重点抓好"五规"在发展目标及指标体系、人口与用地规模、建设用地范围、建设用地与产业布局、重要空间资源与生态环境保护等方面的协调与衔接。相应推进各项规划年度计划的协调与衔接。

2. 推进年度实施计划的统筹衔接。切实加强各项规划的年度计划编制工作,按照政府年度工作报告,统筹各项规划年度建设计划的协调,为政府协调各类建设项目、安排年度公共财政、调控年度土地投放强度提供支持。

3. 出台"三区、七线"管制办法,强化空间管制。研究制定禁建区、限建区和适建区"三区"和红线、绿线、蓝线、紫线、黑线、橙线和黄线七类控制线划定与空间管制办法,强化"三区"、"七线"范围管理的刚性,切实加强建设实施监控和使用过程监管。

(四)城乡规划协调衔接的基础平台建设行动

1. 加快建立以"一张图"为基础统一的规划空间信息平台。以"一张图"为基础,建立省、市、县城乡规划空间信息平台,并以该平台为基础,建设规划决策支持信息系统,为规划编制、实施、管理提供技术支持,促进各相关部门的信息互通、资源共享,促进各类规划的"无缝衔接"。

2. 加强制度和标准体系建设。制定与颁布《山西省"五规合一"指导意见》;完善国民经济和社会发展规划纲要、城乡规划、土地利用规划、产业布局规划、生态环境规划等协调、衔接的地方技术标准体系。

认真贯彻落实党的十八大精神
加快山西城市水务业对外开放步伐

孙跃进

党的十八大是在我国改革发展关键阶段召开的一次十分重要的大会，对党和国家事业的发展具有重大而深远的意义。十八大报告提出：适应经济全球化新形势，必须实行更加积极主动的开放战略，完善互利共赢、多元平衡、安全高效的开放型经济体系。拓展对外开放广度和深度，全面提高开放型经济水平。结合山西水务利用外资相对滞后的现状，加快发展水务业在我省对外开放的程度，是新形势下提高我省利用外资水平和质量的迫切需要。

一、外资在我国、我省城市水务业发展现状

（一）全国概况

随着国内水务市场的放开，外资水务企业在过去 10 年中纷纷进入中国市场，目前，比较活跃、市场份额较大的外资水务公司是中法水务（法国苏伊士环境集团与香港新世界建设的合资企业）和威立雅水务集团。此外，英国汇津水务、美国地球科技、新加坡凯发集团等在我国也有正在运营的项目，占有一定的市场份额。到目前为止，已经有 20 多个国家和地区来中国投资水务业，共批准设立企业数近 500 个，投资总额 100 多亿美元。外资来源主要为亚洲、美洲及欧盟等，其中，设立企业数居前五位的国家和地区分别为香港、英属维尔京群岛、美国、马来西亚、法国。据不完全统计，迄今为止，由外资参与直接经营的国内自来水厂已超过了 50 家。据统计，在中国的 34 个省、自治区、直辖市和特别行政区中，仅威立雅水务已在其中 19 个地区拥有正在运营的项目，在华项目投资总额超过 150 亿人民币，服务范围涵盖了市政供水与污水处理和工业水处理，为将近两千一百万居民提供着安全可靠的水务服务。

(二)我省情况

近十几年来我省城市水务业投资不断增长,设施能力也得到一定程度提高,但在对外开放方面与全国相比存在很大差距。截至目前,我省批准设立了两家外来投资企业,其中还有一家为境内省外企业,分别为:

原平中荷水务有限公司运营整体良好

原平中荷水务有限公司是由中荷水务设立的外商独资子公司。中荷水务是荷兰专门致力于中国水务项目投资建设和运营管理的专业化海外投资集团。原平市作为传统工业重镇,在经济发展中也遭遇了水危机。一方面是城区达15万人口的生产生活污水无法处理,致使城西臭气熏天,污水横流,严重地破坏了生态环境。一方面由耗水量大的一批大集团、大公司超采地下水,使盆地水位下降。为破解这一难题,在2000年、2004年,原平市分别投资6230万元、1253万元建设了污水处理厂。但污水处理厂建成以后,由于高昂的费用,无法满负荷运转。最终在试运行一段之后停业。2008年,原平市委、市政府引进中荷水务技术与资金,特许经营污水处理厂和建设深度处理中水项目。

据调查,该公司目前运营情况整体良好,2012年上半年累计处理城市污水531万吨,经过处理后的污水达到了GB18918-2002《城镇污水处理厂污染物排放标准》中的一级B标准,其中生产合格的再生水291万吨供给山西鲁能晋北铝业有限公司回收利用。COD年新增削减量707吨,NH-N年新增削减量109吨,实现了经济效益、社会效益、环境效益同步发展。10座污水处理厂平均负荷率达到了60.95%,已累计处理污水4936.61万立方米,同比增长26.69%,处理污水效果明显。

首创股份投资太原污水处理厂特许经营项目(境内省外项目)

首创股份是我国国有控股上市公司,自2000年上市以来一直致力于推动公用基础设施产业市场化进程,将发展方向定于中国水务市场,专注于城市供水和污水处理的投资及运营管理。目前首创股份是中国水务行业中知名的领军企业。

北京首创股份有限公司2011年12月6日发布公告,投资山西省太原市城南污水处理厂特许经营项目,预估项目总投资约为41,000万元,由下属控股子公司太原首创污水处理有限责任公司作为投资主体负责该项目的建设、运营,特许经营期25年。首创股份向太原首创增资14,050万元,合资方太原市管理排水处将向太原首创增资950万元,增资后太原首创股本为16,000万元,首创股份持有其93.75%的股权。太原首创于2011年12月5日与太原市城乡管理委员会在山西省太原市签署了《特许经营协议》。

本项目位于太原市汾河东岸城市中心区南部,服务面积约 78 平方公里,服务人口约 77 万人,项目规模 20 万吨/日。污水处理工艺之二级处理单元采用改良 A/A/O 工艺,深度处理单元采用混凝—沉淀—过滤工艺。出水排放标准执行 GB18919-2002 一级 A 标准。据了解,该项目尚未投运。首创年报中尚无相关信息。

二、背景

(一)总体情况

城市水务设施是城市赖以生存和发展的前提。自 80 年代以来,我国就重视利用外资发展城市水务事业,到目前为止,城市水务业利用外资已形成了外商直接投资、借用国外贷款等多种方式并举,规模不断扩大,水平逐步提高的局面,极大地促进了城市水务业的发展。

伴随我国城市化进程加快,排水设施投入严重不足,许多问题浮出水面:一是"重建筑、轻市政"、"重地上、轻地下",资金短缺,地下排水设施建设跟不上城市发展速度;二是传统自来水企业,政企不分,效率低下;三是管网陈旧,漏损严重;四是水资源短缺,原水水质持续恶化;五是居民日益提高的生活水平又对水质提出了更高要求;六是极端天气增多。近年来,由于全球气候变暖,导致大气气流季节性异常,我国极端天气频发,很多地方出现特大暴雨,有些城市甚至遭遇百年一遇的特大暴雨,短期内大量降雨从而导致城市排水系统瘫痪,人民群众生命财产受到损失。因此,对于我省水务行业来说,无论从自身发展,还是从形势需要,加大我省城市水务市场外资企业开放步伐是必要的。

饮用水新国标推行在即,饮水安全再次成为社会关注的焦点。早在 2007 年,《饮用水卫生标准》颁布,就将自来水的检测标准从过去的 35 项提高到 107 项,已接近欧盟水质标准。绝大部分城市需要对现有供水、排水设施进行升级改造,否则很难实现水质的大幅度提升。2012 年 6 月 27 日,国家发改委副主任杜鹰在《国务院关于保障饮用水安全工作情况的报告》中表示,目前我国城市饮用水安全保障存在水源地水质状况不容乐观、部分地区供水能力不足、供水水质不达标问题突出、体制机制有待健全、法律法规和配套政策亟须完善等五大问题。同时他表示,要将饮用水安全保障纳入地方政府考核体系,严格实行问责制,加强城镇供水安全监管,定期对供水企业生产运行、供水水质、服务质量、运营效率和成本等情况进行监督检查。

据有关资料统计,全国 663 个城市中,有 400 多个城市长年供水不足,110 个城市严重缺水。未来几年将是中国城市化发展最快的几年,随着低碳经济、低碳生活的倡导与深入,要节水,要加速水污染的处理,要促进水的循环利用,未来几年将成为供水领域投资的高峰期。

(二)山西情况

中国水网资料显示:山西水资源严重短缺,许多地方由于长期的水资源严重缺乏和超量开发利用造成水质恶化、地下水严重超采、地下水水位下降、地面沉降、生态环境破坏、工农业争水矛盾突出等问题。"两会"期间,我省9名全国人大代表和22名全国政协委员分别联名向大会递交建议和提案。"大同和朔州有450万人,人均水资源量仅322立方米,不足全国平均水平的15%,两市群众面临着严重吃水困难。大同市由于缺水,地下水严重超采,年超采量约1亿立方米左右;朔州市由于缺水,一些极具潜力的工业项目不能开工,不少地方群众生活用水只能靠定时供给……"

"十二五"期间,拟投资4271亿元用于全国城镇污水处理及再生利用设施建设,其中山西共计投资91亿元。如此巨大的投入,仅靠国家和地方财力显然无法承担。通过引进外资为我国城市水务业提供资金、技术和管理经验,实现水务服务的企业化、专业化运营,是城市发展的必由之路,是城市水务业发展的宏观背景。

三、加快我省城市水务业对外开放步伐

党的十六大以后,以产权制度改革为核心的国有企业改革拉开序幕,水务行业的外资引进工作也同样进入了以产权多元化为基础的阶段。2002年12月,建设部出台《关于加快市政公用行业市场化进程的意见》,外资获准参与自来水管网和客户服务领域,标志着市政公用行业正式对外开放。目前,在中国水务市场上,已经形成了外资水务巨头、投资型公司、改制后的国有企业以及民营资本四种力量竞争的局面。

(一)投资人类型划分

从目前情况看,有些省、市外资水务业在引资过程中出现了一些问题,这些问题的出现与对投资主体没有做充分分析盲目引进有很大关系。因此,在引资过程中,要对投资主体认真分析,找准选好适合当地情况的投资人。

从资金来源划分,目前进入水务业的投资人大致可以分为三个类别:

以桑德集团和金州环境集团为代表的国内民营企业。桑德集团注册地在北京,该集团长期致力于市政给水、市政污水处理、工业给水与废水处理、城市垃圾处理、工业固体废弃物处理等环境领域业务,始终站在中国环保产业发展的前沿;金州集团是最早进入中国城市基础设施及环保行业的外国公司之一,注册地在大连,该集团投资、控股10余家项目公司,投资总额达到50亿元人民币。

以首创股份、北控水务(北京控股在香港设立的水务投资公司)和中环保水务(上海实业控股有限公司与中国节能投资公司的合资企业)为代表的国有控股企业。我省太原污水处理厂特许经营项目为首创股份投资的项目。

以威立雅水务、中法水务和荷兰中荷水务集团公司为代表的外资企业。我省原平中荷水务集团公司就是荷兰中荷水务集团公司投资的项目。

从投资人商业模式划分,可以分为三类:

1. 以威立雅水务等为代表的战略投资人。此类投资人依靠产业资本进行投资,依靠技术与管理优势获得市场,依靠提升运营效率获取利润。其投资带有长期性和稳定性,注重长期收益,受国际金融环境影响较小。

2. 以平安保险等为代表的纯粹财务投资人。此类投资人大多为大型保险集团、社保基金管理人、外国养老基金管理人等,他们拥有雄厚资本,融资成本低廉,受到水务领域长期稳定回报的吸引,常常与战略投资人组成投资联合投资体,介入水务项目。平安保险下属的平安信托公司发起设立"柳州自来水项目股权投资计划"就是其中一例。此前,首创股份、光大国际等在完成自身转型前,都在威立雅运营的多个项目中扮演过财务投资人角色。

3. 以香港中国水业有限公司为代表的准财务投资人。此类投资人通常利用香港或其他资本市场,对接国际投机性资本,在内地收购中小规模的水务项目。他们一般缺乏足够的技术积累和管理经验,但具有一定的融资优势,虽然介入项目运营,其盈利方式主要还是依靠金融投机博取短期利润。在国际金融环境发生变化时,此类企业的资金链极易断裂,直接威胁到水务项目的稳定运营。香港中国水业已在 2008 年 11月宣布终止其在内地的数个污水处理项目的收购合同,近年来,公司控股权又发生数次变更。

在上述各类型投资人中,第三类准财务投资人的风险度较高。在过去几年中,一些失败案例往往由此类投资人引发。

(二)相关建议

1. 倡导水行业的"多元化投资"。多元化应该是市场化,其目的是改革现有的行业体制的弊病,促进行业的整体进步。因而在引进外资的同时,应鼓励国内大型水务公司如深水集团、北京自来水、上海水务资产经营管理有限公司(包括原水股份)进一步整合业务,向跨地域的、具备一定自然垄断地位的水务集团迈进,和外资一起形成新的市场竞争形势。多元化的资本的真实竞争才是行业发展应达到的目标。

2. 引进外资,开发水源,缓和城市供水紧张形势。利用外资进行基础设施建设既能为解决建设资金短缺、投资不足的难题提供一条有效的途径，又可大大促进水务业的技术进步，改变城市水务业面貌。

3. 引进国外先进技术和先进管理经验。利用外国政府贷款建设城市基础设施，为我们提供了引进国外先进技术设备和先进管理经验的机会。针对山西长期挖煤而导致的特殊情况，可以借鉴地下水回灌技术。据世界500强威立雅水务公司专家称，目前地下回灌技术在国外已有较成熟的应用案例。

结合山西的实际情况，煤炭开采需要抽空采煤区的地下水，形成了大量的地下空洞。地下水回灌是一种可以借鉴的技术。

4. 引进外资的形式。一是融资合作。供水企业出于解决资金困难，以同外方合作经营的形式，解决企业资金来源，同时满足外方需要获得的利润；二是嫁接改造。一些城市供水、排水设施腐朽陈旧、失修严重，亟待解决资金来源，恢复与扩大再生产；三是BOT模式。BOT是指"建设—运营—移交"的英文缩写，是国际上通行的一种基础设施建设投资方式。其含义是：政府通过特许权协议，在约定的期限内，将某些基础设施项目的特许经营权授予为该项目设立的项目公司，由项目公司负责该项目的投融资、建设、运营和维护。运营期间项目公司拥有该项目的所有权和经营管理权，所得收益作为项目偿还债务及投资回报，约定期满后将项目的所有权无偿移交给政府部门。

综上，现代化的供水、排水设施是城市的重要基础设施，是城市赖以生存和发展的物质条件，也是现代城市文明程度的重要标志。它不仅为市民解决了吃水用水的问题，而且对进一步扩大城市对外开放、增强城市功能、塑造城市形象都具有十分重要的现实意义。

（作者系山西省商务厅党组书记、厅长）

全省发展土地适度规模经营情况调研报告

山西省农业厅

积极引导农村土地承包经营权流转,发展土地适度规模经营,是推进城乡统筹发展和劳动力向非农产业转移的必然要求,也是完善农村基本经营制度,转变农业发展方式,推进农业现代化发展的重要举措。根据农业部和厅里的安排,我们组织各级农经部门对全省发展土地适度规模经营情况进行了调研。总体来看,近年来全省各地在稳定家庭承包经营的基础上,坚持依法、自愿、有偿,因地制宜、分类指导的原则,有序推进了土地流转及适度规模经营的发展。现将具体情况汇报如下:

一、现状特点

我省的土地流转和适度规模经营呈现出了良好的发展态势。据调查,截至 2012 年 6 月底,全省土地流转面积达 612 万亩,占全省农村家庭承包经营面积的 13%;50 亩以上规模经营面积达 229 万亩,占流转面积的 37.4%。土地流转和规模经营呈现出以下特点:

(一)流转形式多样化,出租、入股面积明显增加

按流转形式划分,主要有转包、出租、互换、入股等。据调查,截至 2012 年 6 月,主要有转包面积 263 万亩,占流转面积的 43%;出租面积 153 万亩,占流转面积的 25%;互换面积达 92 万亩,占流转面积的 15%;入股面积达 31 万亩,占流转面积的 5%;转让面积达 18 万亩,占流转面积的 3%;其他形式流转面积达 55 万亩,占流转面积的 9%。与 2011 年年底数据相比,出租和入股的面积明显增加,分别增加了 26% 和 48%。从实践来看,农户将土地通过出租、入股、转包的形式流转给农业企业、合作社或大户等,把土地与劳动力、资金、技术、管理等生产要素有效重组后,提高了劳动生产率和土地生产率,土地规模经营的效益得到了显著发挥,相应的这些流转农户的流转收益

也往往高于农户间的转包等未形成规模经营的收益。所以,有流转意愿的农户越来越多的选择出租、入股的方式,来提升土地的价值,得到较高的流转收益。

(二)规模经营方式呈多样化。我省各地从实际出发,探索出了实现规模经营的多种模式

一是专业大户、家庭农场通过土地流转建立起集中连片的农产品生产基地,实行统一种植经营形成的土地规模经营模式。如定襄县神山乡卫村种粮大户胡梅花接包、租赁了农户1400多亩承包地进行规模经营。繁峙县金山铺乡郝家湾村张海明通过土地租赁、入股的方式成立了海丰农牧场,经营土地5600亩从事玉米、马铃薯、胡麻等种植。平陆县部官乡郑沟村村民戚占锋转包了本村56户的636亩土地从事中药材种植。

二是农民以土地承包经营权入股组成合作社,或者是合作社通过租赁、委托流转等方式流转农户土地,由合作社实行统一种植经营管理的规模经营方式。如祁县西六支村440户农民以2300余亩土地承包经营权入股建成了祁县西六支农业开发专业合作社,由合作社进行统一种植经营管理。孝义市大孝堡乡东盘粮村通过委托流转的方式将4200亩土地流转给力农蔬菜种植专业合作社和富东农机专业合作社。

三是通过合作社、农业企业等为农户提供统一服务实现的规模经营。长治县振兴新区的振新等三村的367户将2075亩土地全部入股到鑫源有机农产品专业合作社,合作社采取统一规划、统一种植、统一经营、分户管理的方式,即"生产在家,服务在社"的方式实现规模经营。山西沁州黄小米(集团)有限公司以"公司+基地+农户+标准化"模式,采取"统一规划,统一品种,统一技术,统一收购,统一价格"的五统一管理模式,连续六年与沁县、武乡县、襄垣县、屯留县共19个乡镇,3万户农户签订沁州黄谷子种植合同9万余份,订单合同面积达到6万亩,实行标准化生产,发展沁州黄品牌产业。

四是农户直接将土地租赁给企业,农户以委托流转方式通过村委会流转给企业等模式。清徐县水塔集团就租赁农户3000亩土地作为酿醋高粱基地。尧京葡萄酒庄通过委托流转的方式流转襄汾县大邓乡上西梁等4个行政村的3800多亩土地,用于栽植酿酒葡萄。山西仁核山谷农林开发有限公司在临猗、闻喜租赁农户2万多亩土地统一栽植核桃,统一经营。

(三)规模主体和经营内容多元化

近年来,随着农业结构调整和高效农业的发展,一些原来的农业专业大户扩大了经营规模,新的专业大户不断涌现,同时专业合作社、企业和科技人员等成为租赁农户承包土地、投资经营农业、发展规模经营的一股新生力量。土地流转后,经营开发的内容和项目几乎涵盖了农业的所有行业,有种植业的,也有养殖业的;有建农作物生产基地的,也有创办生产示范、科技推广、科普基地的。这些经营项目都充分利用了土地资源,有较为明显的经济效益。

(四)规模经营土地效益明显提高

通过土地流转等方式实现了土地的规模经营后,不仅土地的效益明显提高,而且农户的收入也有大幅度的提高。锦地有限公司在阳曲县黄寨镇柏井村租赁土地320亩,建成100余座日光温室蔬菜大棚,由公司统一经营,每亩收入由分散经营的680元提高到8000元。泽州县金村镇霍秀村农民田义成在流入土地上推广小麦超高产技术,增产达40%。新绛县来福蔬菜生产专业合作社通过流转土地2700亩,建成了438个日光温室大棚的施蔬菜示范园区,大棚主要以种植西红柿为主,连续两年每个大棚年收入超过3万元,带动周边三个村人均增收3000元。

(五)土地流转机制向市场化发展,工商资本逐步进入土地适度规模经营

近年来,国家取消了农业税,实行种粮补贴,土地产出效益明显提高。原来以交粮纳税、给点口粮为流转代价的代耕代种、转包、互换等流转方式,越来越多地被租赁、入股形式取代,亲戚、朋友之间也从"不好意思谈钱"转变为光明正大"谈值论价"。流转双方根据土地承包经营权流转后所经营产业的经济效益,协商土地承包经营权流转价格,既实现了土地等农业生产要素的优化配置,又增加了流转双方的收入,土地流转机制逐步向市场化发展。寿阳县土地流转价格,三年内由每亩每年300元迅速上涨为600元。介休市、榆次区高校园区土地流转价格也由600元涨为800~1000元,流转收益的结算办法也由过去的一定10年、15年,缩短为3~5年。同时,近年来正值我省煤炭资源整合和工商资本转产农业的契机,一些工商企业开始把农业作为一个投资领域。长治市福瑞农业科技发展有限公司,在屯留县上村镇流转土地3569.17亩,涉及4个村共计630户,土地亩流转费用600元/年,分别用于种植名树、名花、观赏农产品、药材种植。

二、主要做法

近年来,我省通过制定文件、召开会议、建立土地流转服务组织、流转典型示范带动等措施,引导了土地承包经营权平稳健康流转,发展了多种形式的适度规模经营。

(一)做好政策引导

在广泛调研和认真研讨修改之后,我厅代省政府起草了《关于做好农村土地承包经营权流转工作引导发展适度规模经营的意见》,2010 年 4 月 30 日以晋政办发[2010]32 号文件下发各地。该《意见》明确提出了全省建立健全土地流转市场和管理服务体系、引导培育规模经营主体、加大扶持力度等具体措施。并根据文件,我省成立了山西省农村土地流转工作领导小组。各地认真贯彻落实文件精神,吕梁市、忻州市、晋中市、长治市、运城市、临汾市 6 个市和 38 个县也以市、县政府办公厅下发了推动土地流转和发展规模经营的意见,并成立了相应的领导机构。

(二)加强规范管理

为了加强我省农村土地流转的管理和服务工作,规范流转行为,维护流转双方的合法权益,2010 年 8 月,省农业厅制定了《山西省农村土地承包经营权流转合同》、《山西省农村土地承包经营权委托流转协议》、《山西省农村土地承包经营权委托流转合同》等示范文本并以厅文件下发各地。土地流转正在由流转双方的"口头约定"、"君子协议"变为依法规范的流转合同。

(三)建立健全流转服务组织

全省各地依托各级农村经营管理部门,逐步建立健全县、乡两级农村土地流转服务体系。截至目前,我省 115 个县全部建立了土地流转服务组织,1176 个（90%）乡(镇)建立了土地流转服务组织。2012 年重点在 35 个县及所辖乡镇开展农村土地流转服务组织规范化建设,通过召开落实土地流转工作目标责任制推进会,与有关单位签订了责任书等方式,有效的促进规范化建设工作。这些流转服务组织对土地流转双方开展了信息发布、资格审查、合作签订、合同鉴证、纠纷调处等管理和服务工作,有效促进了全省土地承包经营权公开、公平、公正交易市场环境的形成。

(四)做好宣传培训工作

为加大土地流转工作的舆论宣传引导力度,提高各级干部和农民群众对土地流转工作的认识,我站曾在《山西农民报》分 7 期刊登了《农村土地流转政策问答》,分别对土地流转的原则、形式、主体、收益、合同签订及鉴证等进行了详细的解答,收到了良好的宣传效果。接着,我站又举办了农村土地流转工作培训班,参加培训班的有各市、县的土地流转工作的负责人及具体工作人员 170 多人,培训班就农村土地承包管理及农村土地流转的法规政策进行了系统培训,提高了农村土地流转工作人员的服务和管理能力。

三、问题及原因

(一)部分地方农民对土地流转及适度规模经营仍存疑虑

一是担心土地流转会损害自身利益,会失去对土地的承包权,尤其担心土地流转后,经过整理,原有界限被清除,待合同到期,难以收回土地。比如临猗县南大陈、西陈翟、阁头和嵋阳等 4 个村常年在外打工的有四百余人,其中有 90%以上的农户土地没有流转出去,而是由自家老人或其亲戚耕作,宁可自己粗放经营甚至撂荒而不愿将土地流转。二是部分农民外出就业和社会保障乏力。一些进城务工经商的农民,由于岗位和社会保障不稳,不能彻底离开土地,把土地作为自己最后的退路,不愿意流转或是选择短期的流转。三是因为有些土地流转纠纷没有得到及时解决,流转农户的利益得不到保障,使得有流转意愿的农户不敢流转。

(二)流转不规范

从调查情况看主要表现在四方面,一是合同意识不强。土地流转给合作社、农业企业和专业大户的,流转双方多数是签订了合同的,但农户之间的流转多是口头约定,没有书面约定;二是合同不规范,流转双方签订的合同也多数存在内容不完整的问题,甚至有的合同条款与现行法规冲突,没有达到通过签订流转合同来规范双方权利和义务的目的;三是流转后不在发包方备案,造成一些土地流转后需变更的承包合同及经营权证书未及时变更;四是土地流转后未经有关部门依法审批改变农业用途,在流转地上建商用门店、挖果窖、挖沙、建砖厂、办企业等违法行为已经出现。这些由于流转不规范极易引发的纠纷正在成为影响农村社会稳定的隐患。

(三)土地集中成片流转难

目前,大面积调整农业产业结构或规划连片种植设施农业等农业生产,往往需要通过土地流转来集中连片规模经营,有时就因为一户或几户承包户不愿意流转,而使整个项目难以实施。

(四)财政扶持资金短缺

土地流转是发展适度规模经营的主要途径。2010 年山西省人民政府办公厅下发的《关于做好农村土地承包经营权流转工作引导发展适度规模经营的意见》(晋政办发【2010】32 号)中第(十三)条明确要求"加大财政扶持力度。为引导土地流转和促进规模经营,从 2010 年起,地方各级人民政府在土地出让金中每年都要安排一定额度的土地流转专项扶持资金,支持县(市、区)、乡(镇)建立土地流转服务组织,设立土地流转交易大厅,配置信息设备,开展流转服务;对符合土地承包政策法规、流转合同手续完备、形成集中连片规模经营面积 100 亩以上，并签订 3 年以上流转合同的规模经营主体每亩给予一定数额的一次性补助，用于对流转出土地农户的补偿"。但到目前为止仅有晋中市、长治市和孝义市、沁水县等个别市、县有这方面的资金。

（五）土地流转服务体系不完善

土地流转是实现规模经营的重要途径。我省县、乡两级土地流转服务体系虽然已经建立，但大多是仅发了个文件，挂了个牌子，由于人员不到位、经费不落实、设施不完善，所以远远不能满足当前我省土地流转发展的要求。特别是在指导流转双方签订规范流转合同这项工作上，由于既没人又没钱，虽然我省已经制定了流转合同的示范文本，但农户不愿意自己出钱印合同，而土地流转服务组织又没钱印合同，就使这项工作无法顺利开展。目前由于不签合同或流转合同不规范经常引发土地承包和流转纠纷。同时由于土地流转供需双方的信息发布不及时，往往出现农户有转出土地意向却找不到合适的受让方，而需要土地的人又找不到中意的出让者。

（六）法律、法规滞后于土地流转实际需要

近年来，一些企业、科研单位的投资逐步向农业倾斜，特别是我省煤炭资源整合后一些企业开始投资转产农业，就出现了以下情况，一是企业需要长期流转农户土地发展农业生产，如按照现行的《农村土地承包法》规定土地流转期限不能超过剩余承包年限，而大部分企业等投资主体想租赁土地的期限往往超过了剩余承包年限，虽然中央十七届三中全会提出土地承包关系要长久不变，但现行的法律法规政策并没有做出相应的规定。影响了土地流转和企业转产投资农业。二是企业流转农户土地投资转产农业进行适度规模经营时，为了保障流转土地农户的收益，应当对企业进行资质审查，而现行的法律政策对企业农业生产资质的审查部门、审查标准等内容没有规定。三是对于目前出现的，农户以土地承包经营权入股加入合作社，合作社又以土地承包经营权作价入股与企业组建公司这种形式，例如柳林县槐树沟农民专业合作社将土地折价入股与联盛集团组建了联盛农业开发有限公司，如果公司生产经营不景气破产清偿债务时，如何保障农户的土地不用于抵债。

（七）保障激励机制缺位

从农村社会保障措施看，由于农民的社会保障机制还没有建立完善，导致农户害怕流转、不敢流转。从土地流转扶持政策看，目前我省多数地方由于没有建立流转扶持政策农民感到流转不流转无所谓。

四、措施建议

(一)做好推进农村土地流转和规模经营的组织领导和宣传引导工作

土地问题是农业和农村工作的核心,是农村稳定的基础。各级党委和政府要进一步提高认识,把推进农村土地承包经营权流转和规模经营作为贯彻落实科学发展观,转变农业发展方式,促进现代农业发展和社会主义新农村建设的一项重要工作来抓,列入农业农村工作的重要议事日程,切实加强领导,正确引导和规范农村土地流转及适度规模经营工作。同时,要采取多种形式、多种渠道地有针对性地宣传《农村土地承包法》、《农村土地承包经营权流转管理办法》、土地流转和规模经营的典型,使农户消除疑虑,积极参与配合,推进工作。

(二)开展农村土地流转服务体系的规范化建设

健全土地流转管理和服务组织是搞好土地流转发展土地适度规模经营的关键。目前流转服务体系人员缺乏、人员素质不高、必要的工作设备和工作经费短缺,远远不能满足当前我省土地流转发展的要求。开展农村土地流转服务体系的规范化建设势在必行。首先各级政府应当为流转服务体系充实工作人员,保证有人来工作;其次是为流转服务体系配备电脑、电子显示屏、打印复印机等工作设备,保证设备来工作;第三是要切实保障流转服务体系有必要的工作经费,保证有资金来工作。当这些条件具备后,各地的流转服务组织才能有效地开展信息发布、合同签订指导、合同鉴定、政策咨询、设立农村土地流转登记备案簿等工作,及时地掌握土地流转的动态,逐步的规范土地流转,引导适度规模经营的发展。

(三)做好土地流转和适度规模经营的财政扶持工作

为了提高农民流转土地的积极性,各级财政应当将土地流转扶持经费列入预算,对流转土地并形成适度规模经营的农户给予一定的补贴,鼓励农民流出土地,发展适度规模经营。同时应当将土地流转服务组织的工作经费也列入财政预算,保障流转服务工作的有效开展。

(四)规范流转合同

流转双方要在平等互利、协商一致的基础上,要签订书面流转合同。以转让方式流转的须经发包方同意后再签订流转合同。流转合同应明确载明流转土地的形式、面积、四至、流转的期限和起止日期、流转土地的用途、双方当事人的权利和义务、流转价款及支付方式、流转合同到期后地面附着物及相关设施的处理、支农惠农政策的落实和违约责任等内容。流转合同由双方各执一份,发包方和乡(镇)人民政府农村经营管理机构各备案一份。

(五)开展农村土地承包经营纠纷调解仲裁体系的规范化建设

为了依法及时有效的调解仲裁农村土地流转纠纷,保护流转农户的合法权益,各地应当加强农村土地承包经营纠纷调解仲裁体系的建设,解决调解仲裁工作中缺少办公用房、交通工具、经费没有保障、仲裁员培训不够等问题,开展规范化建设。

(六)修改制定有关法律规定

根据中央农村土地承包关系长久不变的精神和广大农民的意愿,搞好农村土地承包经营权的确权颁证工作,结合土地流转需要,建议全国人大延长现行法律中关于土地承包期和流转期限的规定,给农民土地产权一个长久不变的"定心丸"和保障收益的流转预期。同时,尽快出台关于企业流转农户土地从事农业生产的有关政策规定。

(七)建立流出土地农户社会保障制度

尽快把已经放弃经营土地、进入城市就业的农民纳入城镇社会保障体系。加大对农村社会保障的财政投入力度,建立农村人口养老保险制度,解决离土农民的生存保障问题,提高农民流转土地的积极性,切实维护农民的根本利益。

以人才优势构建企业发展优势

中共山西省国资委委员会

党的十八大把广开进贤之路、广纳天下英才作为保障党和人民事业发展的根本之举,把进入人才强国和人力资源强国行列作为全面建成小康社会的重要目标,凸显了对人才工作的高度重视。省委书记袁纯清同志在省委组织部调研听取汇报时的讲话中指出,要围绕我省主导产业和优势产业的创新发展,定向地去发现人、吸引人、招揽人,特别是引进高精尖人才,这是低成本的做法,也是最有效的做法。近年来,我省省属国有企业牢固树立人才是企业竞争之本、转型之要、跨越之基的理念,大力实施人才强企战略,人才工作机制体制不断创新,发展环境不断优化,队伍规模进一步壮大,结构与素质持续改善,为企业率先转型跨越发展提供了强有力的支撑。

一、人才建设基本情况

山西作为内陆省份和老工业基地,国有企业数量多,国有经济比重大,转型跨越发展的任务繁重而紧迫。近年来,在省委、省政府的正确领导下,在省委组织部的关心支持和具体指导下,省国资监管系统紧紧围绕推动转型跨越发展,着力帮助企业聚才育才用才,创新创造创业,推动企业领军人才总量增长,人才结构持续优化,人才队伍素质持续提升,人才工作水平迈上了新的台阶。省属企业人才工作特别是三支人才队伍建设扎实推进,为国有经济率先转型跨越提供了强有力的人才支撑和组织保障。据对全省 22 户省属国有企业的不完全统计, 截止 2012 年底, 省属企业人才总量达到 311677 人,每万人拥有人才数近 3000 人,高层次人才数量接近 500 人,引进海外留学归国人员总数突破 100 人。其中:

1. 三支人才队伍情况。经营管理人才 152 045 人, 其中集团公司班子领导 252 人,中层处级 9 298 人;专业技术人才 158 674 人,其中海外高层次人才"千人计划"引进 2 人,"百人计划" 9 人,中国工程院院士 1 人,山西青年拔尖人才 1 人,中央直接联系的高级专家 5 人,省委联系的高级专家 111 人;高技能人才 93 761 人,其中首席技师(技能大师)362 人,高级技师 1393 人。

2. 人才基地建设情况。国家级重点实验室 1 个,国家级企业技术中心 12 个,省级企业技术中心 11 个,博士后科研工作站 10 个,省级海外高层次人才创新创业基地 4 个;建立 25 个技能大师工作室,其中列入省级以上的 6 个;建立 7 个高技能人才培训基地,其中列入省级以上的 4 个;建立 17077 个党校、技校、干部学院和培训中心,其中列入省级以上的技师学院 2 个;从 2010 年至今,共自主培训各类人才近百万人次,发明专利技术共计 1186 件。

3. 人才资金保障情况。省属企业人才专项资金主要包括人才培训资金、人才引进资金、人才激励资金、人才发展基金、人才工作津贴、人才工程投入、技术研发经费以及人才工作经费等八大类。据初步统计,仅 2012 年,省属企业累计投入各类人才资金近 20 亿元,大企业资金投入年平均在 2 亿元以上,小企业资金投入年平均在 1000 万左右,且均呈正比例逐年递增,成为人才优先发展的重要保障。

4. 人才作用发挥情况。在产业结构优化上,紧紧围绕现代服务业、先进制造业和高新技术产业,初步实现了人才与企业新兴产业、高端产业的有机融合;在经济指标完成上,持续发挥三支人才队伍的管理优势、技术优势和技能优势,在很大程度上推动了企业经济的发展规模、发展速度和发展质量;在转型项目实施上,努力探索"人才+项目"培育模式,以项目育人才,以人才促项目,实现了企业人才工作效能的最大化。根据柯布-道格拉斯人力资本分类模型,初步测算,省属企业人力资本对经济增长贡献率达到 38%,其中人才贡献率达到 33%。

二、主要做法及其成效

总体来看,省属企业人才工作能够围绕中心,强化措施,突出能力导向,助力企业发展,呈现了较好的发展态势,主要表现在五个方面:

1. 凝心聚力,抓人才工作的氛围初步形成。能够认真贯彻落实中央和省委人才工作有关精神,坚持"大人才、大培训"理念,以"三支人才队伍"建设为重点,以"十项人才工程"为抓手,基本构建了具有省属企业特色的人才建设管理工作体系。从国资委层面来看,不断完善党管人才工作机制,2013 年重新调整充实了以朱晓明主任为组长的人才工作领导机构,下发了《省属企业人才工作要点》,围绕"强责任、抓领军、调结构、提素质"的工作思路,督导省属企业人才强企战略全面实施。从省属企业层面来看,积极创新人才培养和人才管理模式,为推动企业转型跨越发展提供不竭动力。比如,太钢集团坚持人才优先发展原则,以"营销人才"和"科研人才"为龙头带领人才整体工作向前推进,在钢铁行业形成了人才竞争比较优势。国新能源集团围绕"气化山西"发展战略,专门出台了《"十二五"人才发展规划》,努力打造了"经营管理、技术研发、操作技能、市场营销"四支精英人才团队。总的来看,抓才、育才、引才、用才的理念逐步形成,氛围日益浓厚,工作更加强化,成效不断显现。

2. 齐头并进,三支队伍建设各具特色。紧紧围绕"激活现有人才、吸引外来人才、培养未来人才"三个核心环节,着力培育三支人才队伍,呈现了各具优势、各有千秋、各有发展的鲜明特点。①经营管理人才方面,不断加大干部培养、使用、交流和考核力度。2012 年与省委组织部共同研究出台了企业领导班子和领导人员考核方案,首次把考核结果与领导人员的薪酬挂钩,对优秀班子和成员进行奖励,对排名靠后的班子进行约谈,强化正负激励机制,形成良好用人导向。各省属企业在干部选拔任用中坚持竞争择优、竞聘上岗,使贤者、能者、智者能够居其位尽其才。比如,潞安集团在正常考察干部程序的基础上,突出了对"德"的专项考核(权重不低于 30%),提高了选人用人的公信力;汾酒集团依据不同岗位要求,大力推行干部竞争性选拔,从 2010 年开始先后三批公开选聘了 53 名干部走上了领导岗位;②专业技术人才方面,努力营造拴心留人、干事创业的良好氛围。2013 年组织焦煤集团等 14 户省属企业,赴大连参加"2013 中国海外学子创业周"高层次人才招聘活动,并与 8 名化工、燃气、煤炭、金融、外文等方面的高端人才达成来晋工作的初步意向。各省属企业依托产业平台、项目平台、国际平台,巧借外脑,广纳贤才。比如,太重集团依托海外公司和技术中心,打造人才引进平台,在去年引进 1 名海外高层次人才的基础上,今年又新引进海洋工程专家白勇教授,开展海工装备研发;国际能源集团与韩国电力公社、日本电源等企业进行合作对接,先后吸引了 6 批 80 余人次的海外技术专家来企业进行技术交流和业务指导;③高技能人才方面,着力培养了一批能工巧匠和行家里手。各省属企业积极搭建高技能人才快速成长平台,逐步形成了培养快、使用好、待遇高的高技能人才培养工作格局。目前,技师占技能劳动者的比例已经达到 3% 以上,通过高级技师的传、帮、带,带动了整支技能队伍的梯次发展。比如,同煤集团 2009 年创建了"雷雨大师工作室"(国家级),集教、学、研、练多功能于一体,已发表专业论文 21 篇,完成技术革新50 余项,处理各种故障 1200 多起。晋煤集团 2012 年创建了"晨光技能大师工作室"(国家级),在成立不到 2 年间内,带出了 114 名技术骨干,完成了 15 项技术革新,创造效益 1000 多万元。

3. 助力添翼，人才培训工作稳步推进。紧紧围绕"素质提升、知识更新、技能增强"三大目标，依托知名院校、培训机构、中外企业以及企业党校、职工技校、生产厂家等载体，扎实搞好各个层次的培训工作。2010 年以来，围绕产业结构调整、装备制造发展、领军人才建设、内控风险控制、国际化运作等主题，先后与北京大学、清华大学、大连高级经理学院以及美国加州州立大学、英国创新园区、德国北威州等建立了合作培养关系，省国资委系统共组织各类培训 20 多万人次。在做好常规培训工作的基础上，我委致力于全面推广"干部上讲台，培训到现场"工作，省属企业推广普及率已实现 100%，并在学习焦煤集团经验的基础上，进一步创新了工作模式，延伸了活动内容。如阳煤集团按照"三个到位"（教师到位、教材到位、一周三培到位）和"两个达标"（手指口述达标和案例规程达标）的标准，集中力量重点对员工的安全意识和技能水平进行培训。中条山集团立说立行，活学活用，开展了"能人上讲台，培训到岗位"活动，结合基层实际为员工提供丰富营养的"培训套餐"，目前已培训 6175 人次，使培训工作更加贴近职工、贴近基层、贴近现场。

4. 筑巢引凤，人才激励机制更加优化。积极倡导并不断优化人才激励机制，强调物质激励和精神激励"双管齐下"，注重短线投资与长线投资"均衡发展"。一方面在人才资金的投入上给予了充分的保障。各省属企业在面对经济运行压力加大的形势下，优先保障人才资金并逐年增加资金投入比重。比如，焦煤集团将人才资金纳入年度预算，专账专户管理，滚动循环使用，2012 年培训经费为 2.88 亿元，研发费用为 6.38 亿元，同比均有所提高。山煤集团设立了董事长、总经理奖励基金，对有重大贡献的人才给予重奖，2012 年奖励奖金达 753 万元；另一方面在职位的提升、荣誉的授予和文化的融合上狠下工夫。各省属企业在打造"硬实力"的同时，更加注重"软实力"的塑造，提升了人才的归属感。比如，潞安集团全职引进的吴清萍博士，企业专门为之组建了一支 50 人的光伏产业研发团队，使个人理想与企业产业实现有机融合，2012 年个人成功入选山西省首批"青年拔尖人才"。同煤集团在选拔任用上优先考虑各类人才，对紧缺专业人才打破年龄限制，破格提用，确保人才适得其所、才尽其用。

5. 合力协同，人才工作成果不断出新。充分发挥人才支撑和引领作用，不断创新人才工作，努力增强发展活力，推动人才建设多层次、多领域和全方位发展。省国资委积极响应省委、省政府号召，围绕"项目建设推进年"和"百企千村产业扶贫工程"，打造人才聚集高地，搭建企业发展平台，实施"项目招才、平台纳才、产业育才"工程，以人才带项目、带产业，以项目、产业促人才发展，在煤制油、煤制烯烃、光伏产业等重大项目和新兴产业上已经取得初步成效。各省属企业也积极践行，努力探索，摸索出了一系列的人才创新思路和方法。比如,晋煤集团创造性提出并推行了"管理、专业技术和岗位操作"三大人才序列管理,打破了干部工人的身份界限,每个序列自成体系,横向又相互连接,畅通了进步渠道,弥合了身份隔阂,极大地激发了员工干事创业活力。山投集团作为资产管理公司,着力推动实体经济发展,在人才工作中不甘落后,率先在省属企业引进海外高层次人才"千人计划"2人(刘慧春/美国物理学会学士、Syl-vain/加拿大皇家科学院院士),并以控股合作的方式,引进了具有4项发明专利、6项实用技术的亚乐士技术团队。

三、当前人才工作存在的主要问题

近年来,省属企业人才工作虽然取得了长足进步,但也应清醒地认识到,与发达地区和国内外优势企业相比,与省委、省政府的要求和省属企业实现转型跨越的战略目标相比,人才工作还存在较大差距。主要表现在:

1. 人才工作和人才发展还不平衡。人才工作不平衡主要表现在:大企业抓得好,小企业抓得差;机关抓得实,基层抓得虚;试点单位抓得紧,重组企业和整合矿井抓得松。人才发展不平衡主要表现在:人才总量与质量的结构性矛盾比较突出,产业结构调整急需的创新型、专业型、复合型人才严重不足,高端人才尤其是领军型人才匮乏。

2. 领导体制和人才机制仍不健全。在人才工作中,绝大多数省属企业虽明确"人事处和组织部牵头抓总,劳资、职教、财务和技术中心协调配合",但在具体事务中,原有的人才管理模式并未得到根本改变,更多是靠"上级点、领导令、兄弟情"来安排工作,除个别企业外,大多都没有单独设立人才办,组织、人事部门难以发挥主观能动性、工作积极性,领导体制和工作机制并无真正形成。此外,在薪酬、激励、考评、保障等机制上尚有很大的提升空间。

3. 人才政策和人才环境亟待优化。近年来,省属企业始终保持强劲的发展态势,但人才增长速度远远滞后于经济发展速度,人才制约因素日益凸显。这其中既受地域区位和产业行业限制,也与人才配套政策和人才工作环境有关。在政策的制定上,虽有总的方针,但缺少配套措施。比如,绿卡政策、股权激励、个人所得税减免等。在环境的优化上,虽有大的改善,但在产业环境、生活环境、人文环境上还不完善,表现在产业平台少、学术环境差、人才观念滞后等。

4. 人才存量和人才质量尚有空间。概括来讲,省属企业人才工作存在的问题集中表现为:观念不新、机制不活、环境不松、总量不够、结构不优、质量不高、氛围不足、作用不强。特别是在人才存量和人才质量上还有很大提升空间,完全能够更好地支撑省属企业转型跨越发展。究其原因,主要受限于四个问题:一是国有企业用人机制僵化问题;二是我省作为内陆省份大环境问题;三是中部地区人才集聚困难问题;四是我省传统产业制约问题。

四、进一步提升企业人才工作科学化水平的建议

国以才立,业以才兴。当今社会,以科技和人才为核心的各种竞争日趋激烈,实施创新驱动发展战略、加快转变经济发展方式,也面临高层次人才不足的制约。党的十八大把人才工作作为"全面提高党的建设科学化水平"八项任务之一,充分体现了中央对人才工作的高度重视,为加强和改进人才工作提供了根本遵循。省第十次党代会提出了"大力实施人才强省战略,树立人人都可以成才的观念,加大人才开发投入,健全人才培养、引进、评价和激励机制,优化人才发展环境"的具体要求,确定了大力引进转型跨越发展亟须的新兴产业企业家人才和高端创新人才,在引进海外高层次人才上取得突出成效的目标,为国资监管部门在新形势下进一步做好人才工作指明了方向。"十二五"时期,是省属企业发展方式转变、体制机制转换、管理方式转型的关键时期,特别是当前面对复杂多变的经济形势和日趋激烈的企业竞争,无论是经济结构的调整优化、新兴产业的发展培育,还是现代管理体系的构建,都需要一支知识化、专业化、现代化的人才队伍作保证。必须要正视差距、脚踏实地、乘势而上,加速实施人才强企战略,不断增强企业核心竞争力,全面提升省属企业人才工作科学化水平,以人才优势构建企业的发展优势,努力造就人才支撑企业发展、企业发展造就人才的生动局面。

1.加强组织领导,健全党管人才工作机制。坚持党管人才原则,进一步加强党对人才工作的领导,是提高人才工作科学化水平的根本保证,是更好解放思想、解放人才、解放科技生产力的根本保证,是充分调动各类人才的智慧和力量,发挥他们积极性和创造性的根本保证。一是大力宣传和普及科学人才观。充分利用多种媒体,大力宣传"人才是最活跃的先进生产力"、"人才是科学发展的第一资源"等科学人才观理念,积极开展对人才发展规划实施情况、企业人才发展环境、人才工作先进典型的宣传,积极开展赴境内外的宣传推介活动,赢得优秀人才的关注,营造良好的舆论氛围。二是完善党管人才工作运行机制。健全科学决策机制,完善党委人才工作领导小组会议制度,及时研究人才工作重大决定和部署,健全分工协作机制,进一步强化企业组织部门牵头抓总的作用,明确人事等各职能部门抓人才工作的职责,形成整体合力,健全沟通协调机制,在重大人才工程和重大人才政策实施中定期召开会议交流情况,

解决遇到的问题,健全督促落实机制,加强对重大决策部署的督促检查,把各项任务落到实处。三是改进和创新党管人才工作方法。根据不同类别人才成长规律特点,加强对企业人才工作的指导,有效推进党政人才、经营管理人才、专业技术人才、高技能人才、第三产业服务类人才等工作。加大人才发展资金投入,建立健全多元化的人才发展投入机制,保障重大人才项目实施。推动人事管理部门强化工作职责,切实转变职能,不断改善各类人才的工作条件和生活待遇,促进人才管理向创造良好环境,提供优质服务转变。

2. 完善配套制度,搞好人才工作顶层设计。"凡事预则立,不预则废"。人才工作同其他工作一样,同样需要顶层设计和统筹谋划,以体现其宏观掌控和具体指导作用。一是要研究出台人才发展规划。组织力量制定中长期《省属企业人才发展规划纲要》,既要体现战略性、导向性,又需突出实用性、可操作性,科学测算人才目标,服务企业转型跨越。各省属企业要正视人才"短板"和发展"瓶颈",研究制定具体办法和措施,做到既有宏观把握,又有具体抓手,吸引、培养、凝聚优秀人才投身到国有企业的转型跨越发展实践中来;二是改进人才工作的方式方法。按照"管宏观、管政策、管协调、管服务"的总要求,主动对标先进省市和国内外优秀企业,遵循人才规律,坚持分类指导,注重整合力量,实行依法管理,不断提升企业人才工作的科学化水平;三是要不断完善人才配套制度。推动省属企业在完善人才培养开发机制、人才流动配置机制、人才激励保障机制、人才工作协调机制等制度的基础上,加快制定《省属企业人才工作考核评价办法》,科学确定指标,合理分配权重,将考核结果纳入企业业绩考核目标责任制,真正发挥考核评价在人才工作中的"指挥棒"、"导航器"作用。

3. 突出工作重点,推进三支队伍能力提升。"三支人才队伍"体现企业特点,符合企业实际,要以此为龙头带动人才工作全面推进。一要抓好经营管理人才队伍。经营管理人才是企业战略决策的执行者,是创业的主体。要以提高管理能力和职业素养为重点,实施"经营管理双百人才工程",利用3-5年时间重点培养百名优秀企业家和百名优秀经营管理后备人才,培养造就一批具有战略思维和国际化视野、熟悉公司治理和新兴产业的领军人物;二要抓好专业技术人才队伍。专业技术人才是提高企业自主研发能力的主力军,是创新的主体。要以高层次创新人才和青年拔尖人才为重点,依托"千人计划"、"百人计划"等人才工程,对标世界500强,引进培养一批能够立足科技和产业前沿、提升企业核心竞争力的领军人才,力争走在全省前列;三要抓好高技能人才队伍建设。高技能人才是提升企业工艺水平和工作效能的推动者,是创造的主体。要以培养高级技师和打造大师工作室为重点,强化优秀人才传帮带和岗位管理、评价激励,每年都要重点支持培训 200 名技能人才,努力造就一批企业发展急需的重点工种、重点工艺和重点专业技能人才。

4. 注重氛围营造,创优企业人才发展环境。人才成长环境的好坏,核心是能否构建起针对性、差异化、富有生机活力的一系列机制。一要优化创新环境。坚持服务人才为先,加强高端平台建设,研究制定组合式支持措施,用事业吸引人才、留住人才、成就人才,对有创新能力的人才充分信任、放手使用,给资源、给岗位、给政策,在经费、科研条件、团队配备方面给予全方位支持;二要加大投入力度。牢固树立人才投入是效益最大投入的理念,确保人才投入增长幅度高于其他投入增长幅度。鼓励支持企业设立人才发展专项资金,并纳入年度企业和班子考核;三要体现人文关怀。建立国资委领导联系优秀人才制度,做好思想工作,倾听真实心声,引导人才心情舒畅、积极乐观、富有正能量的工作和生活。同时还要健全人才服务保障体系,在居留、落户、住房以及配偶就业、子女上学等具体问题上做细做实工作,最终实现"企业以人为本,人以企业为家"的和谐格局。

5. 锤炼过硬本领,强化人才队伍自身建设。荐贤者贤于人,管人才的须是人才,方有可能出色地做好人才工作。一要加强组织建设。认真选好配好组织人事部门的"一把手"和人才部门专兼职干部,确保人才组织架构优化、科学、合理,力争用 1-2 年时间使多数省属企业设立人才办;二要改进作风建设。坚决防止考察识别人才中的主观性、片面性、表面性问题,不以个人好恶选人用人,任人唯贤,公道正派,走群众路线,接人才地气,真正为企业选才、用才、聚才发挥应有的作用;三要注重自我学习。要紧紧围绕人才工作需要,学习专业知识,创新思维方式,特别是要注意学习和借鉴国内外人才工作先进经验,学用结合,知行统一,提升自身履职水平;四要推进信息化建设。建立人才队伍管理信息化系统,搭建人才平台,实现资源共享,以人才工作的信息化提升人才管理的科学化水平。

新时期山西广播影视业
转型发展的思路与对策

齐 峰

扎实推进社会主义文化强国建设,是党的十八大立足于全面建成小康社会,实现中华民族伟大复兴的全局提出的重大战略思想和战略举措。落实建设社会主义文化强国战略和山西建设文化强省目标的关键就是要深入学习贯彻党的十八大精神,在新的历史起点上推动山西广播影视业转型发展。

一、清醒认识山西广电发展的现状与问题

近年来,山西广播影视业在深化广电体制改革和推进事业产业发展方面迈出了较大步伐。先后完成了省级广电局台分离、管办分开和市县文化、广电、新闻出版"三局合一"改革,形成了行政、事业、产业分开运作的新体系;构建了全省广播影视全覆盖的公共服务体系;组建了"山西广电信息网络(集团)有限责任公司"、"山西广电传媒集团"、"山西影视(集团)有限责任公司"3个产业集团;全省经营收入以年均20%以上的增幅增长。但与文化建设的新要求、广电发展的新形势,与先进省份相比还存在较大差距,存在着严重制约广播影视改革发展的问题。主要表现在:

一是观念陈旧。对中央关于文化体制改革和文化产业发展的政策研究不够、认识不深,跟不上形势、趋势发展的要求;对面临的重大机遇和严峻挑战理解不深、心中无数,思想保守、求稳怕乱,加快发展的紧迫感和忧患意识不强;对高新技术不敏感,跟不上信息技术迅猛发展的步伐。

二是体制不顺。行政、事业、产业主体的职能还没有完全明确和理顺,存在事业产业不分、运作不顺畅和行政管理弱化的现象;公益性资源、资产和经营性资源、资产的界限尚未分清,仍处于整体混营的状态。目前我省广电行业没有上市企业,已组建的

三个产业集团和完成事转企的单位大都是完成了初级改革，还不是真正意义上的现代传媒企业。

三是机制不新。行政、事业、产业主体内部尚未建立健全科学规范的现代传媒运行机制，存在行政管理效率不高、事业发展活力不足、产业竞争能力不强等问题；用人、分配、考评、激励及投入产出、成本核算等现代传媒制度体系还没有真正建立起来。

四是发展较慢。公共服务投入少，基础设施差，技术装备落后；产业结构不合理，盈利模式单一，经营收入处于下游；"三网融合"、新兴业务开发进展迟缓；品牌节目少，新型节目形态很少，影响力不大。

五是素质偏低。全国一流的领军人才，高层次复合型、新媒体新业态、国际传播、经营管理等人才缺乏；名主持、名记者、名编辑、名摄像人员过少；县级台队伍素质较低；人才培养、选拔、使用、优化的环境及机制不健全。

二、正确把握山西广电发展面临的机遇与挑战

新一轮改革与发展中，山西广播影视既面对着难得的机遇，又面临着严峻的挑战，可谓发展与瓶颈并存、机遇与挑战同在。

（一）我省广播影视业正处于前所未有的战略机遇期

从国际看，当今世界正处于大发展、大变革、大调整时期，在新一轮科技革命和经济文化信息一体化、全球化的大背景下，随着中国在世界的影响力持续上升，为作为提升中国"软实力"的重要力量的广电传媒创造出了无比广阔的发展空间和层出不穷的机遇。从国内看，2011年10月，中央做出了《关于深化文化体制改革推动社会主义文化大发展大繁荣若干重大问题的决定》；党的十八大提出的实现"两个一百年"奋斗目标、实现中华民族伟大复兴的中国梦，对文化改革发展提出了新的更高要求；人民群众的精神文化和信息需求越来越旺盛。可以说广播影视改革发展站在了一个新的起点上，进入了一个战略转型、跨越式发展的新的历史机遇期。从省内看，2010年12月，国务院批准我省为国家资源型经济转型综合配套改革试验区，全省经济社会发展进入了转型跨越新时期；省委、省政府提出了"大作品展现、大集团运作、大景点支撑、大会展集聚、大服务引领"五大战略；2012年出台了《加快建设文化强省的实施意见》；2013年省委省政府明确了建设文化强省"八大工程"的目标任务。山西广电作为全省文化产业的主力军，进入了一个重大战略机遇期。

（二）我省广播影视业正面临着前所未有的历史性挑战

一是体制变革的挑战。近年来，中国广电宏观体制层面推进了局台分开、管办分离及广播电台、电视台合并等改革；中观运营层面进行了经营性资产剥离成立集团的市场化改革；微观经营层面实施了频道制、制片人制、人事分配等改革。2013 年 3 月，中央决定将国家广电总局和新闻出版总署合并。整个文化体制酝酿着深刻变革。二是技术革命的挑战。目前广播影视在技术层面正经历着"三个阶段"，即：数字化、三网融合、下一代广播电视网（NGB）。数字化发展可谓"过去时"与"进行时"并存；三网融合正处于"进行时"；下一代广播电视网可谓"将来时"。特别是三网融合将原有的信息媒介传播格局彻底打破，媒介融合加快，传统媒体纷纷进军全媒体。三是互联网新媒体的挑战。2012 年我国网民总数达到了 5.6 亿人，其中：网络视频用户达 3.72 亿，网络音乐用户达 4.36 亿，网络视听节目服务市场规模达 92.5 亿元，广告市场规模达 67.2 亿元。2012 年，中国共有 4.2 亿手机网民用户，其中：手机网络视频用户达 1.3 亿，手机音乐用户达 2.1 亿。2012 年度中国网络广告市场规模达到 753.1 亿，预测 2013 年网络广告总收入将可能超过电视广告。一份调查显示，受个人电脑、平板电脑、智能手机的冲击，北京地区电视机开机率从 3 年前的 70% 下降至 30%，40 岁以上的消费者成为收看电视的主流人群，呈"老龄化"趋势。这一切都让传统广播电视业倍感压力。四是业内竞争白热化的挑战。省级卫视与央视、省级卫视之间为了争夺"收视+广告"最大化，短短十多年造就了湖南、江苏、浙江等一批省级"巨头"，山西广电与先进省份的差距已经拉大。

三、科学确定山西广电转型发展的思路与对策

面对新形势新要求，山西广电走到了一个关键转折点，要通过体制改革、产业布局、转型发展释放巨大红利。总的思路是：认真学习贯彻落实党的十八大精神，以邓小平理论、"三个代表"和科学发展观为指导，以把握导向、引导舆论、服务发展为中心，以发挥喉舌功能、繁荣公共事业、做大做强产业为目标，以解放思想、深化改革、科技创新为动力，以整合资源、重塑主体、打造产业链为重点，以强化管理、创优环境、建设团队为保障，全力推进全省广播影视转型发展。具体说，就是要做到"六个适应"、坚持"五项原则"、促进"六个转型"：

做到"六个适应"：适应全面建成小康社会、实现中华民族伟大复兴、建设社会主义文化强国的要求；适应社会主义市场经济体制不断完善、社会主义市场经济不断发展的要求；适应广大人民群众不断增长的精神文化生活需要的要求；适应科学技术发展日新月异尤其是数字技术快速发展的要求;适应相关行业和同类行业激烈竞争的要求;适应广播影视自身发展客观规律的要求。

坚持"五项原则":坚持喉舌性质,确保正确的舆论导向和安全播出;坚持一手抓公益性广电事业,一手抓经营性广电产业,做到两手抓、两加强;坚持把社会效益放在首位,正确认识广电意识形态属性和经济属性的关系,做到社会效益与经济效益有机统一;坚持把体制改革和科技创新作为强大动力,不断解放和发展广电生产力;坚持发挥政府作用和调动全社会力量,形成发展广电的强大合力。

(一)促进思想观念的转型

从四个方面解决思想认识问题,全面更新或树立新观念、新意识、新理念,为推进转型发展打牢思想基础。一是树立"现代传媒"理念。注重学习、借鉴现代传媒的相关理论和实践经验,学习、掌握现代传媒管理和现代企业管理的科学知识,从思想观念、运营理念上彻底完成传统媒体向现代传媒的转变。二是树立"科学发展"观念。始终坚持全面、协调、可持续发展的原则,在转型发展中统筹布局,处理好行政、事业与产业三大主体、宏观监管与微观运营、传统媒体和新媒体、突出主业与多元发展等关系。三是树立"全媒体"、"全产业链"的战略意识。紧跟科技革命的步伐,充分依托广播电视的内容、渠道等原有优势,充分融入网络音视频、移动终端等新媒体传播方式,从战略的高度构建起基于技术融合的传统媒体与新媒体全业务、全过程、全产业链的"大传播"平台及产业格局。四是树立"危机感与紧迫感"。克服因循守旧、按部就班、怕担责任、怕失个人利益的思想,树立敢为人先、敢于担当、勇于创新的观念,坚定以改革促发展的信心和决心,通过大力度推进改革激活广播影视生产力。

(二)促进体制机制的转型

根据中央和省委、省政府关于文化体制改革、机构改革和职能转变的部署及要求,从宏观管理和微观运营两个层面构建符合文化产业规律、现代传媒规律的管理体制和运营机制。

一是构建行政依法管理、事业依法运行、企业依法经营三大体系。各级行政管理部门要通过深化行政审批制度改革,创新行政管理方式,由事前审批更多的转为事中事后监管,向综合运用法律、经济、行政、科技等手段的"依法行政、综合管理、综合服务"转变,认真履行导向把握、政策调节、市场监管、公共服务等基本职能;各级广播电视台及无线传输机构要坚持喉舌性质和事业体制,认真履行新闻宣传、节目创新、传输覆盖和公共服务职能;各级广电企业要按照市场需求和传媒产业发展的规律,确保企业法人各项权利和义务的落实,加快步入市场化运作、产业化发展的良性轨道。

二是打造公益性事业、经营性产业两类主体。事业、产业两类主体,是全省广播影视大发展、大繁荣的决定性力量和主要依托。应加快推进事业、产业的分类改革,全面厘清公益性事业和经营性产业的权责界限,真正做到事企分开、分类管理、分开运作。特别是要选择改革到位、成长性好、竞争力强的骨干企业(集团),加快培育,推动上市融资,进行资本经营,鼓励跨媒体、跨地区、跨行业、跨所有制发展,尽快做优做大做强。

三是创新事业、企业内部的运营管理机制。对公益性事业单位建立法人治理结构及科学规范、效能突出的运行机制,深化劳动人事、收入分配等改革,确保公益职能的履行;对经营性企业(集团)建立现代企业法人治理结构及科学规范、运作灵活的经营机制。同时,无论事业还是企业,都要按照现代传媒主体的运营规律和现代企业制度的要求,从资产资源、产品质量、生产流程、投入产出、劳动人事、资金成本、考核奖惩管理等各方面建立起一套内部运营制度体系,确保有效发挥各项机制的作用。

(三)促进节目栏目的转型

内容永远为王,节目始终是强台之本。推动节目制作从数量规模型向质量品牌型升级,节目形态从传统媒体型向现代传媒多样型发展。全力发掘山西极为厚重的文化资源,突出原创节目研发,不断打造具有新元素、新形态、新亮点的节目、项目和活动。

一是实施节目品牌化推进战略。制定战略规划,落实建设措施,集中人力、物力、财力推进节目品牌化发展,实现经营节目向经营品牌的转变。坚持节目思想内容和艺术水平的品质、品位、品格,倡导"绿色收视率";坚持"贴近实际、贴近生活、贴近群众",创办广大群众喜闻乐见的品牌栏目。

二是重点打造四类品牌。在频道频率品牌建设上,把山西卫视作为龙头和形象,坚持受众全国化、品牌特色化的路子,集中全部优势资源来打造,同时按照"定位准确、节目精细、个性突出"的方向,加强各专业频道频率建设;在节目栏目品牌建设上,重点打造新闻、娱乐、外宣、服务节目品牌;在重大活动品牌建设上,引进1—2个全国性大型活动,创办3—5个省内有影响的特色活动;在电影电视剧品牌建设上,以山西丰厚的历史文化和现实题材及拍摄基地为依托,大力吸纳国内外人才、资金、制作等资源,打造"晋剧品牌";在新型节目形态品牌建设上,利用传统广电节目内容资源优势,构建互联互通的节目内容资源库,大力开发面向多种媒体的新型节目形态。

三是完善品牌建设体系。突出品牌创意研发,引进国内外模式和经验;创新品牌经营机制,应用现代企业的管理手段,实现品牌由常规管理向科学经营的转变,增强品牌的竞争力和可持续发展能力;强化品牌宣传营销,着重在包装、宣传、推广和维护方面下工夫,不断完善、充实和优化品牌内涵,提升美誉度,实现两个效益最大化。

(四)促进公共服务的转型

满足人民群众的基本文化需求,保障人民群众的基本文化权益是政府的重要职能。进一步推动全省广电公共服务体系向更大范围、更高水平转型升级,坚持以重点工程项目为抓手,推进公共服务优质化。一是村村通广播电视工程。对早期的模拟设备进行数字化改造,健全运行维护服务机制,确保长期通,不断提高收听收看质量。对承担无线覆盖的全省 92 个发射台(站)的设备进行更新、基础设施进行改造。实施直播卫星户户通工程,让农民群众享受到免费接收 42 套广电节目和当地 6 套地面数字电视节目,以及下一步的应急广播、电话、远程教育、综合信息服务等。二是电影放映工程。按照"市场运作、企业经营、政府购买、群众受惠"的方针,继续实施农村电影放映工程,确保一村一月放映一场电影,切实提高服务质量。大力实施县级城市数字影院建设工程,不断扩大数字影院覆盖面。抓好面向中小学校、城镇社区、厂矿、农民工的电影公益放映。三是应急广播体系建设工程。按照国家应急体系建设总体要求,着眼于更好发挥广播电视在应对突发公共事件中的重要作用,加快应急广播体系建设。

(五)促进产业结构的转型

在巩固、拓展传统广电产业的同时,促进技术体系向数字化、网络化、信息化发展,大力发展新兴产业;打造一批产业链,推动产业链条从短窄型向长宽型扩张和升级,促进广电产业与旅游、体育、信息产业的深度融合;构建传统产业与新媒体产业融合发展、资本结构与盈利模式多元发展的新格局。一是各类节目的策划、制作、出品、销售产业链。通过电台、电视台数字化网络化,再造网络化节目制播工艺流程,适应各种传播渠道,提升节目生产能力,活跃节目生产和交易,重视版权销售。大力推进电影电视剧、动漫产业化、规模化,培育多种所有制形式的产业主体,整合国内外的资本、人才、市场、营销等资源,选择乔家大院、皇城相府等一批旅游景点作为影视基地进行开发,提升影视内容产业的影响力、竞争力。二是广告策划、制作、服务产业链。大力推进广告经营产业化、规模化,在重视传统广播、电视广告的同时,发力进军手机、网络、移动、分众等新媒体业务的广告市场,细分广告市场,开发门类资源,创新运营模式,实现策划、制作、播出多环节赢利,不断提升全省广电广告的收入总量。三是有线网络的数字电视、数字商务、数字政务、数字通讯产业链。大力推进有线电视网络产业化、规模化,尽快完成"全省一张网"和数字化、双向化改造,具备开展 100 种以上新业态的能力。积极开发基础业务、增值业务,积极研发付费电视、音视频点播、高清电视、电子政务、在线支付、网络教育、网络游戏以及互联网接入、物联网业务等新业态、新业务。四是视听新媒体、新业态产业链。推动传统广播电视与视听新媒体全面融合,积极开发网络广播电视、网络音视频、IPTV、互联网电视、手机电视、公共视听载体等新媒体。同时以广电和新闻出版的整合,推动产业资源的优化配置,加强业态整合,促进综合集成发展。五是电影发行、放映、衍生产业链。培育扶持电影发行公司,重视营销创新,开发发行市场。立足当前我省院线、影院建设发展空间很大和全社会投资影院积极性高涨的实际,全面加快全省院线和影院建设,促进电影票房持续高速增长、电影衍生产业逐步成长。

(六)促进人才队伍的转型

按照广播影视转型发展的要求,在人才的培养上由重数量转向重质量,人才的引进使用上由刚性转向柔性,人才的激励机制上由单一转向多元,加快培养一支高素质的专业化人才团队。一是制定人才建设规划。把人才建设作为一项基础性、战略性工程来抓,努力建设高素质的宣传团队、技术团队、经营团队、新媒体新业态团队和行政管理团队。特别是要加快培养一批专业强、业务精、懂经营、会管理的复合型人才。二是创新人才工作环境和机制。拓宽选人用人渠道,采取自主培养、送出深造、有条件引进、交流合作等多种办法,优化结构,增加储备。通过建立健全人才投入保障、教育培训、选拔使用、考核评价、激励保障机制,努力打造一支政治素质高、业务水平高和爱岗敬业的人才队伍。重视企业文化建设,构建包容性的企业氛围和人才架构。三是加强基层广电人才培养力度。充分利用远程培训网络等多种方式,对基层广电人才进行培训,同时激励表彰制度要向基层倾斜。

(作者系山西省新闻出版广电局党组书记、局长,山西省版权局局长)

关于全省扶贫工作的调研报告

山西省扶贫办

2013 年 6~7 月份，我办组织力量随同省人大常委会扶贫工作调研组，深入全省贫困地区的乡村，对近年来我省扶贫工作进展情况进行了专题调研。围绕贯彻落实中央扶贫开发工作会议和省委农村工作暨扶贫开发工作会议精神，就进一步加大扶贫工作力度，集中力量打好新一轮扶贫开发攻坚战进行了认真的分析和思考。

一、全省扶贫工作取得的成效

我省是国家扶贫开发工作重点省份，也是全国著名革命老区。近年来，省委、省政府坚持把扶持贫困地区和革命老区加快发展作为实现转型跨越和全面建设小康社会的基础工程，从组织领导、社会动员、政策扶持和资金保障等各个方面，高度重视和全力推进扶贫开发，全省扶贫工作不断取得新的显著成就。

"十一五"以来，全省累计投入中央和省级财政扶贫资金 50.5 亿元，扶持 6667 个贫困村实施整村推进，受益贫困人口 220 万以上；帮助 4291 个山庄窝铺的 7.3 万户、28 万贫困人口实施易地扶贫搬迁，稳定解决温饱并逐步实现脱贫致富；先后有 32 家企业申报确定为国家级扶贫龙头企业、145 家企业评审认定为省级扶贫龙头企业，通过采取贷款贴息办法，扶持其在贫困地区建设原料生产基地和吸纳贫困劳动力就业，启动扶持扶贫专业合作社试点工作，带动数十万贫困农户生产增收；组织实施贫困地区劳动力转移培训为主要内容的"雨露计划"，累计培训 38 万人次，转移就业率 80% 以上，劳务输出成为贫困群众增收脱贫的重要途径；深入推进机关单位定点扶贫，实现省直定点扶贫工作队帮扶国家扶贫开发工作重点县全覆盖，各级工作队年均投入帮扶资金、物资折款 5 亿元以上；广泛动员社会力量参与扶贫开发，争取中国扶贫开发协会、中国扶贫基金会、新加坡连援基金会、新加坡慈援组织支持，帮助贫困群众改善生产生活条件,支持贫困地区发展各项社会事业;组织实施利用德国政府赠款700万马克、总投资5600万元的中德财政合作项目,成功争取到利用亚行贷款1亿美元、总投资15.6亿元的山西河川流域农业综合开发项目,外资扶贫成为推动全省扶贫开发的一支重要力量。

特别是适应扶贫开发新的形势任务需要,创新扶贫方式,强化扶贫措施,近年来又先后启动实施教育扶贫、片区开发和领导干部包村增收活动。采取扶贫助学办法,资助1.45万名考入大学、中专技校和普通高中的贫困地区农村困难家庭学生完成学业;瞄准集中连片的贫困乡村,在30个县实施以产业开发为核心的片区开发项目,扶持发展带动群众生产增收的特色优势产业;围绕实现贫困地区农民收入翻番,组织6000多名领导干部每人包扶一个行政建制的贫困村,以发展"一村一品"为核心任务,帮助包扶村群众生产增收,进一步提高了全省扶贫开发的效果,扩大了扶贫工作的社会影响。2011年,57个贫困县农民人均纯收入由1931.8元增加到3874.5元,年均增长12.3%,其中35个国家扶贫开发工作重点县农民人均纯收入由1621.2元增加到3129元,年均增长11.6%,两项增幅均高于同期全省农民人均纯收入增长水平。

二、我省扶贫工作存在的困难问题

经过连续多年的扶贫开发,我省贫困地区群众的生存和温饱问题已经基本解决,扶贫开发正在步入巩固温饱成果、加快脱贫致富、改善生态环境、提高发展能力、缩小发展差距的新阶段。但总体上看,我省农业自然条件差,农民收入水平低,农村面貌较落后的基本省情还没有彻底改变,制约贫困地区加快发展脱贫致富的深层次矛盾依然存在,在新一轮扶贫开发攻坚战中,我们还面临着许多的困难和问题。

第一、扶贫开发任务十分艰巨。按照2300元的新扶贫标准,全省农村还有452万贫困人口,占农业人口总数的18.8%,高出全国平均占比5.4个百分点;国家14个新一轮扶贫攻坚主战场中,我省就有燕山-太行山区、吕梁山区两大连片特困地区的21个县位列其中。特别是作为典型的资源型省份,农村居民收入严重偏低、区域发展不平衡现象十分突出;作为典型的黄土丘陵沟壑区,极为脆弱的生态环境和频繁发生的自然灾害导致的返贫问题还很严重。以调研组所到的忻州市为例,尽管去年全市11个贫困县农民人均纯收入实现21.1%的快速增长,达到3495元,但也只有全省平均水平的62.4%、全国平均水平的50.1%。全市新标准下的农村贫困人口还有77.1万,占到农业人口总数的31.8%,扶贫开发面临的任务十分艰巨。

第二、扶贫开发认识有待加强。总体上看,近年来各级党委、政府对扶贫开发工作的重视程度越来越强、支持力度越来越大,扶持效果越来越好,但与扶贫开发的重要地位和转型跨越的目标要求相比,有些地方对扶贫开发的认识还存在不足,对扶贫工作的摆位还不够突出,具体工作中,一是缺乏加快发展进位赶超的争先意识,保贫困帽子的等靠要思想还有一定市场;二是缺乏推进扶贫合力攻坚的过硬措施,在拿出更多的精力研究扶贫工作、安排应有的财力支持扶贫工作、配备有力的队伍开展扶贫工作上还有较大差距,一定程度上影响着扶贫开发的深入推进,制约着贫困地区的加快发展。

第三、扶贫开发投入仍然不足。近年来,我省各级用于扶贫开发的投入逐年增加,扶贫资金短缺状况有所缓解。但与打好新一轮扶贫开发攻坚战的艰巨任务相比,与近年来各级财政收入的快速增长相比,全省扶贫资金在投入总量上还存在较大差距。特别是一些具备一定经济实力的市、县,仍然习惯于躺在上级财政支持的怀里伸手要钱,等着拿钱,自身安排的扶贫投入与其逐年增长的财政收入很不适应。加上社会扶贫投入机制的不尽完善,包括民营企业在内的各类企业用于扶贫开发的投入也十分有限。仅仅依靠中央和省级财政扶贫资金,实施各项扶贫措施的补助标准明显偏低,完成各项扶贫任务的缺口仍然较大。以易地扶贫搬迁为例,尽管从去年开始,省级人均补助标准提高到 5000 元,但在现阶段以城镇为主安置移民群众、各种建筑材料和劳动力价格上涨的形势下,移民群众要实现进城入镇,自筹负担还十分沉重。

第四、生态支持保护力度不够。我省多数贫困地区既是资源开发的重点区,也是生态脆弱的敏感区和生态功能的保护区,资源开发和保护生态之间的矛盾十分突出。如全省人均水资源占有量只有全国平均水平的 17%,由于煤炭等矿产资源的大量开发,全省每年损失地下水资源 10 亿立方米以上,导致地面植被和耕地条件不断恶化,这在贫困地区表现尤其明显。总体上看,近年来我省各地按照转型跨越发展要求,坚持扶贫开发与生态建设和环境保护相结合,生态保护的意识逐步增强,环境治理的力度逐步加大,但有利于贫困地区实现可持续发展的生态补偿机制还不够完善,支持重点生态功能区域内贫困人口增收脱贫还缺乏有效的产业支撑。资源型产业结构和脆弱的生态环境仍然是制约贫困地区转型跨越发展的突出矛盾。

第五、扶贫队伍建设亟待加强。今年我省扶贫工作范围从 57 个贫困县扩展到所有农业县,全面打响了新一轮扶贫开发攻坚战。今后扶贫工作既要覆盖到全体贫困人口,又要瞄准到具体扶持对象,面临的任务更重,难度更大。中央扶贫开发工作会议召开后,我省各级扶贫机构和干部队伍建设得到一定程度的加强,但与新阶段扶贫开发的艰巨任务相比,还存在明显差距。目前,省级扶贫机构仍然为副厅级建制,领导班子成员除主任高配为正厅级,其余还全部为正处级,属于全国中西部扶贫开发工作重点省份规格最低的机构;市、县两级扶贫机构设置不规范、人员不足现象还比较严重,有的地方只能依靠临时借用人员开展工作。特别是部分非贫困县至今没有明确相应的机构和人员负责扶贫工作,部分国家连片特困地区扶贫攻坚重点县、国家和省扶贫开发工作重点县中贫困程度深、扶贫任务重的乡镇还没有按要求配备扶贫专干等。要高效协调和组织完成好新阶段各项扶贫开发任务,必须进一步加强各级扶贫机构和队伍建设。

三、关于推进全省扶贫工作的几点建议

为扎实推进新阶段扶贫开发工作,打好新一轮扶贫开发攻坚战。对全省扶贫开发工作提出以下几点建议:

第一、要进一步把扶贫开发摆在重要位置。全力以赴实现贫困地区农民收入翻番,集中力量打好新一轮扶贫开发攻坚战,既是实现转型跨越发展和再造一个新山西的艰巨任务,也是以改革发展成果回报老区人民的迫切责任。扶贫开发进入巩固温饱成果、加快脱贫致富、改善生态环境、提高发展能力、缩小发展差距的新阶段,决不意味着我们可以对这项工作有任何的放松,而是表明我们面临的扶贫任务更重、难度更大。各级党委、政府一定要站在转型跨越发展和全面建设小康社会的战略高度,将扶贫开发摆在突出重要的位置,以更高的要求、更强的力度、更有效的举措,持之以恒将这一重大民生工程抓紧抓好。

第二、要进一步加大扶贫开发投入力度。结合我省近年来各级财力增长较快、扶贫对象规模扩大和实施连片开发试点的需要,加快建立扶贫资金稳定增长机制,明确扶贫开发投入增长比例,并将扶贫资金投入作为扶贫工作绩效考核评价的重要指标,确保财政扶贫资金增长幅度高于财政经常性收入增长幅度。特别是一些近年来财政收入快速增长,经济实力显著增强的贫困市、县,更要加大扶贫开发投入。同时要加快建立大矿时代的以煤补农长效机制,省级从煤炭可持续发展资金和综改试验区建设资金中分别安排一定比例的资金,专项用于支持连片特困地区扶贫攻坚;出台更为有效的政策措施,鼓励社会力量和民间资本,特别是率先致富的民营企业家参与支持扶贫开发,实现各种社会资源的集中投入,为打好新一轮扶贫开发攻坚战提供多层次、全方位的财力保障。

第三、要进一步强化扶贫机构队伍建设。适应扶贫开发政策全覆盖和高效组织完成新阶段扶贫开发艰巨任务的需要,抓紧研究强化各级扶贫机构和队伍建设的意见。

在省级扶贫机构增设副厅级常务副主任；扶贫开发工作任务重的市、县要有设置强有力的扶贫机构，并在人员定编、干部配备和工作条件上给以足够重视；国家连片特困地区扶贫攻坚重点县、国家和省扶贫开发工作重点县贫困程度深的乡镇要配备扶贫专职干部，非贫困县要明确专门机构和人员负责扶贫工作，为组织开展扶贫工作提供坚实组织保障。

第四、要进一步加大贫困地区生态补偿力度。一是在落实好"以煤补农"、"退耕还林"等政策措施的基础上，建立完善贫困地区资源开发生态补偿机制，特别是加大对重点生态功能区的补偿力度，并将扶贫开发作为补偿资金投入的重点领域。二是统筹考虑贫困地区人口分布和经济布局，在环境保护优先的前提下进行适度开发，大力发展经济林基地建设和生态旅游，推广生态农业，把实施生态兴省战略和扶贫开发有机结合起来，有效解决好重点生态区域贫困人口的生产增收和脱贫致富问题。

第五、要进一步完善扶贫开发激励机制。要切实加大扶贫宣传力度，在全社会树立增收受奖、脱贫光荣导向。抓紧制定实施鼓励贫困县加快发展的激励政策，加大贫困县农民收入增加和贫困人口减少在年度目标责任制考核和县域经济考核中的权重，对增收幅度大、减贫速度快，扶贫成效明显的贫困县加大资金项目扶持力度；对带领贫困地区增收脱贫做出突出贡献的领导干部优先提拔重用。抓紧研究制定贫困县"摘帽不减优惠政策"激励措施，对发展势头良好、达到脱贫标准后摘帽的贫困县，每年安排一定的财政奖补资金，继续支持其实施产业开发，巩固脱贫成果。

第六、要进一步推进扶贫立法工作。扶贫开发是一项长期艰巨的重大历史任务。随着这项工作的深入推进，具体实践中存在的难点问题都需要法律途径来解决，运用法律手段去调整。在国家尚未出台统一的扶贫法之前，建议结合实际，加快开展制定扶贫开发地方性法规的调研论证工作，适时出台我省扶贫开发条例，为加强扶贫工作提供切实有效的法制保障。

当前我省道路交通安全工作存在的
突出问题及对策建议

山西省公安厅交管局

近年来,山西省道路交通事故总量呈上升趋势,但涉及人员伤亡的道路交通事故稳中有降,总体保持了持续平稳的态势。2010 年至 2012 年,全省共发生涉及人员伤亡的道路交通事故 6962 起、6239 起、5587 起,同比分别下降 12.94%、10.41%、10.46%;分别造成 2449 人、2308 人、2294 人死亡,同比分别下降 17.88%、5.76%、0.61%。在煤矿安全生产事故得到有效控制后,道路交通事故日益凸显出来,特别是交通事故死亡人数在全省各类生产安全事故中的比重自 2010 年以来已经达到 95% 以上,道路交通工作不容乐观。

一、当前全省道路交通安全工作存在的突出问题

1. 市、县政府对道路交通安全工作还不够重视。近几年,在国家和省级层面,道路交通安全工作越来越得到高度重视。2012 年 7 月,国务院作出《关于加强道路交通安全工作的意见》(国发[2012]30 号);2013 年 6 月 9 日,省政府出台《关于加强道路交通安全工作的实施意见》(晋政发〔2013〕23 号),提出 26 条加强道路交通安全工作的意见。但市、县两级政府对道路交通安全工作还不够重视,特别是对道路交通安全工作的人力、财力、物力投入,根本无法和煤矿安全工作相比。如临汾市 2010 年共发生一次死亡 3 人以上事故 7 起,占全省 3 人事故总数的 13.7%,在全省排名第 2;2011 年共发生一次死亡 3 人以上事故 8 起,占全省 3 人事故总数的 20%,在全省排名第 1;2012 年共发生一次死亡 3 人以上事故 11 起,占全省 3 人事故总数的 39%,在全省排名第 1。

2. 各级政府道路交通安全领导机构工作机制不顺畅。2003 年,省政府成立了省

道路交通事故预防工作领导组,领导组办公室挂靠在省公安厅交管局,成员单位已由最初的 8 个增至 23 个,2012 年,省道路交通事故预防工作领导组调整为省道路交通安全领导小组。多年来,我省一直没有专门的机构、人员和专项经费承担领导小组办公室工作,交管局作为省公安厅一个副厅级机构,牵头协调 20 多个厅级以上部门和单位开展交通安全工作,效果并不理想。

3. 相关职能部门的监管责任落实不到位。一是由于目前只注重事后追责,而不注重事前问责,导致有的部门不认真履行监管责任。我省 2008 年"7·17"死亡 14 人和 2010 年大同环城高速"3·14"死亡 12 人重大道路交通事故中,肇事客车轮胎严重磨损,但事发前却顺利通过车辆检验。2012 年我省连续发生 4 起河南籍大型客车和驾驶人肇事事故,包括晋城"2·25"一次死亡 15 人、伤 19 人的重大道路交通事故,均暴露出对外埠车辆和驾驶人管理薄弱的问题。二是虽然目前道路交通安全工作涉及 20 多个部门,但由于职责不太明晰,导致有的部门工作中推诿扯皮,不主动履职。三是由于营运车辆经营主体多而且散乱,相关职能部门难以有效监管。据交通运管部门统计,我省现有营运性客运车辆 62011 辆,经营业户 887 户,客运业户平均拥有客车 69.9 辆。在公司化经营管理的框架下,存在大量的个体承包经营,造成实体经营主体更加小、散、弱,不利于交通运管、旅游、公安交警、安全监管等部门监管。

4. 一些运输企业交通安全主体责任不落实。一些运输企业负责人不认真履行交通安全主体责任,有的只顾眼前利益,不顾长远利益,舍不得在安全生产上投资;有的只重视线路盈收管理,忽视对车辆的安全管理和对司乘人员日常的安全教育培训,不严格执行车辆例检制度,有的甚至对挂靠车辆只收费、不管理,导致对这些车辆的监管措施落实不到位。2008 年以来我省发生的 8 起一次死亡 10 人以上重大道路交通事故,均暴露出客运企业安全主体责任不落实、内部管理不到位,GPS 监控设备没有真正发挥作用等突出问题。

5. 交通参与者特别是机动车驾驶人道路交通安全意识、文明意识和法制意识淡薄,交通违法行为多发,已经成为引发道路交通事故的主要因素。2010 年~2012 年,全省公安交警查处交通违法的起数分别是 811.21 万、1339.81 万和 1529.4 万,同比分别增加 25%、65% 和 14%。其中,超速行驶、未按规定让行、无证驾驶、逆行、违法超车、违法占道行驶、违法上路行驶和酒后驾驶等八类交通违法行为是造成交通事故的主要原因。驾驶人素质不高,交通违法行为多发,一方面反映出交通安全宣传社会化程度还不够高,另一方面也反映出监管部门执法不严,运输企业和有车单位主体责任不落实、教育管理不到位等问题。

6.重点车辆管控仍然不到位。(1)客车包括旅游客车管理不到位。一是一些运输企业交通安全主体责任不落实。二是有关职能部门的监管责任不落实。(2)农村地区学生接送车交通安全隐患严重。目前我省注册校车仅800余辆,而寄宿制中小学生达250万人,校车服务根本无法保障。农村幼儿、学生搭乘没有资质驾驶人驾驶的、不具备安全条件的黑出租、三轮车、小货车、拖拉机等交通工具出行的现象比较普遍,而公安交警警力少,对农村道路根本管控不过来,加之乡村公路路况差、交通安全设施不完善,极易发生交通事故。(3)危险化学品运输车辆管理难度大。一是路面发现难。2012年10月25日至29日短短4天时间,我省高速公安交警连续三次在忻阜高速公路五台山出省口环京检查站查获五辆非法危化品运输车辆,其中四辆分别载有20余吨液氯,都经过改装加载了集装箱隐蔽运输,车身也未悬挂任何危化品运输警示标志,给路检路查带来很大困难。二是现场处置难。公安部明确规定,路检路查不消除安全隐患不得放行。但是此类车辆拉载的危险化学品,有的超过一定时限就会过期,有的需要特殊的存储环境,特别是发生事故后的现场处置专业要求很高,公安交警部门根本没有条件和能力进行处置。三是案件办理难。按照《危险化学品安全管理条例》(国务院591号令)规定,对于违法运输的,将按照《治安管理处罚法》第30条对违法当事人处十日以上十五日以下拘留;情节较轻的,处五日以上十日以下拘留。对于非法运输且危害公共安全的,将按照《刑法》第125条处三年以上十年以下有期徒刑;情节严重的,处十年以上有期徒刑、无期徒刑或者死刑。单位犯罪的,对单位判处罚金,并对其直接负责的主管人员和其他直接责任人员,依照前款规定处罚。公安交警部门受职能所限,在案件办理过程中存在移送等诸多困难。四是管理力量薄弱。近年来,我省境内和过境的危化品交通运输量剧增,全省共有危化品运输企业5146个,车辆4771台,过境我省的危化品运输车辆达6500余辆。特别是我省山区公路隧道多,全省共有公路隧道467条,危化品运输车辆一旦在隧道内发生事故,后果不堪设想。(4)大货车肇事十分突出,占全部营运车辆交通事故的80%以上。一是制动系统存在重大安全隐患。经过深入调研,我们发现大货车事故多发的一个重要原因是主、挂车制动系统不匹配,加上车身重和装载货物多、惯性大,连续刹车热衰退,导致刹车性能严重下降。二是挂车质量不过关。目前一些小作坊非法生产挂车,其技术参数符合国家标准,在车辆注册登记、检审验、路检路查等环节也很难发现问题,但一些关键部位的材料如刹车皮等质量远不如正规厂家。他们通过花钱购买合格厂家的商标、合格证,套取合格厂家的名义进行销售。(5)农村地区大量无牌无证机动车给交通安全造成严重隐患。近年来,低速载货汽车、三轮汽车、摩托车大量涌入农村地区,但因机动车购置税、车船税税率过高，严重影响了农民群众上牌办证的积极性，导致无牌无证机动车在农村地区非常普遍，给交通安全造成严重隐患。

7.道路交通安全隐患比较突出。一是道路设计、建设存在缺陷。部分道路设计、建设虽符合国家有关标准，但不能满足交通安全的实际要求。如青银高速公路吕梁薛公岭路段，纵向坡度5%，连续29.5公里下坡，落差740米，2008年以来该路段共发生1274起道路交通事故，成为我省典型的事故多发路段。二是安全防护设施缺失。据统计，2012年，全省56.9%的坠车事故发生在路侧无防护设施路段，其中弯道、坡道因无防护设施导致309人死亡；全省国、省道72.37%的交通事故发生在无中央物理隔离路段。2009年忻州河曲"2.12"死亡10人重大事故，2011年7月2日忻州市忻五线旅游车坠沟事故就是典型的例子。三是安全设施起不到应有作用。我省高速公路中央隔离护栏高80公分，为两波板，中心立柱为钢管，每3米1根。这样的中央隔离护栏高度和防撞强度，根本不能有效预防高速行驶的机动车特别是大客车、重载货车穿越护栏与对向行驶车辆相撞。青银高速公路薛公岭路段就多次发生这样的事故。2009年2月4日，在太旧高速公路也发生了同样类型的事故，导致人民日报驻山西记者站站长王科死亡。2008年10月11日，原省政协主席金银焕的事故，也与车辆翻越高速公路中央护栏有关。相比之下，河北省高速公路中央隔离护栏高120公分，为三波板，中心立柱为"工"字钢且每米1根，防护效果明显要好得多。四是道路不经审批擅自施工。近年来，由于有关部门监管不力，道路施工不经审批擅自施工的现象非常普遍，施工现场安全防护措施不到位引发的交通事故时有发生，2011年4月19日在平临高速公路施工路段发生一起4车相撞、死亡4人的交通事故，主要原因就是道路施工未经审批、现场防护设施不到位。五是道路施工未经验收即投入使用。2008年8月18日吕梁孝义发生一起死亡12人的重大道路交通事故，导致事故发生的一项重要原因就是道路未经验收投入使用，且路面安全设施、警示标志不全。2011年3月16日，临汾市发生的死亡12人的重大交通事故也是如此。六是一些路段交通标志标线不健全。七是公路隧道存在较大安全隐患。目前，全省共有隧道467条（普通公路113条，高速公路354条），其中，500米（含）以上的隧道233条，包括普通公路27条、高速公路206条。高速公路超过5000米的隧道共有6段12条。这些隧道，有的是应急疏散通道设计不合理，如雁门关隧道斜竖井人员应急疏散通道，不能有效阻断火源；有的应急救生设备不齐全，缺乏防毒面具等救生设备；有的应急处置预案不完善，定期演练不够。

此外，目前我省主要运煤通道通行条件差的问题也十分突出，既影响畅通，又影响安全。近年来,我省加快转型跨越发展步伐,省内煤炭运输和陕蒙煤炭过境运输量大幅增长,但严重交通拥堵时有发生,引起社会各界高度关注。交通拥堵的根本原因是道路通行量过大,且年久失修,路面损毁严重,导致车辆通行速度缓慢。如省道306保德段,原设计流量1100辆,现平均流量达6800余辆;省道304平鲁段,原设计流量2000辆,现平均流量达12000余辆;青银高速公路太旧段原设计流量1.2万辆,吕梁段原设计流量1.2至1.8万辆,现均已达3.7万辆。108国道繁峙段路面损毁严重,有的坑槽达八、九十公分,车辆通行十分艰难。

8.科技信息化水平低。目前我省科技信息化总体水平低,主要靠人海战术,投入和消耗大,效果并不理想。如对重点驾驶人、客运车辆、货车、危险化学品车辆的动态管控和重要国省道、高速公路卡口节点的监控,以及在公安交通管理指挥、通讯、信息资源共享方面,科技信息化系统和设备投入水平比较低,应用效果也比较差。

9.保障不到位。一是警力保障不到位。近年来,全省机动车、驾驶人、道路里程及交通运输量和交通管理工作量成倍增长,但全省公安交警警力并没有得到相应的补充,按照公安部有关标准,全省现有警力缺口达3200余人,特别是基层一线执法单位警力严重短缺,目前全省只有3名、2名、1名正式民警的交警中队分别有502个、200个、139个,分别占59.69%、23.78%、16.52%,甚至还有10个中队无正式民警,根本无法正常开展执法工作。二是经费保障不到位。目前,全省市、县两级公安交管部门经费保障严重不到位,县级公安交管部门经费基本是"以收定支",靠罚没款返还维持,市级公安交管部门经费主要靠行政事业性收费收入维持,市、县两级均没有道路交通安全工作专项经费,特别是部分财政困难的县,只能保障部分人员工资,公用经费和专项经费根本无法保障。尤其是全省14229名交通协管员的经费,纳入当地政府财政全额保障的只有28%,其余的均由各地交警部门自筹解决。全省841个基层交警中队中,有307个中队没有营房,占总数的36.5%。

10.公安交警干部管理体制不畅。目前,道路交通安全工作压力日益增大,但公安交通管理体制不顺,管事与管人相脱节,如,交管局对下只是业务指导,只管事、不管人,对各市公安交警支队支队长、政委的调整任用不掌握,因此,安排的重点工作就难以落实到基层,导致基层政令不畅,有令不行,有禁不止,各自为政。而市、县交警支队、大队队伍和工作出了问题,交管局还得受指责、担责任。

二、解决道路交通安全工作突出问题的对策建议

1.各级政府要高度重视道路交通安全工作。道路交通安全工作,既是重大民生问题,也是重大政治问题和社会问题,在当今网络时代,很容易成为全社会关注的焦点。各级政府必须始终以如履薄冰、如临深渊、战战兢兢的态度,始终怀着敬畏生命、敬畏责任、敬畏制度之心,以严之又严、细之又细的作风,全力以赴做好道路交通安全各项工作。一是要真正把道路交通安全工作摆到应有的重要位置,认真履行交通安全的领导责任。二是要尽快研究建立并组织实施城市交通影响评价体系,真正把城市道路交通放到整个城市规划、建设的大局中统筹规划、建设。三是要尽快研究建立并组织实施道路交通运输安全评价体系,严格规范运输企业安全生产活动,促进相关部门交通安全监管责任和运输企业交通安全主体责任的落实。

2. 进一步强化运输企业的主体责任。一是要积极借鉴我省煤炭资源整合的成功经验,有效整合全省道路客运(包括班车客运、包车客运、旅游客运和从事幼儿、学生接送的客运)和货运企业,切实减少经营主体,提升道路客货运行业规模化、集约化经营管理水平,增加安全生产投入,提升企业安全管理能力和水平。二是要切实加强对运输企业负责人履行安全生产主体责任的考核。三是道路运输企业要研究建立交通安全质量管理体系,对安全生产全过程进行有效监控。四是要加大对发生交通事故运输企业负责人、管理人员的责任追究力度。

3. 进一步加大交通安全宣传教育力度。道路交通安全归根到底要靠广大交通参与者安全意识的提高,要让广大交通参与者逐步树立生命至上、安全第一、文明交通的理念,彻底改变严重违法和不文明的交通行为。为此,必须大力加强交通安全宣传教育这项基础性、战略性、综合性的社会系统工程。一是要建立党委统一领导、政府主抓的交通安全宣传工作格局。宣传部门建立交通安全公益宣传教育机制,各类新闻媒体设立专栏,将交通安全宣传工作常态化。二是要把交通安全作为学校教育大纲的重要内容。教育行政部门要认真部署,强制保障。要把交通安全意识和文明意识纳入素质教育的范畴,从娃娃抓起,从小就开始培养。三是要加大驾校、企业等培训机构和管理部门对驾驶人的教育力度。主管部门要切实强化监管,确保教育培训的实际效果。

4. 进一步加大对重点车辆的管理力度。一是进一步加强客运车辆的安全监管。公安交管、交通运管、旅游等部门要按照各自职责,强化监管。二是加强对学生接送车辆的安全监管。各级政府要加大对学生公共交通出行的投入和保障。特别是县、乡两级政府和村民自治组织、教育行政部门要严格按照国家《校车管理条例》和我省贯彻落实《条例》的具体办法要求,切实履行监管责任,加强对学生接送车辆的安全监管。三是建立对危化品运输车辆的安全监管机制。由省安监局牵头,制定危化品运输交通安全管理办法,进一步严格危化品生产、使用、运输、经营企业和相关人员的资质审查,明确安全责任,建立完善危化品运输车辆违法和事故处置工作机制。四是建议省政府或相关部门提请国家有关部委,进一步改进大型货车的制动系统。同时,由省工信委牵头,会同质监、工商、交通、公安等部门,进一步整顿挂车生产市场秩序,加大对非法生产和销售行为的打击力度。

5. 进一步加大道路安全隐患整治力度。一是建议省政府责成有关部门大力推进"生命防护工程",利用 3—5 年的时间,将我省国、省道路临崖、临水路段全部安装 SB级(公路路侧护栏防撞等级由低到高分为 B、A、SB、SA、SS 五级)以上的路侧防撞护栏。此外,组织开展"事故黑点消灭工程",对已经排查出的 218 处道路交通事故多发点、段开展专项治理,尽快消除安全隐患。二是建议各级政府要进一步加大对事故多发点段和危险路段隐患整改的挂牌督办力度,通过定期通报、领导约谈、考核评价、责任追究等多种手段,督促有关部门进一步提高道路交通安全隐患的整治率和整治速度。三是有关部门和高速公路经营单位要尽快整改高速隧道应急疏散通道,配齐配全应急救生设备,完善应急处置预案,并定期进行演练,切实提高应急处置能力和救援水平。四是要尽快改善主要运煤通道通行条件。省里要高度重视普通公路的维护和建设,责成有关部门对 108 国道,304、313、314、306 省道等重点运煤通道进行修整或者改扩建,切实改善道路通行条件,提高道路通行能力,确保道路安全通畅。

6. 进一步提升科技信息化水平。一是对易发生群死群伤事故的客车(包括单位内部接送车)全部安装 GPS 卫星定位系统和车内视频监控系统,实行对客车运行方位、行驶速度、承载人数、驾驶人工作状态的全程实时监控。二是由省交通运管、公安交管部门共同对所有重型载货汽车和半挂牵引车全部安装车载卫星定位装置,并接入道路货运车辆公共监管与服务平台。运输企业要落实安全监管主体责任,切实加强对所属车辆和驾驶人的动态监管,确保车载卫星定位装置工作正常、监控有效。对不按规定使用的,要追究相关责任人和企业负责人的责任。三是交通运管部门和公安交管部门要建立客货运驾驶人从业信息、交通违法信息、交通事故信息共享平台,设立驾驶人"黑名单"信息库,强化对重点驾驶人的管理。四是在全省所有高速公路和车流量大、易发生交通拥堵和交通事故的重要国、省道等干线公路,建立全程监控系统,及时掌握路面情况,查处交通违法,加强交通诱导,提高交通管理智能化水平。

7. 进一步解决交通安全工作保障问题。一是帮助解决警力不足的问题。我们建议从中央分配给我省的政法专项编制中,两年内集中为市、县公安交警部门解决 3000名警力。二是加强市、县两级公安交管部门经费保障。建议由省财政厅、省公安厅根据各地经济社会发展水平,分类制定经费保障标准,将市、县公安交管部门人头经费、公用经费、专项经费等足额纳入同级财政预算予以保障,彻底解决收支挂钩问题。三是为全省公安交警增加执法装备,专门用于加强高速公路隧道和危化品运输交通安全管理工作。

8. 理顺公安交警干部管理体制。一是按照《关于重申加强我省各级公安机关领导班子建设有关问题的通知》(晋组发〔1996〕3 号)要求和公安机关领导干部下管一级的有关规定,我们建议:提请省委组织部发文重申并进一步明确各市公安局交警支队班子成员、车管所所长(车管工作行使的是国家事权)任命时,必须征得交管局党委同意,进一步选好配强支队班子。二是尽快启动各市交警支队主要领导交流工作。建议对 2004 年以来尚未调整和没有进行异地交流的市公安交警支队支队长,尽快进行异地交流调整,并将交流工作制度化。

农民收入翻番面临的困难、期盼及对策建议

中共山西省委党校　山西行政学院　课题组

围绕"十二五"时期我省农民收入翻番问题,本课题组多次到临县、方山、离石、宁武、左权、小店、乡宁等 7 县(区)农村进行调研,通过访谈和问卷调查,着重了解了农民收入翻番面临的一些困难和期盼,提出五点对策建议。

一、农民的困难

(一)"不知做什么好"——农民寻找增收门路难

"不知道做什么好",这是当前农民增收面临的最突出困难。调查组以"对于下一步增收,您有什么打算"为题,对农民的增收思路做了调查。在 122 份有效问卷中,回答"不知道做什么好"占 59.8%。在进一步回答"对于下一步增收,您'不知道做什么好'的原因是什么"时,86.3%的农民选择"缺乏致富信息、门路(经营项目)"。现场调查时,相当多的农民心存忧虑,对如何发展生产、增加收入无所适从。有的农民反映,不知道哪儿有活干,随便出门又怕找不到工作导致经济上受损,所以,只能就近在本乡或本县打打短工,收入还不到出外打工年轻人的一半。有些农民反映政府之外渠道的信息不可靠,个别人曾被虚假致富信息欺骗过。

(二)"种啥啥便宜"——农民抵御市场风险难

农产品市场千变万化,农民捉摸不透。访谈中,农民普遍为"今年种点啥"犯愁,反映 "价格高时,种不出来;价格低时,卖不了。""种经济作物一年挣一年赔,种地成了'撞大运'"。主要原因:一是农户生产规模小,组织化、市场化程度较低,一旦遭遇价格波动,往往陷入被动局面,利益受损。调查显示,69.7%的农民的农副产品销售方式是个人集市出售。农户反映,有的合作社有名无实,有的"公司加农户"的模式运行中,公

司和农户之间并没有签订正式的合同,仅有口头协议,缺乏有效的约束,当市价低销路不好时,公司不想收购,有时碍于各方压力以较低价收购,农户的利益不能得到很好的保护。二是产供销信息闭塞,农民生产经营盲目性大。有的农民讲,很多时候缺乏市场信息,不了解行情,哪一种农产品的销路好了,大家一哄而上,结果是供过于求,价格跌了,收入下降。有的农民说,自己随大流,看见别人种啥就种啥,结果是别人走在前面,别人赚钱自己不赚钱。

(三)"没什么可抵押的"——农民解决生产资金难

近年来,农村信用社的小额贷款受到了农民的欢迎,但农民反映"利率高、手续多,贷得少。"农户的小额贷款月利率高达 7.6875‰,额度只有几千元,连买化肥都不够,不能解决生产发展问题。真正解决生产发展问题的,还是普通抵押和保证担保贷款。当前,农村住房、土地等不能作为抵押物。由于无抵押物,部分农民生产经营的资金需求经常得不到满足。调查显示,78.7%的农民目前有贷款需求,只有 16.4%的农民在近两年获得过贷款,其中获得的贷款 65%是无担保的万元以下的小额贷款,仅有25%获得抵押担保贷款。当前有 68.9%的人希望得到的贷款额度在 6 万元以上。在已经获得贷款的人中,只有 35%的获得的贷款额度为申请额度。这些情况表明农民在生产经营中存在资金缺口,贷款需求得不到基本满足。调研中有的农民表示,"干大棚收入高,但投入也大。一个大棚弄好了年纯利可以达 5 万到 6 万元,但投入就要 10 多万元,没什么可抵押的,贷不到款,也就不干了。"

(四)"'技'不从心"——农民掌握实用技术难

农村流行一句话:"一招鲜,吃遍天。"农民说的一招鲜,就是技术。调查数据显示,84.4%的农民认为增收需要靠技术,但 69.7%的认为"技不从心"。相当多的村民反映,报刊等媒体上介绍的科技信息项目,一是有些词语不知什么意思,好多地方看不懂,根本不敢试验;有时看懂了,关掉电视、放下书本走到田间就变得迷惑起来,遇到具体问题更是不知所措;二是宣传有些离谱,加上现在社会上假信息太多,不敢相信;三是有些项目技术可能很好,但是费用挺高,风险很大,农户无能为力。比较而言,农民还是更信赖政府部门的推广,但是政府的技术服务满足不了农民的需求。从这次调查的结果来看,只有 22.1%的受访者回答接受过科技培训,高达 77.9%的农民没有接受过培训,说明这种服务在数量上明显不足。而接受过科技培训的农民,70.4%的认为不实用。有的农民反映培训的内容是一些农作物施肥、除虫等,自己也会。有的农民反映培训理论性强,实用性差,灌输知识的多,培训优良品种技术和生产技术的少。

（五）"农资涨价快"——农民控制生产成本难

在访谈中,部分农民表示,虽然国家加大了对农民的补贴,但种子、柴油、化肥等农资价格普遍上涨,种植成本水涨船高。惠农政策带来的实惠大部分被农资公司"抢"走了。玉米种子承单 37 号价格为 10 元/公斤,比去年上涨 2 元;谷子种子 20 元/公斤,比去年上涨 5 元。一袋 50 公斤的尿素 115 元,比去年上涨 10 元;一袋 50 公斤的碳酸氢铵 42 元,比去年上涨 4 元;一袋 40 公斤的磷肥 40 元,比去年上涨 4 元;一袋 40 公斤的硝酸磷 100 元,比去年上涨 7 元。中等质量地膜,每公斤 13 元,比去年上涨 3 元。农用柴油价格 7.8 元/升,比去年上涨 0.5 元。种植一亩谷子、玉米的补贴款仅为 50 多元,而由于农资等价格上升导致成本增加 60 多元。农资价格上涨,农业效益降低,从事农业无利可图。一位农民给我们算了一笔"种田账":"种一亩玉米能收 1000 多斤,种子、化肥、农药和人工成本大约每亩 310 多元,包地成本大约是每亩地 370 多元,种玉米基本上不赚什么钱。"

二、农民的期盼

（一）50%以上的农民期盼政府提供资金支持和加强信息服务

对"您希望政府在增收过程中提供哪些方面的帮助(多选)"这个问题的回答结果显示,被调查农民中,有 56.6%选择"提供资金支持",53.3%选择"加强信息服务",占前两位。多年来,政府投入农村的资金数量和力度逐渐加大,群众连声叫好。但广大农民热切盼望政府在加大资金支持的同时,向农村推介农业产业项目,提高农村资金的效益,实现农村资金增值,扭转农村资金"投入多产出少"的尴尬局面。广大农民热切盼望政府改革完善涉农资金使用办法,协调各项涉农专项资金,加强监督,减少环节,实现涉农资金及时到位,防止下拨过程中的"跑、冒、滴、漏"和使用过程中的"离农"现象。走访中发现,农民想让政府提供的信息主要有:政策信息、市场信息、实用技术信息、农资供应信息、优良品种开发及高新技术信息、劳务信息、农副产品加工信息、气象变化信息、防治病虫害信息等。

（二）49.2%的农民期盼能有更多的农村非农产业就业机会

我们设计了这样的问题:"您理想的就业渠道是什么?为什么?"49.2%选择农村非农产业,40.2%的选择外出打工,只有 10.7%的人选择本村务农。选择农村非农产业的原因主要是:(1)从事农业的收入最少,工作条件也很差。(2)外出打工付出的代价多,不仅要承受子女入学、就业等方面诸多不便和歧视,而且还要承受背井离乡的心理负担和其他不确定性因素导致的成本。(3)在农村本地非农部门就业收入居中,工作条件也比较好,还受人尊敬。选择外出打工的以年轻人居多,认为外出打工收入高,城市环境好,以此可以跳出农门,走出农村。选择从事本村务农的以老年人居多,他们认为农业是解决吃饭的,自己农业方面熟练、有基础、有优势,非农职业对自己来说是一种比较难的挑战。

(三)57.4%的农民期盼科技能人进行现场的传、帮、带

访谈中,农民反映,以前种植的是传统的粮食,比较有经验,而现在改种经济作物、发展畜禽养殖业,对于怎么种、怎么养,真是还有许多不懂的地方,非常需要一些懂技术、会管理的科技能人进行传、帮、带,提高农业效益。问卷数据显示:农民认为学习新技术最有效的渠道前三位是:技术员田间指导、参加培训、看电视看书看报。高达57.4%的农民认为最有效的学习方式是"技术员田间指导",但接受过技术员田间指导的只有11.5%。受访者反映技术员太少,又经常不在村里,遇到问题不能立刻得到解决,迫切希望能有更多的技术员驻村服务。

(四)60%以上的农民期盼农村有更多的农产品加工、营销企业

访谈中,农民表示"种地比以前复杂了";"以前每家种五六亩地,种谷子、玉米,挣得不多但也不担心赔钱。气力都是自己的,顶多白花点力气。按理说,现在种地都是优种,比以前好多了,可种不好就要赔钱哩!""现在市场化了,种地得搞好销售才行!"但对于今后如何搞好销售,农民"一头雾水",坦言"现在做个农民不容易"。多数农民反映"卖"比"种"要难得多。"自己到城里卖,没场地,害怕城管抓,少则几十元,多则几百元的罚款啊"。在回答"您认为解决农产品'卖难'的有效办法是什么(多选)"的问题时,63.9%的农民选择多办农副产品加工企业,60.7%的农民选择多办农副产品营销企业。农民反映,农村种植的农副产品上市比较集中,大批农副产品上市后,容易造成价格下跌;如果农副产品上市时,有一批农副产品加工企业或农副产品营销企业收购、销售,就能减轻"出售负担","只要种好养好就能赚钱了"。

三、对策建议

(一)实施"农村信息收集发布工程"

农民一方面信息需求强烈,与此同时对信息的接受非常被动,加之,许多涉农信息季节性、时效性强。为此,应以我省"国家农村信息化示范省"建设为契机,大力加强基层涉农信息体系建设,确保农民及时、准确了解信息,放心使用信息。

一要加强县级信息收集管理体系建设。依托农业行政职能部门,尽快建立县级农村信息数据库,组建专门的农村信息收集队伍,收集、发布农业政策、农产品价格、农资供应、农业科技、灾害预警、外出务工等涉农实用信息。

二要加强乡镇信息传输体系建设。各乡镇应安排熟悉本地农情的干部,专门负责从县级农村信息数据库等筛选适合本地的实用信息,通过出版"农村信息快报"等形式和固定电话提醒、手机短信、电子邮件等途径向农户传送信息。

三要加强村级信息接收发布体系建设。由政府出资为每个村配备一台电脑并接通互联网接收信息,从大学生村官、乡村教师、种养大户、农村经纪人等群体中培养选拔农村信息接收员,并负责信息的发布和宣传。通过设立"农情信息墙"、"致富信息栏"等设施向农民发布信息,也可以利用村委会的喇叭向农民广播信息。

(二)建设"农业龙头企业覆盖工程"

一是加快农业龙头企业的发展步伐。依托"一村一品"、"一县一业"的农业发展新格局,在"513工程"的基础上,加快建设新的农业龙头企业,使更多的村能够被农业龙头企业覆盖。建设新的农业龙头企业,可以通过政府出资,也可以民间出资、政府资助。政府对于农业龙头企业应加大优惠政策扶持力度,放宽审批限制,简化相关手续。金融部门对于农业龙头企业贷款实行利率优惠。鼓励矿产企业投资建设农产品龙头企业,实现企业转型,带动农民增收。调查显示,如果有龙头企业落户自己所在村庄,59%和22.1%的农民分别表示"特别愿意"和"比较愿意"。所以,新的农业龙头企业选址原则上应该在农村。政府对于吸收农民工达到职工总数60%以上农业龙头企业,应实行免税;对于吸收农民工达到职工总数30%以上农业龙头企业,应实行减税。对于农业龙头企业由于农副产品收购受到的损失,政府应给予补偿。

二是加强农业龙头企业与生产农户的衔接。在回答"您是否参加了龙头企业的基地"时,只有5.7%的农民表示"已经参加"。因此,要按照互惠、互利、互补、让利于民的方针,通过"企业+农户"、"协会+农户"、"专业合作社+农户"等模式,以合同价格、保护价格、利润返还、入股分配等形式,实现农业龙头企业与农户的产销衔接和利益连接。

(三)实施"土地房屋确权颁证和流转工程"

确权颁证对农民增收有两大好处:一是土地、房屋确权颁证后,农民可以将其作为贷款抵押物,获得生产发展资金,促进生产发展,提高收入。二是土地确权颁证有助于推动土地流转,一方面流转出去土地的农民不仅可以获得流转土地收入,而且可以专心致志地从事其他产业进而提高收入;另一方面,土地流转有助于推动农业的规模化经营,培育专业农民,提高农业的经营水平和效益。但是,目前土地确权颁证工作基本处于停滞状态,农村房屋确权颁证工作进展更慢。为此,政府有关部门应尽快完成农村土地、房屋确权颁证的相关配套工作,将《土地证》、《房屋证》尽早发到农民手中。

要按照"谁主管、谁登记、谁确权、谁颁证"的原则,以市或县为单位成立土地、房屋评估专门机构,配备专业人员,加紧农村土地、房屋评估、登记。对已经界定登记的,由相应主管部门核发权属证书。在此基础上,建立农村产权交易服务中心,由土地、房屋等流转主体向主管部门提出申请,主管部门审查权属后发布流转信息,并组织买卖双方签订流转合约,变更产权主体,推进农村土地、房屋流转;同时,可以筹建农村资产收储中心,在农村产权抵押贷款出现风险后,进行资产收购,实现资产保值升值,推动农村产权抵押贷款的健康发展。

（四）建设"大学生科技员驻村工程"

我省已经建立了事业单位编制的农业技术推广站,每个乡镇都配备了技术人员,但当前面临一个突出问题,就是所谓"最后一公里"——农业技术已经到了乡镇,但由于人员少、经费缺乏,很难长期深入到田间地头。可以借鉴大学生村官的经验,选派农林院校毕业的大学生作为村庄专职科技员,驻村实地开展农业、林业、畜牧业、农机等先进实用技术指导和培训,带头引进、推广、合作开发农林牧机新技术、新品种,发挥示范作用和辐射效应。按照"政府引导、市场驱动、利益共享、风险共担"的原则,鼓励大学生专职科技员通过技术承包、项目承包、资金入股、技术参股等途径,与农民和各类农村经济组织结成"利益共同体",促进现代农业发展,带动农民增收。可以通过政府设立大学生科技员专项基金和科技创业担保制度等途径,也可以通过金融机构创建专门的大学生科技员信用卡、优惠贷款等形式,支持大学生专职科技员兴建农业科技示范推广基地,发展农业科技项目。大学生专职科技员可参照同类事业单位人员的工资水平,依照技术推广的效果、效益来确定其工资待遇,还可以取得创办、协办、领办的经济实体和专业合作组织等合理收益。

（五）实施"惠农补贴联动工程"

有两种方案可以选择。一是建立财政补贴与农产品价格、农资价格的联动机制。在当前农资综合补贴的基础上,充分考虑农业生产资料和人力成本上涨、农产品价格变化情况,不断提高补贴标准,确保农民补贴收入增长速度不低于生产资料等成本上升速度,提高农民种地的收益,缩小种粮农民与其他产业劳动者之间的收入差距,解决农村"土地撂荒"问题,彻底改变"干什么都比种地强"的局面,让农业真正成为发财致富的产业。二是建立财政补贴与粮食出售量的联动机制。从农民出售粮食量上给予补偿,多种粮多售粮多补贴,不种粮不售粮不补贴。这样不仅可以减少年年分季按品种申报、核查等重复劳动,提高工作效率,降低运行成本;更为重要的是能保证实际种粮农民的收益,杜绝只领补贴不种粮食的现象。

发挥地质工作的先行基础作用
全方位服务全省转型跨越发展

翁金明

地质工作是经济社会发展重要的先行性、基础性工作,贯穿于经济社会建设的全过程,渗透在经济建设的各个方面。省地质勘查局作为全省地质工作的主要力量,多年来发挥在矿产资源勘查、工程勘查施工、地质灾害防治等方面的专业技术优势,以"面向政府、面向社会、面向企业"开展工作的理念,积极服务全省经济社会建设,在全省经济发展、造福三晋人民的进程中起到"开路先锋"的作用。特别是近几年来,按照省委、省政府建设新基地新山西的总体部署,地勘队伍着力开展了新一轮地质找矿工作,承担完成了全省六成以上的矿业权价款地质勘查项目,新提交矿产资源储量煤炭300多亿吨、铝土矿近10亿吨、铁矿3亿多吨等等,实现了地质找矿新的突破。同时积极参与我省重点工程项目建设,大力开展区域地质、水工环地质、农业地质、灾害地质、城市地质、旅游地质等工作,为我省经济社会的快速发展做出了应有的贡献。

一、大力推进矿产资源勘查工作

随着我省转型发展的逐步推进,对煤、铁、铝等主要矿产资源的需求仍将会不断增大。目前,我省的煤、铝、铜、铁等主要矿产的地质勘查工作多停留在普查及以下工作程度,大量的低级别资源储量不能作为矿山建设预可研或可行性研究的依据,处于有矿但不能开的境地,还是矿产开发的"夹生饭",想"吃"而不能,严重制约着矿业经济的发展。长期以来,由于地质工作投入不足,加上多年矿产过度开采,我省主要优势矿产资源保证程度明显降低。为了缓解资源紧缺矛盾,从2005年开始,我省加大了对矿产资源的勘查力度,取得了煤、铁、铝等矿产的找矿进展,但由于我省历史上探矿权设置小而散等原因,导致成矿区带或矿体的人为分离解体,致使工作部署零碎,勘查缺乏整装性和集中度,不利于找大矿和深部勘查找矿。为了全面提升我省矿产资源保障能力,缓解资源瓶颈约束,实现矿产资源规模化开发,我们加大地质找矿的工作力度,特别是在我省主要矿山深部和外围以及重要成矿区带上有一定找矿潜力的资源远景区,大力推进矿产资源整装勘查和深部探矿,从而实现我省地质找矿的重大突破,为转型发展、跨越发展奠定坚实的资源基础。

二、开展城镇集中区基础地质工作

山西要加快城镇化进程,必须要精心谋划、科学布局。除了综合考虑经济发展、人文历史、自然地理外,更重要的是要考虑地质构造特点。山西的主要城市多数都坐落在六大盆地中,而今后的城镇化扩容多也离不开六大盆地。在这些新生代断陷盆地和山间盆地中存在着汾渭地堑活动断裂带、山盆阶梯断裂以及历史上采煤形成的采空区。这些地质构造及人为采空构造是影响地面稳定性的主要因素,在科学制定城镇规划时必须考虑地质构造及人为采空构造因素。我们按构建"一核一圈三群"的城镇群格局范围,开展新生代断陷盆地及山间盆地 2.6 万平方公里的 1/5 万城市区域地质工作,查清城镇群规划区的深部地层、岩石、构造等地质情况,建立三维地质结构模型,为城镇规划提供基础地质资料,从而实现城镇群的合理布局、科学规划。

三、全面实施县域农业地质工作

我省特殊的自然地理环境孕育出众多的特色农产品,我省农业发展今后要走特色化现代农业发展之路,必须要在县域因地制宜形成主导产业。发展特色农业,首先要通过农业地质工作了解县域土地资源特色。我们积极开展山西省县域农业地质工作,为山西省特色化现代农业发展提供科学技术支撑。2003 年我省和国土资源部中国地质调查局合作开展了农业地质调查项目,目前已完成全省 5.6 万平方公里的 1:25 万面积性调查工作,分析 54 种元素(指标),涉及 66 个县,覆盖了我省全部农业大县农业种植区。调查成果显示,我省许多与名优农产品、人体健康、中药材有关的有益元素分布极不均匀,地域性明显。发现浑源黄芪、稷山枣、沁州黄、清徐葡萄等特产都产于特定的地质地球化学环境;发现了 5052 平方公里富硒土壤;发现我省土壤钼、锌、锰元素含量与豆类、玉米产量品质关系密切,通过施肥可对土壤质量进行改良,该研究成果已获得国家专利。但全省现有 1:25 万数据密度较低、精度不够,无法满足县域农业 1:5 万数据精度要求。为此,我们进一步加大工作力度,以我省 45 个农业大县为对象,以 1/25 万面积性调查工作成果为基础,以祁县土地质量评估为模板,选择各类元素富集区开展 1:5 万农业地质工作。依据土地有益元素、有毒有害元素和有机污染物含量水平,结合国土部门完成的利用土壤物理性质进行土地分等定级的成果,进行土地质量级别评定,结合县级发展规划,提出科学合理使用土地的建议。研究各类特色农产品与土壤元素含量的关系,确定特色农产品适宜种植范围,为我省特色农业发展提供科学依据;在富硒土壤区研究各类农作物对硒的吸收程度以及伴生的有害元素对农作物的影响程度,提出富硒农产品开发规划,提高农产品经济价值;对豆类、玉米等大宗农作物产区提出施肥方案,为农业产业化提供技术支撑。

四、开展地下热水资源勘查

作为清洁能源,地下热水资源的研究与开发利用对面临转型发展的山西尤为重要。近几十年来,特别是近十几年来,山西深部隐伏的地下热水不断被揭露,地下热水的开采规模不断在增加,地下热水研究与开发不断有进展。据估算全省地热资源总潜力折合标准煤在 20×108 吨以上。我省六大盆地中不少区域的深埋型新近系砾岩,中生界、上古生界碎屑岩及寒武、奥陶系灰岩,浅埋型特殊构造部位太古界变质岩等,均有形成大中型地热田的可能。但是目前我省地热资源研究与开发利用工作距离规范化、标准化、产业化相差甚远,主要表现在地热资源勘查程度低、开发利用水平差、资源浪费现象严重、管理体制不顺等方面,至今尚未出台全省地热资源勘查规划,地质勘查部署零星,与周边省市相差很大。我们积极开展工作,为制定和出台我省地热资源勘查与开发规划提供翔实的地质资料,使山西的地热资源造福三晋人民。

五、开展水文地质勘查

山西省系统的水文地质工作多实施于 1963~1985 年,而且是以农田供水为主要目的。由于近三十年来气候因素变化和人类活动影响,山西省水文地质和开发利用条件发生了较大变化,使得降水补给量和地表水对地下水的补给量减少、开采量逐年增加、采矿疏排地下水破坏含水层、各种污水随意排放污染地下水,造成全省地下水位区域性大幅度下降,地下水可采资源量减少,地下水水质恶化,原有的水文地质调查及资源评价成果已不能满足社会经济发展对地下水开发利用与管理的需要,必须要开展新一轮 1/5 万水文地质勘查工作,以查清地下水资源情况,为合理开发利用和管理提供依据。另外,砷中毒在大同盆地危害程度之重,分布面积之广,患病人数之多,国内罕见;氟中毒在运城盆地广泛分布,危害人数众多。结合我省农村供水现状,推进农村饮水安全工程建设,应进一步开展山西高砷、高氟水等地方病严重区地下水改水勘查研究。1997年我局在应县杏寨乡实施打井改水计划,成功打成水井一眼,井深210.68米,出水量360立方米/天,水质优良,砷含量由0.9毫克/升降至0.08毫克/升(国标是<0.05毫克/升),为当地防病改水起到积极作用。我们以此为示范进一步开展勘查,通过水文地质调查、物探、钻探等手段,在大同、运城等高砷、高氟水区寻找优质或符合饮用水标准的地下水,解决当地居民供水,保障群众身体健康,同时将开展各类矿产开发污染地下水及各类厂矿企业废水、废渣污染地下水调查,研究制定改水治水方案,减少污染,保护环境。

六、开展环境地质调查

山西是我国北方地质灾害多发省,同时也是矿山地质灾害最严重的省。晋西黄土高原是黄河流域岩土侵蚀最严重的地区,黄土崩塌、滑坡频发,严重威胁当地人民生命财产安全,必须要加快投入工作进行综合防治。目前山西矿山地质灾害调查工作有限,难以准确确定矿山地质灾害的规模及危害程度等,地质灾害防治的科学依据明显欠缺,需要尽快开展各矿区大比例尺矿山地质灾害调查,摸清山西矿山地质灾害现状,为矿山环境恢复治理及政府决策提供依据。山西是矿业大省,在11个地市中多以煤炭、电力、冶金等为主要产业,采矿、洗煤给城市带来的环境污染日趋严重。在各大城市地下水位持续下降,城市供水日趋紧张;由于地下水超采,地下水降落漏斗范围广、深度大,地面沉降现象普遍存在;城市"三废"的排放带来的环境地质问题逐渐加剧;城市周边的地质灾害问题(如崩滑流)较为突出;山西省汾渭裂谷边山一带相继出现大范围、北东向展布的条带状地裂缝,不少显示出构造活动迹象等等,这些问题严重地影响着城市的生态环境和人居安全,必须要开展城市环境地质调查评价工作,包括调查地级以上城市主要环境地质问题和地质环境背景及其可能对社会发展形成的影响与造成的经济损失以及开展城市建设规划区地质环境脆弱性评价和功能区划等,为城市环境地质问题防治提出对策建议,为城市规划、建设、管理服务。

七、开展旅游地质调查

山西省自然旅游资源丰富,其中著称于世的自然景观都是地质作用形成的。如华北最高峰五台山、云冈石窟、壶口瀑布,吕梁的北武当山、介休绵山、大同的火山口以及盂县、离石、壶关、忻州的岩溶溶洞等。这些地质景观,有的已经开发,但没有赋予地质解释;有的尚未开发,前景十分广阔。我省专业性地质旅游资源也十分丰富。如五台山的早前寒武纪典型地质剖面。恒山悬空寺寒武——奥陶纪剖面弥补了华北寒武奥陶纪层型——山东张夏、河北开平剖面的不足。华北石炭——二叠系地层都命名于太原。大同云冈是华北侏罗纪、白垩纪的地层典型地区等等,这些典型剖面都可作为地质旅游资源列入规划进行开发。

    山西的古建筑地质旅游景观离不开特定的地质背景和前提,无例外地无不与地质作用有关。五台山佛教文化旅游风景区的形成,是基于其与古印度释迦牟尼佛说法的灵鹫峰的特殊地貌地势景观相似;特有的寒武、奥陶纪碳酸盐岩层,形成了悬崖峭壁或阶梯地貌为诸多寺庙修建提供了地质前提,如悬空寺、灵空山、仙堂寺等旅游景区;石炭、二叠、三叠、侏罗纪砂页岩地区形成了举世闻名的壶口瀑布,修建了云冈、天龙山等著名的石窟以及交城卦山、玄中寺等风景旅游区;而地下碳酸盐岩遇大断裂形成的岩溶水,形成了如晋祠、宁武天池等风景区。上述的地质景观、典型地质剖面加上古建筑、寺庙是我省一大财富。为了丰富旅游内容,反映我省旅游特色,我们积极开展全省旅游风景地质调查研究工作,提出具体的旅游风景地质资料和参观路线,反映我省地质奇观,加强宣传,为实现我省文化强省战略作出贡献。

                             (作者系山西省地质勘查局局长)

他山之石可攻玉 对标一流当自奋

张宝玉

党的十八大对测绘地理信息工作提出了新的更高的要求：优化国土空间开发格局,建设生态文明社会要求测绘地理信息部门提供科学手段;工业化、信息化、城镇化、农业现代化建设要求测绘地理信息部门提供基础支撑;实施创新驱动发展战略,加快转变经济发展方式要求测绘地理信息部门主动作为;促进人民群众生活水平提高,加快文化强国建设要求测绘地理信息部门积极担当等等。

如何贯彻落实党的十八大精神,进一步提高全省测绘地理信息系统服务能力和水平,更好地服务山西省资源型经济转型综合配套改革试验区建设,服务全省办好"两件大事",促进全省社会经济转型跨越发展,成为当前面临的重要课题。为此,我们到湖北、浙江、上海两省一市围绕数字城市建设、地理产业发展、地理国情监测、省级公共服务平台建设等内容进行了考察调研。

一、两省一市的基本情况

湖北、浙江、上海一个是中部内陆省份,一个是东南沿海省份,一个是我国乃至世界大都市,在测绘地理信息产业发展的基础、机遇、方式、方法各有不同,但他们在发展中都能结合本省实际,选定发展目标和方向,工作实、手笔大、理念新,实现了测绘地理信息工作得到持续较快地发展。

(一)湖北省基本情况

湖北省全省测绘地理信息产业从业人员 3 万人,占全国测绘地理信息产业从业人员的 7%;全省测绘地理信息资质持证单位 570 家,占全国资质持证单位的 4.6%。2011 年,该省测绘地理信息产值 60 亿元。

湖北省测绘工作的主要特点:一是省委、省政府大力支持。2011 年,湖北省政府将数字湖北地理空间框架建设列入该省"十二五"发展规划和"十二五"重点项目,并由常务副省长担任组长,在政策与资金投入上给予了全力支持。二是法律法规及制度建设完善。2004年,湖北省人大修改了《湖北省测绘管理条例》。2011年12月1日,《武汉市测绘管理条例》通过湖北省人大审议并发布;湖北省政府以政府令发布了《湖北省测绘项目登记管理办法》;湖北省政府办公厅印发了《湖北省地理空间信息数据交换和共享管理暂行规定》;《湖北省测量标志管理办法》列入省政府立法计划。三是建立了稳定有效的基础测绘经费投入机制和保障机制。省级基础测绘经费列入省级财政预算,基础测绘专项经费投入逐年增长。2011年,全省基础测绘投入1.2亿元;数字湖北地理空间框架建设项目经费落实1亿元。四是机制体制逐步完善。按照国家测绘地理信息局的要求,在省主要领导的大力支持下,机构更名、恢复机构规格工作有序推进,黄冈市、潜江市、洪湖市测绘管理机构等已经更名为测绘地理信息局,实现了"名称统一"、"力量强化"的要求。五是科技兴测成效明显。利用武汉大学的优势,加强测绘科技创新,湖北局提出围绕北斗卫星开展项目的思路。湖北局还设立了技术开发室等研发部门,逐步建立了测绘科技创新激励机制及相关政策制度,先后制定了《湖北省测绘局专业技术人员奖励办法(试行)》、《湖北省测绘科技进步奖奖励办法》等。六是地理信息产业蓬勃发展。目前,湖北测绘地理信息行业呈现多元化发展趋势,依托武大科技园、光谷科技园、华中科技大学科技园等产业园区,形成了一批如中地数码、武大吉奥等在国内有一定影响力和实力的地理信息企业,占据了全国地理信息系统、卫星导航系统、遥感系统软件等领域一半的市场。

(二)浙江省基本情况

浙江省全省测绘地理信息产业从业人员一万余人;全省测绘地理信息资质持证单位474家。2011年,该省测绘地理信息产值30亿元。

浙江省测绘工作的主要特点:一是测绘管理体制在全国领先。2010年初,浙江省编委批复同意浙江省测绘局更名为浙江省测绘与地理信息局,经省政府和地方法规授权履行全省测绘与地理信息工作的统一监督管理和公共服务职能,机构规格由副厅级恢复为正厅级。目前,全省所有的县(市区)测绘管理机构基本加挂了"测绘与地理信息局"牌子。二是地理信息资源共建共享格局基本形成。2009年投入6330元建设完成浙江省地理空间数据交换和共享平台。2010年5月以省政府令发布了《浙江省地理空间数据交换和共享管理办法》,将31个省级部门纳入信息资源交换共享的范畴;2012年8月24日,浙江省政府办公厅下发了《关于加快数字城市地理空间框架建设促进地理信息公共服务平台应用的通知》,提出到2015年底,全面完成市、县(市、区)数字城市地理空间框架建设,构建统一、权威、标准的地理信息公共服务平台,为"数字城市"、"智慧城市"建设奠定坚实的基础。目前,浙江省地理空间数据交换和共享平台,已经集成整合了 36 个省级部门和单位,900 多类的专题数据,形成了 1 整套地理信息数据、3 个服务版本(电子政务、公众、涉密版),可全方位为政府、社会提供地理信息及其技术服务,并依托平台建成了省水利设施及台风雨水情综合信息管理等一系列示范应用系统,全省基本形成"一张图、一个网、一个平台"的格局。三是基础测绘工作全面加强。2000 年,浙江省在全国率先颁布实施了省政府规章《浙江省基础测绘管理办法》,省、市、县三级开始将基础测绘列入同级政府的国民经济和社会发展计划,实施经费纳入同级财政预算,财政对基础测绘的投入逐年增加。2011 年底,全省 55 个市、县(市)基础测绘计划列入同级政府国民经济和社会发展年度计划,68 个市、县(市)基础测绘经费列入同级财政预算,全省各级财政共投入基础测绘经费 3.5 亿元。从 2009 年开始,浙江局采用最新的测绘技术,革新管理模式,对基础测绘成果实施"313"更新机制,即以"3 年"为周期对全省 1:10000 比例尺基础地理信息数据进行全面、全覆盖、全要素定期更新,"1 年"内对以上比例尺基础地理信息主要地形要素进行一次更新,"3 个月"内对竣工的重大建设工程等重要地理信息进行及时更新。四是服务能力不断提升。建成浙江省电子政务地理信息公共服务平台,通过政府专网向省政府各部门提供覆盖全省范围的 1:5 万、1:25 万、1:100 万和 1:1 万全省所有建制镇以上的城市规划区、建成区的数字线划、数字影像的政务电子地图。成立导航和位置服务分院,建设了全省导航和位置服务电子地图基础数据库,实现了全国覆盖并免费下载,成为我国首个免费的电子导航地图数据库。建成了"省应急管理地理信息平台",已经开始逐步安装到全省有应急保障任务的省级厅局和设区的市政府。成立了应急测绘分院,配置了先进的应急测绘装备和设置了一支专业的应急测绘队伍。五是地理国情监测试点工作基本完成。2011 年,浙江省被列入国家地理国情监测工作试点省份,目前,已经基本完成了全省大陆海岸线、全省陆域面积、全省滩涂资源变化监测,全省湿地资源调查量测和城市建成区、森林覆盖、平原绿化、水资源等全部监测试点项目和相关的技术研究,正在进行成果整理和试点总结工作。六是地理信息产业发展势头强劲。2012 年,浙江省政府在全国率先出台《关于促进地理信息产业加快发展的意见》,浙江局与德清县政府共同建设浙江省地理信息产业园区,2011 年10 月举办了"中国·浙江地理信息产业发展推介会"、"地理信息产业发展成果展览"、"地理信息产业发展报告会"。目前,该省产业园区已有 26 家地理信息企业签订入园协议,协议金额 70 多亿元。

(三)上海市基本情况

上海市测绘院(上海市测绘管理办公室)是上海市基础地理信息支柱单位,履行政府行政管理职能,依法管理全市的测绘地理信息工作。该院主要领导为正厅级。全市从事地理信息相关企事业单位 140 余家。

上海市测绘工作的主要特点:一是以创新增强服务大局的能力。上海市测绘工作坚持科研开发,依靠科技进步,不断开发服务上海智慧城市的基础地理信息,以更多的数据资源、更强的服务能力、满足更多的应用需求推进服务平台建设。例如,根据上海市智能消防平台建设需要,上海院不仅通过地理信息公共服务平台动态发布全市二、三维地理空间框架数据,还正在开展全市 250 幢 100 米以上的超高层建筑和 226 幢高层民用建筑的三维模型制作,指挥人员可以 360 度全方位、无阻碍地浏览建筑物内部结构,还可以分层浏览重点楼层或起火点所在楼层的详细结构,实现了消防平台的三维动态指挥功能。2009 年以来,上海院先后开展了 20 多项新技术研究。包括为提高数据获取与管理能力开展的现代测绘基准服务技术体系建设、城市地区中比例尺地形图自动缩编技术研究、城市三维模型数据库建设、建筑物内部结构快速建模和风貌保护区激光扫描建模等三维技术开发、基于三维城市的地下管线系统研究等。二是以最快的更新速度为社会提供测绘保障服务。上海市测绘院坚持"建设与应用并举"的方针,按照政府管理和社会应用需求的发展,不断完善上海城市地理空间框架建设。1993 年该市的 1:500、1:1000、1:2000 地形图每 2 年、3 年、4 年更新一次,现在每 0.5 年、1 年、2 年更新一次。2005 年以来,上海院依托公开版地图数据库的自动化数据处理与地理底图自动化输出技术,实现了公开版地图每年更新两次,各类地图产品也从原来每年 40 多个品种增加到 150 多个,先后开通了上海地图网、长三角地图网等公益地图网和"天地图?上海"公共服务平台。目前,上海市地理信息公共服务平台作为上海市政务网云计算的首个用户,依托云计算中心的安全、存储、计算和服务能力,最多可容纳 1500 个并发用户,提供 7×24 小时不间断快速服务,基于平台的地理信息服务已推广至城市规划、国土资源、城市交通、住宅保障、环境保护、城市网格化管理等 20 多个领域,为相关部门提高信息化管理水平提供了信息支持。三是与国家测绘地理信息局合作,建立统一权威平台。2012 年 3 月 12 日,国家测绘地理信息局与上海市人民政府在上海签署了《共建上海智慧城市地理空间框架合作协议》。从 2012 年 3 月至 2015 年 12 月,国家局和上海市政府将围绕上海"创新驱动、转型发展"的总体要求,从完善上海地理信息资源体系、建设上海市地理信息公共服务平台、开展地理国(市)情监测等方面广泛开展合作共建,形成上海市统一、权威的城市地理空间框架,实现地理信息共享、集成和利用,为上海智慧城市建设提供优质高效的基础地理信息支撑。四是测绘文化建设丰富多彩。长期以来,上海院着力打造和谐型的人际环境以及艺术化的工作环境,从环境整洁化到环境园林化,再到环境艺术化,广泛开展的走廊文化、咖啡吧文化、绿色办公室创建活动,为职工营造了优美舒适的工作环境。2004 年起,上海院坚持每月最后一个周末开展舒展身心、丰富知识、强身健体的"三得益"活动。在艺术欣赏、健康讲座、兴趣小组等活动的滋养下,职工的特长得到全面发挥,素养得到全面提高,全院的凝聚力和战斗力进一步提升。

二、学习两省一市的四点借鉴

学习考察中,深切地感受到两省一市在测绘地理信息产业发展力度之大,追求创新的劲头很足,干事创业的热情很高,可持续发展的力度很大,对我省对标一流促进测绘地理信息产业大事具有重要借鉴作用。

(一)未来发展必须有切实可行的规划

在两省一市调研中,首先听到的是他们是如何对未来做出的近期、中期、长期的设想和规划,正是"凡事预则立,不预则废。"规划的科学就要深刻地研究和剖析当地的实际,既要从实际出发,又切实可行。例如,湖北省提出依托武汉大学的科技优势,围绕北斗卫星做强地理信息产业服务工作。上海市提出,建设面向未来的以数字化、网络化、智能化为主要特征智慧城市:大力实施信息化领先发展和带动战略,构建实时、便捷的信息感知体系,提升网络宽带化和应用智能化水平,推动信息技术与城市发展全面深入融合等等。因此,在今后发展中,要聘请院士认真把脉,既要认真借鉴和学习两省一市的先进经验,又要充分发挥我省现有的优势,比如科技装备优势,切切实实在每环节上都能明确要干什么,为什么这样干,最终干到什么程度,最终形成切实可行的的规划。

(二)赶超一流必须瞄准先进科技

要在市场上立足于不败之地,那就必须瞄准先进科技,才能最具竞争力,最具光明前景。例如,湖北局瞄准北斗卫星做导航服务,提出发展测绘软件开发的思路;上海院围绕智慧城市建设的要求,不断丰富基础地理数据,同时不断研发新的应用领域,进行信息应用储备。因此,在今后的发展中,要牢牢把握科技强测的要求,要对照一流标准,寻找自身差距,借鉴他人作法,培养创造一批一流的技术、一流的理念、一流管理,将此以引领一个产业,一个行业,一个地区的发展。要把我省综改实验区的建设作为创新创造的平台,推进政策创新,思路创新,方法创新,体制机制创新。紧紧围绕我省转型跨越发展重点工作进行创新,特别是加强自主创新能力培育,通过政策引导扶持,与科研院所合作建立"院士工作站"、"工程中心",实现科技创新和经济发展一体化。

(三)转型跨越必须立足本省实际

上海是个面积相对狭小的大都市,测绘地理信息产业却比山西发展势头迅猛。该市的测绘信息产业主要是紧紧结合上海市的实际,以更多的数据、更强的功能、促进更广的应用。在数据上,有着8000多条道路、9000余个住宅新村、830多条公交线路、150万余条门牌号码,几乎做到全覆盖;平台上,既有地上的,又有地下的;既有线划的,又有影像的;既有历史的,又有现状的;既有二维的,又有三维的,真正实现"足不出户、洞彻天下",起到了真正的决策参考的作用。在山西来讲,山西经济转型跨越发展已时不我待,是省委省政府的正确决策,省测绘地理信息局也必须围绕这个中心,发挥优势,为山西的转型跨越发展做好提供及时可靠的地理信息产业服务。例如,下一步研究如何为山西主题功能区规划、"一核一圈三群"城镇发展格局、"大太原经济区和都市圈"、"三纵十一横十一环"高速路网、生态安全工程等一系列重大战略中的及时、准确、现势性强的地理信息支持。

(四)体制机制必须创新

在产业园区建设上,我省已经与浙江、湖北差距很大。湖北省成立股份公司,开始产业实体经营;浙江省建设地理信息产业园区。对我省来讲,要根据发展的需要,不断破解旧体制,通过适当降低各类社会资金进入地理信息产业的门槛、引导和鼓励民间资本投入地理信息产业,借助资本力量促进产业尽快做大做强。同时还要创建新体制和机制。创建体制机制,不仅要符合科学发展观,更应适应我省的实际,着眼于长远发展大局,着力解决影响和制约发展的重大问题,进一步健全有关制度,使其发挥真正的作用,让其"行得通,管得住,用得好。"

三、学习借鉴应抓好的五项工作

通过此次考察活动,不仅亲身感受到了两省一市工作中真抓实干的精神和敢为人先的勇气,而且增长了见识,开阔了视野,看到了差距,充实了发展思路,坚定了重新审视自我、对标一流的决心。我省要以此次考察为契机,进一步解放思想,谋划思路,在基础、人才、管理、装备、宣传方面采取新举措,不断将我省的测绘地理信息事业推上新的台阶,为全省的转型跨越发展提供更好的服务。

(一)夯实基础要有新举措,做全做实做出合力

基础测绘的保障国民经济和社会发展的基础性、前期性、公益性测绘工作。要进一步加大基础测绘投入力度,做全做优基础地理信息资源,探索建立按地区、城乡、要素等对基础地理信息数据库实行分类更新的机制,按照国家有关基础地理信息要素细化分层要求,利用高新科技,加强对现有基础地理信息数据库的升级改造和动态更新。今后要实施"211"更新机制,即以"2 年"为周期对全省 1:10000 比例尺基础地理信息数据中的 DOM 正射影像全覆盖、DLG 数字线划图变化的重点要素更新;"1 年"内对 11 个地级市主城区基础地理影像数据进行更新;"1 周"内对地质灾害抢险救灾等应急测绘、需要更新的重大建设工程等重要地理信息数据进行及时更新。

对更新的基础地理信息要及时入库,保证基础地理信息数据库中数据的现势性。对省级数据库进行软、硬件改造升级,实现多元、多级、海量数据的高效存储和集成化管理,满足系统的持续发展、维护管理、数据服务、数据更新的要求,建成具有开放性、互用性和集成性特点的多功能数据库,向社会各行各业提供准确快捷的基础地理信息服务。

要努力推进基础地理数据的统筹协调机制,进行资源整合,建立数据共享机制,避免重复建设。要结合山西省情,围绕服务山西省主体功能区规划、转型跨越发展以及今后五年总体要求和主要任务,做好第一次地理国情普查。要与国家、省政府和部门之间建立地理信息资源共享机制,不断丰富完善基础地理数据,实现"天地图"、数字城市、地理国情监测三个平台的不断升级完善,在经济社会发展和群众生活的各个领域产生极为深刻的影响,更加彰显测绘地理信息的地位和作用。

(二)人才利用要有新举措,做稳做齐做出活力

要进一步完善人才管理制度和人才激励机制,加强人才资源开发,不断激发人才活力和创造力,促进各类人才施展才干。要创新干部培养选拔机制,加大学习培训力度,让有本领的人干事有舞台、创业有机会,发展有空间,培养造就一大批适应事业发展要求的各类人才。

要加大人才的引进机制,广纳群贤,为测绘地理信息事业发展提供智慧和力量支撑。要加大与科研院校的合作,在平等互利、优势互补、相互协作、共同发展的基础上,不断拓宽合作领域,完善合作机制,以成立"院士工作站""工程中心"等方式推动科研院校的科研成果快速转化,在人才培养、科学研究和社会服务等方面开展全面、长期、稳定的战略合作。

(三)管理工作要有新举措,做优做深做出体系

在内部管理上,要立足实效,发挥优势,凸显特色,推行精细化的管理。要抓住班子、队伍建设这一核心,为干事创业提供坚实支撑和保障。要严明工作纪律,进一步完善和严格执行干部监督、管理的各项规章制度,充分发扬民主,做到科学决策,民主决策。要认真领会和严格落实省委、省政府和局党组的决策部署,确保政令畅通,执行有力,不折不扣。

要进一步加强法制建设,完善法律法规体系,强化对测绘资质管理、公开地图内容表示、公开版地图质量等的监管,进一步推进对测绘地理信息成果、质量、市场等的管理,促进全省测绘地理信息行政管理的各项工作更趋科学、完善和规范。

要坚持建立健全部门协作机制,加强与国家安全、保密、气象、军事等部门的协调配合,建立联席会议制度,健全联合执法机制,增强对违法测绘行为的打击力度;坚持日常监管和专项执法相结合。通过组织开展测绘资质年度注册、测绘成果保密检查等执法活动,将测绘地理信息市场检查工作规范化。

要健全测绘地理信息管理体制,加快完善职能统一、政令畅通的省、市、县三级测绘地理信息行政管理体系,继续推进测绘地理信息主管部门名称一致和职能强化,推进各市、县(市、区)测绘管理办公室更名为测绘地理信息局,赋予测绘地理信息职能。

(四)装备更新要有新举措,做先做尖做出效应

要结合省里的中心工作,充实完善我局的测绘项目库,以项目为牵引,以项目带动装备更新,不断改进完善已有的设备的利用水平。

要加大投入,继续关注世界测绘地理信息界先进的设备,加大引进力度,以科技的创新、设备的提高来促进保障能力的提升,同时不断提高我局人员的业务技术水平。

要继续加强技术装备特别是应急测绘装备建设,做好传统技术装备的升级换代。要充分利用局属各单位的资金积累,持续提升技术装备水平。力争形成从天上到地下,从数据快速获取到加工处理,从软件开发到地理信息综合应用的现代化生产服务体系,实现技术装备实力大提升、测绘生产效率大提高、快速反应能力大增强。

(五)宣传工作要有新举措,做美做鲜做出生机

要进一步加大对测绘地理信息科技、文化的宣传,着力打造具有山西特色的测绘地理信息文化品牌,不断增强测绘地理信息文化的软实力。要做好政务信息的上传下达,与省委、省政府信息处加大沟通协调,及时发布我省测绘地理信息工作动态。在新闻宣传上,要加大与山西日报、山西电视台等主流媒体的合作,大力宣传测绘地理信息工作的地位作用和发展成就,突出重点,抓住亮点,树立我省测绘地理信息事业改革创新、领先发展的新形象。

要加大测绘地理信息数据的应用推广的宣传工作。要学习借鉴上海的经验,大力发展智能交通、现代物流、互联网地图等基于地理空间位置的服务,在更多的领域开展地理信息数据平台的推广应用工作。要选择重点领域进行重点突破,带动山西整个社会对地理信息数据平台的需求,让测绘地理信息发展成果走进千家万户。要加大最新地图产品的赠送工作,每年"两会"期间,要对"两会"代表开展最新地图制品赠送活动,让各界代表关注测绘地理信息工作。

(作者系山西省测绘地理信息局党组书记、局长)

山西省大学生宗教信仰情况分析

赵雁峰

随着宗教信仰自由政策的落实,特别是近年来宗教借助网络、传媒、文艺作品等不断扩大其影响,在社会上逐步形成"宗教文化热"。大学生作为思维活跃、视野宽广、求知欲较强的群体,在这样的社会环境中,也受到了宗教文化热潮的吸引。因此,提高大学生思想政治素质,帮助他们正确理解宗教信仰自由政策,辨析科学与宗教的区别,进而引导大学生树立正确的世界观、人生观、价值观,是高校党团学组织的重要任务。基于这样的认识,共青团山西省委专门组织开展了山西省大学生宗教信仰专题调研,旨在通过调研分析,切实掌握大学生群体中宗教信仰的真实状况以及宗教信仰对大学生思想状况的影响,进一步探究新形势下高校思想政治教育工作的有效途径,以期推动共青团工作的理性和深度展开。

一、调研的基本情况

本次调研的对象是全省各类高校在校大学生,包括大专、本科、硕士及博士研究生,年龄主要集中在 1985 年后出生的人群。调查采用问卷填写与个案访谈相结合的方法进行,共发放问卷 103017 份,收回有效调查问卷为 98896 份,回收率为 96%。其中,男、女比例分别为 43.8%和 56.2%;文科学生占 35.2%,理科学生占 32.8%,工科学生占 28.6%,其他专业学生占 5.4%;汉族学生和少数民族学生分别占 94.8%和 5.2%;共青团员占 90.3%,中共党员占 5.3%,非党团员占 4.3%。调查统计显示,共有 2076 名大学生为宗教信徒,占被调查学生总数的 2.1%。其中信仰基督教的人数最多,占信徒总数的 45.4%;其次是佛教,占信徒总数的 21.3%;其他依次是伊斯兰教比例为 17.5%;天主教比例为 14.9%;道教比例为 0.9%。

二、山西大学生宗教信仰的现状

1. 从人数上看，我省大学生信仰宗教的比例不高，但绝对人数不少且潜在人群数量较大。调查显示，我省大学生中明确表示信仰宗教的人数占调查总数的比例为2.1%，其中，个别高校的学生信教比例接近10%。相对于全国近8%左右的大学生信教人数比例而言，我省大学生信仰宗教的比例较低。此外，在大学校园中，一批宗教文化的追随者和"望教者"的出现，尤其值得我们注意，他们都是信仰宗教的潜在人群。调查显示，有30.2%的大学生认为有可能皈依某种宗教。在对"您认为人生是否需要宗教信仰？"的问题调查中，选择"需要"的占27.2%，选"不需要"的占18.2%，选"可有可无"的占54.6%。大多数学生在是否选择宗教作为信仰表示可有可无，对这部分学生如何引导对于将来其是否选择宗教信仰将很关键，如果引导为共产主义信仰，可能就会放弃宗教信仰；如果自己周围宗教信仰氛围较浓，可能就会选择宗教。

2. 从信仰选择上看，大学生信仰最多的宗教是基督教与佛教，但是具体到各个学校与专业，略有差别。在信仰宗教的2076名大学生中，信仰基督教的人数为943人，占45.4%；信仰佛教的人数为442人，占21.3%；信仰伊斯兰教的人数为363人，占17.5%；信仰天主教的人数为309人，占14.9%；信仰道教的人数为187人，占0.9%。调查显示，受民族、地域和所学专业的影响，大学生的宗教信仰选择会略有差别。如地处五台山佛教圣地脚下的忻州师范学院，信仰佛教的比例较高；长治各高校因为回族学生较多，信奉伊斯兰教的人数较多；运城学院等高校由于历史原因，信仰道教的人数较多。整体来看，生源地在山西且是汉族的信教学生比较少，且多受家族影响，生源地来自其他省份的少数民族的信教学生比较多，且比较分散，未出现集中现象。此外，本科院校较专科职高院校信教学生比例低，前者不足1%，后者约为3%；在对不同专业信教学生人数进行统计时发现，文科类专业，尤其是外语、哲学专业信教学生比例稍高，原因是这些专业的学生在学习过程中接触宗教知识，对中西方文化的了解让他们更容易受到宗教的吸引。

3. 从宗教认知方面看，大学生的宗教信仰具有继承性、被动性、盲从性的特征，在一些关键问题上存在模糊认识。调查显示，大部分学生是受家庭、民族传统和社会人员影响而信教，仅有17.3%的大学生是由于个人兴趣而主动成为宗教信仰者。这反映了大学生的宗教信仰具有继承性、被动性、盲从性的特点。在"你对宗教知识了解的程度"这一问题上，表示"非常了解"的大学生仅为1.4%，表示"基本了解"的比例为11.6%。调查还显示多数学生对佛教、基督教、伊斯兰教创始人的生平与事迹并不了解。在问及宗教与邪教、宗教与科学的关系时，有18.1%的人认为宗教与邪教的界限不够清晰，模棱两可，但也有6.7%的人认为两者没有本质区别，是一回事。11.9%的人认为宗教与科学相互对立、不可调和，60.5%的人认为两者互通有无、没有矛盾，22.7%的人对两者的关系持保留态度，表示无法界定，另外有4.9%的人认为宗教即科学。此外，有47.2%的学生认为"共产党员可以信仰宗教"。由此可见，一些大学生只知道我们党和政府有"宗教信仰自由"的政策，却不懂得共产主义与宗教信仰是两种对立的世界观。这些数据说明，由于缺乏对宗教的深入了解和科学理性的批判态度，一些学生对宗教与邪教、宗教与科学的关系认识模糊，这一点值得重视。

4. 从信仰途径上看，除传统的教义典籍、文艺作品、人际传播等途径外，宗教还通过网络等手段对大学生施加影响，学生们接受宗教知识的途径日渐多样化。在对"您从哪里得到宗教知识"问题的调查中，选择"选修相关课程，阅读相关宗教书籍"的占32.3%，选"私人聚会发的册子、传单"的占27.8%，选"通过网络和收听境外电台"的占25.4%，选"通过与教会以及与教职人员的接触"的占10.7%，选"通过与学校宗教信仰者的接触"的占3.8%。这表明，大学生了解宗教知识的途径主要是靠纸质宗教书籍。其中访谈调查了解到，新媒体传播是宗教影响大学生的新方式，互联网由于其广泛的传播面、强大的互动性、灵活多变的传播形式等特点，已经超过了传统的人际传播与父母、同学交流等形式，正在成为宗教扩大在高校影响的重要工具。在被调查的大学生中，有18.1%人浏览过宗教网站。其中，定期上宗教网站并积极发帖子的有0.9%。调查数据反映了大学生接触宗教的渠道除了传统意义上的教职人员、宗教活动场所、教徒之间相互传播外，书刊、影视、网络、电台已成为比较常见的传播方式，大学生中的宗教传播途径呈现多样化趋势。

5. 从信仰行为上看，绝大多数学生并不经常出入宗教场所，更极少参加宗教仪式，信教学生的宗教活动也不规律。在对"是否参加过宗教组织或宗教活动"的调查中，有79.4%的学生表示没有参加过宗教活动，偶尔参加过的学生有18.4%，而定期参加过宗教活动的只有2.2%。调查也显示部分学生对宗教怀有兴趣和好奇感，42.2%的人去过与宗教活动有关的场所，在对"您到以上这些宗教活动场所的原因是什么？"问题调查中，选择"游览"的占49.4%，选"好奇"的占18.6%，选"感受信徒生活"的占6.3%，选"扩大社交"的占12.5%，选"其他"的占15.2%。调查表明，游览是前去宗教活动场所的最主要原因。在对山西医科大学、晋中学院等几所高校信教学生的调查显示，97.4%的学生不参加或者很少参加各种形式的宗教活动，只有2.6%的学生定时参加相应的教堂聚会，祷告等。通过访谈了解，这些学生多数是从小跟随家人信仰宗教，进入学校后,随着科学知识的学习和学校的教育,自己慢慢淡化了宗教信仰,不少同学还积极要求加入党组织。

6. 从信仰态度上看,大部分学生对他人信仰宗教持理解、默许的态度。在对"您如何看待某些大学生宗教信仰这一现象"的问题调查中,有72.7%的学生对他人信仰宗教持理解、默许的态度,18.4%的学生对他人信仰宗教漠然置之,只有2.3%的学生对他人信仰宗教表示坚决反对。这些都说明大多数学生对宗教信仰并不是反感,而且有部分肯定的倾向。在对"您是否赞成周围的人加入宗教?"问题的调查中,选择"赞成"的占24.2%,选"无所谓"的占57.4%,选"不赞成"的占18.4%。说明大多数学生认同宗教信仰自由,认为没有必要干预。在对"您的印象中,宗教信仰者的形象是什么?"的问题的调查中,选择"真诚博爱"的占49.2%,选"勇敢无谓"的占11.7%,选"闪亮宽容"的占23.8%,选"怯懦"的占5.5%,选"奇怪"的占7.5%,选"虚伪"的占2.3%。调查数据表明,真诚博爱所占比例最大,宗教信仰者在学生中的印象比较好。同时,大部分接受调查的学生认为"个人有信仰宗教的自由"这不仅可以理解为大学生对校园内信教现象的包容度,更可以理解为大学生对我国宗教信仰自由政策的接受度和认可度都比较高,也表明了宪法确立的信仰自由与党的宗教政策为大学生所了解。

三、山西大学生宗教信仰的特征

1. 信教与家庭背景紧密相连。在我省信教学生中,45.3%的学生家长有宗教信仰,44.7%的学生是由于家庭背景的影响在年幼时接触、了解宗教,并成为家庭宗教信仰的间接延续者。与非信教学生相比,由于家庭因素的作用,信教学生对宗教的了解多为直观形象的接触和体验,对宗教的认同在人数和程度上要高得多。但是随着年龄的增长、社会阅历的丰富,有宗教信仰家庭背景的大学生相对于其父母和先辈,家族性的宗教意识已经开始弱化,受到家庭影响甚至控制的程度在不断减弱。

2. 信教与民族背景紧密相连。省内信教的大学生有近半数为少数民族,其中以回族为代表的信仰伊斯兰教和以藏族、苗族等为代表的信仰佛教的学生为主。调查显示,长治市西街地区为回族群众聚集地,他们普遍信奉伊斯兰教,因此长治医学院和长治学院的信教学生多为信仰伊斯兰教。具有宗教信仰的少数民族学生在信教学生群体中占有一定比例,但从严格意义上说,少数民族大学生的宗教信仰更多体现为对本民族传统文化的继承,或者说是宗教的民族性和民族的宗教性相交织。相对于汉族学生而言,少数民族学生对宗教经典文献、教规教义的了解较多,其主要原因在于少数民族传统文化中浓厚的宗教气息使然。

3. 信教与经济状况紧密相连。在信教学生人数上,农村多于城市,经济欠发达地区多于经济发达地区;经济状况为中低收入水平的家庭高于高收入家庭。在对信教学生比例较高的山西农业大学和长治学院等高校的调查中发现,家庭月收入在1000元以下的信教者,占信教学生人数的45.5%;家庭月收入在1000—3000元的信教者,占信教学生人数的37.8%;月收入3000元以上的家庭信教学生只占16.7%。其中尤其值得重视的是农村户口的信教者(69%)远多于城镇户口信教人数(31%),这部分学生由于家庭贫困,为寻求精神寄托转而信教。所以,当前城乡弱势群体是信仰宗教的一个重要群体,同时也说明这部分人群已经成为宗教特别是基督教介入的一个重点人群,需要引起我们的高度重视。

4. 信教与功利意识紧密相连。一些大学生宗教信仰有着突出的现世功利意识特征。在对信仰的理解上,当代大学生更多地从利益与满足的角度来认知和信仰。对真正的信仰所包含的超越性和奉献牺牲精神领悟不够。这些人往往是在发生问题或产生需求时投入宗教的。此外,许多大学生对宗教的兴趣主要体现在对宗教场所的建筑物和宗教活动中的音乐、绘画的艺术美的欣赏。由此可见,使大学生对宗教及其文化这一人类特殊的精神现象产生兴趣的原因在于宗教所具有的外在的、感性的、丰富多彩的文化表现形式和内在的神秘性。再则,当前大学生面临着学业、考研、就业等压力,他们感到前途未卜,从内心讲有一种畏惧感、恐慌感,企图走进宗教寻求精神安宁。

5. 信教与大学生的涉奇心理和歪曲认识有关。信教学生认为宗教对人生态度具有积极影响、对大学生的学习生活有很大帮助和有一定帮助的约占36.7%,成为学生信教的重要理由,尤其是有近12.9%的学生把宗教作为精神寄托,显示出宗教的世俗化倾向,也说明宗教的社会整合能力和适应功能得到信教大学生群体的认同。在调查对象中,不信仰宗教的学生大部分认为宗教对人生具有消极影响,不利于积极的人生态度和良好的道德风尚,宗教会混乱思维、消磨意志、影响学习。此外,由于我省的高校没有开设与宗教相关的课程,所以很多大学生对于宗教并没有客观而全面的了解,即使是目前有宗教信仰的学生大多数并不清楚所信仰的宗教教义、宗教精神。这种情况应当引起我们的重视,因为处于一知半解的人群极易受某种宗教甚至邪教的煽动与误导。

四、山西大学生宗教信仰的原因分析

(一)社会环境层面的原因

1. 地域性社区的解体导致了大学生产生了归属感上的危机。中国的人际关系历来强调的是以宗族为纽带的地域共同体,但随着频繁的社会迁移,这种以亲缘关系为中心的地域共同体解体了,从而产生了不安全、不信任感,以及由此带来的归属感失落。当代大学生大多数远离家庭外出求学,家庭意义上的地域共同体联结逐渐退出了他们的生活舞台。而此时,某些宗教社团具有鲜明的亲密感、家庭归属感,这种情感的维系对于离开家庭、步入独立生活的大学生们而言,无疑具有相当大的吸引力。

2. 传统信仰的断裂造成大学生信仰上的真空。近年来我省的经济发展成效显著,但是相伴产生的物质主义却冲乱了我省传统文化中重义轻利的观念,给大学生社会生活的各层面带来巨大冲击。传统信仰在现代生活中显得滞后无力,造成信仰真空,使得人文精神领域显现出一种无序和混乱状态。大学生作为时代中最具敏锐性的群体,精神生活的缺乏所带来得不安宁迫使他们发出寻求信仰的声音,因此给各种宗教信仰打开了方便之门。在缺乏其他信仰的背景下,大学生对宗教信仰的追求成为寻求解决信仰危机的特殊方式。

(二)家庭民族层面的原因

宗教作为一种意识形态,在我国社会历史和文化发展中具有悠久的传承,曾经长期影响着人们的精神生活。当一种宗教在某一地区或民族的思想文化领域保持了相当长的时期后,便会在人们中形成一种信仰传统,并且代代相传。调查显示,少数民族学生信仰宗教的比例为 19.5%,其中回族学生信教比例高达 60.7%,远高于平均水平。而在有家庭成员信教的学生中,信教比例更是达到 45.3%。这说明,民族和家庭的影响仍是大学生信仰宗教的主要因素。

(三)学生个体层面的原因

1. 寻求归属感。大学生个体、家境的不如意和人生经历的挫折,使他们常常感到周围的师生对自己关心不够,寻找不到爱。在徘徊中寻求宗教界人士的帮助和支持,以增加生活的信心和勇气,从而对宗教产生兴趣,有的进而形成了宗教信仰。

2. 陷入盲目性。当代大学生大多数是独生子女,心理承受能力差,他们信仰宗教更多的是为了寻找精神的寄托和心理的慰藉。当前,社会和自然的许多奥秘还没有被认识和科学解释。这一切使少数大学生产生了依赖超自然力量去解决非人力所能控制的自然和社会问题的愿望,而这样的愿望只能寄托在宗教所宣扬的神佛上。

3. 满足好奇心。青年大学生处在特殊的发展时期,对外界的刺激非常敏感,对新鲜事物十分好奇。西方宗教以各种奇异的形式,在不同程度上迎合了大学生敢于尝鲜的"口味"和猎奇的心态。部分大学生的行为举止自觉或不自觉地带有一些宗教的符号,并以此作为流行时尚,比如,佩带十字架装饰物,佩带观音佛像,进寺庙献香许愿,参加教堂活动,宗教节日圣诞节广受大学生欢迎等。

(四)宗教文化层面的原因

随着社会的发展,宗教日益世俗化,呈现出一些新的适应性特点:首先,宗教不再具有政治色彩,而主要表现为调节个人信仰与社会公共价值之间的关系,向个人提供属于个人生存意义的选择。由于现代生活的单向化、非情感化、人与自然的疏离、人与人之间的隔膜、物质生活丰富与精神生活贫乏的反差和现代社会给人们带来的孤独感和冷漠感,使得宗教的价值更加得到强化和为人所需。其次,宗教表现出一定的哲理性、伦理性和心理性,能引发大学生的兴趣。作为一种意识形态,宗教对人生、世界、自然有独特的诠释,这对喜欢追求理性知识的大学生颇有吸引力。大多数宗教都宣称是"善"的事业,劝善行善,利己利人,这对具有社会正义感和责任感的大学生也有吸引力。他们认为在宗教中可以寻求到社会人际关系间难得的宽容、慈悲和公正。特别是宗教具有一定的心理调适功能,能给人安全感和归属感,这恰恰是当代大学生最为需要的。最后,宗教具有某种永恒的价值和意义,任何一种宗教都涉及人的生老病死,都为人构建了一个永恒的"生"的"事实",这对大学生有着强烈的吸引力。

五、共青团组织的对策与建议

1. 整合多方力量、警惕宗教泛化。宗教信仰反映了价值观、人生观的选择,属于"思想道德文化"范畴。在一定条件下,宗教极有可能成为政治斗争的工具,宗教思想中的消极成分会消解民族精神的内聚力,导致信仰危机,孕育着深层的社会危机。共青团组织要从政治高度,理性地对待大学生的宗教信仰问题,寻求一种战略意义上的应对之策。为此,必须建立起共青团组织与党委和政府职能部门、与社会团体、与青少年民间社团相结合,全方位、主辅交叉的工作网络,只有这样,防止宗教信仰渗透的各项工作才具有普遍性、科学性和针对性。

2. 加大监管力度、构建预警机制。高校共青团要配合有关部门对大学生宗教事务进行管理,对大学生教徒正常的宗教活动予以保护,积极开展马克思主义宗教观和党的宗教政策教育, 对各种势力利用宗教在大学校园内外进行的违法犯罪活动予以制止和打击。再者,在对学生进行思想政治教育同时,在校内采取必要的措施,针对可能出现的宗教渗透渠道进行监管,充分发挥团员、学生干部的先锋模范作用,成立监察小组,建立及时发现、积极引导、坚决抵制宗教渗透的预警机制,取缔非法的宗教集会和宗教宣传材料进入校园,对有苗头和可能侵袭大学生思想意识的非法宗教渗透要有针对性的防范措施。

3. 实施"青马工程"、倡导核心价值观。实施青年马克思主义者培养工程,坚持不懈地用马克思主义中国化的最新成果武装青年,通过教育培训和实践锻炼等行之有效的方式,不断提高大学生骨干、团干部、青年知识分子等青年群体的思想政治素质、政策理论水平、创新能力、实践能力和组织协调能力,使他们进一步坚定跟党走中国特色社会主义道路的信念,并通过他们影响辐射更多的大学生在理性层面把握党的宗教政策的精神实质并逐渐将其内化为自己的价值认同,使其成为支配和控制自己思想、情感和行为的内在本质力量。

4. 改进社团形式、丰富精神生活。高校设立有多种社团组织,我们要通过改进社团形式、创新文化活动,一方面让大学生喜闻乐见、积极参与,另一方面让社团承载高校共青团的教育和培养使命,让学生更加关注主流文化,更加增强责任和使命意识;要以体育、艺术、社会实践等多种形式,使大学生在丰富多彩的生活中发展自我、建立良好的人际关系,提高其心理健康水平;在精神文明建设方面,高校团组织应着力引导大学生崇尚科学、抵制迷信、树立先进的思想观念和良好的道德风尚。对于宗教信仰者,要用文明、科学、现代的生活方式吸引他们,为他们创设参与文化娱乐活动,开阔眼界、了解外部信息、充实精神世界的平台。

5. 关爱弱势群体、消除信仰危机。由于弱势群体在生活中面临更多的困难,很容易加入宗教组织寻求寄托。如果共青团组织能够给予他们更多的关注和帮助,缓解其生活中的困难,就能够有效降低他们加入宗教组织的可能性。要提高大学生思想政治教育的针对性和实效性,为他们提供及时、有效、高质量的心理健康指导与服务,减少他们成长过程中的烦恼、抱怨,消解他们对社会的片面认识和对现实的不满情绪,让他们在自由、和谐的科学殿堂里,享受高等教育,充分感受社会主义制度的优越、民族思想文化的璀璨,这样才有可能清除大学生产生精神空虚和信仰危机的根源。

6. 加强队伍建设、形成长效机制。辅导员既是"工作者",又是"思想者"。在大学生宗教信仰问题上,各地各高校要在加强辅导员队伍建设的过程中,把队伍培养、培训作为基础和核心环节紧抓不放,为辅导员学习提高提供多种机会,使辅导员发现问题、解决问题的能力不断得到增强。作为学校和学生的桥梁,辅导员也应该比以往更加重视宗教问题,审慎处理。要根据学生不同的个性特点、兴趣爱好、行为习惯等方面的情况,设计、制定出不同层次、不同类别的教育计划与方法,努力探索不同层次、不同类别学生的成长规律,科学地规划各个教育阶段、各种教育类型的具体内容、实施途径、方法和形式,引导学生树立正确的世界观、人生观、价值观。

（作者系共青团山西省委书记）

山西省农村妇女土地权益情况调查研究

韩 红 王秀萍 白宇琴

土地是农村妇女赖以生存和发展的最基本的生产资料和生活保障。土地权益是农村妇女最关心、最直接、最现实的利益。随着城镇化、工业化的推进,农村土地流转、规模经营的发展,部分农村特别是邻近城市的农村在土地流转和征地补偿中不同程度地出现性别被忽视,侵害妇女土地权益的问题,有些农村妇女土地承包经营权得不到落实,有些农村妇女征地补偿款分配权得不到保障,妇女不能平等享受国家土地征收或征用补偿费等集体经济收益。经调研了解我省的有关情况如下:

一、基本情况

据 2011 年统计:山西省共有人口 3574.11 万人,农民占 50.32%,妇女 1738.75 万人,妇女占 48.63%,农村妇女 874.23 万人,失地妇女 54375 人,占全省农村妇女总人数的 6.2‰。

2013 年上半年,我们开展了对山西农村妇女土地权益情况的调研。首先,下发了《关于开展妇女维权工作调研的通知》,采取省、市、县三级调研相结合的方法,突出了农村妇女土地权益情况的调研重点。其次,我们先后深入太原小店区、晋中榆次区、左权县、长治县、晋城阳城县、朔州平鲁县、忻州原平市等 6 个市 7 个县 7 个乡 8 个村,听取了汇报,召开了由农经、国土、司法、妇联、扶贫办、移民办等相关部门的座谈会。再次,向 119 个县(区)发放了调查问卷,共发放调查问卷 15964 份,收回问卷 15653份,收回率 98.0%。完全失去耕地的妇女人数 37456 人,占失地妇女的 68.9%。结合来信来访统计分析,对妇女土地权益情况进行了深入了解。

（一）山西省第三期妇女社会地位调查显示

我省农村妇女非农就业比重偏低，失地和土地收益问题突出。目前农村在业女性中主要从事非农劳动的比例为 21.2%，比男性低 15.9 个百分点，比全国同期低 3.8 个百分点。在主要从事农业劳动的同时，还从事其他有收入劳动的农村妇女仅占 5.8%，低于全国同期 8.7 个百分点。2010 年，没有土地的农村妇女占 22.1%，比 2000 年增加了 16.8 个百分点。女性因婚姻变动（含结婚、再婚、离婚、丧偶）而失去土地的占 47.1%。在由于征用流转等原因失去土地的农村妇女中，有 11.6% 不能获得补偿等收益。

（二）省妇联来信来访数据显示

近年来涉及农村妇女土地权益的信访案件有逐渐增加的趋势，2009 年、2010 年、2011 年依次增加，其中涉及农村土地承包权益、宅基地、土地征收征用补偿费用、集体经济收益分配的也有所增加。

（三）入户调查问卷数据显示

共发放调查问卷 15964 份，收回问卷 15653 份，收回率 98.0%。完全失去耕地的妇女人数 37456 人，占失地妇女的 68.9%；属嫁入地未能分得土地的妇女人数 627 人，占失地妇女的 1.15%，属丧偶或离婚后村里收回土地的妇女人数 1915 人，占失地妇女的 3.52%，属国家或村集体因修路、办厂、建楼等征用 20842 人，占失地妇女 38.3%；享受了征地补助的妇女人数 50274 人，占失地妇女的 92.5%；失地后靠做小生意维持生活的妇女人数 9133 人，占失地妇女的 16.8%；失地后靠在外打工或附近打临工维持生活的妇女人数 23411 人，占失地妇女的 43.1%。想得到政府就近提供就业机会的妇女人数 37552 人，占失地妇女的 69.1%；想参加政府举办的技能培训班的妇女人数 35199 人，占失地妇女的 64.7%；想得到政府提供的项目或者小额贷款的妇女人数 9835 人，占失地妇女的 18.1%。

综合以上数据：在土地分配、流转、征用过程中，有些农村妇女在土地承包权益、土地征用补偿、集体经济收益分配等方面，特别是出嫁女、离异女、丧偶女的直接土地权益、派生土地权益受到一定程度的侵害，引发出一些纠纷矛盾。

二、问题

通过实地调研和问卷调查，了解到我省部分农村出嫁女、离异女、丧偶女、男方入赘"女儿户"土地权益难以保障。

（一）出嫁女土地权益问题

人地分离埋伏笔，村规民约做决定。有的村规民约侵害了出嫁女的土地承包权。

有的村就规定："妇女如嫁出本村,农嫁非仍保留土地,农嫁农其土地收回"。有的村每年定期对全村人口变动进行了解,已经出嫁的女性土地将被收回,嫁进来的要分土地。如果出嫁女在婆家没有相应的调整到土地,则土地权益受到侵害。农嫁非、农嫁农妇女在土地征用过程中不能平等享受因土地征用而发生的补偿。此外,征地补偿款的分割也是以农户家庭为单位,出嫁女通常无法得到应有的补偿。如有三位妇女,因她们与有正式工作的丈夫结婚,户口虽未迁出,但在煤矿占位该村土地后,村委会在土地征用补偿中,她们不能与其他村民平等享受集体经济组织的收益分配和土地费的补偿。

(二)离异女土地权益问题

分割财产遭无视,法院判决难执行。农村妇女离婚后,其留在婆家的土地也不能耕种,一旦发生离婚,很多妇女并不把土地视为自己的财产权益和生产资料,在分割财产时也很少提出对土地的要求。法院在判决离婚案件时,也不将土地作为一项财产权益进行分割,因为土地是无形资产,其价值无法衡量判决中无法估价,判决后也无法执行。如有位妇女 13 年前嫁到某村,户口随牵。2008 年与丈夫离异后,并未离开该村,而是随儿子一起生活在该村,但是从离异后就没有分到村里发放的生活费。

(三)男方入赘"女儿户"土地权益问题

男方入赘受歧视,二女招婿更无权。有个别村只允许无子户其中的一个女儿招婿、落户和分田,其余女儿的土地承包权受到侵害。

三、成因

通过实地调研和问卷调查发现,出现以上现象主要是传统观念、村规民约等方面的原因,也有侵害妇女权益的案件经农业部门农经局(办)仲裁后、法院判决之后执行难、落实难的问题。

(一)"男尊女卑"、"男娶女嫁"、"从夫居"等传统思想观念是侵害妇女土地权益的深层次根源

土地这种资产的不可移动性和土地承包的稳定性与妇女结婚出嫁的这种流动性产生矛盾,这种矛盾的存在使妇女在出嫁、离婚、丧偶、招婿往往面临失去土地权益的危险。现实生活中人们受传统观念的影响,男人作为"户主"成为行使土地权益的代表,妇女实际处于依附地位,因婚姻发生流动的妇女土地权益难以保障。

(二)村规民约是侵害农村妇女土地权益的普遍根源

一些村用村规民约或者村民会议、村民代表会议决议等形式,限制甚至剥夺妇女

的集体经济收益分配权,以"村民自治",由村民大会或村民代表会决定取消出嫁、离婚、丧偶、招婿妇女土地有关权益,侵害了妇女土地权益以及由土地承包权衍生出来的集体经济收益分配、土地征用补偿等财产权益。

(三)利益驱动是导致农村妇女土地权益矛盾加剧的根本根源

随着城市化、工业化进程的加快,土地迅速升值,农业产业结构调整,土地入股分户,交通道路建设、国家省、市、重点工程、征地拆迁、城市建设用房收益可观。使经济发达村的出嫁女不愿意把户口迁入其他村与城镇男子结婚的"农嫁居"妇女也不愿将户口迁往城镇。长此以往,导致农村资源和经济利益增长速度的有限性与人口增长和利益需求速度急剧性的矛盾比较突出,使村民们认为自身的利益被抢走了,所以纷纷排斥"出嫁女"、"离婚妇女"、"丧偶女"招婿妇女等人群。

四、对策

通过几年的工作实践总结认为:男女平等、依法维权是中心,源头参与、普法宣传是根本,强化培训、提高素质是基础,整合资源、发挥合力是关键。

(一)积极主动参与,促进土地补偿分配政策的落实和村规民约的修订

首先,我省近年来相继出台相关政策法规 3 个,其中明确妇女土地权益保障的 7 条,省妇联提出有关保障妇女土地权益的议案 2 次 2 件。其次,通过调研了解到,太原市各县、市、乡政府和村民委员会认真贯彻《妇女权益保障法》和省政府 182 号令,10 个乡镇,32 个村委会修订了土地补偿分配方案和村规民约,3181 户失地妇女得到了经济补偿,"女儿户"长期上访的社会问题得到了有效的解决,近年来此类上访案件明显减少,07 年以后太原市妇联和法律援助中心接访率为零。

(二)政策带动引导,加强失地妇女的非农技能培训和就业

首先,以就业为目标进行针对性培训。根据失地妇女的年龄结构、文化基础、就业取向等特点,优化课程安排,丰富授课内容举办实用技术、家政培训等多种形式的培训,不断提高她们的科学文化水平和综合素质。长治市长子县妇联针对失地妇女89.3%没有技能,成为影响就业的主要因素,多次举办失地妇女培训班,参加培训的占失地妇女总数的71%,增强培训内容的针对性和实用性,帮助她们找到合适岗位。其次,以政策带动,合理利用征地补偿费安置失地妇女就业,鼓励自主创业。晋中市榆次区安宁村"村改居",整村农民变为城市居民,兴办集体企业,成立了公司实体进行公司化运作,让失地妇女就近就业,按人入股年底分红。太原市小店区城中村改造,农村妇女失地不失业,利用征地款农业转企业(集体企业分红)、农业转商业(自开商铺),

务农转务工、农作转工作(跑运输、出租、编织)。晋中市左权县由于国家、省重点工程项目征地,整体移民 3 万人,在原来的"空壳村"新建 231 个庄园,为失地妇女提供 1200 多个劳动力岗位。朔州市平鲁区平鲁煤矿占用农村土地后,对失地农民要进行征地补偿,除此之外还要优先安排被占用土地的农民及其家属就业。

(三)宣传教育推动,提高农村妇女、特别是农村两委干部性别意识和维护妇女权益意识

首先,面向广大农村妇女群众宣传《妇女权益保障法》、《婚姻法》、《农村土地承包法》等相关法律法规,强化农村妇女依法维护土地承包权益的意识,教育和引导广大妇女知法、懂法、守法,按照法律政策维护自己的土地权益。其次,面向农村两委干部进行性别意识宣传和相关法律法规宣传,使他们注重"约定"和选择,提高依法办事水平,自觉修订村规民约中不符合男女平等基本国策的条款,切实保障农村妇女土地权益。

(四)协调联动合作,共同维护农村失地妇女土地权益

首先,与相关部门农经、国土、司法、扶贫办、移民办等部门联合,不定期召开专题会议共同研究妇女土地权益难点问题、新问题、新情况,提出解决方案。其次,各级妇联充分发挥信访接待室、12338 维权热线、妇女维权站、法律援助中心的作用,为来访来电妇女提供法律咨询,为贫困妇女提供免费的法律代理。充分发挥妇女儿童维权合议庭作用,发挥妇联干部人民陪审员的作用,参与对失地妇女案件审理,维护妇女权益。

(五)申报课题再促,积极参与农村土地制度创新研究

前不久,我们以《新时期山西农村妇女土地权益保障调查研究》为题,申报了山西省软科学研究项目,属于山西城乡统筹发展与农村土地制度创新研究,省农业厅和民政厅为合作单位。课题主要研究我省农村妇女土地权益保障的基本状况,当前农村妇女土地权益维护面临的挑战和维护农村妇女土地权益中存在的突出问题及建议对策。调查研究对象为 16 周岁以上的农村妇女。研究目标是全面、准确地反映 2005 年以来山西农村妇女土地权益维护基本状况,分析并研究土地权益补偿分配中的性别差异、地域差异。对失地妇女权益进行历史比较和地理区域比较,形成对山西工业化、城镇化进程中失地妇女的失地特点、失地原因、存在问题的规律性认识,以及建议对策。分析在土地流转和征地补偿中,农村失地妇女土地承包经营权落实问题,农村失地妇女征地补偿款分配权保障问题,农村妇女是否能平等享受国家土地征收或征用补偿费等集体经济收益问题。分析并解释影响失地妇女土地权益变化的因素和机制,探究社会经济结构变迁与妇女土地权益变迁的关系,为制定修改细化相关土地流转和征地补偿政策决策提供参考依据。

一是源头施力,立法保障失地妇女合法权益。建议加快土地承包法配套法规出台进程,制定土地补偿安置费分配使用相关细则,将有关保障和维护妇女土地权益方面的实施办法、指导意见明确写入,确保妇女享有平等的参与分配和管理的权利。建议农业部正在起草的土地经营权证登记管理办法中,将夫妻双方作为户主代表进行登记,在其他家庭共有人中,确保出嫁、离婚、丧偶等妇女及其子女作为共有人进行登记,并完善家庭成员内部分割承包经营权的规定。为确保受侵害的农村妇女获得有效的行政救济和司法救济,相关部门尽快出台针对农村土地权益纠纷的仲裁指导意见,建立健全土地纠风调解和仲裁机构,妥善化解农村妇女土地权益纠纷。

二是机制给力,监督保障失地妇女合法权益。村干部不作为、乱作为是对村民权益最大的侵害,需要清理、有效监督。我省农廉办开通的"阳光农廉网"受理农民举报,勇为农民维权,善为农民维权,是全国的一面旗帜。广大农村妇女要充分运用该网,积极维护合法权益。要加大村规民约的督查清理力度,要加大农村土地违法、农村妇女土地侵害的专项治理检查力度。要加大调解仲裁解决土地承包权益纠纷的力度。将解决农村妇女土地承包权益问题列入农村土地承包法律执法检查和调查研究的重要内容,采取集中督察、信访督办、分别抽查等方式,加大维护农村妇女土地承包权益工作力度。建议县乡两级政府对各村的村规民约进行督查。进一步完善对村规民约的监督机制,对与国家有关法律相抵触的村规民约要坚决责令改正,杜绝以"村规民约"为由侵害农村妇女土地权益的现象。

三是宣传加力,素质保障失地妇女合法权益。建议面向公职人员,特别是涉及土地的相关部门干部;面向村两委干部,特别是村委主干;面向广大妇女群众,特别是村妇代会主任,广泛深入地开展以《宪法》、《婚姻法》、《妇女权益保障法》、《土地承包法》为主要内容的普法宣传活动,做到家喻户晓、人人皆知,增强大家的法律意识和男女平等意识。当权益受到侵害,受害妇女一定要站出来维权,向县级仲裁委、人民法院、妇联寻求帮助,通过"阳光农廉网"反映问题,不断提高维权的积极性,不断增强维权的主动性。

总之,要以科学发展观为指导,全面落实以人为本的服务理念,坚持依法依规、循序渐进的原则,积极稳妥、规范有序地解决农村妇女失地问题。

(作者分别系山西省妇联副主席、权益部部长、权益部副部长)

关于山西省中小企业
金融服务的调研报告

中国人民银行太原中心支行

截至 2012 年底,山西省中小企业数量为 11.27 万户,中小企业占全省企业总数的 90%,产值为经济总量的 43.2%,完成营业收入 16945 亿元,上缴税金 945 亿元,占全省财政收入的 35.7%,带动就业人口 345 万人,占社会就业人数的 70%,中小企业已成为推动全省经济社会发展的重要力量。但是与中小企业的地位不相称的是,他们获取贷款的能力越来越难。这样的状况甚至对区域经济发展和社会稳定的大局造成了很大的负面影响。因此,需要深入调查分析、思考和探索改善商业银行小企业贷款的新思路与新方法:

一、山西省中小企业金融服务的基本情况

2013 年初,我行向辖区内 10 个地市中心支行及相关金融机构下发了调研通知,涵盖了国有商业银行 4 家, 全国性股份制商业银行在山西省内的一级分行共 13 家,邮政储蓄银行 1 家,外资银行 1 家,农村信用社(省联社)1 家,城市商业银行 6 家,农村商业银行 9 家,村镇银行 18 家。从汇总的情况来看,主要表现在以下几个方面:

1. 从贷款总量来看,2008-2012 年全省中小企业贷款余额逐年上升,占各项贷款余额的比例也是逐步上升。2008 年以来,小型企业贷款余额占比均保持在 20% 左右。近年来,中小企业的贷款增速则经历大起大落。2006 年至 2011 年,小型企业贷款余额平均增长率为 27.81%,高于大型企业 9.36 个百分点,高于中型企业 2.2 个百分点。无论是规模和增速,小企业的贷款状况得到了较大的改善。然而到 2012 年,山西省小企业贷款余额仅增长 5%,占到全部贷款余额的 21%。

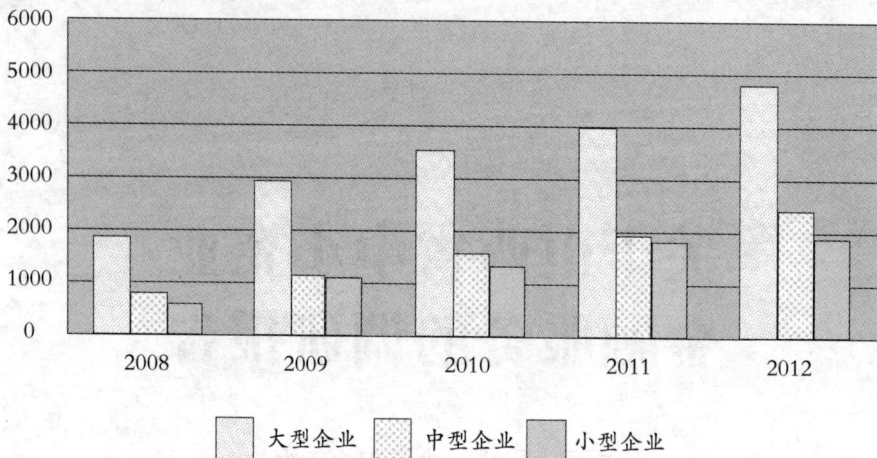

图 1　山西省不同规模企业的贷款余额对比图　单位:亿元

2.从贷款客户来看,受到金融危机的影响,2008 年后,商业银行的总的贷款客户有所下降。在国家一系列危机治理政策和信贷宽松政策的刺激下,直到 2011 年,贷款客户数才恢复至危机之前的水平。

表 1　2008-2012 年山西省银行各类企业客户数　单位:百户

	2008 年	2009 年	2010 年	2011 年	2012 年
大型企业户数	9.44	10.67	12.45	15.38	61.36
中型企业户数	25.41	26.1	29.68	38.21	41.97
小型企业	189.06	185.59	209.87	173.46	186.9
微型企业户数	189.02	161.4	133.76	144.41	149.57
总　　计	412.93	383.76	385.76	371.46	439.8

3.从贷款机构看,小企业贷款市场竞争格局较为清晰。大型银行凭借其庞大的规模和金融服务网络,在小企业贷款市场一直都处于主要地位。同时,城市商业银行的小贷业务发展迅速。2009 年国有商业银行占山西省中小企业贷款余额的比例为23%,股份制商业银行则占 23%,城市商业银行占 9%左右(图 2)。经过几年的发展后,2012 年,城市商业银行的占比上升到 11%。国有商业银行的占比有所下降,但在规模上仍处于领先地位。

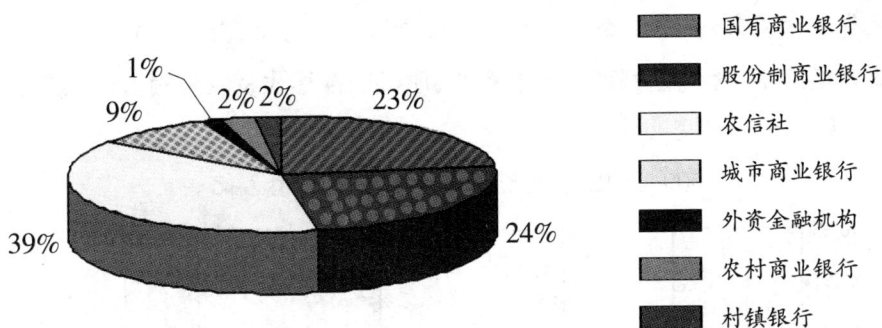

图 2　2009 年山西省银各类金融机构中小企业贷款市场份额

表 2　2012 年山西省银行业小微企业贷款分机构情况表 单位:亿元

机　构	全部贷款余额	小微企业贷款余额	占该系统全部贷款余额(%)	占全省小微企业贷款余额(%)
全省合计	12625.91	2107.43	16.69	100.00
政策性银行	1675.55	332.81	19.86	15.79
国有商业银行	4796.64	435.80	9.09	20.68
股份制商业银行	2382.69	148.30	6.22	7.04
城市商业银行	699.12	243.86	34.88	11.57
农村金融机构	2677.65	928.59	34.68	44.06
非银行金融机构	207.18	5.78	2.79	0.27
邮政储蓄银行	128.56	12.29	9.56	0.58

数据来源:中国人民银行太原中心支行。

4. 从贷款结构看,民营企业贷款余额占比显著增加。2008 年占山西企业贷款余额的比例为 29%,2012 年则增加至 51%。与此同时,国有企业贷款余额占山西企业贷款余额的比例从 2008 年的 70%下降至 2012 年的 45%(图 3)。

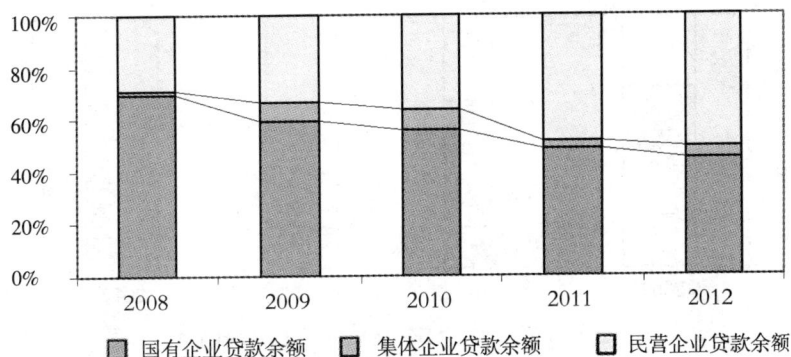

图 3　2008-2009 年各类企业贷款余额占比

5. 从贷款方式来看,中小企业贷款以保证贷款形式为主,大型企业贷款则以信用形式贷款余额为主。无论是哪种规模的企业,质(抵)押形式贷款余额占比都有所上升(图4,图5和图6)。

2009-2012 年大型企业各类贷款类型占比

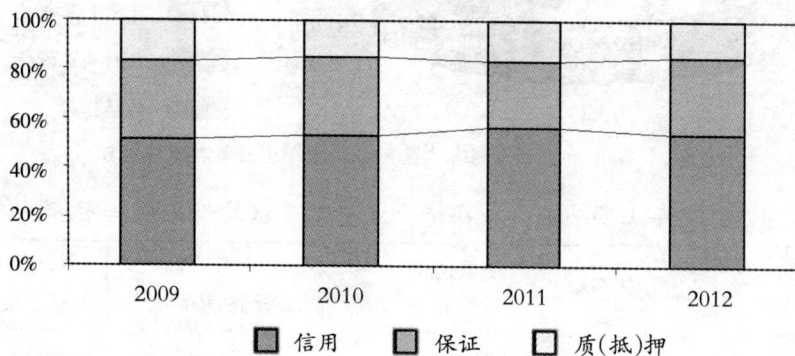

图 4　2009-2012 年大型企业各类贷款方式占比图

2009-2012 年中型企业各类贷款类型占比

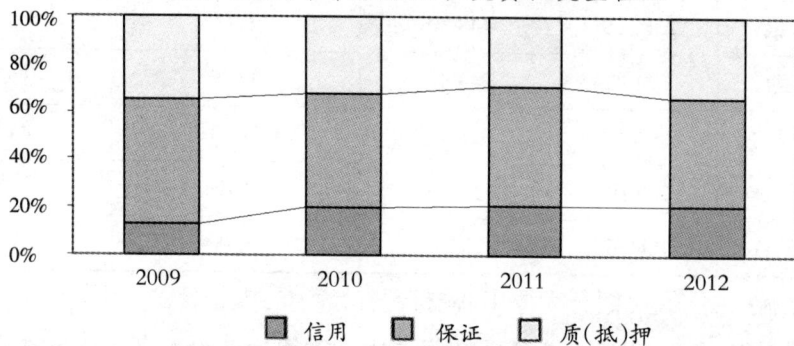

图 5　2009-2012 年中型企业各类贷款方式占比图

2009-2012 年小型企业各类贷款类型占比

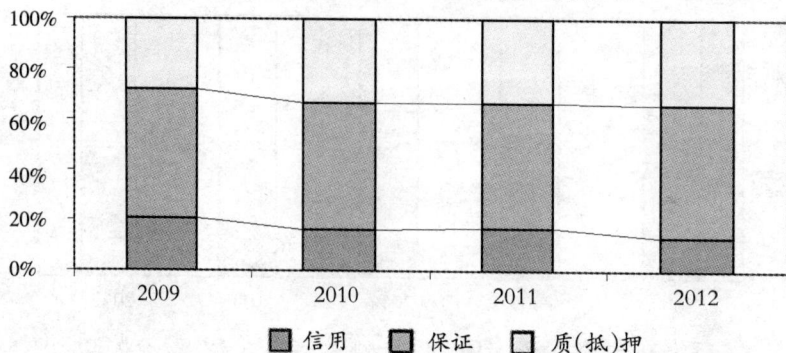

图 6　2009-2012 年小型企业各类贷款方式占比图

调查显示,2012 年,山西省商业银行发放的抵(质)押形式的中、小企业贷款余额占各自企业贷款的比例都在 34% 左右;中、小型企业保证贷款余额占比分别为 45% 和 52%;中、小企业信用贷款占比分别为 21% 和 13%。

6. 从贷款质量来看,2008 年以来,中小企业不良贷款余额占山西企业不良贷款余额有所下降,但仍占 85% 以上(图 7)。以 2012 年为例,大、中、小型企业不良贷款余额占全省不良贷款余额的比例分别为 14%、33% 和 53%。

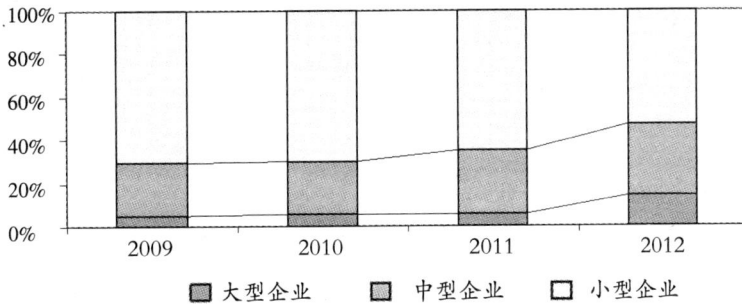

图 7　2009-2012 年不同规模的企业不良贷款余额占比

7. 商业银行小贷业务创新情况。2010 年以来,山西省金融机构积极响应国家扶持小微企业政策,针对小微企业的贷款特点,不断推出新产品,满足小微企业的融资需求。民生银行太原分行推出为小微企业量身定制的"商贷通";兴业银行太原分行为小微企业量身定做"兴业芝麻开花"上市计划,提供财务顾问、集合票据及短期融资券、中期票据等专业化金融服务;晋城银行将信贷产品、资金结算、理财产品、电子银行等有效结合,推出了一系列信贷产品,为小微企业提供了一揽子金融服务。

表 3　山西省银行业中小微企业的主要信贷产品

银行名称	产品名称	银行名称	产品名称
工商银行	"网络循环贷"	交通银行	"展业通"业务
华夏银行	"快捷贷"、"网络自助贷"、"商圈贷"等 11 项专有产品的"龙舟计划";	光大银行	"金色链"融资、标准仓单质押、"全程通"汽车金融网和工程机械按揭贷款等业务创新产品;
浦发银行	"腾飞之路"产品	兴业银行	"金芝麻"中小企业服务方案和"兴业通"产品
民生银行	"财富罗盘"、"商贷通"、"快抵贷"特色服务产品	晋商银行	"信义贷"、"易融通"、"商立贷"、"晋钢通"、"农金通"、"创业贷";
晋城商行	"金伙伴"小企业系列贷款		

8. 商业银行小贷业务流程及审批情况。目前，山西省银行业金融机构已全部成立中小企业金融服务专营机构或专门事业部，如工商银行山西省分行设立了公司业务二部和小企业金融业务部，并在各市均设立了小企业金融机构，基本覆盖小企业发展较为集中的区域。农业银行省分行设立了小企业业务部，在农村产业金融部增设了农村小企业业务部；华夏银行太原分行设立了中小企业信贷部；民生银行太原分行组建中小企业部和小微金融部；晋商银行专门成立了中小企业金融服务中心，并进一步细分为小企业金融部和微小企业金融部；晋商银行和晋城银行均设立了持照的"离行式"专营机构。

在这些组织结构下，各商业银行对小微企业贷款流程进行了改进。如工商银行山西省分行实施小企业贷款评级、授信、押品评估和业务审查"四合一"报送与"一站式"审批；农业银行省分行将二级分行小企业审批额度从 800 万元提高到 3000 万元，信贷品种由单一的短期流动资金贷款增加到中期流动资金贷款和短期信用贷款，实行一次调查、一次审查、一次审批，客户评级、授信、用信同时进行。华夏银行太原分行整合营销与审查环节，审查与调查同时进行，缩短审批时间至一周以内。晋商银行注重现场调查，综合采用"望闻问切"四步法和企业家人品、企业品相、经营产品"三品评估法"以及企业经营、财务、第一还款来源"三项分析法"，对小企业实施"客户和风险双人调查——预审——落实预审意见——授信审查审批——放款审核"，对微小企业实施"双人调查——三人审议决议——后台放款"。这些组织结构和贷款流程的创新，毫无疑问地大大提升了中小企业贷款审批效率和服务水平。

二、山西省中小企业金融服务存在的问题及影响因素

1. 小企业的贷款成本相对较高。调查显示，2008 年以来，除 2009 年外，山西省中型企业执行上浮利率的累放贷款占比均在 50% 以上，小型企业执行上浮利率累放贷款占比在 80% 以上。据统计，2011 以来，全省各类企业贷款利率重心上移，大、中、小型企业贷款执行上浮利率的占比约为 53.6%、86%、86.5%，同比分别提高了 38、34.7 和 1.52 个百分点。从利率浮动情况看，2011 年以来，大型企业在利率市场化的背景下，议价能力不断上升，商业银行对其贷款基本执行基准利率或最多上浮 10% 的利率水平，但是对于中小企业而言，贷款的利率水平一般会上浮 30%-50%。

另外，中小企业办理担保抵押的费用缴纳负担也比较重，即使是优质小企业也难以承受。除依托煤炭的高利润企业外，大部分中小企业盈利能力有限，不能承受高融资成本，想贷而不敢贷，只能暂缓生产经营，只维持基本运转。

2. 商业银行的贷款服务仍然存在"所有制差异"和"规模歧视"。长期以来,以利率管制、信贷配给等手段为特征的金融压制政策使得金融资源主要服务于国有经济的发展,而忽视了对民营企业的资金支持。在山西这样的资源型地区,商业银行尤其国有大型商业银行仍是社会投融资转化机制中的主导金融中介,受历史惯性行为和政府产业发展偏好的影响,信贷资金集中于资源型产业和大企业、大集团。据统计,2012年全省的大型企业贷款新增 749.14 亿元,余额同比增长 20.8%,占全部新增贷款的39%;中型企业贷款新增 419.67 亿元,余额同比增长 26.03%,占全部新增贷款的21.8%;小微企业贷款新增 203.63 亿元,余额同比增长 5.95%,占全部新增贷款的10.6%。商业银行贷款有向大型企业倾斜的迹象比较明显。

3. 地方融资平台贷款对小微企业贷款具有挤出效应。调查显示,山西省地方投融资平台的资金来源渠道相对单一,对银行信贷依赖程度过高,银行贷款占比高达96%,其他三种渠道发行债券、上级财政转贷、其他单位和个人合计占比仅为 4%。2009 年以来,在国家保增长、促内需的宏观背景下,山西省地方融资平台获得贷款的能力明显增强,获得贷款的条件逐步降低,在与商业银行的谈判中明显处于强势地位。在一定程度上政府投融资平台贷款对中小企业贷款产生了挤出效应。主要表现在以下几个方面:

一是从贷款的供给渠道看,金融机构参与率高,大型银行占主导。全省 32 家金融机构中(不包括村镇银行、财务公司、信托投资和金融租赁),有 24 家金融机构有不同程度的介入,参与率高达 75%。其中 2 家政策性银行及 5 家国有大型商业银行凭借自身资金优势,几乎垄断了政府投融资平台贷款。2012 年 3 月末,7 家银行政府投融资平台贷款余额为 1302.2 亿元,占 7 家银行全部贷款的 20.5%;占全省投融资平台贷款余额的 85.33%。相应的,省内的国有大型银行当月的小微企业贷款余额为 435.8 亿元,占其全部贷款的 9.09%。无论是规模还是占比都显示出小微企业在这些大型银行中的弱势地位。

二是从贷款总量、结构和速度来看。2009 年,山西省企业贷款余额为 5171 亿元,比年初增加 1134.2 亿元,增幅为 21.9%;其中政府融资平台的贷款余额达到 1250 亿元,增幅高达 104.9%。同年,中小企业的贷款增幅为 20.5%,占全省企业贷款的 20%左右。尽管中小企业贷款也实现了高增长,但增幅远低于政府平台的贷款增速。这导致政府投融资平台贷款占比比年初上升近 10 个百分点,达到 24.17%,中小企业的贷款占比大幅下降。政府投融资平台贷款对于其他企业贷款产生了相对挤出效应。

三是从贷款结构看,政府融资平台贷款种类以长期贷款为主,而中小企业的贷款大多则是流动性贷款,期限较短。2012 年 3 月末,项目贷款余额占全部平台贷款的比重高达 87.8%,5 年以上的项目贷款占比为 76.8%;流动资金贷款余额仅占 10.1%。

四是从贷款的利率和风险程度看。地方融资平台良好的资产质量加剧了金融机构之间的竞争,因此他们在与商业银行定价谈判中处于强势地位。实践中商业银行也对平台贷款普遍执行下浮利率。目前约有 65% 以上的平台贷款执行下浮利率,且下浮幅度较大。同时,山西省平台贷款不良率逐步降低。2012 年 3 月末,平台贷款不良率为 0.7%,较上年同期降低 0.14 个百分点,远低于全省金融机构 3.62% 的不良贷款率。与此形成鲜明对比的是,中小企业的利率几乎不存在下浮的可能,而且多项调查都显示,金融机构给予中小企业的利率会在基准利率基础上上浮 20%—50%。从不良贷款情况看,山西省中小企业的不良贷款率为在 5% 以上,远高于平台贷款的比例。这方面更是让商业银行倾向于对地方政府融资平台发放贷款而不是中小企业。

4. 商业银行小贷业务的机构设置、流程改造和技术创新仍然不足。从调查情况来看,一是机制不够灵活,个别银行虽然建立了专营机构,但在具体的授信授权管理和审批流程方面,要么不放权,要么缺乏可操作性,要么沿袭传统做法,要么授信尽职免责不落实,影响了审批效率和营销人员积极性。实际上,除了晋城银行的专营机构具有独立核算的功能外,其余的一些小贷专门机构大多是附属于省分行的某个部门,只是收集和评估小微企业相关信息的专门部门,在人员、成本、审贷等方面并不具有独立性。也就是说,小微企业组织结构形式上的独立性并没有改善其实质上的不独立。最主要就体现在各商业银行对中小企业贷款的审批权限和流程上(表4)。调查所知,商业银行的基层行只有上报所需的各类企业材料的权限以及对企业的实地调查。这种状况对于急需资金的小微企业来说,无疑造成了融资困难。

表4　山西省部分商业银行中小企业贷款审批权限表

名称	审批权限
中国银行山西省分行	CC 级以下最高 2000 万元,CC～BBB 级最高 7000 万元,BBB 以下最高 2 亿元
建设银行山西省分行	AA 级以下 4.5 亿元,AAA 级以下 6 亿元
交通银行太原分行	5000 万元
光大银行太原分行	2000 万元
浦发银行太原分行	6000 万元
兴业银行太原分行	3500 万元
招商银行太原分行	4000 万元
中信银行太原分行	1 亿元

二是产品不够贴切,个别银行尽管设计了很多产品,但究其实质仍然是盯抵押、盯质押、盯担保,不切合小企业实际,上述的统计数据充分说明这一点。三是小企业贷款人才缺乏。小企业贷款业务与大企业贷款不同,它具有自身的特性,但是虽然商业银行尽管配备了专门人员,但因培训不到位,不具备从事小企业金融服务的基本素质和技能。

从总体来看,虽然小微企业的融资规模、融资范围已经有很大改善,但是从动态角度看,中小企业融资并没有出现与宏观政策的扶持、市场资金的宽裕同步改善,反而滞后。主要表现在:一是作为当前企业融资主渠道的银行贷款,中小企业贷款的增长水平和所占份额,均落后于大型企业和重点建设项目,中小企业获得银行贷款仍然存在相对不足的问题。二是中小企业的融资成本在加大,且远高于银行贷款利率。三是虽然资金的充裕状况为中小企业融资提供了更为广阔的资金空间,亦即从宏观层面看,中小企业融资应该不存在资金供给不足的问题。然而现实情况是,宏观流动性宽裕和结构性紧缩并存,尤其表现在中小企业方面更为突出。这在一定程度上仍然制约着其发展。当然在这个过程中,企业自身规模相对小、经营变数多、风险大,其基本上不能承担信息披露、社会公证等成本,导致投资者投资的信息成本过高。加之中小企业治理结构不完善,存在着事实上内部人控制的问题,在资金的使用上容易出现道德风险,从而伴随出现资金市场上的逆向选择等问题,也是制约其融资的主要因素。

三、政策建议

根据调查的情况,我们认为商业银行要发展小企业贷款,需要以创新的思路和理念为指导,以服务小企业客户为中心,以风险管理为基础,对业务流程、组织流程、管理流程、决策流程进行根本性的再思考和彻底性的再设计,最终建立服务小企业的立体化的信贷管理流程,以期在中小企业信贷质量、服务和效率等方面有显著性改变。

首先,从企业方面看,提升小微企业自身素质。小微型企业要完善法人治理,有效提升管理水平,按照现代企业管理制度的要求,健全治理架构,改变家族式管理模式,建立健全企业组织管理制度;小微型企业要建立健全信用记录,增强企业守信意识,推进信用环境体系建设;引导小微型企业调整产品结构,加快向"小而专、小而精、小而优"方向发展,增强创新和市场开拓能力。

其次,从商业银行看,一方面要重塑商业银行与小企业的关系,树立银企共生的贷款理念。无论是大型商业银行,还是小型地方金融机构,都应该把商业银行和小企业看为一个共生系统,以银企合作、共赢、稳定的共生理念作为分析银企关系的宏观指导思想和分析框架，作为重塑银企关系认识论基础和商业银行开展小企业贷款的科学的实践基础。

另一方面,金融部门要完善和细化支持小微企业发展的信贷管理制度,建立适应小微企业特点的信用评估、授信以及贷款审批制度。要拓宽抵质押物范围,提高抵质押率。对发展前景好的企业,开展采取林权和土地承包权、股权、应收账款、订单和存货等作为抵质押物的融资方式,适当提高抵质押率。

第三方面,要建立小微企业信息监测机制。建立小微企业信息档案库,将优质小微企业纳入备选授信范围,对已授信客户应准确掌握贷款使用的流向及企业的生产、资产负债变化情况,运用存贷比风险预警指标体系,进行动态监测,防范风险。

第四方面,要构建和谐共生的小企业信贷模式。设计集小贷的营销、管理、风险控制等功能于一体,并进行独立核算专营机构,构建专门针对小企业的组织架构、业务流程、考核机制、人力资源、业务系统,以此满足小企业资金需求的特点,增强小企业信贷资金的便利性和可得性。

第三,充分发挥政府职能作用,加大扶持力度。政府要积极搭建中小企业与银行交流的平台,通过召开银企洽谈会、产品推介会等形式,让银行更多地听取中小企业对金融服务的要求,让企业更多地了解银行的经营理念、运行机制、金融产品、融资条件等信息,形成更有效率的中小企业融资市场。同时,要进一步完善中小企业信用担保体系,建立创业、补偿基金,或者加大对原有担保机构的投入,提高担保覆盖面。此外,要切实落实优惠税收政策,尤其是对处于初创期的中小企业,实行降低税率、税收减免、提高税收起征点和提高固定资产折旧率等税收优惠政策,以利于其资金积累,提高市场竞争力。

同时,政府应加大对地方融资平台的引导和创新,如,地方融资平台可以采取发行另类企业债券的形式,通过银行委托贷款的方式过渡给中小企业。中小企业可通过平台公司的信用等级获得相对本身信用评级而言较低的发行利率,从而引导地方融资平台批量化支持中小微企业。

小企业贷款难问题的解决是一个系统性问题,全方位的立法建设、政策支持、金融体制改革等都对其发挥着重要作用。因此,需要加强制定有效支持小企业发展的法律制度,加强信贷人权利保护的立法。需要完善社会信用体系,尤其是建设我国中小企业社会化服务体系。需要完善小企业风险担保体系和多元化的融资服务体系。需要充分考虑小企业贷款的各种约束,实行相机抉择的利率体系和差异化的监管政策等。

努力推动山西省开放型经济发展

吕伟红

党的十八大报告将全面提高开放型经济作为"加快完善社会主义市场经济体制和加快转变经济发展方式"的重要领域之一。作为进出口监督管理机关,太原海关坚持将促进山西开放型经济发展作为落实"四好"总体要求的一项重要工作,认真摸清底数、分析查找问题,找准工作的切入点和主攻方向,充分发挥海关的职能作用,积极为山西开放型经济发展建言献策。

一、准确把握山西开放型经济发展现状

(一)十六大以来山西对外贸易转型发展成效明显

1. 进出口值高速增长。2001年,山西外贸总额只有19.4亿美元,到2011年外贸总额达到147.6亿美元,是2001年的7.6倍,年均增长22.5%,高于全国21.7%的平均增速。2012年以来,在整体进出口下降的情况下,山西出口继续保持了20.1%的增长水平。

2. 货物贸易结构显著改善。2001年以来,出口商品中,工业制成品比重由37.8%增加到2011年的74.2%,2012年1-11月份的88.5%;机电产品比重由11.8%增加到2011年的29.3%,2012年1-11月份的47.9%;高新技术产品比重由2.3%增加到2011年的10.3%,2012年1-11月份的26.4%,均创历史最高纪录。加工贸易进出口比重由4.5%增加到2011年的19.7%,2012年1-11月份则达到29%。

3. 外贸主体快速成长。10年来,山西民营企业快速发展,其出口占比由2001年的12.4%增加到2011年的31%,2012年1-11月则达到37.2%。有外贸进出口实际业绩的民营企业数由2001年的84家增加到2011年的888家,十年间增长了9.6倍。在2012年外贸形势比较严峻的情况下,仍保持稳定,达到874家。

4. 2012 年山西进出口结构进一步改善,转变外贸发展方式成效显著。2012 年以来,受各种因素影响,山西外贸出现一定程度的下滑,但贸易结构显著改善,转变外贸发展方式成效显著,主要表现在:一是进口和出口更加平衡。从 2009 年开始,山西进出口出现逆差,出口增长乏力,一直落后进口增速,2012 年 1–11 月,山西外贸进口下降,出口则实现 20.1% 的较大增长,进口和出口的发展更加平衡;二是贸易结构明显改善。近 4 年加工贸易比重不断提高,2012 年 1–11 月,加工贸易进出口比重达到 29%,较 2011 年提高 9.3 个百分点,而一般贸易比重由上年度的 74.1% 下降到 65.1%,下降 9 个百分点;三是企业结构明显改善,进出口主体多元化。长期以来,山西国有企业占进出口主导地位,比重一直在 50% 以上,甚至高达 80%,2012 年 1–11 月,国有企业的比重降至 36.6%,较上年度下降 14.5 个百分点,而民营企业和外商投资企业分别占全省进出口的 29.2% 和 34.2%;形成国有企业、民营企业和外商投资企业三足鼎立,平衡发展的新格局;四是出口商品结构改善明显。2012 年 1–11 月,山西省出口商品中,工业制成品、机电产品和高新技术产品的比重都达到历史最高纪录。2008 年山西煤炭、焦炭和金属镁出口占总值的 50%,2011 年降为 27.3%,2012 年 1–11 月进一步降至 10.3%;出口商品由传统意义上的以"两高一资"产品为主转变为以机电、高新技术产品为主。五是区域布局更加合理。晋城、长治等地市进出口快速增长,比重大幅增加,朔州和晋中进出口尽管总量仍然较低,但呈现成倍增长态势,势头强劲,改变了过去太原市"一枝独秀"的现象。

(二)山西对外贸易发展面临的困难

1. 与国民经济的发展不同步。外贸总量仍然偏小,外贸依存度有所下降,外贸增长速度落后于中西部其他省份。

2. 产业结构仍有改善空间。加工贸易发展规模较小。高附加值产品所占比重不大,且增长速度缓慢。

3. 外贸主体经营能力仍待加强。企业经营环境、经营模式、综合竞争力有待改善和提升。省内专业外贸公司力量薄弱,进出口商品被外省代理情况突出。引进外资力度不够,外商投资企业发展水平相对滞后。

4. 部分地市外贸发展仍有潜力可挖。山西外贸发展城市集中度过高,各市进出口规模差距明显。

二、立足海关职能，积极服务山西开放型经济发展大局

（一）提高效率，方便山西企业便捷通关

一是深化关区分类通关改革。全面推行进出口分类通关改革，严格落实各项改革配套措施，提高对高资信企业的通关便利水平。目前太原海关4个业务现场全部实现进出口分类通关。

二是进一步扩大区域通关适用范围。从山西2271家B类企业中筛选出符合条件的330家生产型出口企业进行"区域通关"备案。不断拓展区域通关范围，"属地申报、口岸验放"的通关模式已扩展到北京、天津等16个海关，基本涵盖山西企业全部进出口岸。

三是做好服务企业工作。严格执行总署促进外贸稳定增长的措施，调整优化企业分类管理标准。加快企业升级审批进度。建立信息沟通平台，及时对高类别企业进行业务提示。2012年10月到11月，办理了1家升AA类、72家升A类、7家升B类的企业升级工作。

四是密切关检合作。围绕山西综改试验区建设，与山西出入境检验检疫局签署合作备忘录，从支持海关特殊监管区、强化执法协作等十个方面加强合作，探索关检"一次申报、一次查验、一次放行"通关模式。

五是强化航空口岸建设。坚持7×24小时预约通关。完善各项通关应急预案，对于临时备降航班和突发情况，确保30分钟内到达现场，保证旅客、货物的及时通关。2012年前11个月，太原机场海关监管进出境航班2045架次，进出境旅客20.9万人次，分别是2011年的2.3倍和2.2倍。

（二）做好服务，降低山西企业外贸成本

一是实行大客户协调员制度。指定专人联系服务山西重点企业、重点项目，采取"一对一"的"量体裁衣"式的个性化服务，随时提供政策业务咨询和操作技术指导。对全省重点建设项目、重点涉外企业进出口货物优先报关、优先装卸、优先验放，推行预归类、预审价、原产地预确定等审核前置措施。

二是努力降低通关成本。落实总署减少进出口环节收费要求。全面推广应用"税费电子支付系统"，凡山西申请企业通过东方支付平台提交申请备案，以最快速度予以开通。大力宣传、推动跨境贸易人民币结算工作，降低企业对外贸易中的汇兑成本与风险。运用保金、保函等多种方式为企业办理海关事务担保，进一步降低通关成本。

三是确保企业享受好减免税优惠政策。认真落实国家各项税收优惠政策，支持山

西省装备制造业发展,结合山西重大技术装备企业实际,做好重大技术装备政策项下商品清单、进口额度、进口单位免税资格核定工作。鼓励和促进中小企业的自主创新能力。加快减免税项目备案及审批办理速度。在企业提供减免税备案、审批手续有效齐全的情况下,将审批时间由 10 个工作日加快至 5 个工作日。

(三)推进特殊监管区域建设,加速山西产业转型升级

一是积极推进武宿综合保税区建设。积极支持、配合太原市政府加快武宿综合保税区建设进度,按照预定验收时间倒排各项工作进展时限,重点加快推进监管设施建设、信息化建设、综合保税区海关机构建设和海关业务建设,确保拟入区项目按进度投产运营。

二是大力扶持海关特殊监管场所的建设。对已经批准的保税仓库实行联网监管和远程视频监控,对于现有保税仓库和出口监管仓库,提供信息支持和帮扶。扶持山西方略保税物流中心和山西国际陆港综合物流园区建设,促进山西保税物流产业快速发展。

三是积极鼓励加工贸易发展、简化加工贸易作业流程。结合全省的产业结构特点,鼓励有条件的企业开展加工贸易,简化深加工结转、外发加工、加工贸易内销等业务审核程序,方便办理加工贸易内销征税手续,实现出口、内销"两条腿"走路,促进山西省产业结构转型升级。截至 2012 年 10 月,山西企业开展加工贸易备案金额已达5.8 亿美元。

(四)高压打私,维护山西企业进出口秩序

一是保持打私高压态势。持续深入推进"国门之盾"专项行动,综合运用刑事、行政执法手段,重点打击货运、加工贸易和特定减免税等渠道的涉税走私活动。对明显故意瞒报、偷逃关税的违法企业坚决予以打击,为广大守法企业营造规范、公平、有序的发展环境。推动打击走私综合治理,联合公安、安全、税务、工商等多部门协同行动,共同规范企业行为,维护正常贸易秩序。

二是坚持宽严相济的刑事司法政策。综合考虑依法办案与维护企业正常生产经营、打击走私与保护地方经济发展的关系,坚持理性执法,在确保查处走私违法案件质量的同时,进一步完善案件即决处理机制,加快案件办理速度。

三是积极支持企业创新发展,引导企业合法经营。正确对待企业改革创新发展过程中出现的违法违规问题,谨慎处理涉及企业创新发展过程中出现的走私违法案件,特别是慎重处理好利税大户的违规违法问题,避免机械执法,达到执法效果与社会效果的统一。

四是加大自有品牌知识产权海关保护力度。加强对山西省优势产业、特色产业和高新技术产业的知识产权海关保护宣传,帮助企业做好申请备案。坚决打击进出口环节的假冒、盗版、侵权行为,切实保护企业知识产权。

三、全面促进山西开放型经济跨越发展的对策

(一)完善大通关体系建设,促进贸易便利化

1. 推进航空口岸建设,构建"一主三副"格局。充分发挥旅游资源优势、能源基地优势及地理区位优势,加快山西航空口岸建设步伐,全面提高航空口岸开放水平,努力增强国际航空竞争力,适应对外开放和国际航空运输发展的新趋势。大力提升太原航空口岸各项功能,加大支线机场的建设力度,努力促进大同、运城、长治航空口岸开放,逐步形成"一主三副"的航空口岸布局,促成全方位、宽领域、多层次的航空口岸开放格局。

2. 积极推进海关特殊监管区域和场所建设,构建保税物流体系。统筹协调、科学合理规划布局全省海关特殊监管区域,改善山西投资发展环境,提升对外开放水平。发挥综保区政策和功能,延长国内增值链条,使其成为引导加工贸易转型升级、优化产业结构、拉动经济发展的重要载体,最终将综合保税区打造成山西进一步改革开放的试验田、开放型经济的新载体、产业发展的新高地、科技发展的示范区、加工贸易转移的承接地和劳动就业的新平台。进一步拓展保税物流中心的服务功能,吸引企业入区办理业务。在进出口业务比较集中的地方,适时建立保税仓库和出口监管仓库,形成有利于促进山西开放性经济发展的保税贸易物流体系。

3. 积极推进电子口岸建设,提高口岸通关效率。加快建设山西电子口岸数据中心及相关网络环境实体平台,尽快实现由虚拟网络及系统支撑环境向实体数据中心的切换。实现海关、出入境检验检疫、边防检查、商务等部门口岸信息的互联共享,初步实现一个"门户"入网、一次认证登录和"一站式"服务等功能,并为外贸企业提供可靠、便捷的物流信息服务。

4. 加速海关、出入境检验检疫等服务开放型经济机构的建设步伐。随着对外开放的进一步深化,山西境内现有的海关机构分布格局已远不适应形势发展的需要。加紧运城海关的建设步伐,争取早日开关;推动长治、晋城等市设立海关机构,实现海关机构由线形分布转变为辐射分布;在其他条件成熟的市设立海关和出入境检验检疫机构,促进全省域开放型经济均衡发展。

5. 建立大通关联络协调机制。以推动大通关建设为目标,进一步加强与沿海区域

多方合作和信息沟通,积极探索新形势下公铁海联运、陆港合作的新机制、新模式、新途径。实施"部门联动",强化口岸建设同步协调。整合各方资源,建立口岸预警应对机制,提高口岸应急处置能力和指挥水平。

(二) 创新开放型经济体制和机制,提高发展能力

1. 建立调研机制,摸清家底。一是开展《山西开放型经济与开放崛起发展对策研究》课题研究,省直部门、高校以及海关等涉外单位的专家学者组成课题组,共同研究开放型经济与开放崛起发展对策,科学规划和布局全省开放型经济发展的目标、路径和方法。二是发挥政府主管部门的作用,省直相关经济部门抽调专门人员组成"百人服务团",组成专门的调研服务组,形成长效机制,以各市商务局为依托,以外贸企业为服务对象,深入各县市开展调研,对有进出口潜力的外贸企业进行全面的摸底,同时帮助企业解决在生产、销售、进出口各个环节遇到的问题,支持每个企业做大做强。

2. 建立联席会议机制,解决实际问题。一是在各市建立外贸联席会议制度,召集企业参加,真正把问题反映上来,加以解决。二是对现有的和潜在的进出口企业进行分类管理,出台财政、信贷等方面的支持政策。三是各级商务部门建立大客户协调员制度,与本地千万美元以上进出口企业建立定期会晤机制,及时帮助企业解决在海关、外汇、商检、税务等环节出现的问题。

3. 建立奖惩机制,奖优罚劣。一是实行量化考核,对各市外贸任务完成情况、招商引资情况、帮扶企业情况定任务、定目标,定期考评、奖励。二是在全省和各市设立开放型经济发展基金,对全省开放型经济发展作出贡献,具有典型带动作用的企业和个人予以奖励。

4. 建立服务机制,提供保障。一是在出口商品比较集中的地方,政府牵头组建出口监管仓库,申请入仓退税政策,提高出口企业的资金周转率。充分发挥好山西方略保税物流中心的优势,充分发挥其整合物流资源、降低物流成本、扩大国际贸易、改善投资环境的重要作用。二是在有条件的地方,政府牵头组建专业的物流公司、外贸代理企业,解决企业物流上的困难,降低企业的物流成本。三是扶持本地专业外贸公司,将本地被代理的进出口货物"转"回来,提高企业盈利水平。同时,积极代理周边外贸发展程度较为薄弱地区的进出口商品,促进地域外贸发展。三是搭建电子商务等信息平台,通过电子商务与传统展会相结合的形式,拓展企业信息渠道,为进出口企业找商机、找市场。四是培养和引进外贸人才,借助山西距离北京、天津较近的区位优势,出台相关政策,引进高端外贸人才,为外贸稳定增长提供人才保障。

(三)进一步扶持外贸企业,培育开放性经济发展主体

1. 加快主体结构调整步伐,支持中小型外贸企业做大做强。实行"十百千工程",即:培养 10 家超大型龙头企业、扶持 100 家骨干企业、培育 1000 家特色企业。以此带动全省各市开放型经济的发展。大力支持中小型企业特别是民营企业在外贸领域的发展。进一步发挥行业协会的作用,帮助中小企业应对国际贸易摩擦和商务纠纷,组织相关企业"抱团应战",在建立集体自律机制的同时,共同拓展国际市场,不断增强和扩大山西企业的市场话语权。组织中小企业参加境外知名展会,搭建电子交易平台,采取措施加大对其的融资支持。引导从煤、焦、钢铁等行业整合重组中退出的民间资本投向外向型经济,尤其是投向有自主知识产权和核心竞争力的产业中。

2. 引导企业用好海关优惠政策。加大宣传力度,切实帮助企业用好用足促进外贸稳定增长的政策。用好税收减免等优惠政策,引导山西科学研究机构、技术开发机构和大专院校引进科学实验设备;结合国家鼓励重大技术装备进口,推进山西企业进口重大技术装备政策项下商品;鼓励和促进中小企业的自主创新能力。

(四)进一步转变开放型经济发展方式,优化产业结构

1. 加快转变外贸发展方式,优化进出口商品结构。用好用足"综改试验区"的政策,利用资源、产业和区位优势,加速从"两高一资"产品向"高科技"和"高附加值"产品的"转型",在继续支持传统出口产业的同时,不断优化进出口商品结构,使山西的外贸结构主动适应国际市场需求结构的变化。一是以富士康在山西 3 个投资项目为中心,积极鼓励其相关原材料及配套产品企业的落地,有效发挥龙头企业的带动作用。二是加大对初级产品进行精、深加工的投入,依托得天独厚的自然资源优势,提高产品科技含量及附加值,增强市场竞争力。对煤、焦、镁等几种传统优势产品,加大研发力度,提高加工程度,延伸其产业链。三是加大装备制造等高附加值商品的出口,使装备制造成为新形势下新的外贸出口增长点。四是加快技术更新和改造的步伐,积极引导企业用好国家鼓励项目免税的优惠政策,扩大对高新技术、关键设备的进口,加快产业结构调整。

2. 积极承接产业转移,加快发展加工贸易。着力引进带动能力强、集聚效应好的龙头企业,结合山西劳动力资源和能源资源丰富的实际,依靠太原和侯马开发区两个加工贸易重点承接地,承接国际和沿海产业转移;依托太原综合保税区和方略保税物流中心两个海关特殊监管区,打造承接产业转移政策高地;对承接产业转移项目给予资金、政策、土地等优惠措施,着力优化承接环境;积极发展服务贸易,努力推进服务外包基地建设。

3. 搞好经济开发区对接工作。山西现有 4 个国家级开发区和 24 个省级开发区,

127 个各类工业园区,组织山西各类开发区积极与东部沿海地区、长三角和珠三角等地的各类开发区、海关特殊监管区域开展合作对接,签订交流合作协议,建立互动机制、加强产业合作和服务合作。通过各种形式,加大招商引资力度,承接产业向山西转移。特别是要借太原市综保区建设的有利时机,吸引全球 500 强入区建厂,真正发挥综保区在促进山西开放型经济发展中的引擎作用。

(作者系太原海关党组书记、关长)

关于资本市场服务山西经济转型发展情况的调研报告

山西证监局

为了有效破解影响和制约山西省资本市场发展的矛盾和问题，提升资本市场服务实体经济能力，推动经济转型跨越发展，2012年以来，山西证监局班子成员先后十余次深入全省11个市及20多个县区、数十家企业实地调研，并与省旅游局、科技厅等省直部门进行对口交流。期间，召开座谈会30多场，做专题报告12场。通过调研，增进了对辖区基层和企业的了解，有针对性地提出了资本市场服务地方经济及促进企业发展的建议，并与地方政府及省直有关厅局建立了深度合作机制。调研中深切感受到各级地方政府和企业对深化金融改革和加强金融服务的渴望，资本市场服务山西经济转型发展的潜力和工作空间很大。

一、资本市场服务山西经济大有潜力

2010年12月，山西省获国务院批准实施"国家资源型经济转型综合配套改革试验区"战略后，全省围绕加快转变经济发展方式，推动产业结构转型升级，目标明确，措施有力，愿望迫切。但是，推进过程中面临一个突出矛盾：一方面因为近年来煤炭调价，部分煤炭企业和市县财政日子好过了，转型动力不足；另一方面处于产业转型前端的企业、缺煤地区和担负科技创新、新兴产业发展任务的企业严重缺钱，各地城市建设资金缺口巨大，"有钱与缺钱并存"的问题较为普遍。

归结起来，主要是我省金融市场发展不平衡、结构不合理，金融服务不到位，企业现代金融意识不强，资本运作水平不高，金融资源与实体经济对接不力。我省存款余额高达2万多亿，存贷比只有55%左右，部分市县只有10%-20%，2012年新增信贷不到1900亿元。全省有企业十几万家，2010-2011年每年仅新增2-3家上市公司，

IPO 融资连续 2 年分别只有 33.3 亿元和 21 亿元；而之前的 2007-2009 年新增发行上市公司均为 0；截至目前，全省上市公司总数 34 家，其中 ST 公司 3 家，11 个地市中有 4 个市上市公司目前仍为空白。目前利用资本市场工作存在的主要不足可以归纳为"六个欠缺"：

一是观念意识欠缺。"恋煤情结"严重，融资思路不开阔，停留在传统招商引资和银行贷款等间接融资的思维上，加之缺乏私募股权投资基金这种资金转化机制，服务实体经济的金融产品有限，造成了"有钱与缺钱"并存的矛盾，省内资金大量外流，局限了发展空间。

二是知识经验欠缺。大部分地市缺乏熟悉资本运作的专业人才，机构和人员配置不到位，干部和企业家不会利用资本市场，不善嫁接外部智力资源，影响了资本市场发育和实体经济与资本市场的对接，企业利用资本市场工作中遇到权属、土地、环境等问题解决起来比较慢、比较难。

三是改制改造欠缺。民营企业大多为家族式体制，股份制改制改造工作整体滞后，潜质很好的企业经营管理粗放，很多被挡在了资本市场大门外。据了解，2012 年底全省规模以上企业近 4000 家，实现改制的只有 360 家左右。

四是条件实力欠缺。企业家缺乏开放视野，缺乏做大做强的紧迫感，在自主创新、企业规模、盈利能力等方面满足现状，或缺乏做大做强的助力（如引入私募股权投资基金），或不愿意走联合做大做强的路子，企业和项目质量不高，不符合上市标准，局限了企业嫁接资本市场的能力。

五是金融服务欠缺。第一，在传统融资服务方面，银行、小贷公司、担保公司等融资性机构并不少，但是，大批中小企业、科技创新企业难以与这些金融机构对接，一大批基层企业组织和创新创业项目得不到金融支持。第二，证券、期货、股权管理等现代金融服务和投资产业发展不足，不能满足企业对金融服务和金融投资的需要。第三，券商通常瞄准上市条件成熟的企业，大量的中小企业、创新型企业和农业龙头企业长期缺乏早期培育和专业指导，延迟了嫁接资本市场的周期。第四，辖区金融要素缺乏联合联动机制，形不成合力，制约了金融资源聚合转化和对中小微企业的支持力度。

六是政策推动欠缺。我省早在 2009 年就制定了《山西省资本市场 2009-2015 年发展规划》和《山西省人民政府关于加快资本市场发展的实施意见》，但落实有待加强；利用资本市场工作没有纳入各级政府目标责任制，缺少责任部门和专业人才，企业利用资本市场工作中遇到的问题协调解决难度大，局限了抢抓机遇的能力。

二、借助资本市场实现"资源资本化"大有可为

资源资本化,是一个资源被发现、价值被提升、资源变资产、资产变资本的资源与资本经营过程,是区域经济建设经营之道。近年来山西各界响应省委省政府提出的"资源资本化"运作思路,以金融创新推动资源资本化,开展资本运作,为转型寻找新路径、新机制、新动力,取得了较好效果。

当前传统经济增长模式遭遇挑战,招商引资余地缩小,产业转型遭遇投资和技术瓶颈,间接融资潜力有限,地方政府负债余地趋小,亟须寻找新的经济增长点和增长动力。广泛纠结的金融发展滞后、企业融资难、融资贵等问题,并不是全省经济社会中真的缺少资金,而是缺少资本金和资本的有效流动与配置机制。伴随城镇化建设的推进,下一步经济工作重心将向县域经济和"三农"倾斜,缺少资本金是县域和"三农"领域面临的最大难题。破解之法就是更多发挥资源优势和潜力,建立科学的资本流动和资源配置机制,发挥资源撬动资本、资本撬动发展的能力,创造经济转型发展的新优势。

资本市场作为促进资源配置最有效的平台,借助其所具备的各类投融资工具,将在有效促进"资源资本化"、实现经济转型发展的进程中发挥以下几方面的积极作用。

一是发挥杠杆撬动作用。当资金成为上市公司的资本时,能够撬动几何级数的发展能力;财政资金简单用于发放补贴或项目直接投资,功效就是1:1;但是用于做种子、做引导,如发起产业基金,就能撬动5~10倍的社会资金,进而拉动信贷增加;相关统计数据显示,目前我省社会资金的增量并没有通过间接融资渠道相应转化为社会投资增量,也说明通过资本运作和直接金融转化投资的潜力巨大。

二是具备聚合带动作用。一个地区金融环境好、金融产业和市场发达,就会增强科技和金融要素的聚集能力,北京的中关村就是典型。一家企业上市后,资产成几何级数增长,实现自我增长的同时还能带动相关企业发展。积极培育地区性资本运作平台,实现资源向资本的转化具有顺畅高效的平台和机制支撑;以政策激励和培育上市公司为抓手,打造资金洼地、金融高地,实现资源优化配置、资本优化组合,实现资本对各类要素的聚合,撬动更大增长能量。

三是发挥内生促进作用。在资本市场平台上进行资本运作有助于解决地方和企业发展面临的最需要的资本金问题。一个地区和企业善于发现和激活资源,就能够自力更生创造资本,进而增强对外负债融资能力;能够依托资源聚集区域内外的各种生产要素;能够内生出不断扩大投资和科技创新的动力。企业嫁接资本市场,成为上市

公司后,能够使企业不断扩张资本,提升企业的发展张力和抗风险力,使企业有充足的内生动力去解决科技创新、转型发展、经营管理创新等问题,不断扩大生产、提升质效、做大做强,增强市场竞争力。

四是风险保障作用。把资源的生产经营与金融风险管理工具(如套期保值)结合起来,可以对经济成果进行风险对冲,提升企业的风险管理能力和经济的稳定发展能力。

三、山西经济转型发展嫁接资本市场大有希望

1. 地方经济嫁接资本市场工作取得很大进展。近三年来,山西省委省政府领导高度重视资本市场工作,多次作出重要批示和指示,"构建与转型相适应的资本市场"被写入省十次党代会报告,用好资本市场正在成为全省上下推动转型发展的一个重要共识。2011 年我局会同省发改委制定资本市场支持"转型综改试验区"的《实施意见》和《行动方案》,各界普遍认为这为全省经济转型发展找到了新的抓手和突破口;除了部分大中型骨干上市公司已经具备利用资本市场扩大并购重组能力外,利用资本市场的增量因素不断增加,晋中市作为"资本市场改革发展示范区",率先出台了鼓励私募股权投资企业发展的优惠政策,最近又出台了鼓励发展资本市场中介机构的优惠政策;太原、运城、朔州等 8 个市及太原国家高新技术产业开发区也紧跟着研究出台了相关激励企业改制上市的政策;私募股权投资基金在晋中、太原等地开始兴起。资本市场对山西经济转型发展的作用开始逐步显现,直接融资规模取得历史性突破。2009 年、2010 年、2011 年大口径直接融资规模分别突破 200 亿元、400 亿元、900 亿元。2012 年我省直接融资实现千亿突破,获批额度 1220 多亿,实际融资 1150 亿元。与新增信贷占比由 19%上升到 63%。

2. 基层政府和企业家嫁接资本市场愿望迫切。调研组所到的市、县、区党政领导干部转型意识强烈,在传统融资张力有限的情况下,他们对资本市场充满了期望。一些地方和部门领导主动找到证监局,要求我们上门服务指导;省科技厅、旅游局等部门主动与我局开展交流,希望借力资本市场。企业家在听了我们对资本市场功能的介绍后,表示如梦方醒,视野拓宽,迫切希望踏上资本市场快车道。

3. 产业和企业嫁接资本市场初具基础。近年来,相当数量的企业和煤炭整合退出资金在光电、新材料、煤化工、太阳能、高新技术产业、装备制造、电子信息、文化旅游、交通物流、农业、食品饮品等多个领域有较好的发展,但大都不同层面存在着"差1°"的问题。只要金融服务及时跟进,企业对接资本市场能力将得到提升,产业转

型升级步伐可以加快。例如,领先全国的晋中市液压产业不乏技术领先者,产业整体已经具有一定规模,只是单体企业规模不够,急待整合;集中在太原周边的酿醋企业因为企业多、小、散,缺乏整合做大,多年来始终无法实现企业上市零突破;朔州市古城乳业是全省最大乳制品龙头企业,20 年前与伊利、蒙牛齐名,同样存在规模有限、产业链资源松散等问题;太原市高新区的丰海纳米是纳米氧化锌产品高技术企业、国家 863 纳米技术专项项目、国家高新区示范项目,重大技术创新项目实施企业,但因为销售收入和利润业绩不达标所限,无缘借力资本市场;晋中市平遥古城拥有文化价值丰富的旅游资源,但当地缺少单体规模适宜的企业上市,迫切希望运用资产证券化工具实现资本市场融资;最具普遍性的是,像运城市粟海集团这样的农业龙头企业,由于存在土地指标限制,影响了上市进程;还有一批新兴的煤化工企业也亟待获得资本市场支持。以上问题如果政府牵头加大协调解决力度,或有机会参与资本市场新三板、证券化、中小企业债等创新,或及早获得券商、私募的介入服务和投资,山西省上市企业数就可有较大突破,相当一部分中小企业可获得更多的直接融资支持。

四、资本市场服务山西经济的工作有进展

1. 宣传发动,传播资本市场知识和理念。近年来,证监局会同资本办等方面大力开展了宣传发动工作,仅我局领导在省、市、县三级政府就做了 12 场专题报告;在省财政厅支持下,创新并向三级政府和企业免费印发大量的《资本市场信息专刊》《资本》杂志,组织编写《资本的魅力》《资本运作指南》《套期保值理论与实践》等培训教材;建立媒体合作机制,发挥舆论宣传作用。资本市场不再神秘,一大批市县级党政领导和企业家利用资本市场的意识快速觉醒。

2. 创新思路,针对性培养资本市场适用人才。为地市和企业量身举办培训班、座谈会;在省委组织部、省财政厅的支持下,联合山西大学启动"资本市场后备人才千人培训工程"已培训 700 多人;分两批从各地市和省直厅局选拔 35 名局、处级干部到证监局挂职锻炼,收到预期成效。

3. 深入一线,加强针对性指导服务。2012 年以来,证监局领导带队,抽调业务处室干部和证券公司、期货公司、股权投资管理公司的骨干,深入地方,为政府和企业利用资本市场发展"送理念,送知识,送人才"(被誉为资本市场"三下乡"),进行一对一指导,深度服务,有针对性提出工作建议。经过现场调研指导,这些地方和企业对科学运用资本市场明确了努力方向和工作重点,部分企业加快了上市工作的进程,一些不能上市的项目也有了新的资本市场融资方案。

4. 积极引导,发挥市场中介机构的作用。推动证券公司、期货公司、股权管理公司等中介机构把自身创新发展同实体经济需要有机联系和对接起来, 一定程度解决了企业与资本市场"两张皮"的问题;探索发挥证券公司营业部"综合服务窗口"作用,促进中介机构贴近地方、贴近企业,提早、全面介入对地方经济和企业的服务,帮助各地市企业加快股份制改造,集中力量培育重点企业;指导证券公司立足实体经济需要,创新业务和嫁接资本市场金融工具;推动期货公司与有风险管理需要的企业开展"结对子"服务,使我省企业套期保值业务取得零的突破。

5. 以点带面,嫁接资本市场工作重点突破。继 2011 年我局与晋中市签订建设"资本市场改革发展示范区"合作备忘录后,又先后应朔州市、运城市政府要求,确定朔州、运城为"资本市场支持转型综改试验市",与太原高新区、省旅游局、科技厅签订合作备忘录。重点地区和部门工作产生了示范带动作用,三晋大地正在掀起一场发展和利用资本市场的热潮。

6. 结合经济发展方向, 积极探索资本市场支持县域经济发展新途径。2013 年 4 月,在我局指导下,灵石、襄垣、武乡三个县的"城镇化建设基金"挂牌成立,这 3 支基金共募集社会资金 25.00 亿元,合伙人 90%以上来自民营资本,其中不到 10%的资金由县财政资金和政府平台公司投资。同时,由银行、信托、保险、证券、担保、租赁等各类金融和资产管理机构,组成金融服务团和融资担保联盟,分别与三个县政府签订了相关战略合作协议。

此次"城镇化建设基金"的组建,是通过资本市场手段创新金融服务机制的一次重要突破,也为我省县域城镇化和产业化建设探索出了一条新的发展路径。由基金充分发挥资金带动和杠杆作用,在帮助地方解决最缺乏的资本金问题的同时,开展"金融招商",充分发挥资本市场作为资金聚集和资源优化配置平台的作用。同时,通过在资本市场平台上的金融创新和资本运作,合力引导、聚集银行、信托、保险、证券、担保、租赁等各类金融和资产管理机构,组成金融服务团和融资担保联盟,集中对接服务试点县的产业化和城镇化项目, 项目建设由金融机构、企业按市场化原则分别承担。此举有利于帮助县域经济实现多渠道、多样化灵活集聚资金,带动金融服务回归县域和"三农"领域,为城镇化和产业化建设开辟资金增量渠道。

五、证监局进一步服务经济转型发展的考虑

1. 继续加强与地方政府和部门的沟通与协作。由于起步晚、没经验,各级政府和主要业务部门对利用资本市场常常找不到切入点和抓手。我们将总结经验,创新工作机制,加强向省政府的汇报,当好参谋助手;加强与市、县级地方政府和有关部门的沟通协作,发挥助力作用;动员引导市场中介机构做好资本市场"三下乡",显著改进和加强金额服务。

2. 丰富资本市场支持实体经济的方式方法。继续做好宣传和培训工作,打开利用资本市场工作的视野,为不同发展阶段的企业提供差异化服务和金融支持;着眼实体经济需要,帮助嫁接资本市场多样化工具和创新,如协调券商在支持旅游业和交通建设领域资产证券化创新方面尽快突破;引导上市公司实现公司债融资取得新突破;引导中小微企业积极关注用中小企业私募债创新机遇;引导山西证券等省内外券商主动服务新三板挂牌和做好区域性场外市场建设;指导"示范区"、"试验市"探索综合融资服务平台建设,提升金融资源转化和金融服务能力;指导市县培育发展私募股权基金,创新组合融资方法,破解城镇化建设融资困境。

3. 积极配合地方政府推动辖区资本市场创新改革发展。一是规范各类资本要素市场建设,提高证券公司、期货公司核心竞争力,支持发展私募基金和风险投资基金。二是加快资本市场体系建设,积极参与"新三板"市场和中小企业私募债市场建设,搭建"五位一体"综合金融服务融资平台。三是支持农业龙头企业、钢铁企业、焦炭企业开展套期保值业务,支持上市公司控股股东开展市值管理业务,推动券商和私募基金深入服务山西企业。四是着力抓好上市公司监管,持续提高上市公司质量,提升再融资能力,更好发挥其在产业整合、企业兼并重组中的主力军作用;推动对非上市企业的股份制改造和规范管理;探索对私募股权基金管理机构的引导管理,服务好实体经济。

4. 推动地方政府加大产业整合力度。针对山西很多名优特产业的"小而散"问题,指导地方政府加大产业整合力,提升产业集中度,综合运用私募基金、中小企业私募债、新三板、资产证券化等多种工具,壮大行业龙头企业规模,加快成长,增强嫁接资本市场的能力。

5. 积极向上级领导机关反映山西对资本市场的诉求。近年来,我们根据山西转型综改战略的目标,积极思考利用资本市场助推转型的方式方法,并积极向证监会党委建言献策,取得支持。2012年以来,我们已经并将继续就山西建设区域场外市场、企业上市、中小企业私募债创新等重点政策机遇,向上级反映山西的需要和诉求。

六、借助资本市场支持山西经济转型跨越发的建议

在看到山西近年来资本市场发展取得进步和变化的同时,我们还要看到我省资

本市场发展还存在巨大的潜力和空间。在省委、省政府的正确领导和规划部署下,如何充分挖掘、发挥我省煤炭资源、金融资源、人才资源的潜力和优势,借助资本市场有效促进山西经济转型跨越发展,我局建议首要做好以下几方面工作:

一是抓好上市公司并购重组。山西辖区上市公司市值近年来在全国排名基本保持在第10位左右。这意味着我省相当一批骨干企业在上市公司平台上运作,但相当一部分煤炭企业资产却还没有进入上市公司资产序列,通过将资产注入上市公司、资产证券化等途径,将大大提升煤炭资源资本化水平,提升资源撬动投资和发展的能力。

二是用好上市公司股权资源。山西省上市公司市值最高时曾达8000亿元,排在全国第5,但2012年12月下降到4000亿。这意味着如果有效开展好市值管理和用活股权资本,在不丧失股权所有权的前提下,国有控股企业集团可以依托上市公司股权资源换回来1000亿元的融资。相当于我省2011年银行贷款增量。

三是发挥好金融创新的资金转化优势。首先,社会资金相对富裕、存贷差大是山西一大特色和潜力。通过调研初步估算,仅以经济条件较好的县域为重点,每个县培育规模在20亿元左右的私募股权基金,全省就能集聚资本性资金1000亿元。另外,加快我省股权交易市场的建设,拓宽企业股权交易途径,将为山西富裕的社会资金和数千家规模以上企业的资金需求搭建一个流动平台。如果能加快建成区域股权交易中心,并创新体制机制,赋予交易平台足够活力,那么山西资本市场的资金转化力度会更大,企业特别是中小企业融资难问题将得到极大缓解。

四是关注城镇化建设的巨大资金需求潜力。一方面山西大部分县域城镇化扩张空间还有一倍,县和镇配套产业、可挖掘的投资和融资潜力巨大,县域投资规模在100-200亿,大县可达300-500亿。另一方面,山西县域存贷比普遍偏低,大约为20%-30%,对应城镇化可挖掘资金潜力大。

五是发挥产业与金融的融合发展潜力。我们过去对金融服务实体经济的问题十分重视,但是对于产业与金融、产业资本与金融资本的融合问题却重视不足。产融结合更利于科技与金融、产业与金融在有机互动中实现良性发展,更利于资金等资源整合、有效利用,更利于技术人才等稀缺资源的高效使用。

我省国民经济不仅是煤炭产业"一股独大",而且具有典型的"产融分离"特点。这不仅表现在产业集团本身产业结构单一,而且各大集团也鲜有主控或明显参与金融产业的业务安排。另外全省域的地方金融产业本身也不发达,区域金融市场发展滞后,企业家的金融意识相对陈旧和淡漠。这种落后意识和经济结构,却又是可发掘的巨大潜力。特别是国有大企业和民营大企业一旦参与金融业和资本市场,其强大的财力和信用可以对发展现代金融形成巨大拉动力,极大地改善当前我省资金供需的矛盾局面。

六是注重县域经济发展与资本市场、金融市场的对接。通过调研我们发现,县域经济和企业是经济生活中的末梢系统和短板,利用金融市场的条件和能力最弱。下一步拓展经济增长空间和金融服务空间,县域一定是重点。这就需要县级地方政府重视并积极嫁接金融机构,嫁接资本市场。

县域经济转型发展要积极探索以金融、资本为龙头,重视并主动依托市场的机制和力量来承担,市、县两级政府要做好统筹规划,设计好发展思路,经营好产业项目,从而有效撬动和吸引社会资本,打破资金瓶颈。同时,我省各类金融机构要顺应经济发展重心的变化,主动开拓创新、主动"接地气",将服务的重心向更需要金融支持的县域经济、农村经济延伸,并根据其需要,设计、规划出适合县、乡、村实际的产品和服务。通过金融创新、资本运作,做好县域经济"金融招商"文章。要创造良好使用环境,发挥金融机构、企业和民间资本的积极性,多渠道、多样化灵活聚集和撬动社会资金,为县域城镇化和产业化建设开辟资金增量渠道。

关于巴公镇建设全省"迷你综改区"的思考

苏志明

巴公是历史文化名镇,也是晋城第一镇、太行第一镇。巴公是镇,却富可敌县。如将巴公看作一个县份,其 GDP 和财政收入能够进入全省前列。镇域面积不到全省的千分之一,却创造了全省百分之一的增加值,经济密度远高于太原、晋城。更重要的是,在工业化的过程中,作为晋东南一个"袖珍城市"的雏形越来越清晰。可以说,巴公拥有推进工业化、城镇化的所有现实支撑,具备深化改革、先行先试的所有必要条件。

在全省综改即将进入攻坚期和突破期的背景下,以巴公只有 112 平方公里的区域为试验田,建设山西"迷你综改区",很可能创造"麻雀效应",为晋城和全省改革发展趟出一条新路。

一、巴公"迷你综改区"的出发点是"我要改"

明清时期,巴公是泽潞晋商的重镇,商贾云集,日进斗金。近年来,巴公实施"小城镇大战略",依托便捷的交通、丰富的煤铁资源、温和的气候,成为全省知名的工业强镇,已经成为晋城发展核心圈的有机组成部分。2012 年全镇辖 44 个行政村,镇区建成区面积 4.3 平方公里。户籍人口 6.2 万人,其中镇区 1.3 万人,加上东四义等村长期从事第二三产业的人口和工业园区的 2 万多名职工,全镇实际城镇化率在 60% 以上。形成了以煤炭、冶金、化工、装备制造为支柱的工业体系,巴公装备制造工业园区是晋城市 6 大产业片区之一。2012 年,财政收入 3.21 亿元,超过了运城多数县份。农民人均纯收入达 10306 元,是全省的 1.6 倍。镇区初步形成"四横四纵"道路框架,煤气普及率达 90%,供热面积达 30 万平方米,其他基础设施正在完善。

巴公镇素有改革基因,敢于突破、勇于立范成为一种传统。上世纪 50 年代,东四义村就被周恩来总理表彰为全国卫生模范。改革开放以来,巴公获得了全国小城镇经济开发试点镇和全国文明小城镇示范镇两顶"国家级帽子",全省小城镇综合改革试点镇一顶"省级帽子"。

"破难题、我要改",一直是巴公人的口头禅。近年来,巴公镇党委、政府大胆探索,推进了两项具有深远意义的改革。一个是压煤村庄搬迁。近年来巴公充分用好两项用地政策(城乡建设用地增减挂钩和废弃工矿地复垦置换),调动了两个方面的积极性(煤炭企业和压煤村庄),激活了土地和煤炭两种资源。先后置换出2000多亩建设土地,既缓解了建设用地紧张问题,也缓解了矿村矛盾。另一个是"移民搬迁"和"产业上山"。针对山区出现的大量"空心村",巴公镇党委、政府以产业化理念谋划现代特色农业发展,一手抓移民搬迁,一手抓产业上山,变空心村、废弃宅基地为设施农业用地,大力发展规模种植、规模养殖;同时,农民通过搬迁生活质量也大大提高。这两项改革,对全省资源型地区都具有示范和借鉴价值。

当前巴公经济社会发展的最大矛盾,归结到一点就是:巴公有发展成小城市的体量和潜力,却没有发展成小城市的体制和机制。具体讲存在四个瓶颈。一是规划权缺失。规划是城市的纲领和大法。巴公经济社会的发展、功能的分区、资源环境的协调、公共设施的建设都应依规而动、按划而行,而巴公镇政府既没有规划的审批权,更没有督促规划落实的队伍和手段。二是财政权不全。巴公财税分成少得可怜,55%以上上缴中央,40%多上缴省市县。财政管理权也不健全,实行"乡财县管"体制。土地指标仍然不足,建设资金没来源、缺口大,资金筹措没渠道、少手段、缺平台。三是执法权分割。巴公镇"7所8站"均是县局的派出机构,镇政府的管理职能非常有限,"责任无限大、权力无限小"的矛盾比较突出,不能适应小城市经济繁荣、社会转型、人口流动对执法的需要。四是事权不足。镇政府无力建立公共财政体系,难以满足居民对医疗卫生、教育、社会保障、公共交通等公共服务、公共产品、公共设施的需求,影响了城市的吸引力、集聚力和辐射力。总体上看,随着经济社会发展和镇区规模的扩大,巴公镇政府"小马拉大车"特征突出。

"我要转"、"我要改",这是巴公进一步发展的强烈呼声。矛盾和障碍含育了改革势能,在全省资源型地区综合配套改革的政策环境下,这个改革势能应该释放出来,也必须释放出来。

二、巴公"迷你综改区"的目标是建设"三晋第一镇级市"

市场经济发展的一个必然结果是,经济区域类型越分越细。从东中西三大板块,到省域经济、市域经济、县域经济,再到镇域经济,线索非常明晰。这个背景下,纵向分权就成为经济改革的焦点。扩权强镇,是继扩权强县之后的一个潮流。2006 年,强镇扩权改革由浙江省绍兴县开始。绍兴县出台了《关于加快钱清等五镇建设发展工作的意见》,将原本属于县政府管理的 30 项职权下放至镇政府,这些权力中既包括审批、管理权,也包括财权和人事权,由此拉开了全国范围内强镇扩权改革的序幕。之后,浙江其他市县和江苏、山东、广东、福建以及安徽等省都开展了扩权强镇试点。强镇扩权改革受到了中央的肯定,2010 年,中编办、中农办、国家发改委、公安部、民政部、财政部六部委联合下发了《关于开展经济发达镇行政管理体制改革试点工作的通知》,我省介休市义安镇名列其中。至此,扩权强镇由东部的独唱变成了全国的大合唱。

目前,全国各地扩权强镇综改模式主要有三种:一是"镇级市"模式,着重是以现代小城市的标准来规划、建设、管理镇。镇的城市规模、设施、产业结构、现代服务业能力要达到城市化水准,教育、科技、文化、卫生、体育设施等各项社会事业也要接近城市化标准。二是"副县级镇"模式,通过提高镇的行政级别,下放县市部分权力,来获得财权和事权。三是"街道办事处"模式,将离县城比较近的乡镇变成该县的街道办事处。

巴公镇正处于向新型工业化、城市化的快速发展过程中,镇政府肩负城乡统筹发展和新农村建设的重大责任,现行的行政管理体制已经不能适应经济社会发展的需要,成为制约经济社会发展的制度瓶颈。为巴公镇"松绑",加快扩权强镇综改势在必行。我们认为,可支持巴公镇主要借鉴"镇级市"模式,来进行扩权强镇改革。同时,赋予巴公县级经济社会管理权限,逐渐发展成为晋东南特色小城市。

将巴公建设成山西第一个"镇级市",可以赢得四个层次的"改革红利"。在巴公镇层面,有利于"四化联动",按照小城市的标准,整合土地、资金、人才、政策等资源,统筹主体功能区、产业发展、城市建设、生态保护等各项规划。在泽州县层面,巴公发展为"镇级市",北面承接晋城区,南面辐射广大农村,对于推进县域"四化联动"意义重大,能很大程度上弥补泽州没有县城的缺憾。在晋城市层面,增添了一个产业发展和人口集聚的"极核",对调整产业结构、优化空间布局具有重要作用。在山西省层面,能在"一市两县"、"一市两园"之外,增加一个新的综改突破口,同时填补我省在强镇扩权改革上的空白。

三、巴公"迷你综改区"的重点是实现"六个新突破"

"迷你综改区"建设,在空间上不到全省域的千分之一,但主要任务与全省综改基本一致。立足山西第一"镇级市"的目标,结合现有工作基础,巴公在综合改革中应集中力量,在以下七个方面先行先试、实现突破。

一是在"镇级市"管理体制上有新突破。借鉴江浙经验,以现代化小城市的标准来规划、建设、管理巴公镇,使现有镇区产业结构、基础设施、公共服务能力逐渐达到城市标准。探索建立机构设置综合、管理扁平高效、人员编制精干、运行机制灵活的基层政府新型管理架构,按照副县(处)级管理。调整管理格局,推进"村改居"工作,加快户籍制度改革步伐,积极探索巴公一、二、三、四村和东四义等村的行政区划调整,合理调配人口、土地、资源等各类要素。从实际出发,"一村一策",制定具有针对性、操作性的"村改居"分类指导方案和工作方案,切实做好村民身份变更、清产核资、债权、债务处置和居民的住房、就业、上学、社保等利益保障工作。

二是在城市建设平台上有新突破。发扬晋城"农民城市农民建"的传统,走"公用民建"的城市公共设施建设路径,经营好城市,促进经济集聚、要素集聚、人口集聚、公共服务集聚。一方面,建立统一规范、良性循环的政府投融资体制。集中镇级财政安排的城市建设资金、土地出让金和收益、城市基础设施和公用设施及其他设施所有权、经营权、管理权的出让收入、特许经营权出让拍卖收入、广告收入以及各种城市建设的专项资金等,建立强有力的以经营城市为主要内容的建设性财政资金,纳入预算,专户管理,专款专用,发挥好政府资金的导向作用。另一方面,放宽准入门槛限制,培育经营城市主体。放宽镇区基础设施建设和经营市场准入限制,推进基础设施资产市场化建设与经营。鼓励社会资金、外资采取独资、合资、合作、产权转让、入股、拍卖、使用权出让和经营权转让等多种方式,参与城市基础设施的建设与经营。

三是在扩大建设用地路径上有新突破。目前,巴公通过异地占补平衡置换等缓解了部分建设用地问题,但"镇级市"发展仍面临建设用地瓶颈。要继续探索城乡建设用地增减和工矿废弃地复垦利用两项政策交叉渗透使用办法,争取用工矿废弃地复垦的土地,提前归还城乡建设用地增减挂钩周转指标,并根据发展需要,另报批新的增减挂钩项目。创新存量土地挖潜办法,盘活城乡存量建设用地。推进"旧房旧村旧厂旧矿"、压煤村庄和镇中村改造,推进土地综合整治工作,对土地整理置换出的新增指标全部返还,并力争实现用地指标单列,优化城乡土地结构和布局。为加快压煤村庄搬迁工作,应将搬迁费用列入煤矿企业生产成本,税前列支,并减免相关费用,调动煤炭企业搬迁积极性。借鉴成都、重庆"统筹城乡发展综合配套改革试验区"作法,由政府组织,在农民自愿的基础上,通过提供较高标准住宅、购买养老和医疗保险、安排农民培训和就业,以村为单位整体置换农民宅基地,兴建农民住宅后节约的土地,可以用于加快公用设施建设,富余指标,可以有偿转让给晋城城区。

四是在"五规合一"上有新突破。城市建设,规划先行。按照晋城市总体规划"六区联动、组团发展"的空间布局,要求"巴公区基本形成以装备制造业为主的工业片区和配套生活区",未来的巴公将成为晋城主城区的重要组成部分。要按照"镇级小城市"、"晋城功能区"的定位,高起点规划、高水平建设。要突出绿色转型的核心理念,认真研究其他城市建设的经验和教训,在全省率先建立"五规合一"的规划管理体制,把主体功能区规划、产业发展规划、城镇建设和新农村规划、城乡土地利用规划、生态环境保护规划统一起来。

五是在"城镇化提升工业化"上有新突破。新型工业化、信息化、城镇化、农业现代化"四化"协调互融、同步发展,核心是工业化与城镇化良性互动。巴公建设小城市的前提是工业化,反过来也要以城市化来提升工业化,按照美丽新巴公的要求,对煤炭、冶金、化工、铸造等传统产业加快改造提升,积极发展装备造业、现代煤化工等新兴产业。同时以现代物流为龙头,加快发展生产性服务业;以旅游商贸为龙头,加快发展生活性服务业,为城市提供更多就业岗位。以工业化理念改造传统农业,发展为城市发展服务的餐桌农业、窗台农业、休闲农业等。

六是在发展"飞地模式"上有新突破。发展"飞地经济",是依靠外力用较短时间实现产业转型跨越的有效途径之一。巴公地理位置优越,土地资源相对富集,产业基础较好,具有承接东部地区产业转移的先天优势。巴公资源型经济转型,应跳出晋城和山西的视野,面向冀鲁豫、江浙沪开展招商,加强与沿海开发区、大型企业的合作,力争成为沿海发达地区在中部的"飞地"。目前国内发展"飞地经济"的模式主要有三个:一是"富士康模式",二是"苏(州)宿(迁)模式",三是产业地产模式。巴公要结合自身实际,找到其他模式与巴公的契合点,加快探索符合自身发展的"飞地经济"发展模式。

七是在资源收益全民共享上有新突破。收入分配改革,是当前改革的攻坚战和重头戏。我省是典型的资源型地区,长期存在的老板富、村民穷,财政富、百姓穷的资源收益分配不合理状况,受到了全社会的广泛关注和诟病,成为我省综改试验必须趟的"深水区"。巴公镇煤炭开发起步早,其中的集体经济成分比较高,较好地解决了煤炭资源收益分配中的不合理、不公平问题,成为我省为数不多的因煤炭资源而没有导致收入差距触目惊心的发达地区之一。省级层面在这一方面也积极进行了探索,如推行暖心煤政策等。但总体而言,如何在新的历史条件下,更好地解决资源收益公平合理问题、建立煤炭资源收益全民共享机制仍是一道大难题。巴公"迷你综改区"要充分利用自身既往经验和有利条件,积极在所有制层面、初次分配和再分配层面进行探索,先行先试,争取突破。

四、巴公"迷你综改区"应成为晋城综改的"一号工程"

巴公建设"迷你综改区",是一项繁杂而艰巨的系统工程。巴公镇作为最基层政权,除了自身努力外,还需要市县两级的大力支持和适当"松绑"。老大难,老大上手就不难。考虑到巴公"迷你综改区"的典型性、示范性,建议晋城、泽州将其确定为转型综改的"一号工程",时时放在心上、牢牢抓在手中。

2008年,汾酒集团借鉴茅台、五粮液发展经验,依托优势品牌,在杏花村汾酒厂西侧开发和建设了一个集种植、酿造、储藏、灌装、包装、物流、会展、旅游、休闲为一体的"酒业集中发展区"。项目首期就调动30多个煤老板携手注资发展区50亿元。由于这个项目具有巨大的示范效应,吕梁市政府将其确定为转型发展的"一号工程",从各个方面给予大力支持。目前"杏花村酒业集中发展区"发展顺利,已成为全省综改标杆项目和吕梁产业转型标志性工程,对全省转型具有很强的示范效应。

将巴公镇扩权综改试验列为市县综改"一号工程",需要从以下方面予以支持。

一是赋予巴公县级经济管理权限。按照权责一致、能放即放的原则,赋予巴公镇县级经济类项目核准、备案权和市政设施、城市执法、市容交通、社会治安、社会保障、户籍管理等方面的社会管理权限,完善并强化镇政府公共服务职能和行政管理职能。

二是完善行政机构设置。理顺县镇管理体制,设立履行发展改革、财政税务、规划建设、国土资源等职能的镇经济综合管理部门和履行城市管理、工商、食卫、环保、公安等监管职能的镇执法管理部门,落实相应权限,实现管理下移。建立镇综合管理执法大队、行政审批服务中心、土地储备中心、公共资源交易中心。

三是创新机构编制管理。按照精简、统一、效能原则,根据经济社会发展需要,因地制宜设置机构,适当增加编制,创新人员配置方式,赋予对镇管、镇用干部的调配权、考察权、任免权和建议权,完善管理制度。

四是完善镇级财政管理体制。明晰县镇事权划分,在一般预算收入分成比例、财政超收返还、规费和土地出让金留成等方面予以倾斜。其中财政收入超过基数的县留成部分、超过增值税基数的县留成部分全额分成,经营性用地出让金净收益全额返还镇财政,征收的城镇基础设施配套非全额返还。此外,在巴公推行预算公开试点。

五、巴公"迷你综改区"需要省上顶层设计、顶层推动

山西综改试验,经过3年艰难探索,目前仍处在破题关口。总体上看,在"面上"缺

乏标志性工程,在"线上"缺乏政策突破口,在"点上"缺乏"改革先锋"。2012年公布了转型综改"一市两县"、"一市两园"等政策,但由于平均用力,难免有"老虎吃天,难以下口"的感觉。

巴公镇是山西经济结构的缩影,是"迷你版的山西"。从巴公经济社会发展的剖面,能清晰地看到山西所面临的几乎所有问题。同样,把巴公作为"迷你综改区",先行先试,也将找到破解这些难题的钥匙。而且,推动巴公综改,范围小、影响小、纠葛少、易实施,能及时调整、及时纠错,改革风险小,试错成本低。

巴公"迷你综改区"建设,需要省里以"牛刀割鸡"的气魄,进行顶层设计、顶层推动。当前,需要在以下几个方面予以支持。

一是加强对"迷你综改区"的宏观指导。打破常规,省里专门就巴公一个镇的综改问题出台指导意见,明确巴公综改的方向、定位,支持巴公建设"镇级市"。各方面的先行先试政策优先在巴公试点。

二是适当倾斜投放省掌握的经济资源。对巴公可以按照县级单位进行计划单列。省发改委、综改办、财政、国土等厅局掌握的资金、土地等经济资源可以集中向巴公倾斜,形成叠加效应。进一步出台扩权强镇政策。

三是帮助搭建镇级城市建设平台。由金融办牵头,帮助搭建"镇级市"城镇建设的金融平台,优先在巴公发行城市建设债券等金融产品。由省发改委、建设厅等组织专家进行主体功能区、城镇规划、园区规划等方面设计,真正实现"五规合一"。

四是放手让县镇先干起来。更加尊重基层的创造力、保护基层的改革热情。在一些先行先试领域,允许试错、允许失败,营造宽容的氛围。建立改革成本省市县三级负担机制,对一些重大改革,省里负担必要的行政成本。

（作者系省发改委培训中心副主任）

省直篇

引进利用外资 发展优势产业
践行产业扶贫 促进转型发展

苏贵定

　　近年来,山西省扶贫办为改善农业落后条件、发挥山西河川地区农业优势资源、提高农业比较效益、增加农民收入、推进产业扶贫开发和农村经济发展。根据"十二五"省委省政府提出调整农业农村经济结构、实现转型跨越发展的战略目标和扶持龙头企业、建设畜牧强省、百万栋温室、百万亩核桃、"片区产业扶贫开发"的农业发展措施。按照省委省政府发展"一县一业一村一品"部署和扶贫开发要求、"产业富民示范窗口项目"的标准,组织利用外资实施扶贫开发,把引进国际项目和先进理念、技术、管理、经验,与我省转型发展战略和扶贫开发相结合。以项目为载体、产业基地建设为抓手,将亚行项目与当地优势产业发展紧密结合。按照规模集中、园区化、标准化建设、产业化经营和政府主导、企协组织参与、农户为项目主体的实施要求。在我省中南部和东西两山 5 市 26 县区域连片开发、标准化、产业化建设畜牧养殖、现代设施农业、特色优势农业三大类产业基地;推广农业实用技术、节水示范技术;强化工作措施和管理。推进项目区农业转型发展、增效增收、加快扶贫开发取得显著成效。总结交流推广经验,对指导我省产业扶贫具有很强的示范性和现实指导意义。

　　一、引进利用国际重大项目、支持贫困地区发展特色优势产业、提升比较效益、增加农民收入、加快贫困地区脱贫致富

　　先后引进"山西省亚行贷款河川农业综合开发项目"、"全球环境资源节水赠款示范项目"、"亚行妇女赋权赠款示范项目"、"联合国儿童早期综合发展试点项目"等国

-199-

际项目。项目总投资 15 亿元,实施 5 市 26 县,扶持农户 5 万户,受益人口超百万。建设内容:包括良种养殖业产业基地;高效节水现代设施蔬菜产业基地;特色高效生态种植业产业基地;支持农企加工、就地加工、产品质量改善等产业化经营体系建设;支持农业技术支持服务与农户能力建设培训。项目通过支持产业增收比较效益高、生产规模化、经营标准化的特色优势农业种植、养殖产业基地建设和有效对接产业基地的企业加工转化项目。提升加工企业和农民专业合作社,带动产业基地发展的辐射带动力和产品深加工转化能力;提高农业组织化程度、社会化服务水平、市场适应能力。促进我省特色农业产业规模、品牌、绿色、现代可持续发展;创建农民增收新的增长点、加快贫困地区脱贫致富达小康步伐。

二、大项目带动大产业的产业化扶贫途径与实施管理方法

项目实施以优化升级优势产业为重点、探索企业+合作社+农户+基地为主体,构建产业化经营体系与机制、支持技术服务与能力建设,促进农业转型、增效增收、产业扶贫可持续发展取得显著成效。项目建设的显著特点是:突出抓好养殖、设施、特色农业三大产业基地项目建设、彰显四方面成效、重点在四项工作上下工夫:

第一、突出抓好三大产业基地项目建设、在促进产业升级增效上下工夫。累计完成建设总投资 114760.17 万元,实施农户 36796 户。其中累计建成良种养殖产业基地 10 个县/7277 户项目/投资 48990 万元,年出栏猪 40.8 万头、牛 7.9 万头、羊 13.3 万只、鸡 1816 万只,产蛋 5014 万公斤;节水高效现代设施蔬菜产业基地 18 个县/9525 亩座、投资 21896.15 万元;特色高效干鲜果、中药材产业基地 16 个县/10.95 万亩/19846 户项目/投资 32123 万元。为提升产业基地建设示范性,建成 57 个"示范小区基础设施配套工程"。有效推动传统农业生产方式和劣势产业向现代农业生产方式和优势、高效、现代设施农业产业的转变。

第二、创新基地产业化经营体系建设、在探索农户基地产业与市场联结上下工夫。创新基地产业化经营体系,探索推广实施了"企业(合作组织)+农户+科技"的产业扶贫模式。累计投资 1494.74 万元,完成农加工、就地加工、协会、产业化经营体系建设和 19 个示范产业基地"三品认证"项目。年增加加工能力 6800 吨;认证养殖 20.7 万头只,认证蔬菜、谷子、干鲜果 19.64 万亩/60 个品种。通过创立产业合作新型方式,探索"企、农、社"利益联结、产业社会化服务机制,构建基地产业化经营体系。将 4 万农户产业基地与 40 个产业龙头企业、100 余家合作社紧密结合,引导企业、合作组织

为农户担保贷款、共建产业基地、购销产品、支持服务,延长产业链,形成农户、基地与市场有机联结的产业化经营体系;提高基地产业组织化程度和产品附加值及市场竞争力,培养带动当地现代农业产业发展新型主体的崛起和新型产业化经营模式的形成;改善产品质量。推动传统农业生产方式和劣势产业向优势、高效、设施现代农业产业的转变;促进单个农民生产销售向组织化、产业化、标准化、规模化、市场化生产销售方式的转变;规避农业个性发展、农民个体应对市场的风险。

第三,创新支持农户技术服务和项目实施管理能力培训新方式,在探索为农民提供可持续发展的造血式扶贫能力上下工夫。累计投资 2218.73 万元,通过支持项目"管理+实施+技术+服务"能力培训,印发《实施手册》《实用技术丛书》《项目管理手册》,创新培训内容和形式,组织农户、企业、专技和管理等人员,举办项目管理、工程实施、现代农艺技术、种养实用技术、生产经营管理、市场联结与营销服务、环境保护、绿色生产、节水灌溉等多形式专业技术培训,累计 25.7 万余人/次。对提高农民生产技术素质和增收能力提供了方法途径、提供了可持续发展的技术服务和能力支持,培育了造血式扶贫能力。起到了培育专业化职业农民拓宽致富路径、闯市场铺路搭桥的作用和效果。

项目建设带动产业升级、增效增收显著,重点彰显四方面成效:一是,产业基地建设经济效益显著。不含干鲜果经济林 4 年累计实现产值 264016 万元、年增加纯收入 76260 万元。二是,社会效应突出。项目建设带动了当地特色产业高效优质发展、基地规模园区建设,培养了现代农业产业发展新型主体的崛起和新型产业化经营理念,成为当地农业增效、农民增收的示范项目;项目支持累计增加劳动就业 4.5 万人,贷款受益人 17.4 万人,带动受益人 73 万人,总受益人 116 万人。三是,生态环境改善预期效应明显。植被覆盖率平均提高 0.04%;节约农用水量 30%,年增有机肥生产还田 143 万吨、减少化肥农药施用量,促进生态环境可持续。四是,扶贫效果明显。项目建设为农民脱贫致富建立可持续稳定的产业载体和提供了资金、技术、管理、能力、理念、信息、服务的融合,凝聚和发挥农村劳动力作用;建立基地产业持续稳定的生产、销售、加工和市场经营服务体系与机制。项目户年均增收 2.46 万元,支持 12 个贫困县 29634 贫困户、11.85 万人,户平均年纯收入 10350 元、项目户人均 100%脱贫。如果按经济林预期达产效益,项目户人均增收实现翻番。项目产业扶贫成效和示范做法,得到新华社《国内动态清样》、汪洋副总理、省政府领导肯定和推广;受到亚行年度检查和国家及省有关部门的肯定;在全国亚行、财政部国别年度检查会议上作了典型发言;省扶贫办先后表彰产业基地县 7 个、"以项代奖"先进县 5 个和一批项目管理先进单位。

第四，创新项目管理方法、在探索具体管理措施上下工夫。重点强化"四方面"措施：一是，创新项目协调管理机制。建立项目领导组统一协调下的多部门支持配合机制和"资金整合配套模式"；以亚行贷款为主，发挥各级财政部门作用整合多部门投资、企（合）投资、农户自筹等资金配套项目、完善配套基础设施；创新债权债务管理、贷款担保方式，保障项目户获得贷款支持和支付；发挥发改委部门立项审批、综合管理、资金配套作用，发挥审计部门资金监督作用，发挥农、林、水、土、环保、妇联部门专业技术支持服务和资金配套作用，动员妇女参与项目建设，加强项目执行合力。二是，创新强化项目实施过程管控措施。发挥项目办组织协调、实施管理作用，通过制定项目工程、财务、验收、报账、采购、培训、监测等八个《实施管理办法》，规范项目管理。通过开展工程检查、验收、评价，建立专家与部门、管理者结合的省市县三级检查、验收、监测评价机制，亚行年度检查、中期评估制度；通过开展季度进度监测、建立《监测评价指标体系》《验收评价报告》《年度监测评价报告》《环境监测评价报告》，科学总结和评价项目执行情况；健全工程验收、档案管理等制度，确保项目工程质量合格，强化项目实施过程管控。三是，创新产业基地建设实施模式、总结推广产业基地示范经验。通过召开产业基地建设示范观摩现场会、论坛会、总结会，表彰产业基地县、先进县和先进单位等形式，总结推广各地企业+基地+农户+科技的"企农共建产业基地示范园区模式"、"合作社与农户共建产业基地示范区模式"、"联户共建产业基地模式"，"造血式扶贫能力培训模式"、"资金整合配套模式"等多样化实施模式和做法。受到亚行组织新华社等四大媒体和省主流媒体实地采访，以"亚行项目带领农民走上致富之路"、"农业产业化的样板"、"为百万农民打开增收之门"等题材总结报道，宣传推广引领农民发展产业脱贫致富。四是，加强项目资金监管。通过印发《年度工作安排意见》《目标责任考核方案》，加强项目实施工作思路指导；通过下达《年度工程财务实施计划》《配套资金计划》，建立资金专户管理支付、健全财务管理、转贷担保等制度，确保转贷安全。通过开展年度审计、资金检查、年度项目财务预算决算、加快组织报账提款进度等措施，强化资金监管。

三、项目产业化扶贫模式与经验启示

项目实施坚持把国际理念与我省实际相结合、创新项目化实施管理模式与机制，总结推广经验，将为产业扶贫提供启示和借鉴。总结经验有五个方面启示：一是，通过支持三大类产业基地建设，构建"企农共建产业基地示范园区模式"，探索规模化、专

业化、园区化优势产业基地建设新途径,为促进产业优化升级、壮大产业经济,提高产业和农民增收新增长点提供途径借鉴。二是,以产业基地建设为纽带,将基地建设与农加工、就地加工,支持产业基地农产品"三品认证"、改善产品质量紧密结合,为构建产业化经营体系与机制提供方法借鉴。将5万农户联户建设优势产业基地与40个产业龙头企业、百家合作社构建"企、农、社"利益联结、产业社会化服务机制,延长产业链,形成农户、基地与市场有机联结的产业化经营体系。产业化经营体系建设促进新型产业合作方式创立,提高基地产业组织化程度和产品附加值及市场竞争力,培养带动当地现代农业产业发展新型主体的崛起和新型产业化经营模式的形成;推动传统农业生产方式和劣势产业向优势、高效、设施现代农业产业的转变;促进单个农民生产销售向组织化、产业化、标准化、规模化、市场化生产销售方式的转变;规避农业个性发展、农民个体应对市场的风险。三是,创新资金整合配套模式,为重大项目建设提供资金筹措借鉴。建立以亚行贷款项目为主,整合各级政府多部门投资、企协投资、农户自筹等资金配套,改善项目园区基础设施配套及技术支持服务,调动农户、企业、合作组织参与项目建设的积极性和带动作用;降低项目成本、保障建设垫资、提高项目示范效果、保证受益者利益。四是,创新培训方法为农户提供造血式扶贫能力。通过支持农户技术服务和项目实施管理能力培训,开展形式多样的专业技术服务和能力培训,形成"造血式扶贫能力培训模式"。为提高农民生产技术素质和增收能力提供了方法途径、提供了可持续发展的技术服务和能力支持的借鉴。五是,创新产业基地建设实施模式、总结推广产业基地示范经验。通过召开产业基地建设示范观摩现场会、论坛会、总结会,表彰产业基地县、先进县和先进单位等形式,总结推广由企业组织农户参与的"企农共建产业基地示范园区模式";由合作组织牵头农户参与的"合作社与农户共建产业基地示范区模式";由联户合作的"联户共建产业基地模式"等多样化实施模式和做法,为产业基地建设提供实施模式借鉴。项目实施的模式和经验,抓住了当地高效优势农业产业发展的重点,找到了产业扶贫脱贫致富路经,很好地解决了项目产业规模发展、农业增效增收、基础设施配套、产品销售、资金配套、技术服务、能力建设、贷款担保等问题。

研究总结推广我省亚行贷款河川农业综合开发项目建设成效和成功经验,将为进一步提高我省国际项目实施水平,推进和带动全省产业扶贫,调动鼓励各级各有关方面积极性参与扶贫、搞好新时期产业扶贫开发建设、指导农业增效农民增收具有重大意义。把亚行项目建成转型发展的典型项目、县域经济发展的优势项目、生态环境改善的绿色项目、惠及三农脱贫致富的示范项目,将为我省转型跨越发展和扶贫开发做出新贡献。

（作者系山西省亚行贷款河川农业综合开发项目办公室主任）

市县篇

全面推进产业结构调整
积极探索资源型城区转型发展新路

王立刚

晋源区位于太原市西南,是太原市1998年行政区划调整后成立的唯一一个真正意义上的新区。区域面积287平方公里,人口23万,辖金胜、晋祠、姚村3个镇,义井、罗城、晋源3个街办,81个行政村、28个社区。晋源区山川各半,东为川,西为山,平川耕地肥沃,是太原市重要的蔬菜、苗木、花卉、畜禽产品生产基地。工业产品主要有化工、造纸、电力、医药等,汽车、建材、机电、物流等几大专业市场极具规模。晋源区是古晋阳城所在地,是三晋文明重要的发祥地之一,历史文化底蕴深厚,人文旅游资源丰富,区内文物古迹达到226处,仅国家重点文物保护单位就达8处,是北方城市少有的富水区,自然风光与文化遗存交相辉映,彰显着晋源的独特魅力。

经过十多年的努力,晋源区通过关停淘汰污染企业,大力植树造林,改善生态环境,恢复青山绿水;挖掘晋阳文化,传承历史文脉,开发建设旅游景点,打造"晋之源"文化旅游品牌;大力招商引资,发展现代服务业和新兴产业,完善基础设施建设,提高人民生活水平,努力探索资源型城区经济转型新路。

一、思想转型,不断完善发展目标和思路

思路决定出路,思想上转得快、转得彻底,转型就转得快、推进得快。在十多年的发展历程中,晋源区委、区政府适应不同发展阶段的要求,不断完善发展思路和目标,在思想转型上经历了三次大的飞跃。

1998年,经国务院批准晋源区正式成立,初步定位为旅游工农业区,开启了晋源发展新篇章。1999年,省政府鉴于晋源区与山西省整体禀赋的资源非常相似,又是一个新的县区,对山西整体的产业转型具有典型意义,将晋源区确定为全省旅游经济特

色区,晋源区开始实施"旅游牵动、工农联动、投资拉动、整体推动"的发展战略。

2006年,太原市做出了高新区、晋源区"两区"融合的战略部署。第三届区委、区政府审时度势,提出了建设"文化生态旅游区、高新技术产业集聚区、依山傍水靓丽新城区"的新晋源发展目标。

2011年,晋源区按照省、市第十次党代会新的发展思路和目标,综合考虑未来发展的趋势和条件,区第四次党代会提出了"十二五"时期实施"五区联建"战略、建设"人文晋源、生态晋源、活力晋源"的发展目标。通过实施"五区联建"战略,依托丰富的历史文化资源,打造以"晋阳文化"为核心的"人文晋源";依托优美的自然环境和依山傍水的独特优势,打造人与自然和谐共融的"生态晋源";依托体制机制的大创新、经济社会的大发展,激发全区上下推进转型跨越发展的生机和活力,打造人民富裕幸福的"活力晋源"。

历届区委、区政府的思路切合当时晋源区的发展实际,符合省、市的战略部署和发展要求,引领了晋源正确的发展方向。从当前情况来看,晋源区要紧紧抓住"城市南移、旅游西进"和建设晋阳新区的重大机遇,充分发挥人文历史优势、资源禀赋优势和区位优势,实施产城联建战略,在城市建设上,加快推进城中村拆迁改造,高标准、高立意、高视野规划建设晋阳新区,打造山、水、城、林、人和谐共融,宜商宜业、乐居乐游的城市典范;在产业发展上,大力招商引资,推进项目落地,在义井—金胜—罗城地区发展总部经济、会展经济、现代商贸等高端服务业;在晋源—晋祠地区发展旅游、休闲、度假等文化生态旅游业;在姚村地区建设国家级山西省中小企业创业示范基地,发展新兴产业,实现文化兴区、工业强区、商业富区。

二、产业转型,推动经济走上绿色健康轨道

产业转型是资源型城市转型发展的重中之重。建区之初,煤炭业曾是晋源区的经济支柱产业,在经济发展舞台上一枝独秀,由于煤炭开采引发的生态破坏、环境污染以及安全问题日趋严重,与城市发展、与人民生活的要求背道而驰。加之资源型产业固有的发展规律,其收益逐步递减,最终走向衰亡是必然趋势。调整产业结构,推进产业转型迫在眉睫。对于晋源区来说,实现产业转型就是要实现由"卖资源"向"卖文化"、"卖技术"、"卖服务"的转变。晋源区委、区政府从关停污染企业、改造传统产业、发展都市农业、发展文化旅游业四方面入手,对产业结构进行了全面调整:

(一)下大力气关停高耗能、高污染企业,落后工业逐步退出。按照大的发展思路,文化旅游业、现代服务业和新兴产业是晋源区未来的主导产业,其他产业的发展都要

向其靠拢,为其服务。1998 年底开始,结合国家关井压产政策,对煤矿等高污染、高耗能企业有计划、分步骤,逐步进行关停取缔、异地搬迁,全面启动了西山地区落后工业退出计划,进一步加大了对落后产业的淘汰取缔力度。截至目前,关停、取缔高污染、高耗能土小企业和落后产能 200 余家,全区煤矿已由建区时的 90 余座缩减为 3 座,造纸企业由 20 余家缩减至 3 家,旅游景区内的采掘企业全部关闭拆除,市委决定对太化实施关停搬迁,为转型发展创造了良好的环境。

(二)提升改造传统产业,新兴产业集聚效应逐步显现。一个地区的发展必须有经济支撑,相应的产业结构调整也不可能一蹴而就,必须有一个新旧产业交替的过程。在对高污染、高耗能企业坚决关闭取缔的同时,加快对传统产业的改造升级步伐。对不能改造转产或经改造后仍达不到地区产业标准的坚决予以关闭淘汰;对通过改变生产模式、引进先进设备、运用高新技术整改达标的适当保留;对于煤矿、冶炼、化工等退出企业,引导、扶持其发展高新技术产业和旅游业;在此基础上不断储备绿色工业项目,培育新的经济增长点。通过改造升级,高新技术、装备制造等新兴产业取得突破性进展,涌现出一批市场前景广、成长性好、竞争力强的新型工业企业。同时,随着长风文化商务区、省体育中心的相继建成投用,晋源区辐射力迅速增强,特别是晋阳湖片区建设的全面启动,为晋源区现代服务业发展提供了前所未有的发展机遇和强大引擎,一大批国际一流的服务业项目竞相落地,现代服务业呈现出蓄势待发的良好态势。

(三)拓宽农业产业结构调整渠道,农业综合效益不断提升。随着城市化步伐的加快,对农业的要求已不仅仅是发挥传统农业的生产功能,提供农副产品和工业原料,而是要围绕城市、依托城市、服务城市,发展都市农业、观光农业、设施农业。近几年,晋源区依托区内的农业资源和特色村貌,不断拓宽农业产业结构调整渠道,发展现代都市农业,农业产业综合效益不断提升。一是发展以设施农业、观光旅游农业为重点的现代都市农业。花卉苗木业异军突起,全区花卉苗木种植面积达到 7157 亩,年产值达 2.8 亿元,发展成为全省最大、华北知名的花卉繁育、种植和集散中心,拉动全区农民人均增收 947 元;二是加快农业市场化、产业化经营,不断加强重点企业辐射带动作用,农业综合效益得到提升。梅芝园艺鑫龙腾花卉市场、康培花卉超市、世纪青花卉基地等已将市场拓展到广州、昆明等地区,效益十分明显。三是加强农业品牌的保护开发。保护传统农业品牌,大力扶持"天泉"晋祠大米种植经营;开发新的农业品牌,"晋溪"无公害蔬菜、"天珍"肉鸭等一批农业品牌市场占有率日益提高。四是围绕文化旅游业发展,在寺底、北瓦窑、要子庄等村庄、景点涌现出一大批农家乐,农民在产业转型的过程中得到了实惠。

(四)整合资源,打造品牌,文化生态旅游业呈现蓬勃发展势头。一是传承历史文脉,深入挖掘晋阳文化内涵。文化是一个城市发展的灵魂,也是文化旅游业发展的底蕴和基础。晋源是古晋阳城所在地,具有 2500 多年的建城史,是三晋文明的重要发祥地之一,素有"唐尧故地"、"三晋之源"的美誉。这里是"桐叶封弟"的地方,孕育了"文景之治"与"贞观之治"两大盛世,是天下王氏、张氏的始祖地,拥有厚重的历史和灿烂的文化。在旅游产业发展过程中,我们突出特色,深入挖掘晋阳文化内涵,不断增强景区景点的文化底蕴;引导支持民间组织对晋阳文化开展研究,创作出了一系列弘扬晋阳历史文化,宣传晋源文化旅游资源的优秀作品,给旅游业注入深厚的文化内涵。二是整合资源,打造文化旅游品牌。晋源境内历史文化遗存众多,在西边山区约 100 平方公里的范围内分布了近百处文物,仅国家级重点文物保护单位达 8 处,几乎是"山山有寺,村村有庙"。晋源区委、区政府按照"重规划、建精品、创品牌、成产业"的思路,充分整合丰富的文化与自然旅游资源,连续举办了一系列文化旅游推介活动,成功打造了"晋之源"文化旅游品牌,文化旅游产业取得了历史性突破。三是转变思路,做大做强文化旅游产业。2007 年晋源区委、区政府在财政基础薄弱的情况下,集中精力开发蒙山大佛景区,并于 2008 年 10 月开园迎客。经过五年多的发展建设,蒙山大佛景区年接待游客达到 50 万人次,已成为了太原、山西乃至中国吸引世界的新名片。在建设过程中,我们深刻认识到,政府的精力和财力是有限的,市场的力量和空间是无限的。我们积极转变思路,坚持"政府引导、专家指导、市场运作、全民参与"的原则,加快主要文化旅游景区景点建设。目前,晋阳古城遗址国家考古遗址公园项目已经国家文物局立项,保护规划已初步完成;明太原复兴工程全面启动,拥有 600 年历史的"凤凰城"即将涅槃重生;晋祠景区综合整治二期遗留问题解决意见和三期工程方案已经报市;蒙山大佛景区市场化运作正在加快推进。通过对各类文化资源和发展要素的整合、提升和释放,文化产业必将成为晋源区经济发展的重要增长点和新兴支柱产业。

三、实事求是,正视发展中存在的困难和问题

经过十多年的发展,晋源区进入了转型发展的关键期。只有充分认识发展中存在的困难和问题,并针对性地加以解决才能有效推进建设和发展。当前,在深度转型中面临着"三大压力"和"三重制约":

"三大压力":一是发展不足的压力。区域经济总量小,城乡居民收入增长不快,虽然经过努力摆脱了"借钱吃饭"的窘迫财政,但在产业发展、基础设施配套、民生改善

上的投入仍然严重不足;二是结构调整的压力。近年来,我们不断加大产业结构调整力度,传统产业极度萎缩,而由于文化旅游产业周期长、见效慢,产业规模效益尚未显现,以现代服务业为主体的新兴替代产业仍处于发育阶段,产业发展协调性不足,新的支柱产业尚未形成,结构调整进入最艰难的转折阶段;三是社会稳定的压力。随着城市化进程的推进,晋源区重点工程集中,发展建设任务繁重,城中村改造步伐加快,失地农民将会越来越多,因土地权属、征地拆迁补偿等引发的矛盾纠纷集中凸显,严重困扰发展,牵扯干部精力,影响外部形象,为经济社会健康发展带来一定的压力。

"三重制约":一是体制机制的制约。长期以来,传统的旅游管理体制条块分割,多头管理,各自为政,责权利不统一,市场主体缺失,难以形成推进文化旅游产业发展的有效合力,严重影响了晋源区文化旅游的开发和太原市对外形象的树立,与太原省会城市的地位极不相称;二是发展要素的制约。项目建设中土地、规划等发展要素越来越稀缺,一大批优质项目缺乏要素支撑,落地建设的瓶颈制约亟待突破;三是发展环境的制约。晋源区起步晚、底子薄,基础设施建设和社会事业发展滞后,城市综合承载能力不足,无法形成对投资和人口的吸附效应,一定程度上制约了产业和人口的有效集聚。

四、统筹发展,积极探索资源型城区转型新路

近年来,太原市以建设一流省会城市为目标,进一步明确了"城市南移、旅游西进"的发展走向和规划建设"晋阳新区"的战略部署。晋源区正处于太原都市核心区、太原都市核心圈的枢纽位置,是一流省会城市建设的主战场,是彰显"唐风晋韵、锦绣龙城、清凉胜境"的重要载体,具有得天独厚的资源禀赋和区位优势,面临着前所未有的发展机遇和强大的政策支撑,全区上下抢抓机遇,乘势而上,以转型为方向、规划为先导、项目为抓手,加快推进城市建设和产业发展,全力打造人文晋源、生态晋源、活力晋源。

(一)坚持规划先行,开启产城联建新篇章。产业发展是城市建设的基本支撑,城市建设要为产业发展创造条件,两者相辅相成、互相促动。在晋源区建设发展过程中要以规划为先导,通过积极与市规划部门沟通协调,在编制规划过程中将城市规划与产业规划统筹考虑、有机结合,从实现可持续发展角度把握规划的科学性,为晋源区产业发展预留更多的空间,并以最佳布局引导产业协同发展,避免产业和功能的雷同。同时,要依托晋阳湖、晋阳古城遗址、晋祠、姚村四大片区建设,加大城中村拆迁改造力度,"腾笼换鸟、筑巢引凤",突破瓶颈制约,激发发展活力,促进生产要素、企业、

人口集聚,实现产业发展与城市建设的良性互动。

(二)打造核心商圈,构建现代服务业新格局。在现代经济中,服务业特别是现代服务业已成为城市文明进步和现代化程度的重要标志,是拉动城市经济增长和集聚发展人气的重要力量。要借力长风商务区、晋阳湖片区开发、省体育中心等重大项目集中连片优势,着力打造以长风商务区—晋阳湖片区为主体的中央商务区,重点引进功能型总部、金融机构、城市综合体、文化创意等优质现代服务业项目落地,引领晋阳新区建设,带动第三产业扩大规模、提升质量、加速发展;依托新、旧晋祠路,滨河西路的交通框架,构筑三条"黄金商业带",形成"一区三带"的现代服务业发展格局。同时,大力发展城郊型商业,依托主要交通节点,积极引进发展现代物流业,形成商业发展的重要补充。

(三)注重文化引领,构建文化旅游互融互动新体系。人文旅游资源是晋源区最大的竞争力,大力发展文化产业是晋源长远发展的必然选择。要立足特色,挖掘内涵,编制全区旅游产业发展规划,整合各类文物旅游资源,集中打造太原历史文化的核心载体,形成建设一流文化强区的强劲态势,使"唐风晋韵、锦绣龙城、清凉胜境"的形象在晋源区得以全面体现。要以晋阳古城遗址、明太原县城、晋祠、蒙山、店头古堡等为重点,着力打造精品龙头景区。抓住西山旅游路贯通的机遇,完善旅游配套服务功能,努力实现由文化旅游资源大区向文化旅游强区的转变。积极理顺文化旅游管理体制和各类主体关系,努力解决当前多头管理、责权利不统一等问题。探索景区经营管理体制机制改革,确立旅游经营企业的市场主体地位,畅通旅游开发建设的投融资渠道,鼓励和引导社会力量参与文物保护、旅游开发和生态建设。

(四)发展园区经济,构建工业经济新支撑。工业是国民经济的重要支柱,也是三次产业互动的核心和枢纽,没有工业的发展和集聚,就没有服务业的繁荣,必须以良好的工业产业基础支撑农业和服务业的发展,以三次产业的全面健康协调发展,带动工业乃至整个国民经济的又好又快发展。结合晋源文化生态旅游宜居区的定位,全面淘汰落后工业势在必行。与此同时,要依托晋源区南部姚村中小企业创业示范基地,承载原有优势工业,促进新兴工业项目向园区集聚,做大做强高端装备制造、电子信息、新材料等主导产业,形成战略性新兴产业集群,强化晋源区工业经济支撑。

(五)完善基础设施,实现城市社会功能新跨越。基础设施和社会功能发展滞后是制约晋源区城市化进程和产业集聚的重要"瓶颈"。要着眼于提升人口集聚水平、综合承载能力和吸纳力,高水平、大手笔完善城市建设规划,高品质、高标准搞好晋阳湖片区建设和环湖城中村改造,使晋阳湖的辐射与集聚效应得到充分发挥。要统筹推进城市基础设施和社会事业，加快城市道路交通网络的规划建设，构建城市建设主体框架，加强集中供热、供水、供气及污水处理等公用设施建设。要加快完善城市社会功能，积极引进优质教育、医疗资源，推进成成中学、省儿童医院等重点项目建设，大力提升人口集聚水平和综合承载能力。

（六）狠抓生态修复，建设美丽宜居新晋源。党的十八大报告提出，要把生态文明建设放在突出地位，融入经济建设、政治建设、文化建设、社会建设各方面和全过程，建设美丽中国，实现永续发展。对于晋源区来讲，抓好生态文明建设具有更为特殊的意义和价值。要把生态文明建设作为关系立区之本的全局性、战略性问题来考量，全面实施山水村一体化建设，扎实推进西山生态恢复，消灭宜林荒山荒地，积极服务推进西山城郊森林公园建设，打造西山生态走廊。加快实施罗城地区综合整治，完成"三河"治理工程，建设山水城市、美丽晋源。

（作者系中共太原市晋源区委书记）

以科学理论为指导　以信息化为支撑
努力探索目标责任考核新路子

"十二五"以来,太原市地方税务局认真落实省委、省政府目标责任考核工作要求,全面实施"落实+创新"治局理念,不断探索和深化目标责任考核管理,构建了以科学理论为指导,以信息化为支撑,"年度工作目标责任考核、领导班子和干部年度考核、党组抓党建工作目标责任考核和党风廉政建设考核的'四位一体'综合考核评价系统",走出一条努力探索目标责任考核新路子。

一、产生背景

2010 年 9 月,《山西省年度目标责任考核试行办法》出台后,太原市地税局将落实省委、省局目标责任考核要求作为一项重要工作来抓,将探索研究目标责任考核方法列入 2011 年重点调研课题,赴杭州、成都地税局进行对标学习,汲取发达地区目标考核的先进理念和成功经验,分析查找已往考核中影响考核客观、公正和公信力的相关因素,着力解决考核的即时性、绩效性和执行力不足的难点,在研究、实践、总结中形成的《关于实施新目标责任考核办法的思考与建议》获 2011 年度全省地税系统优秀论文一等奖。

省委、省政府确定"项目落地年"后,太原市地税局以此为契机,针对年度目标考核工作,组织力量进一步调研、论证、反复讨论,形成"理论指导、手段支撑、四位一体"总体思路。

二、基本架构

新型综合考核评价系统的基本架构可以用"12345"来概括,即一个平台,两个手段,三个结合,四项内容,五大模块。

一个平台,即太原市地税局综合考核评价系统软件平台。该平台根据《办法》的需求量身定做,依托内部局域网运行,利用计算机网络技术,拓展行政办公系统功能,实现年度综合考核评价全过程信息化控制,保证了考核的公平性、保密性、即时性,是市局负有考核职能的部门对考核对象进行年度综合考核评价的工作平台。这一平台全面实现了工作任务立项、单项任务评分、各类考核测评、实施加减分、综合计算结果等所有考核功能。

两个手段,即督查和考核。督查有两种方式:领导督查和网上督办。领导督查,是以领导带队调研的形式,对系统内各单位年度重点工作完成情况进行面对面检查和指导,保持上下信息畅通,掌握工作进度,保证重点工作顺利推进和圆满完成。网上督办,是通过信息化平台,对考核对象未完成任务事项即时告知、提示,督促其完成相应工作,并对已完成的任务事项即时给予评价。考核,分即时考核和年终测评两种方式。即时考核要求考核单位对考核对象单项指标,在任务立项时确定的完成日期到期后5个工作日内做出绩效评价;年终测评,包括市局领导评价、局内各单位测评、本单位全体干部职工测评和社会测评等多种方式,根据不同的考核项目分别设置。通过考核两种方式,反映各单位工作完成好坏、贡献大小、时效情况,评出优劣,体现公平。

三个结合,一是日常考核与年终考核结合,二是定量考核与定性考核结合,三是上级考核与社会评价结合。"三个结合"是全面、综合评价的要求,通过细化量化、即时考核、年终各类测评等具体规定,将"三个结合"制度化、规范化,使考核单位准确、综合评定考核对象工作实绩有了可靠的依据,客观评价其工作业绩、作风素养、社会形象有了具体的标准。

四项内容,即年度综合考核内容,包括年度工作目标责任考核、领导班子和干部年度考核、党组抓党建工作目标责任考核和党风廉政建设考核等四项内容。年度工作目标责任考核,包括工作考评、工作目标责任考核各类测评、信息调研工作和加分因素;领导班子年度考核,包括年度工作目标责任考核和各类测评;党组抓党建工作目标责任考核,以《党组抓党建工作目标责任书》为依据,包括省局重点指标、市局考核指标和临时任务指标;党风廉政建设考核,以《党风廉政建设责任书》为依据,包括省局重点指标、市局考核指标、临时任务指标和本单位全体正式干部测评及社会测评。四项考核的内容基本涵盖了考核对象的所有工作。

五大模块,即任务立项、督查督办、绩效评价、各类测评、考核结果。任务立项,即考核单位根据省局及市委、市政府的工作部署,细化量化出若干考核指标下达至考核对象。督查督办即对考核对象未完成任务事项即时告知、提示,督促其完成相应工作。绩效评价采取年内即时对单项考核指标评分,年终根据考核对象承担任务数量综合计算工作考评得分的方法。单项考核指标下,如立项有推动措施,根据推动措施的平均得分作该项考核指标得分,如单项考核指标下没有立项推动措施,直接对该项考核指标进行评分。各类测评在年终时进行,包括领导测评、社会测评和考核对象本单位全体正式干部测评。考核结果,用于显示考核单位各项目标及最终考核成绩。

三、体系特点

"四位一体"的新型综合考核评价系统,贯彻了太原市地税局"落实+创新"的一贯工作理念,坚持透明、公开、公平的原则,体现出统筹兼顾、齐抓共管、全面推进的工作方法,落实了差别化的考核思路。具体分析有以下几个特点:

一是考核即时化。总结过去年度目标考核经验,变过去单纯"年终考核定输赢"为日常考核与年终考核相结合,使考核与平时工作推进有机结合,实现考核即时化。比如,对实证资料的查阅,以往是年终由考核组统一查阅,现在则变为由考核单位即时对考核对象每一项工作实证资料进行查阅,之后进行评价评分。改变了以往考核对象注重年终突击,忽视平时努力的弊端。考核单位运用统一的考核办法、统一的评分机制、统一的工作流程和统一的信息化平台,一把尺子量到底,对考核对象任务立项中的各项工作即时做出客观、公正的绩效评价,有力地促进了考核对象主动查找薄弱环节、积极采取得力措施、努力实现工作目标。

二是考核专业化。考核全过程由相关部门的专业人员下达任务立项、做出即时评价、给予年终考核。机关各业务处室作为具有考核资质的主体即考核单位,要将上级年初部署的各项重点工作按照市局要求,结合本系统实际,细化量化出若干考核指标以任务立项的形式下达至考核对象,并对考核对象的业务工作提出客观公正地专业化评价。这就要求机关各处室,要对上级任务领会好、分解好、贯彻好、结合好、推动好、评价好。这种考核的专业化,以及考核评价的准确性,促进了机关作风转变和素质提高,同时有利于考核对象根据平时即时的专业化的评价,合理分配资源,促进本单位各项工作的完成。

三是考核精细化。根据业务特点和工作重点,考核对象区分为各县(市、区)局、市直各分局、机关各处室三个序列。年初,市局机关各处室将省局、市委、市政府下达的宏观任务指标,根据本系统的工作实际,逐项地细化分解为若干项工作任务,每一项任务都明确考核标准,并通过考核平台进行任务立项,明确考核对象在推动工作目标实施中的职责和要求,做好工作目标的日常督促检查、组织协调推进和绩效评价等工作。目标任务的细化分解及考核评分标准的公开透明,使工作更具体、评价标准更明确,考核对象更便于操作。

四是考核差别化。过去工作考核时,存在大锅饭现象,只要工作不出现明显的失误,总是你好我好大家好,没有扣分项,考核对象都是满分;在测评中也存在好人主义思想,考核对象得分也差不多,考核结果难分伯仲,难以令人信服。差别化考核,体现在制度设计上,就是用 3 个 30%来保证。首先,年度工作目标责任考核得分中各类测评占到 30%,不仅仅是领导的评价,同时还有本单位干部职工和广大纳税人的评价,这是衡量考核对象领导形象、群众形象、社会形象的重要指标。其次,对考核单位单项考核质量评价时,评价为"突出"的单位数量不得超过考核对象总数的 30%。第三,年度目标责任考核中,"优秀"等次的名额占所在序列单位数量的 30%。这 3 个 30%,从制度上保定了考核的差别化,避免了皆大欢喜的大锅饭现象,也凸显了考核的激励功能。

五是考核的导向化。这一特点体现在对领导班子的考核中。原来,对领导班子的考核,没有将工作实绩的考量纳入考核内容,只注重主观评价,凭印象靠感情以测评为准,而忽视客观评价,这就导致某些情况下下出现了领导班子靠测评获得先进,而工作业绩考核却落后的两张皮现象。现在我们将工作目标责任考核 50%的成绩纳入领导班子年度考核中,既能全面、客观反映各单位领导班子工作的全貌,更是一种重要的工作导向,大力倡导各级班子干实事、务实效、出实绩。

六是考核人性化。坚持科学发展观以人为本的本质要求,考核对象对考核单位做出的单项任务指标评分存在异议,可在评分结束后 3 个工作日内,向市局考核办提出复议申请,市局考核办根据实证资料进行复核,必要时进行专项调研,做出最终结果认定,并及时将复议结果反馈给考核对象,不仅有效地促进了考核的公开、公正、公平,而且凸显考核工作人性化,增进了系统上下的和谐。

四、总体评价

实施新型综合考核评价系统是目标管理理论在目标考核中的实践拓展。目标管理是以目标为导向,以人为中心,以成果为标准,而使组织和个人取得最佳业绩的现代管理方法。新型综合考核评价系统遵循目标管理的要求,通过建立科学合理的目标锁链与目标体系,以制定目标为起点,以目标完成情况的考核为终结,实现了考核工作从最初的目标设置,到实现目标的过程管理,最后到考核指标完成情况的测定与评价,使整个目标责任考核更加科学、更加合理。目标管理理论在为我们目标责任考核提供科学的理论支撑的同时,又一次实现了自身的实践与拓展。

实施新型综合考核评价系统是太原市局治局理念的集中体现。多年来,太原市局始终坚持"落实+创新"的治局理念,以目标责任制考核为总抓手,建立了较为严格的责任落实机制、较为科学的目标责任考核机制、较为健全的督查问责机制,以狠抓落实的一贯作风,确保全市地税系统全年各项工作任务不折不扣地落实。同时市局党组转变观念、解放思想,在创新中抓落实,在落实中求创新,以创新的胆识和气魄,不断总结、不断突破。实施新型综合考核评价系统就是这一理念的又一次具体体现。新型综合考核评价系统如同一只无形的手,掌控指挥着全系统各级机关、全体干部,各司其职、各负其责,促使基层单位勤恳工作、尽心尽责,真正做到了点面结合、上下联动、富有成效。同时,通过将年度工作目标责任考核、领导班子和干部年度考核、党组抓党建工作目标责任考核和党风廉政建设考核共同纳入综合考核系统,实现了考核任务的有机统一,促进了各项工作的全面协调有效落实和科学发展。

实施新型综合考核评价系统是机关率先转变工作作风减轻基层负担的必然要求。目标责任考核是基层单位一年工作成绩的具体体现,关乎基层的切身利益。以过去的考核模式,目标责任考核总是翻阅一大堆"资料",才能"汇总"出结果,此外,机关各部门为保证自己负责工作的推进效果,经常会对基层落实情况进行检查和督导。于是,检查组接踵而至,检查人员络绎不绝,检查内容更是细致入微。基层单位成天忙碌于迎来送往之中,经常是检查哪项工作就抓哪项,既影响工作落实,同时增加了许多工作负担。新型综合考核评价系统通过任务立项,由考核单位根据上级安排布置的工作,细化量化出若干考核指标下达至考核对象,明确任务完成的时限及考核标,并运用统一的考核方法、统一的评分机制、统一的工作流程和统一的信息化平台,对基层单位的工作实绩做出即时、客观、公正的评价。通过实施阳光化考核,既提升了机关干部的责任感,提高了工作效率,转变了工作作风,也使基层各项工作更加条理,目标任务更加明确,解决了工作无头绪、忙乱的问题,切实减轻了基层负担。

实施新型综合考核评价系统是提升执行力,强化信服力的有效途径。新型综合考核评价系统实现了目标管理和日常管理的有机统一,既明确了机关各职能部门的目标责任,又细化量化出各基层单位的具体工作任务,使机关职能部门的权责更加明确,基层单位的工作任务更加具体,各级责任更加清晰,这就使得各级的工作积极性和责任心得到进一步提高,有效提升了执行力;依托信息平台,对考核工作即时进行质量评估,使考核过程更加透明、考核结果更加真实,进一步提高了考核工作的信服力。

  实施新型综合考核评价系统是信息化手段在行政考核领域运用的率先实践。新型综合考核评价系统依托"信息化专业平台"实现了信息化手段在行政考核领域的率先实践。以"信息化专业平台"作为一个载体,构建了相对科学完备的考核评价新体系:通过任务立项,设定科学量化的指标体系,解决了"考什么"的问题;通过设立科技支撑的考核手段,解决了"如何考"的问题,破解了以往的考核主要靠听汇报、查资料、凭印象打分、考核缺乏科学性和公平性、人为因素比较大的难题;通过设计科学的绩效评价方法,解决了考核结果"怎么用"的问题,使考核真正起到激励先进、弘扬正气的效果。

             (作者系太原市地方税务局党组书记、局长)

规范　繁荣　发展

丰立祥

近年来,大同市按照中央和省委、省政府深化文化体制改革工作的安排部署,以规范、繁荣、发展为主题,创新举措,着力推进文化体制改革,走出了一条文化产业大发展大繁荣的新路子。

一、主要做法及成效

在推进文化体制改革过程中,大同市委、市政府大胆探索,认真转变文化组织形式、运行机制和活动方式,取得了明显成效。

(一)把文化体制改革提到战略的高度来布局谋划,努力建设文化强市

大同市成立和调整了市文化体制改革和文化产业发展领导组,由宣传、财政、发展改革、组织、机构编制、工商、税务、人力资源和社会保障等相关部门的主要领导组成。具体研究和协调解决文化体制改革中的重大问题,形成了党委统一领导、政府大力支持、宣传部门协调指导、行政主管部门具体实施、有关部门密切配合的领导体制。在改革中形成了部门会商机制、上门协调机制等工作机制,有效保障了文化体制改革的顺利推进。在巩固已有改革成果的基础上,研究出台了《关于深化文化体制改革的实施意见》,提出了大同市文化体制改革的"路线图"、"时间表"、"任务书",明确了深化改革的主要任务、职责分工、操作流程、完成时限、政策保障和工作要求。各参改单位在探索中冲破陈旧观念的束缚,以新的文化发展理念指导改革实践。逐步达成了"只有改革,才有出路"的共识,为深化文化体制改革打下了坚实的思想基础。

(二)把制度创新作为文化体制改革的切入点,进一步激发文化发展的活力

1. 政府文化行政管理和市场监管体制改革开始启动,文化执法工作逐步加强。为适应文化产业融合化的发展趋势,按照中央和省委、省政府指示精神,一是进一步理顺文化行政管理部门与所属文化企事业单位的关系,市、县(区)两级的文化、广电、新闻出版三个政府主管部门合并办公,组建了新的文化广电新闻出版局,综合行使文化管理职能。二是市、县(区)两级将将工商、税务和各文化部门的执法队伍整合为市、县(区)文化市场行政综合执法机构,履行查处违法文化、文化遗产、广播电视、电影、新闻出版、版权行政管理秩序行为的职能,有力推动了文化市场繁荣健康发展。阳高是大同市第一个组建文化行政综合执法队伍的县,为全市乃至于全省文化行政综合执法改革提供了样板。目前,除个别县区正在进行定编、定岗工作外,执法机构已正常运行。这两项措施,为解决文化行政管理体制方面的政出多门、职能交叉、条块分割,以及市场监管中的"越位"和"缺位"问题,起到了积极的作用。

2.国有经营性文化事业单位在转企改制重塑市场主体方面迈出了重要步伐。按照对文化事业和文化产业进行"分类指导"的改革方针、"创新体制、转换机制、面向市场、增强活力"的分类改革要求和上级有关文件精神,积极推动文化行业的国有经营性文化事业单位转企改制,进行产业化运营。一是将原来众多的艺术团体,整合为大同歌舞剧院、大同晋剧院、大同北路梆子剧团、耍孩剧团;将大同县晋剧团、新荣区晋剧团等3个不能正常演出的剧团核销了事业单位建制。在市耍孩剧团、市北路梆子剧团、灵丘罗罗腔剧团、阳高二人台剧团、广灵青年晋剧团5个剧团分别成立相关剧种传习中心,让这些肩负着地方非物质文化遗产传承重任的院团能够在更好的环境中健康发展。改革后,文化院团以更加灵活的机制,加强了与演艺、旅游等企业的合作联姻,实现了文艺团体与优势企业双赢格局。文艺团体演出足迹遍布华北及周边省区,曾两度出访日本,受到国家领导人的亲切接见。据统计,仅2011年上半年,市耍孩儿剧团就演出150多场,市北路梆子剧团演出260场。这也正是文化体制改革为市文艺院团带来的最大变化之一。二是大同报社更名为大同日报社,突出党报主体,按照宣传业务与经营业务两分开原则,将广告、印刷、发行等剥离出来,组建了大同报业传媒集团有限公司,转制为企业,进行市场运作,为主业服务。据统计,2009年《大同日报》《大同晚报》的发行量分别达到4万份和5万份,广告及经营收入达4000多万元,实现了经济效益和社会效益的双丰收。三是大同广播电台、大同电视台、大同广电网络中心合并,组建大同广播电视台,为市委、市政府直属事业单位。按照宣传业务和经营业务两分开原则,大同广播电视台正将广告、经营、网络等剥离出来,组建大同广电传媒公司,转制为企业,实行市场化运作为主业服务。各县(区)广播电台、电视台合并,组建了广播电视台。承办电台、电视台的日常工作。四是10个电影公司、7个电影院转企改制全面完成,对尚有资产、可以经营的实行转企改制,对体量小、已不能正常经营的核销了事业单位建制。此外,成立了大同影视制作中心(现更名为"大同文化影视发展中心"),在业界产生了广泛的影响。通过市场化运作,筹集资金,拍摄完成了30集电视剧《凤临阁》、40集电视连续剧《北魏冯太后》和电影《第八个泥人》等。2013年一批商业化运作的影视作品进入拍摄阶段,有电视剧《白登之战》、《从万人坑爬出来的人》和《云冈遗缘》等。

同时,国有经营性文化事业单位改革,借鉴国有企业改革的经验在干部人事制度改革、收入分配制度改革、社会保障体制改革、国有文化资产管理体制改革等方面进行了积极探索,普遍推行了岗位责任制、上岗竞争制、效益工资制、资产经营目标制等。例如,在人才政策方面,根据省委宣传部的指导精神,参照全省试点地区文化体制改革的做法,在文体广电新闻出版局设立"转企文化事业人员管理科"所需人员由局内部调节,负责转企改制后保留事业编制人员的人事、档案、工资、养老保险、医疗保险、退休、调动等相关事业的管理。并探索高层次艺术人才的保护和激励政策。

3.国有公益性文化事业单位进行改革探索和构建公共文化服务体系取得了积极进展。按照对公益性文化事业单位"增加投入、转换机制、增强活力、改善服务"的分类改革要求,大同市增加了对公共文化服务事业的投入,将市文化馆、图书馆、文管所属于为群众提供公共文化服务的公益性文化事业单位,在三项制度的改革,引入市场竞争机制,提高公共服务的数量和质量等方面进行了有益探索,取得了显著的成果。经过几年的努力,已初步形成了市、县和乡镇三级公共文化服务网络。

4. 文化市场流通体系的改革和建设取得了重要成果。按照有关要求,为培育市场流通主体,破除长期以来文化市场存在的国有经济垄断、政府管理条块分割的弊端,促进文化资源和要素的自由流动和优化组合,形成各类市场主体广泛参与、公平竞争的统一、开放、有序的文化市场,为文化事业和文化产业发展创造良好的市场环境,在对民营和外资开放市场准入门槛的同时,积极推动文化市场流通体系改革,着力发展连锁、物流等新型文化流通组织业态。从出版物发行看,除了省出版传媒集团下属的新华书店外,民营书店异军突起,目前全市有民营书店(摊)248家,从业人员达千余人,年营业额9000多万元,利润150多万元,上缴税金80多万元。其中超过1000平方米以上的图书市场两家,一个是大同书城,营业面积4000多平方米;一个是大同市图书市场,营业面积近3000米。

(三)把增加投入作为文化体制改革的兴奋点,进一步夯实文化发展的基础

文化体制改革是在党和政府主导下进行的,在传统体制下形成的国有经营性文化事业单位要实现转企改制,人员身份转换和历史债务、坏账等一系列问题需要政府帮助解决,付出必要的改革成本;同时,文化产品的创新、生产和传播不同于一般物质产品,而是具有一定程度的市场失灵的"意义内容的公共性",因而同样需要政府在财税政策方面给予扶持。市委和市政府各主管部门、综合部门先后制定了一系列支持改革和产业发展的政策措施。一是探索市场化的文化投融资机制。开放文化市场投资准入门槛,发展民营和混合文化市场主体,调动全社会参与文化建设。例如从印刷业看,全市现有印刷厂 137 家,从业人员 2800 余人,年营业额 8000 万元,利润 1000 多万元,上缴税金 100 多万元。印刷业中,民营经济已占有半壁江山。二是财政支持政策。政府以增量投资的方式强化对公共文化事业和原创精品文化产品的支持力度。2010年全市科技、文化、体育合计支出 7.36 亿元,2011 年文化体育与传媒支出 5.6 亿元,其中大部分资金作为文化单位转企改制的费用,主要用于前期审计、资产评估、工商税务登记。转企改制企业职工养老保险集体部分由市县两级财政每年按实际金额拨付给事业保险所,保证职工到达退休年龄时能顺利退休。大同市北路梆子剧团、市要孩儿剧团等 5 个非物质文化遗产剧团已列入省级非物质文化遗产保护项目,按照上级文件精神,对稀有的地方剧种实行政府扶持的意见,改企后,原市县财政每年支付剧团的养老保险金按原规定执行。市县财政每年给非物质文化遗产剧团的建设资金不断增加。市县两级都把文化事业建设纳入财政预算,通过各种渠道加大投入,确保了文化事业费增幅高于财政经常性收入的增幅,人均文化事业费高于全省平均水平。近两年因文化惠民、农民体育健身工程建设,财政预算支出的比例进一步加大,2012年文化体育与传媒财政预算支出 2.9 亿元, 比上年增长 58.56%;2013 年文化体育与传媒财政预算支出 3.23 元,比上年增长 10.55%。市县财政根据中央省市的有关文件规定,足额预算了文广局机关、文化馆、图书馆、剧团、文管所及乡(镇)文化站的事业费和工作经费,如数拨付了乡镇综合文化站和农村文化室工程建设的地方配套资金;三是税收优惠政策。转企改制企业和新开办文化企业给予一定的所得税免税的优惠政策,文化产品出口给予出口退税的优惠政策等。

(四)把文化惠民作为文化体制改革的落脚点,进一步让百姓共享文化发展成果

近年来,大同市坚持"服务为先、民生为本"的原则,大力实施文化惠民乐民工程,积极开展文化下乡活动"大篷车"、图书及体育器材下乡"大篷车"和公益电影放映"大篷车"为代表的群众文化活动,使百万群众享受到了文化发展的丰硕成果。农民在家门口能读书看报、打球健身、跳坝坝舞,丰富了自己的生活……每年除搞好文化艺术节、举办春节文艺晚会、元宵焰火晚会等主题文化活动,还开展了农村公路建设大会战、"5.12"抗震救灾募捐演出、改革开放 30 周年、新中国成立 60 周年、建党 90 周年、城乡环境综合整治等大型文艺演出等多种系列的文艺活动,为转型发展、绿色崛起注入文化活力。特别是"五个一工程"喜获丰收,在全省第七届精神文明"五个一工程"评奖活动中,大同市推荐的电视连续剧《警察本色》、《秋天的歌》、话剧《天河》、歌曲《做一个好公仆》等 5 部作品获奖;《张树的最后生活》、《雕刻在石头上的王朝》、《儿歌》获赵树里文学奖等引起了强烈反响。一批非物质文化遗产得以挖掘和保护,继《耍孩儿》、《灵丘罗罗腔》入选国家非物质文化遗产名录之后,恒山道乐、广灵剪纸、阳高"八大套"入选第二批国家非物质文化遗产名录。在文化惠民方面,不仅加强公共文化基础设施建设,还推进县级两馆和乡村文化站、农家书屋、村村通广播电视等重点文化惠民工程,仅农家书屋就惠及全市 1963 个村庄,还建成 97 个乡镇文化站,村级文化活动室 1959 个,设施覆盖率达 100%。还有大批集休闲健身、公益活动等功能于一体的文化景观、文化广场,及御东新区开工建设的场馆,形成了覆盖全市城乡的市、县、乡(镇、街道)、村(社区)四级公共文化服务体系,公共文化设施建设成果瞩目。

(五)把文化产业大繁荣作为文化体制改革的立足点,进一步助推经济强市建设

市委、市政府牢固树立"抓文化就是抓经济、抓经济不能脱离文化"的理念,坚持做大做强优势文化产业,大力发展新兴文化产业,积极优化文化发展环境,以文化力推动经济力,不断壮大全市经济。全市文化产业重点工程和文化产业园区建设处于起步和发展阶段,目前正在规划和建设的有"五大工程"和"十大文化园区"。"五大工程"是古城保护和修复工程、云冈大景区建设保护工程、恒山大景区建设保护工程、国家灾害预防体验主题公园(暂定名)建设工程、中国民间艺术博物馆和大同文化艺术创意园区建设工程。"十大文化园区"是大同文化创意产业科技园区、广灵剪纸文化产业园区、大同报业文化产业园区、天镇新平堡边塞文化旅游园区、凯之昇印刷科技园区、"许家窑人"遗址文化主题公园、焦山寺遗址文化园区、红色圣境园区、晋华宫煤矿井下探秘游园区、北魏皇陵文化主题公园。其中云冈大景区、恒山大景区、新平堡文化旅游园区、大同报业文化产业园区(大同市印刷园区)等正处于建设阶段;而以弘扬传统剪纸艺术的广灵剪纸文化产业园区处于发展阶段,这是我市目前最大的文化产业园区。截至目前,全市基本形成了娱乐业、演出业、图书报刊业、印刷复制业、艺术教育和艺术品等几大文化产业,共有图书馆、文化馆、博物馆、展览馆、影剧院 38 个,报纸、广播电视等新闻媒体 12 家。

二、几点启示

这几年来,全市文化体制改革工作取得了阶段性成果,给人以有益的启示。

启示之一：观念更新是重要前提。观念更新的程度决定改革推进的力度。毋庸讳言，一些地方、单位和个人存在崇尚"财政事业"、害怕"改制吃亏"等认识上的误区，严重阻碍了转企改制的步伐。要冲破这些落后观念的羁绊，必须更新观念，树立经营性文化单位发展理念，以观念的更新来推动转企改制的突破。

启示之二：体制机制创新是关键所在。推进体制机制创新是改革的本质要求，是推动文化大发展大繁荣的重要举措。只有通过文化体制改革，产生"体制效应"，才能真正盘活国有文化资源，为文化的繁荣发展奠定坚实基础。

启示之三：规范操作是基本要求。文化体制改革必须规范运作，才能确保改革有序推进，真正实行体制转换，培育出合格的市场主体。

启示之四：政策扶持是有力保障。转企改制直接关系着文化体制改革的进展与成效。政策的扶持要体现在转企改制工作上，各级政府必须加大对这项工作的政策支持。

启示之五：培养人才是根本举措。应对转企改制后文化企业所面临的复杂环境，需要一批懂文化、善经营、会管理的一流人才。必须牢固树立人才是第一资源的观念，大力实施人才战略，培养、造就高素质人才。

（作者系中共大同市委书记）

大同市社区建设发展现状
问题及对策研究

中共大同市委政研室课题组

社区是协助党委、政府开展群众工作、提供社会管理和公共服务的一个重要的基层群众性自治组织,直接承担着居民自治功能,是服务群众的前线阵地,是做好社会管理、计划生育、综治、就业和再就业等各项社会服务工作的窗口。加强社区建设,充分发挥社区党组织和社区自治组织、群众性团体、民间组织的作用,对于我市转型跨越发展具有十分重要的意义。

一、发展现状

(一)社区数量和规模

近年来,随着城市建设的发展和扩容,特别是新小区的建设和"村改居"的推进,我市社区的数量不断增加。目前,全市共有城市社区 314 个,辖区居民 682 805 户,人口 1 878 717 人,其中 65 周岁以上的老年人 298 023 人。从规模来看,全市 1000 人以下的社区有 4 个,1000 人到 3000 人的社区有 44 个,3000 人到 5000 人的社区有 93 个,5000 人到 8000 人的有 94 个,8000 人以上的有 70 个。最大的社区是城区北关街道铁牛里社区,有 28813 人;最小的社区是城区北街皇城街社区,只有 213 人。我市社区主要集中在城、矿两区,城、矿两区共有 242 个社区、居民 540 356 户、1 465 055 人,分别占全市总数的 77.1%、79.1% 和 78%。

(二)社区工作人员情况

1. 人员数量。目前,全市社区工作人员共有 1914 人,其中大学生村官 178 人,大学生公益性岗位 109 人,"三支一扶"人员 4 人,"4050"人员 294 人。社区工作人员主要由社区主任、书记、委员等组成,依法按照《城市居民委员会组织法》选举产生,每个社区平均有 6 名工作人员。

2. 文化、年龄结构。从文化结构来看,全市社区工作人员中具有研究生学历的有 4 人,占 0.21%;本科学历的有 306 人,占 15.99%;大专学历的 380 人,占 19.85%;中专学历的 128 人,占 6.69%;高中学历的 864 人,占 45.14%;初中以下学历的 232 人,占 12.12%。从年龄结构来看,30 岁以下的有 456 人,占 23.82 %;30 岁至 40 岁的有 608 人,占 31.77%;40 岁至 50 岁的有 659 人,占 34.43%;50 岁以上的有 191 人,占 9.98%。

3. 薪酬待遇。由于我市社区工作人员身份较为复杂,这样就出现"同工不同酬"的现象。目前,社区工作人员身份主要有五种:街道(乡镇)兼职干部、大学生村官、大学生公益岗、"4050"人员、居民选举产生的工作人员。这些人员当中,街道(乡镇)兼职干部、大学生村官属于财政供养人员,其他人员由各县区发放生活补贴。由于各县区经济实力相差悬殊,生活补贴标准也不一样。补贴标准最高的是矿区,社区主任补贴 1000 元,副主任 960 元,委员 920 元;较低的是广灵县,社区主任补贴 200 元,副主任 100 元,委员 83 元。同时,大部分社区工作人员的医疗、养老保险难以落实。

对社区退下来的工作人员,各县区采取的方式也不相同。有的县区对长期从事社区工作且无固定收入的发放退养费,有的县区仅在逢年过节时慰问一下。如城区对从事社区工作 10 年以上的每月发放 100 元的生活补助,对从事社区工作 10 年以下的每月发放 50 元的生活补助。

(三)基础设施建设和办公经费

1. 基础设施建设。近年来,市委、市政府和各县区针对社区办公条件普遍较差的现状,采取新建、改建、开发商无偿划拨、共驻共建、租赁等多种方式,解决了一些社区办公场所困难的问题。但由于城市拆迁和历史遗留等问题,我市社区基础设施建设发展不平衡,达到省、市规定标准的不足 7%。其特点是新建社区办公条件较好,如向阳里柳港园社区的办公用房已达 2000 多平方米;而老旧社区办公条件较差,有的甚至没有固定的办公场所。目前,全市有固定办公场所的社区 202 个,占 64.33%;无固定办公场所的社区 112 个,占 35.67%。

(2. 办公经费。从 2012 年开始,省里每年给社区下拨 3 万元的经费,同时要求市、县各拿出 2.5 万元作为配套经费。由于各县区的实际情况不同,社区办公经费的落实情况也不尽相同。有的县区落实了配套经费,有的县区只落实了部分配套经费,还有一些县区的配套经费迟迟得不到落实。

3. 社区运转工作模式。为适应社区工作新形势的发展,我市正在按照"尊重传统、便于管理、促进发展"的原则,根据社区所辖范围、分布特点、人口数量、居住集散程度、居民生产生活习惯等情况,改进社区工作的管理模式,变过去的分职能管理为网格化管理。目前,社区网格划分工作已经完成,每个网格居民户数按 100–500 户划分,全市共划分了 1925 个网格,建立了网格化管理信息平台,网格长、网格工作人员基本到位,有关人员正在入户摸底、采集信息,将人、地、物、情、事、组织全部纳入网格进行管理。

4. 社区党建。随着城市管理和社会服务的重心逐步向社区转移,社区党建工作的范围和任务发生了深刻的变化,社区党建已成为党在新的历史条件下加强对社区领导,密切联系群众,更好地体现为人民服务宗旨的新领域、新途径。目前,全市社区有党总支 14 个,党支部 281 个,社区党员 16767 名(其中社区工作人员中党员有 604名),社区党支部书记平均年龄 41 岁,书记主任"一肩挑"的社区有 220 个。

此外,从 2007 年南郊区被民政部确定为"全国农村社区建设实验区"后,我市农村社区建设工作也开始启动。目前,我市已建成的农村社区有 39 个,辖区居民 30748户,人口 78067 人,分布在南郊区的 43 个行政村。这些农村社区在设置上,主要分两种模式,即"一村一社区"和"多村一社区"。"一村一社区"是以一个行政村为单位进行农村社区建设,服务范围以行政村的村民为主,并把区域内的驻村单位和外来人口纳入服务的范围,在组织机构上仍以原村"两委"班子为基础,这类农村社区占 97%。"多村一社区"是将地域相近、生活环境相近的几个行政村联合起来开展农村社区建设,通过以其中一个行政村为中心建设社区服务中心,把多个行政村的服务、管理、人力资源整合在一起,形成一个区域化的社会生活共同体模式,这类农村社区占 3%。在薪酬待遇方面,除"书记、主任"享受组织部"一定三有"岗位报酬外,其他人员都由村集体给予适当补贴,没有统一标准或固定报酬。从调研来看,大同市农村社区由于集体资产没有剥离,工作机制没有建立,还未达到真正意义上的"村改居",可以说处于起步阶段。

二、主要问题及成因

大同市的社区建设虽然取得了一定的成效,但随着社区建设向深度和广度推进,不少深层次问题逐步显现出来,并影响到社区建设的进一步开展。这些矛盾问题,既有基础客观条件的因素,也有体制观念的原因,突出表现在:

1. 现有政策及运行机制与社区建设之间的矛盾。从政策层面上看,社区建设发展规划、政策措施有待加强和完善。比如 2006 年我市《关于解决社区公用用房的意见》

中要求,新建住宅小区由开发商和建设方负责,已建成小区由物业管理部门或大型企业等负责解决,但这些政策在实际执行过程中缺乏操作性强的具体措施。从组织机构上看,工作机制还需进一步完善。目前全市只有城区、矿区成立了社区建设管理指导中心,其他县区还没有成立相应的机构。从社区职能作用发挥上看,抓社区建设的合力尚未形成。社区建设涉及工商、劳动、土地、城建、公安、计生等多个管理部门,由于各部门对社区建设认识不同,再加上职能的交叉重叠,直接影响到社区工作的顺利展开。

2. 行政区划与归口管理之间的矛盾。大同市在行政区划上存在的城郊分割的问题,一定程度上影响了社区工作的有效开展。如在"城中村"改造中新建的"居然家园"小区,小区60%的住户为南郊区新旺乡的农民,另外40%的住户为商品住宅房业主,在户籍管理上分属南郊区新旺乡派出所和城区向阳里派出所。同一小区户籍分别归南郊区和城区管理,导致日常服务和管理工作难以有效开展,有了问题互相推诿,谁都不愿意接这烫手山芋。

3. 社区居民自治与现有基层管理模式之间的矛盾。社区是城市居民实行自我管理、自我教育、自我服务、自我监督的群众性自治组织,而在实际工作中,社区居委会很难行使自治权,发挥自治功能。究其原因:一是社区"行政化"倾向严重。基层政府各部门临时性的统计、调查、综治、检查等任务都是通过街道办事处落实到社区来执行,社区在很大程度上接受街道的指挥和考核,成为政府的延伸机构,工作行政化趋势严重,既没有时间和精力,也缺乏足够的动力将工作重心放在服务社区居民上。二是社区职责不清,权限不明。原有条块分割的城市基层管理体制导致"政出多门"、"多头管理",作为社区建设主要组织实施者的街道办事处缺乏必要的综合协调权和组织实施权,对社区的管理考核不合理、不规范。调查中,一些社区居委会主任抱怨,诸如食品安全、违法占道、消防隐患查处等任务都压到社区来执行,而社区又没有执法权,群众不认可,办事力不从心,这些都直接影响社区管理和服务职能的发挥。

4. 社区建设发展与基本要素之间的矛盾。搞好社区建设,人、财、物三者缺一不可,这也是这次调研中基层集中反映的问题。一是基础设施建设滞后。随着城市拆迁改造工程的快速推进,新建小区越来越多,社区办公场所却越来越难落实。二是社区办公经费落实不到位。社区是群众性自治组织,工作经费基本依靠财政划拨,现在除省里下拨的经费到位外,其他配套经费还没有完全落实,个别社区甚至靠向驻街单位"化缘"维系日常运转。三是社区工作人员待遇较低。调研中,民政部门同志反映,大同市社区工作人员薪酬在全省排倒数第二,有的县社区网格长一年只有200-300元的薪酬。四是社区工作者素质参差不齐。近年来大同市虽然也安排了部分大学生村官进入社区,但是与街道社区的快速发展相比,仍有很大差距。一些社区工作人员没有相应的专业工作背景,知识更新的速度不理想。

5. 居民服务需求增强与社区服务水平相对落后之间的矛盾。一是社区服务难以满足群众全方位多层次的需求。主要表现在街道社区的服务主动性和创造性不够,服务内容和服务方式都是老一套,停留在一些比较粗浅的、低层次的服务项目上,停留在对弱势群体等少数服务对象上。二是社区工作人员的工作能力和方法还未完全适应社区建设发展的要求。三是社区服务的市场运作机制尚未建立。目前社区服务的兴办主体单一,民间社会组织参与社区服务的程度较低,制约了社区管理水平的提高。

6. 城市快速发展与社区管理滞后之间的矛盾。随着城市改造和建设的不断深入,社区建设重要性更加凸显,也一定程度上加大了社区管理的难度。一是"人户分离"现象突出。如向阳里街道柳港园社区在册居民 7000 多户、"人户一致"的只有不足 1000 户,有的居民因拆迁已安置到其他社区,但户口仍在原社区,有的居民虽已入住在该社区,但户口并未迁入,"人户分离"已经影响到计划生育、社会治安等社会管理和精神文明创建工作的开展。二是农村社区建设缓慢。"村改居"要求农村集体资产从村委会中剥离出来,成立自治组织的社区居委会,但大多数村委会和村民认为这样会失去村集体资产,无所依托,福利没有保障,因而参与的积极性不高,意愿不强烈。目前,大同市农村社区只是挂个牌子、取个名字而已,依然实行村委会的运行和管理模式。

7. 社区党建工作的要求与基层工作有效对接之间的矛盾。随着城市化进程的加快,流动人口的增多,企业转制后下岗职工和失业人员都居住在社区,许多离退休干部、职工的管理服务也交由社区负责,这其中不少是党员。目前的现状是,社区党组织还没有相应的教育和管理方式把这部分党员有效地教育管理,不能很好地发挥这部分党员的先锋模范作用。另外,驻街单位党组织与社区党组织共驻共建方面工作机制还不完善,存在老办法渐渐不管用,新办法还不会用的问题。

三、加强社区建设的对策和建议

第一、健全工作机制,完善相关配套政策。一是要建立健全党委领导、政府主导、部门协同、街镇负责、社区主办、社会参与的社区建设工作新机制。可以尝试在社区建立人大代表、政协委员联络点制度,市、区人大代表、政协委员定期到社区听取辖区居民反映情况,与街道及有关部门负责人一起研究解决热点难点问题的办法。二是要尽快在县区成立社区建设管理指导中心,条件成熟的县还要成立街道办事处,以协调解决社区建设存在的问题。三是要完善相关配套政策。如制定社区工作准入制度、驻区单位参与社区建设管理制度、居民常住地户籍登记制度等。四是要强化对社区建设的考核评价。特别是要创新社区工作激励机制,对思想上重视、工作成绩突出、年度目标任务完成好的,要优先提拔使用,并在物质上给予奖励。

第二、完善管理体制,强化居民自治。各级政府及其职能部门要加强对社区工作的指导与支持,减少对社区事务的行政干预,保障社区依法开展自治活动。凡委托给社区办理的有关事项,政府要通过"购买服务"等形式,按照"权随责走、费随事转"的原则,将有关工作和经费一并交给社区,保障社区事务管理责、权、利的统一。

第三、建立长效机制,加大社区资金投入。一是建立社区经费保障机制。各级政府要把社区建设所需经费纳入公共财政预算,出台社区建设专项资金使用办法,保障社区建设资金供给。二是建立社区建设多元投入机制。动员社会力量捐助、相关部门帮扶,多渠道筹集社区建设资金,形成政府财政投入一块,上级民政专项资金争取一块,街道办事处、社区自筹一块,驻区单位帮扶一块,社会筹集一块的多元化投入机制。同时,把社区服务作为一个新兴的产业来培植,允许部分领域、部分项目进入经营运作。比如开办慈善超市、建立老年托管站等等。

第四、加强社区队伍建设,提高工作人员素质。一是建立高标准的社区研究队伍。社区建设是一项庞大的系统工程,需要深入细致地研究,制定完善相关配套政策措施。北京、上海等社区发展较好的大城市,已经配有专业研究人员和机构研究社区建设,对社区建设提出建议和意见。二是加强学习培训,将社区工作人员的培训纳入干部年度整体培训计划之中,每年开展一次培训,每三年左右时间对在职人员轮训一次。三是加强志愿者队伍建设。要加快组建结对帮扶、人民调解、助老服务、治安巡逻、文明劝导、计生服务等志愿者服务队,使志愿服务成为社区居民的自觉行动。

第五、创新服务理念,拓展服务领域。社区要在做好居民办证、低保、治安维护、计划生育服务等工作的基础上,不断拓展服务内容、扩大服务领域,特别是在繁荣社区文化、增进邻里和睦、完善便民设施、提供快捷服务、关爱空巢老人、发展社区养老事业等方面,加大探索和尝试力度,在做好网格化管理工作和协会组织工作的同时,因地制宜,打造特色,提高居民幸福指数。

第六、强化社区党建工作,夯实基层党组织基础。一是完善以社区党组织为核心的工作网络,横向健全和强化以驻区机关、企事业单位党组织为主的党建工作联系会制度,强化属地功能;纵向建立楼院党小组,将社区党建工作延伸到每一位社区党员,形成社区党建全覆盖的工作体系。二是加强社区党员的管理和教育,做好社区党员的双向登记工作。社区党组织要对辖区党员进行详细的调查登记,根据党员分布的不同特点进行分类指导,分类管理。对组织关系在社区的党员,要以建立健全党员目标管理为载体,严格组织生活制度,开展民主评议活动,提高党员素质;对组织关系在社区的外出流动党员,采取党员联系卡等形式开展组织活动,加强对外出流动党员的管理。三是充分发挥基层党组织的作用,结合即将开展的党的群众路线教育实践活动,从社区居民群众迫切要解决的热点、难点问题入手,积极开展各种志愿服务、文化娱乐和社会公益性活动,推动社区党建工作向纵深开展。

大同市旅游产业存在的问题及对策

大同市政府发展研究中心

大同拥有丰富的旅游资源,但长期以来一直习惯把煤、电、水泥等作为资源来看,而忽视旅游资源的地位,更没有认识到这是一种可持续发展的战略资源。当前,在国家强调科学发展的大背景下,如何使大同由旅游资源大市转变为旅游经济强市,真正地造福于大同人民,是落实科学发展观、建设和谐社会不可回避的一个重要问题。为推进大同旅游产业的科学发展,必须坚持以科学发展观为指导,着力转变发展方式,把旅游工作融入经济发展的大局中,抓住机遇、发挥优势,统筹兼顾、整体推进,追求高水平、实现新跨越。

一、大同市旅游产业发展的基本概况

大同市是国务院首批公布的 24 座历史文化名城之一, 是一座集历史、自然、民俗、人文为一体,蕴藏着巨大开发潜力的旅游资源型城市。大同市旅游业自 1973 年周恩来总理陪同法国总统蓬皮杜来同参观访问起步,经过 30 多年的发展,先后实现了由外事接待型向经济效益型的转变,由旅游事业向旅游产业发展的转变,形成了以云冈石窟、恒山两大景区为主的多条旅游产品线路,旅游"六要素"基本构成,旅游产业初具规模。特别是 2008 年以来,大同市按照"一轴双城,分开发展;古今兼顾,新旧两利;传承文脉,创造特色;不求最大,但求最佳"的总体规划,先后投巨资开展了大规模的古城修复保护,续建完成了云冈石窟、华严寺、善化寺、东城墙、关帝庙、府文庙、帝君庙、纯阳宫、清真寺、法华寺、古民居等文物修复保护工程。开工建设了北城墙、代王府、鼓楼东西历史街区、北魏明堂公园、南城墙瓮城以及西城墙的全面修复等工程,完成了文庙、关帝庙环境整治及华严寺、清真寺商业广场、法华寺商业街区建设工程。同时,紧紧围绕旅游名都和生态名邑战略目标,以道路建设为重点,以生态绿化为亮点,大力实施环境治理和城市公共基础设施建设,重点完成了御河生态公园、矿区生态公园、东城墙带状公园、十里河公园、采凉山森林公园、文瀛湖公园等绿化建设。加快御东、御西和园区 60 条、90 公里道路改造建设和荣乌、天大、同源、广源高速公路建设进度以及大同客运东站前期工作,完成大同机场改扩建工程,举全市之力全面改善旅游发展环境,为旅游文化产业繁荣发展创造条件。与此同时,旅游业作为实现市政府提出的"三名一强"战略——建设旅游名都中的关键产业,在市委、市政府高度重视下,紧紧抓住综改试验区先行先试的机遇,强力推进以中国历史文化名城为中心,以世界文化遗产云冈石窟、国家风景名胜区北岳恒山为两翼的"一主两翼"旅游文化产业战略,全市上下坚持把旅游业作为国民经济的战略性支柱产业来培育,不断强化旅游基础设施建设和道路交通、环境整治,进一步加大旅游宣传促销,打造"中国古都、天下大同"品牌,推动大同市旅游文化向产业化、高端化、精品化、公益化发展,旅游服务能力、服务质量和旅游安全保障水平不断提高,旅游经济总量取得新的突破,全市旅游产业呈现出蓬勃发展的良好势头,旅游产业逐步成为全市经济转型跨越发展新的支柱性产业。

2011 年,大同市旅游业总体上保持了平稳较快发展态势,国内旅游、入境旅游、出境旅游三大市场健康发展,主要旅游经济指标取得新的突破。接待旅游入境人数 23.49 万人次、同比增长 16.09%;旅游创汇 8650.92 万美元、同比增长 18.34%;国内旅游人数 1592.68 万人次、同比增长 16.27%;国内旅游收入 130.9 亿元、同比增长 15.6%;旅游总收入完成 136.60 亿元,同比增长 15.57%,几项主要指标增幅排在全省前三名。截至目前,全市现有旅游经营单位 200 余家,其中:景区(点)63 家;星级宾馆 20 家,客房 3099 间套,床位 5600 张(五星级宾馆 2 家,四星级宾馆 10 家,三星级宾馆 2 家,二星级宾馆 6 家,正在申报四、五星级的 9 家);旅行社 65 家(出境游和赴台游组团社 1 家);旅行社分社 7 家;旅行社服务网点 50 家;旅游汽车公司 5 家;国家级工农业旅游示范点 4 家,省级农业旅游示范点 16 家,省级旅游点 12 家。全市共有注册导游员 1240 人,其中旅行社所监管的导游人员为 433 人,导游服务中心所监管的导游人员为 787 人,高级导游 2 人,中级导游 91 人,初级导游 1147 人,外语导游 9 个语种 162 人。全市旅游业直接从业人员 2 万多人。形成了一支高、中、初级相结合富有朝气的旅游从业人员队伍和六要素市场配套的产业体系,为"十二五"实现旅游产业跨越发展奠定了坚实基础。

二、存在问题与制约因素

(一)旅游产品开发单一,产业发展未形成整体合力

由于我市多年来形成了"一煤独大"的产业结构,在一定程度上容易使人忽略旅游业的作用和地位, 社会各界对旅游业的战略主体地位及旅游业对其他产业的联动带动作用、拉动经济社会发展的综合作用还认识不够,没有真正把旅游业作为未来替代产业来培育,旅游业在体制机制、资金投入、财政税收等方面的扶持倾斜力度几乎没有,现代旅游业发展理念相对落后,旅游产品开发单一,旅游产业还未形成转型发展的支柱性产业。再加上在一些地方形成了文物资源就是旅游景点的偏颇认识,导致了旅游产品开发的单一性和初级化,忽视了旅游市场需求的多样性,旅游业与相关产业融合发展不够, 未形成一条完整的文化旅游产品消费链, 旅游产品开发种类不丰富、知名品牌纪念品少,拉动旅游消费力不够强。

(二)旅游企业整体实力弱,市场竞争力不强

由于我市经济基础差、底子薄、负担重、旅游产业投入不足,致使我市旅游业发展中仍存在着许多不尽如人意的地方,旅游业的产业地位、发展规模、经济效益等诸方面均与我市丰富的旅游资源和区位优势很不相称,城市整体旅游功能建设离真正的旅游强市还有相当距离。突出表现在"食住行游购娱"旅游六要素间发展不够平衡,缺乏协调和衔接,尤其体现在旅游企业散小弱差现象严重,形不成规模经营、集团化发展。如全市 60 多家旅行社,有一定规模的只有大同国旅、中旅、华远、青旅等部分旅行社,四分之一的旅行社营业收入均低于 100 万元;部分县区连一家三星级饭店都没有。

(三)旅游管理体制不顺,经营环境不够优越

我市虽然已成立旅游产业发展领导组,但其职能作用发挥的远远不够,没有起到牵头、组织、协调、管理的作用,未形成综合性一体化的管理、开发、经营主体,缺乏一套能有效推进旅游业发展的领导机制以及管理、投资、建设、宣传与营销机制。从经营环境来讲,主要表现为多头管理、重复执法、权责不清、各自为政,多数景区采取经营与管理一体化的机制尚未跳出"事业"的框架,难以按照市场需求进行资源的合理配置和产品的有效开发以致缺乏发展活力,一些优惠政策没有很好地落实。

(四)队伍建设不适应发展要求,旅游专业人才紧缺

当前,旅游产业缺乏三类专业人才:一是缺乏旅游经营管理人才、广告营销策划人才、旅游产品研发人才;二是缺乏规划设计人才、专业技术人才、投资创业人才;三是缺乏高素质的导游人员、讲解人员、服务人员。特别是由于季节性较强、工资待遇不高,导致很多专业的旅游管理和服务人员流失。大同国旅固有员工 48 人,150 名社会

员工,每年约 50 名社会员工流失需补充,培训社会导游 200 多人,高素质的专业导游严重匮乏。

三、旅游产业发展对策

大同以历史文化资源厚重闻名于世。北魏京华、辽金陪都、明清重镇是她三个最辉煌的时期,世界历史文化遗产云冈石窟、中国历史文化名城、国家风景名胜区恒山是她三张最闪亮的名片。依托丰厚的文化资源,发展文化旅游大产业,造福一方百姓,是国内外许多城市的成功经验。"他山之石,可以攻玉"。大同完全有条件也有可能成为世界旅游名都,成为国际旅游终极目的地。

(一)创新体制和机制

一是进一步解放思想,更新观念,将旅游业的发展纳入经济社会总体发展规划,建立一套严格的规划执行机制,按规划布局,按规划实施,严格监督,确保旅游资源的科学开发和旅游精品的顺利建设,实现保护和开发的有机统一,走政府主导型的产业发展路子。二是从组织上理顺旅游管理体制,旅游行政管理部门作为各级政府发展旅游业的参谋部和实施行业管理的指挥部,必须要加强机构建设,特别是重点旅游县的旅游管理机构,组建适应旅游市场的旅游执法队伍。充分发挥旅游产业发展领导组的职能作用,建立健全各部门协调运作机制,形成定期联席会议制度,确立大同旅游发展的保障体系。三是贯彻落实《国务院关于加快发展旅游业的意见》和《山西省人大常委会关于加快发展旅游业的决定》精神,制定出台我市扶持旅游业发展意见,从政策层面给予旅游业发展最大支持。四是结合大同市发展实际,设立旅游产业发展基金。五是进一步加大体制创新力度,按照省综改办和省旅游局的要求,努力把云冈石窟培育成全市乃至全省、全国的标杆景区,为全市旅游景区发展提供经验。

(二)加强管理和规划

科学发展旅游要做好文化与自然遗产的保护,做好生态环境的保护。在对遗产类旅游资源开发的过程中, 要制定严格的保护规划并认真实施。旅游是一项富民的产业,尤其是在经济较为落后的地区,旅游开发之初,就要做出详细可行的社区发展规划, 做到旅游产业的发展要与当地社会的发展相同步, 优先为当地居民提供就业机会,真正发挥他们主人公的作用。景区开发的数量扩张不一定就能促使旅游效益实现累增, 在旅游开发过程中必须依照区域性总体规划, 对各级各类旅游资源开发有取舍、有先后,提高资源、资金的使用效率。

(三)促进旅游与文化的深度结合

大同旅游资源的核心价值在文化,大同旅游的内在吸引力在文化。新形势下,加快转变旅游业发展方式,特别是利用我市丰厚的历史文化资源,找准旅游与文化的结合点,做大做强旅游产业是当前和今后一段时期内大同市旅游产业面临的重要课题。当前和今后一个时期,要以贯彻落实党的十七届六中全会通过的《关于深化文化体制改革、推动社会主义文化大发展大繁荣若干重大问题的决定》和大同市文化体制改革为契机,找准旅游与文化的结合点,在树立自身的文化旅游主题和特色上做文章,如在旅游宣传促销、旅游纪念品开发、旅游节庆活动、景区景点建设、旅游设施完善、管理细节以及服务意识中继续做好融合工作,提升城市文化品牌。要围绕打造旅游名都和国际终极旅游目的地建设,打造一批特色鲜明、核心竞争力强的旅游景区;发展一批充满活力、富有魅力的旅游经济乡镇和旅游特色村;启动一批生态旅游、乡村旅游和文化旅游示范区;形成一批享誉中外的旅游特色精品线路;培育一批具有全国和国际影响力的旅游知名品牌;壮大一批有规模、实力强的旅游骨干企业,打造大同市宗教古建、工农业旅游、塞北民俗风情、大同美食四大魅力特色旅游产品体系,加快形成旅游发展新格局。

(四)加快旅游公共服务体系建设

要抓住当前全省扩大交通基础设施投资的机遇,重点解决支线旅游交通和景区连接线的交通瓶颈问题;结合旅游新业态的出现,重点解决高等级公路、主要交通要道、景区旅游公路和自驾游线路上的旅游交通标识问题,全力推进旅游环境优化工程。结合大同市被国家旅游局列入全国 60 个游客满意度调查城市的契机,按照全国游客满意度调查城市标准要求,在重点做好古城保护和城市基础设施建设的同时,进一步加快城市旅游功能设施建设,加快建设"六大旅游中心",即旅游信息中心、旅游集散中心、旅游购物中心、旅游演艺中心、旅游培训中心、旅游会展中心,大力提升宾馆饭店、景区景点、旅行社等服务质量,积极做好云冈石窟、恒山风景名胜区和新修复景区软环境的综合治理工作。

(五)加大旅游宣传推介力度

要紧紧围绕全力培育大同市旅游城市品牌这一工作主线,坚持联合营销、节庆营销和区域合作战略,以挖掘文化内涵为重点,依托媒体,最大限度地发挥市场效应,力求在旅游宣传推介上取得新突破。重点做好《中国古都,天下大同》城市旅游形象宣传片在央视、凤凰卫视、山西电视台等媒体的宣传工作,并协调宣传和文广电等部门在主要媒体进行宣传,营造全市人民关注我市城市变化和发展旅游业氛围;精心搞好民间艺术节、雕塑展、双年展、旅游节等文化主题节庆活动,不断积累和壮大名城古都的风采和声势,增强文化旅游品牌的吸引力和影响力;利用"连理同庆"和环渤海"9+10"旅游城市营销活动等平台,针对京津、长三角、珠三角、东北和周边五大区域举办主题旅游宣传促销;大力强化与中央级、省级主流媒体合作,开展有关城市品牌推广活动,全力培育大同市旅游城市品牌;进一步加大对旅游产品的整体策划、开发、包装,努力培育宗教古建、工农业旅游、塞北民俗风情、大同美食四大魅力特色旅游产品体系。

(六)加强旅游人才培养和引进

重视旅游人才培养和产业研究,加强旅游产业发展后劲。要从长远可持续发展的高度加强旅游人才的培养,制订科学可行的旅游人才培养规划,建立健全旅游人才培养使用机制。吸引优秀旅游专业人才进入到旅游队伍。实施旅游管理人员培训计划。积极引进旅游规划、酒店管理、景区管理等急需旅游人才。建立大同旅游学校和晋北旅游培训基地,大力加强旅游职业教育。鼓励旅游企业与旅游院校开展校企合作,广泛推行"订单培养"。

从先进工业园区的成功经验看我市工业园区建设

中共朔州市委政研室

　　工业园区是推进工业新型化的重要手段，是加快转型跨越发展的重要承载和支撑。去年以来，朔州市委、市政府按照省委、省政府以煤为基、多元发展，全循环、多联产、抓高端的战略部署，紧紧抓住综改试验区建设这一机遇，以建设循环经济集聚区、转型发展试验区和现代园林工业新区为目标，把以八大园区为重点的工业园区建设摆在全市工作的突出位置，强力推进，取得了较大成就。但放眼全国，与国内知名工业园区相比，还有不小差距。为了进一步推动我市八大园区更好更快发展，我们对国内几个较为成功的工业园区进行了学习考察，对我市的园区建设情况进行了调查研究，经过对比分析，提出一些粗浅的看法。

一、国内先进工业园区建设的成功经验

　　近年来，各地高度重视工业园区建设，涌现出了像天津滨海新区、苏州工业园区、威海工业新区、昆山开发区等一大批成功工业园区。苏州工业园区曾产生了"一天创造1个亿的GDP，一天上缴1260万元的财政收入，一天引进400万美元外资"的奇迹，成为"国内开发速度最快、竞争力最强的开发区"，并创造了令世界称奇的园区经验。概括起来主要有以下几个特点：

　　一是坚持以规划的大手笔、引领发展的大跨越。园区要发展，规划是引导。这些园区在建设过程中，始终坚持规划引导发展。如苏州工业园区发展的最大亮点，在于紧紧抓住了规划这一龙头，以规划的超前覆盖，引领有序开发。园区正式启动一年前，一份着眼于50年发展的园区概念规划开始生成，园区正式启动前，已由新加坡、中方双方专家协同编制完成了园区总体规划。此后，用了整整一年时间，完成园区首期开发

8平方公里范围的详细规划后,园区的第一幅地块才开始转让,规划设计始终超前于开发建设,做到了"无规划,不开发"。同时规划思路科学,坚持从园区发展的长远利益和需要出发,并留有发展余地。例如,在土地利用上,安排了大量的预留地供目前不可预见的发展使用;在基础设施方面,无论是规划和标准还是地下管线的铺设,都考虑了园区长期发展的需要。青岛市在2008年出台了《青岛市工业布局调整指导意见》,明确园区建设的功能定位,强化产业归类,成立规划专家咨询委员会审定各园区规划,保证园区规划的科学性,切实解决了园区建设过程中定位雷同、布局分散等问题。

二是突出配套完善基础设施。基础设施是发展工业园区的先决条件。这些成功的工业园区在基础设施建设上投入力度都比较大。天津滨海新区采取滚动投入的方式,每年投入巨资来完善基础设施。2012年,作为天津滨海新区基础设施建设主力军的滨海建投集团,就完成投资253亿元。威海工业新区累计完成基础设施投资20多亿元,建设了110KV变电站、污水处理厂、净水厂、热电厂、集中供热站等一批重点工程,完成了道路硬化、园区绿化、亮化等工程,实现了"十通一平"全方位配套。

三是注重实干创业、优化服务环境。加快推进园区建设必须有良好的精神状态和优质的服务环境。比如,昆山经济技术开发区的成功与辉煌,与其抢抓机遇的能力和奋力拼搏的干劲息息相关,昆山市一老领导总结为"唯实、扬长、奋斗"六个字。这就是坚持一切必须从昆山实际情况出发,"不等、不靠、不要"、"敢想、敢当、敢干",谋一事,蓄一势。昆山开发区逐步形成了"白加黑"和"5+2"的工作机制,全区上下全面推行一线工作法。大家咬着牙扎实苦干,以情招商,以商招商,以服务留商。天津滨海新区在工业园区建设过程中,提出了"政策最少,服务最好"的发展理念,提出为企业服务就是为投资者服务的理念,在服务上和国际接轨,形成了一套高效为民的服务体系。威海市工业新区强化"企业创造财富、政府营造环境"的服务意识,超前介入、优质服务,切实转变工作作风,能现在办的就立即去办,能主动去做的就绝不坐等,能一个人完成的就不要两个人去办,为园区企业发展创造良好条件。

四是健全机制追求高效。先进工业园区大多都采取了政府管理机构加市场开发实体相结合的运行机制。天津滨海新区除了新区管理委员会外,还建立了"一个平台和两个中心",一个平台即新区建设公司,两个中心即财务中心和土地收储备中心,来对新区的建设进行市场化运作。青岛市明确了工业园区建设政府主导、市场化运作的运行原则,坚持由政府组织、统一领导、统筹规划,加强对开发建设的支持、引导,充分发挥市场机制的作用,广泛调动社会资源,积极参与园区发展。同时还对园区的管理体制,财政体制、投融资体制、行政执法体制和外事体制等进行了明确。除了在行政管理体制上进行大胆创新外,还设立了高新区开发建设和融资的经济实体,实现了工业园区管理机制的精简、高效运转。

五是大力度推进招商引资和项目建设。先进工业园区在建设过程中,始终把招商引资和重大项目推进作为工业园区建设的重中之重,树立了"招商引资是园区建设生命线"的理念,结合各园区产业特色和产业优势,挖掘园区的特色和优势,创新招商引资方式,注重重点招商、产业招商、以商招商,实现招商形式多样化,并对招商引资有功人员在政治、经济待遇等方面进行重用重奖。天津市滨海新区坚持高标准、高起点的原则,积极把目光瞄准世界 500 强大公司,积极引进了一批国际知名大公司进驻。烟台市积极采取专人招商,定点招商和感情招商,专门派驻了一名年轻干部驻在上海,引进了一批大企业和项目,同时,紧紧围绕产业链条,盯紧专业性较强的配套企业进行产业链条招商。在大力招商引资的前提下,着力抓大项目推进。

六是大胆创新建设模式。工业园区的发展壮大离不开创新的推动。这些成功园区在建设过程中,都始终能坚持积极探索,大胆创新。天津滨海新区在建设过程中,采取滚动方式筹集基础设施的建设资金,一开始时新区没有财政和融资平台,由天津市财政做抵押,向开发银行贷了 500 亿元来搞基础设施建设。从 2005 年到 2007 年,依托新区建设投资公司这一融资平台共从银行贷款 200 多个亿来推进基础设施建设;苏州工业园区在发展过程中,开创了中新两国合作新模式,连续多年向新加坡借鉴经验,新加坡的发展轨迹不仅在园区渗透、延伸,赋予园区更具活力的内涵,还借助这一平台产生了深远的示范效应。

二、朔州市八大循环工业园区建设的现状及存在的问题

一年多来,面对世界经济持续低迷、全国经济增速放缓、下行压力持续加大的影响,我市采取积极有效措施,进一步整合资源优势、政策优势和产业优势,积极发挥园区的集聚、辐射和带动功能,大力发展循环经济和新兴产业,八大循环工业园区显现出资源日益整合、规模日渐壮大、配套不断完善、效益有效提升的发展态势。

1.园区基础设施不断完善。基础设施建设逐步完善。特别是市固废综合利用工业园区,为了打造成为全省乃至全国循环经济发展的标杆园区,市政府加大基础设施建设力度,目前一期北区开发工程基础设施完成 6 项,概算总投资达 2.94 亿元,已落实到位占地补偿、绿化亮化、工程建设资金 1.8 亿元。南区环园及主干道路、贯通园区南北的上跨铁路立交桥、园区雨污水排水及污水处理工程正在积极筹备中。朔城区富甲循环工业园已修道路 6.8 公里,植树 1 万余株,基本实现了"七通一平"。在平鲁北坪

循环经济园区建设中,已完成投资 2.18 亿元,先后完成了 10 万立方天然气站、100 万平方供热站、日处理 1 万吨污水处理厂,5.5 公里园区道路和 3.3 公里园区地下基础管网工程。东露天园区完成了全长 28 公里的供水工程,铁路专线预计年底全线运行。

2. 园区效益已然显现。八大工业园区总规划占地 33.136 万亩,规划入园项目 261 个,总投资 3246 亿元。现已建成生产项目 103 个,总资产 447.44 亿元。2011 年实现产值 202.88 亿元,利税 36.33 亿元。在建项目共有 83 个,总投资 1140 亿元,预计产值达 974.05 亿元,实现利税 191.37 亿元。规划入园项目 75 个,总投资 1658 亿元。预计"十二五"期间所有项目全部建成投产达效后,可实现产值 2680 亿元,利税 580 亿元。目前,八大园区列入省重点工程 12 项、市重点工程 17 项、重点推进项目 3 项,总投资 885.24 亿元,2013 年计划完成投资 92.14 亿元。

3. 园区辐射带动效应明显。八大循环工业园区的快速发展为全市城镇化建设提供了新的动力。神头、井坪、北周庄、金沙滩等一大批乡镇已经成为园区开发建设和镇村建设结合的典型。随着园区基础设施的完善,吸纳就业能力的增加,以及医院、学校、宾馆、市场等向园区聚集,园区的生活居住功能逐渐提高,园区正在由单一的项目区逐步向现代新城转变。如山阴县北周庄镇,紧紧依托中煤金海洋公司厂区位于该镇的有利优势,科学编制村镇发展规划,将金海洋工业园区的发展与全镇城镇化发展同频共振,努力打造四化一体同步发展样板示范区和全省百强小城镇。

整体看,全市八大循环工业园区建设推进有力、步伐加快、成效显著,有力地促进了区域经济的发展壮大。但同时也要清醒地看到,目前在园区建设中还存在不少深层次矛盾和问题,主要表现在:

发展不平衡。园区间发展差距比较明显,形不成齐头并进、整体优势充分发挥的规模效应。此外部分园区还存在项目说得多、做得少、进展缓慢的问题。特别是有的园区重点项目进展不快,一些招商项目迟迟不能落地,甚至有个别重大转型项目存在"信誓旦旦承诺、热热闹闹奠基、偃旗息鼓停工"等现象。我市的陶瓷产业,市委、市政府多次研究要打出品牌,创造品牌效应,把品牌做大做强,但效果仍不是十分明显。

发展层次低。部分园区发展定位不清、发展目标模糊,规划起点不高,产业特色不突出,产业导向不明确,产业集群不集中,产业布局不合理。有的园区开发建设受地域条件制约,投资成本高,园区招商引资后劲不足,引进的项目规模小、档次低、占地面积大、产业关联度弱,项目质量不高;有的园区招商引资急于求成,对签约项目把关不严,入园项目与园区的规划定位不相符。各园区内普遍低端项目多,高新技术项目少,新兴产业项目缺乏。真正的非煤电产业项目、特别是上亿元、十几亿元、几十亿元的大项目就更少,缺乏有影响力的知名品牌和知名企业。

发展环境弱。个别地方软环境建设不优、项目落地不多不快,突破性的工作抓得不够。园区的发展本身需要良好的投资环境,而部分园区却存在着政策环境不明朗、不宽松、不开放;服务环境不健全、不便捷、不协调;治安环境不理想、不太平、不放心;管理环境不到位、不灵活、不严格等问题。软环境建设已经成为部分园区快速发展亟待解决的问题。

发展体制不顺。个别园区在管理中责、权、利不明确或不对等,有的管理机构不健全,有的管理主体不明确,缺乏统一的考核激励目标体系。有的园区管理办公室职能缺失、服务缺位,自主权不充分,管理和服务职能得不到有效发挥,影响了园区建设的健康推进。

三、加快推进我市八大循环工业园区建设的对策建议

工业园区的最大任务是加快发展,最大机遇是政策叠加,最大希望是开放开发。抓住工业园区的建设和发展,就是抓住了全市工业经济工作的"牛鼻子"。通过和先进工业园区的比较,我们深深地体会到,除了客观条件的制约外,我市八大循环工业园区建设还需在解放思想、园区规划、招商引资、基础设施、运行体制等多方面着力。借鉴先进工业园区建设的经验和做法,建议从以下几个方面加快推进:

1. 进一步解放思想,超前抓好园区规划,重点发展符合绿色、循环、低碳要求、科技含量高、集约利用土地的技术、智力密集型产业,走创新驱动、内生增长之路。全市上下要进一步解放思想,创新观念,把思想和行动统一到党的十八大精神上来,统一到市委、市政府的总体要求上来,"敢想、敢当、敢为","不等、不靠、不要"。真正做到"只要体现科学发展观要求、只要符合国际通行做法,就大胆试、大胆闯",努力把各园区办成"特区","杀出一条血路来"。一是要强化规划先行意识。要避免边建设边规划,防止规划与建设相脱节的现象发生。要注重"顶层设计",用开放性、最前沿的规划思路引领建设。要本着"统筹兼顾"的原则,把眼前利益与长远利益相结合,把园区规划与城市规划相结合,把发展经济与保护环境相结合。对各园区的总体规划、分区功能规划要聘请专家、学者进行科学论证,为园区规划"坐诊把脉"。二是要加快园区产业布局调整。各园区要进一步明确功能定位,形成各具特色、功能完备、有机链接的产业园区空间布局,推进产业加快集聚。要严格执行区域能耗总量控制、污染物排放总量控制和节能前置审批、环评审批等制度,坚决控制高耗能、高污染项目上马,加大新旧产能置换和淘汰落后产能力度,下决心为新的大项目、好项目腾出环境容量和能耗指

标。要留有发展余地,在选择入园企业的时候要瞻前顾后,要从长远利益考虑,为未来强势、优势、大型企业入住留足发展空间。三是要严格执行既定规划。对规划已明确的园区,要严格落实规划,不得随意更改,一次规划,分期实施,稳步推进,力求达到最佳的投资方案,最小的投资成本,最大的规模效益,确保规划的权威性与严肃性。

2. 进一步把扩大开放和招商引资作为发展园区的重中之重,千方百计,主动出击,找准重点,强攻难点。要始终坚持把招商引资作为园区发展的强大动力和主导战略,充分利用现有的区位优势、资源优势、产业优势,以招商引资为总抓手,不断创新招商引资方式,加快构建更具活力的开放引进体系。要树立"开放即发展"的思想观念,倡导以资源换项目、换技术、换人才和以规划、环境招商等理念,把招商引资作为推进转型综改、实现转型跨越发展的重大举措,强化集团式谋划、专业化对接、点对点攻关,积极承接长三角、珠三角产业转移,主动融入环渤海经济圈,引进有创新的技术和有市场前景的项目。

3. 进一步在项目建设上下工夫,主要领导要以更大的力度、更宽的眼界引项目、抓项目,主动带头跑项目、争项目。项目建设是园区发展的基础,是推进转型跨越发展的重要抓手。加快我市八大循环工业园区建设,必须要将重心放到项目建设上来,大上项目,多上项目,上好项目。主要领导要亲自抓项目,不折不扣地推进各项重大工程和重点项目的落地。要加大项目的开发储备,高度重视重点项目工程建设,不断强化重点项目工程的引领带动作用。要以大项目、大企业、大园区为载体,改造提升传统产业,培育壮大新兴产业,加快发展服务业,追求高端化,占领制高点,产业对标世界一流,构建具有朔州特色的现代产业体系,把八大园区打造成为转型跨越发展的标志性工程。

4. 进一步突出人才科技,集聚国际创新资源要素,大力发展创新型经济,建设创新型园区。成功的园区启示我们,一切成就都是先进理论加上辛勤劳动创造出来的,离开创造,即使资源富集也会一贫如洗。园区要把全社会智慧和力量凝聚到创新发展上来,提高原始创新、集成创新和引进消化吸收再创新能力,更加注重协同创新,加快园区新技术新产品新工艺研发应用,加强技术集成和商业模式创新。要加快科技创新步伐,全力提升开放条件下的自主创新能力,实现开放与创新"双轮驱动"。要大力实施人才培养、培训工程,建立人才工作站,依托海外、省外人才工作站,放大留学人员创业园省市共建效应,形成"引进一个人才、集聚一个团队、培育一个企业、带动一个产业"的链式效应。积极推动产学研深入合作,引导产业链核心企业将研发环节向开发区转移。

5.进一步树立经营园区的理念,积极探索多渠道投融资机制,尽快形成园区建设投资主体多元化的格局。资金短缺是制约园区发展的主要瓶颈。各园区要及时调整园区建设融资思路,把一切都看做资源,把一切资源都看做融资手段,重多方融资,以方法的灵活性支撑发展的持久性,着力构建多元投融资体系。一是要整合资源,集群发展,实施大园区统筹带动战略。二是要千方百计争取项目资金。三是要充分发挥政府投融资平台的作用。成立投资公司,充分发挥政府投融资平台在园区建设上的引导带动作用,通过吸纳整合资源等多种方式,加大政府对工业园区发展的投入。四是要激活民间资本。充分挖掘我市煤炭资源整合后充裕的民间资本资源,吸引民营资本参与园区建设。五是要发挥金融助推作用。加快人行朔州支行十五条信贷指导意见的落实,切实加大对八大工业园区的信贷支持力度,扶持园区建设快速起跳。

6.进一步创新园区管理体制,激活园区运作机制,宏观引导和市场调节相协调,努力增强园区生机和活力。一是要建立健全领导体制。要建立更富活力的干部管理机制,努力培养造就一支政治坚定、思想敏锐、眼界开阔、能打硬拼的高素质干部人才队伍。按照园区设立党工委、企业单独或联合建立党组织的模式,在八大园区中跟进党组织设置,为园区发展提供强有力的政治保证。努力形成"链条最短、效率最高、人员最精"的高效运行体制。二是要理顺运行机制。八大园区党工委要不断强化企业党组织的政治核心作用,充分发挥党的思想政治优势、组织优势和群众工作优势,主动服务企业发展,不断提升非公企业党建工作整体水平。三是健全督查考核机制。要将园区工作任务进行分解、落实到各县区、各园区和相关部门。要建立园区工作绩效考核体系,把八大循环工业园区建设工作纳入全市年度目标责任考核内容。

7.进一步用足用好土地试点政策,加强土地动态监管,努力提高土地综合利用率。当前园区建设用地紧缺已经成为制约园区可持续发展的瓶颈,特别是项目用地指标紧张。学习深圳坪山以"单元统筹规划设计的大视野、大思路"和"整村统筹"进行土地整备,"变废为宝"、"无中生有"成就新兴产业。要开展存量土地盘活和挖潜工作,合理整合工业零散用地,清理闲置工业用地,提高土地的综合利用率。要认真落实露天采矿用地改革、矿业存量土地整合利用、城乡建设用地增减挂钩和工矿废弃地复垦调整利用等试点政策,加大土地复垦力度,切实将试点政策用足用好。

8.进一步优化发展环境,努力使我市园区在周边省市、达到办事效率最高、服务质量最好、政策环境最优。环境是最大的竞争力。要突出园区品质,提升国际化环境功能。坚持以功能品质立区,以最优载体"抢最好的牌",全力营造"亲商、安商、帮商、富商"的投资环境。一是要完善园区的服务功能。对涉及园区的事急事急办,特事特办,开辟"绿色通道",设立"一站式"服务窗口,为投资者提供方便。努力提高服务水平,使"软"环境建设与"硬"环境建设相配套,实现由政策招商向环境招商、服务招商的转变。二是要树立依法行政的观念。以构建服务型园区为目标,按照"零障碍、低成本、高效率"的要求,为投资者提供"全过程、专业化、高绩效"的服务,建立健全一套与国际惯例接轨的管理网络和办事程序,打造"朔州服务"的响亮品牌。坚决杜绝"吃、拿、卡、要"等现象发生,大力整顿执法环境,为园区建设保驾护航。三是梳理和完善优惠政策。取消不利于投资项目建设和经济发展的限制性、歧视性规定,确保各项政策的公开性、公平性和公正性。抓紧落实我市出台的一系列鼓励发展非煤非电产业政策,落实"一矿一企"、"以煤扶瓷"、"煤电联合"、"煤农结合"、"科技奖补"等政策措施。

一种新的农村养老模式

董洪运

蚰蜒峁村是河曲县文笔镇一个中等规模村,距县城 6 公里;现有 103 户,321 口人;总面积 3450 亩,其中耕地面积 1630 亩,退耕还林 796 亩,非耕地 1024 亩。2012 年,全村农民人均纯收入 9810 元。2011 年 12 月,被中央精神文明建设指导委员会评为"全国文明村镇"。

一、农民公寓的建设与运行

我们到河曲县文笔镇蚰蜒峁村调研,首先看到的是农民公寓,同时也被农民公寓的出现深深吸引。走进 68 岁的住户李三仁家,老两口介绍说,他们住进来 4 年了,挺好。公寓里有卧室、有厨房、有卫生间,水、电、暖、电视都是免费的,还配有医疗室、图书室、理发室、活动室,生活很方便。

从 2006 年开始,村集体投资 982 万元新建占地 70 亩可容 30 户村民居住的花园式农民公寓和 30 户老年公寓,到 2008 年全面竣工入住。凡 65 岁以上的老人将全部入住到公寓。对入住老年人实行"三免一补"政策,即免房费、免水费、免暖气费,每人每年补贴生活费 1000 元,发放白面两袋、大米一袋,并免费提供被褥、毡子等生活用品。公寓配备一名服务人员负责公共卫生和应急服务。

现在,符合条件的 24 户老人全部入住,形成了集体建房、集中居住、三餐自主、集中供养与子女供养相结合的养老新模式。村里每年为农民公寓开支 30 多万元,今年又计划投资 1300 余万元,再建 80 套青中年公寓,实现全村村民户均 98 平方米住房的目标。加上原来的 60 套,全村 103 户都要免费住进农民公寓,剩余的 37 套作为周转房,随时安排新婚青年入住。

二、农民公寓的基础与支撑

蚰蜒峁村农民公寓投入使用 4 年来,运行得好,管理得好,村民十分满意,社会认可度高,其基础和支撑主要是:

一是村集体经济发展较快,经济实力较强。蚰蜒峁村改革开放以来,积极调整经济结构,以 190 亩"土地入股"不参与经营、每亩年收入股金 1000 元的方式,先后引资 2.7 亿元,建设了山西省晋神能源有限公司、河曲县万联节能材料有限公司、华山气体制造有限公司、山西省河曲县峻岭合金厂、河曲县飞达有色金属铸造厂、河曲分公司民爆库、山西紫峰实业有限公司、河曲县烟花爆竹专营有限公司、河曲县华通塑料制品有限公司、河曲县晋西北绿宝食品厂、河曲县创新养殖场等 11 个企业。企业在创造社会财富、录用农民变员工的同时,也为蚰蜒峁村改善基础设施、发展社会事业及时提供了重要的财力支撑。目前正在建设的有保温材料厂、铁厂、机械制造厂、两个养猪场、两个养鸡场,总计引进投资 1330 万元,全部投产后,年可实现产值 2800 万元,上缴国家税费 500 万元,村里的经济实力将更加雄厚。蚰蜒峁村也因此成为全县第一个现代农业、新型工业、综合服务业协调发展的富裕村。

二是有一个好的带头人、好的村"两委"班子。村"两委"坚持科学发展观,确立了依托城郊和工业园区的区位优势,建设农业产业化、农村工业化、山村城镇化的社会主义新农村的奋斗目标。村党支部书记李得印和他的伙伴们不怕苦、不怕累、不计报酬、不计名利。为了村里办事,他拿出个人资金 310 万元,发展 200 亩优质龙眼葡萄、300 亩核桃树、1000 亩枣园,建立了村民养殖场、农业瓜果合作社;开放引进,引进建设了 11 个、在建 7 个股份制企业,村里的劳动力享有企业股东和员工双重身份;统筹发展,投资 1618 万元,硬化了水泥路面、安装了路灯、拓宽了主街道,建设了通村公路、垃圾点,改造了低压线路,建起了水塔、蓄水池、标准化学校、标准化戏台、红白理事会、农家乐园、文化大院、党员远程教育电教室、村委办公室和农民公寓;干部包户,村务公开,民主管理,全面发展,共建共享,初步实现了"农业就地转变为工业、农村就地转变为城镇、农民就地转化为市民"的转型跨越发展目标。蚰蜒峁村先后被评为山西省文明和谐村、"山西十大名村""全国创建文明村镇先进村",记集体一等功。李得印荣获全国"五一劳动奖章"。

三、农民公寓的调查与思考

一是有利于推动社会主义新农村住房养老制度创新。蚰蜒峁村的村民免费入住公寓,享有住房、文化生活、医疗健康、亲情培养等多方面福利,解除了农民住房和养老负担,实现了住有所居、老有所养、老有所乐,这种"住房集体承担、养老双重保障"的新模式,是中国农民的新创造,是社会主义制度优越性的新发挥,是社会主义新农村建设的新事物。

二是有利于推动社会主义农村生产关系新变革。蚰蜓峁村的村民公寓,产权属于村集体,使用权分配给农民享有,这个房产的"两权分离",与土地集体所有、农民承包经营的"两权分离",实现了房产制度和土地制度新革命,形成了农村经济体制的新结构,共同推动了农村生产关系的新变革,进而促进了农村生产力的解放。因为这一养老模式,使农民淡化了自建自住世代传承房产的观念,可以腾出建房资金用于生产发展、生活改善,有助于在农村进一步形成个人资金变为社会资本的投资创业理念。

三是有利于全面加快社会主义新农村建设。蚰蜓峁村以村统一规划,集体建房,有利于节约用地、节约资源、保护环境、保护生态,促进了资源节约型环境友好型社会建设,村里的公共卫生、大气质量、绿化面积年年都有新进步。村民住集体公寓,八户一排,一个大院,形成了大家庭的氛围,特别是老年人集中居住,打消了孤独感这个普遍存在的老年社会问题,邻里互帮互助,儿女争相孝敬,文明村风日浓,成为全县第一个无赌博、无上访、无治安案件的和谐稳定文明村。

综上所述,在农村生产力与生产关系、经济基础与上层建筑的矛盾运动中,坚持土地家庭承包经营制度,在有条件的地方,创新"住房集体承担、养老双重保障"的社会保障制度和房屋"集体所有、农民使用"的农村房产新制度,以制度创新解放生产力、加快共同富裕进程,协调推动农村经济、政治、文化、社会和生态文明建设,蚰蜓峁村的实践具有引领意义。

(作者系中共忻州市委书记)

代县特色文化旅游业发展调研报告

霍富荣

为推动转型跨越发展,充分挖掘代县特有的文化旅游资源,打造精典文化旅游品牌,促进强县富民,对代县特色文化旅游业发展进行了调研,现将有关情况报告如下:

一、基本县情

代县位于山西省东北部,北踞恒山余脉,南跨五台山麓,滹沱河自东向西横贯全境,基本地貌为"两山夹一川";国土总面积 1721 平方公里,辖 6 镇 5 乡 377 个行政村,总人口 21.6 万人,其中城镇人口 8.1 万人,乡村人口 13.5 万人。历史文化底蕴深厚,文物古迹荟萃林立,自然风光秀丽独特,民俗风情多彩多样,文物景观独具特色;境内资源丰富,物产丰饶。2012 年,全县 GDP 超过 55 亿元,工业增加值 28 亿元,财政总收入超过 12 亿元, 社会消费品零售总额 10.2 亿元, 城镇居民人均可支配收入 17374 元,农民人均纯收入 3651 元。是"中国历史文化名城"、"中国民间绘画之乡"、"中国民间文化艺术之乡"、"国际精品文化旅游县"。

二、特色文化旅游业发展现状

近年来, 代县将发展文化旅游业作为推动转型跨越发展的重大举措, 全面实施"文化强县"战略,大力实施以雁门关为龙头的文化旅游大开发战略,强力推进"一心四线"旅游发展,全力打造"名关、名城、名将"特色旅游品牌,深入挖掘和弘扬代县博大精深、源远流长的雁门文化,不断增强雁门文化软实力,特色文化旅游业步入了高速发展的快车道。

(一)特有的文化旅游资源得到有效开发,优势进一步显现

1. 具有丰厚的历史文化资源优势。境内早在新石器时代就有人类定居, 春秋属晋,战国归赵,秦建县,魏立郡,隋设州,明清置道,是中国古代重要的行政治所、军事重镇、商贾通衢,是中原农耕文化与草原游牧文化碰撞交融的核心区域。现有历史文化遗址、遗迹444处,其中雁门关、边靖楼、阿育王塔、文庙4处为国保文物,赵杲观、杨忠武祠等8处为省保文物,还有4处市保文物和108处县保文物。西周穆王、赵武灵王、战国赵襄子、汉高祖刘邦、汉武帝刘彻、北魏拓跋珪、隋炀帝杨广、唐高祖李渊、唐太宗李世民等20多位帝王演绎恢宏史篇;战国名将李牧、唐代州都督薛仁贵、晋王李克用、名将郭子仪、北宋爱国名将杨业等一代名将建立赫赫战功;北魏佛学大师慧远、昙鸾等曾在代县修行说法;李白、范仲淹、苏辙、元好问、徐霞客、张衡等众多文人墨客留下名篇佳句;萨都剌、冯婉林等代县籍大诗人名冠一时、千古流芳。悠久的历史,凝结形成独具魅力的雁门文化,是边塞文化的杰出代表,是民族文化的奇葩和精品。

2. 具有独特的传统民间文化优势。历史形成的农耕文化、饮食文化、商业文化独具高端品味,以代州小菜、酱菜、黄米油糕、柳枝寒燕等为代表的风情风味远近闻名,"菜代州"的美誉蜚声四海。作为中国古代通商的前沿阵地,涌现出了王廷相为代表的杰出商人,成就了晋商的繁荣和辉煌,留下了众多的作坊、商铺、票号。民间艺术异彩纷呈,流传至今的有社火、龙灯、花车、旱船、跑街秧歌、挠阁等30多种花会和舞蹈形式;山西梆子、北路梆子、道情、耍孩儿、二人台、八音会等多种曲艺;古建、刺绣、泥塑、剪纸、雕刻等多项民间工艺。峨口挠阁、雁门民居营造技艺为国家级非物质文化遗产保护项目,黄酒酿造技艺、代县面塑、上阳花社火为省级非物质文化遗产保护项目;全县有国家级非遗传承人2名;省级非遗传承人5名;市级非遗传承人29名;县级非遗传承人81名。韩街村民间艺术博物馆为山西省十大"非遗"专题博物馆"山西省雕镂技艺博物馆"。

3. 具有明显的区位优势。作为中国历史文化名城,历来重视文化的发扬和传承,代县"满街都是文化人",形成了浓郁的地域文化氛围。交通便利,古代就有"旱码头"之称,如今208国道、108国道纵横交错,大运高速公路、京原铁路横贯东西,北同蒲取直工程、灵河高速公路即将建成。全县11个乡镇全部通油路,交通网络四通八达。生态环境优美,全县森林覆盖率达到16.9%,城区湿地公园绿化率达到44.9%,水质水源达标率为100%,空气质量二级标准以上天数占全年的94.2%。丰富的资源,良好的环境,悠久的历史文化,快速发展的经济为全县特色文化旅游业的发展奠定了坚实的基础。

（二）催生了一批特色明显的优势产业品牌、产业项目

1.深挖历史文化优势资源，打造精品文化品牌。

一是强力打造雁门关精品旅游区。雁门关，是世界文化遗产——万里长城的重要组成部分，是历史最为悠久、战争最为频繁、影响面最大的中国古代军事要塞，被誉为"中华第一关"。作为九塞之首，这里曾上演了穆天子西巡、白登之围、汉武帝北击匈奴等无数重大历史事件；王昭君、蔡文姬等20多位名媛自雁门关出塞；是"胡服骑射"的实践地，"和亲政策"的起源地，"雁门之变"的发生地，"克用复唐"的起兵地，"杨家将御辽"的镇守地。雁门关边塞军事防御体系，在长城关隘中特色无与伦比，品位绝无仅有。3000多年的历史岁月，雁门关见证和影响了中国的历史进程，亲历了民族融合的艰辛历程，积淀了色彩斑斓的多民族文化精华，折射了古代边贸的兴衰，成就了晋商的辉煌。自2009年以来，代县投资3.8亿元，复建了镇边祠、天险门、地利门、瓮城、长城、雁塔、明月楼、古道、观音殿等景点，新建了前腰铺、后腰铺服务区及民俗村、边贸街等工程，累计实施景点复建、基础设施建设项目7大类106项工程，全面恢复了雁门关全盛时期的壮丽雄姿；成功举办了两届中国雁门关国际边塞文化旅游节，百度、谷歌等搜索到有关文化旅游节的网页达10万多个。在景区保护和开发的过程中，凝结形成了以不畏艰难、创业、创新为核心内容的新时期雁门关精神，激励全县广大干部群众奋勇争先，大干快上。今年景区正在投资2.65亿元建设循环旅游公路和生态绿化工程，雁门关景区已成为国家4A级旅游景区、美好印象山西十大景区、国家登山队训练基地和亚洲最负盛名旅游景区、中国著名的古战边塞影视文化基地。景区正从亚洲走向世界，向国际化迈进。

二是大力推进代州古城景区开发项目。代州古城，在数千年的历史沧桑中，先后为雁门郡郡治、代州州治、都督府府治、兵备道道所和振武卫卫所，史称"屏藩畿甸"、"北门莞钥"。古城曾被梁思成誉为"一座计划得极好的城市"。城内边靖楼巍峨耸立，是长城沿线最高大的楼式建筑，被长城专家罗哲文誉为"万里长城第一楼"；阿育王塔肃穆庄严，是中国仅有的19座释迦牟尼真身舍利塔之一；代州文庙气宇恢宏，为华北地区保存最完整、规模最大的州级文庙。城内还有西城墙、武庙、州衙等文物遗存及堪称中国北方民居典范的众多民居建筑。近年来，代州古城景区先后完成了阿育王塔、西门城楼、西北城角楼、钟楼、文庙、武庙、城隍庙、牌楼等历史人文景观的大修或复建工程。投资6200万元的西门瓮城和西城墙修复工程已经开工建设，代县正把代州古城打造成为中国北方特色浓郁、独具边塞魅力的历史文化名城。

三是全面加快赵杲观景区开发步伐。赵杲观，相传因纪念春秋末期代国丞相赵杲而建,被誉为"三晋第一观"。赵杲观景区,是国家级森林公园,山西省重点风景名胜区。景区以悬、险、奇、绝而闻名。景区内拥有各类名贵植物200余种,野生中药材20多种,被誉为"天然药物基因库"。赵杲归隐,九女升仙的美丽传说广为流传。去年以来,代县积极引导本地民营企业家投身赵杲观旅游景区开发,大力度、全方位、多层次进行开发。该项目计划总投资1.5亿元,建设规模及内容包括:(1)服务区建设投资7000万元,包括景区入口牌坊、天台大道、赵杲广场、游客服务中心等;(2)水景观建设投资3000万元,包括天台人工湖、天池、提水工程等;(3)配套设施建设投资4000万元,包括石台阶步道、木栈道、景区宾馆装修、标识标牌、供电、景区小交通等;(4)景点复建投资1000万元,包括长寿宫、九仙女妆池、佛坛道台、观星台、凉药台、姻缘树等。项目建设工期为2年,2013年计划投资0.8亿元。目前,服务区建设已完成了洪福寺大殿基础工程,山门、东西厢房、钟楼、鼓楼基础正在施工,客服中心正在挖基。水景观工程完成了蓄水坝、蓄水池等。配套设施完成了石台阶步道、木栈道1400米等。累计完成年度投资3500万元。该项目建成后,将极大地改善赵杲观景区的旅游环境,对提升赵杲观旅游品位,促进代县文化旅游产业的发展,将起到积极的推动作用。未来几年,代县将全力深挖景区的巨大潜力,力争把赵杲观景区打造成为享有极高知名度和美誉度的生态休闲精品旅游胜地。

四是杨家将故里景区有序开发。杨忠武祠是北宋名将杨业后裔祭祀杨家历代英烈之地,祠堂所在的鹿蹄涧村是全国最大的杨氏后裔聚居地;杨七郎墓是全国仅存的杨家将镇守边关留下的墓冢;杨六郎城是现存最完整的杨家将戍守工事。近年来,代县深入挖掘杨家将品牌潜力,积极推进杨家将故里景区开发建设,已编制完成杨家将文化园建设项目可行性报告和总体建设规划,从2002年开始先后投资800万元进行开发打造,现已建成十一个景点景区,即令公太君合葬陵苑、忠烈苑、忠武苑、忠义苑、四知苑、清和苑、杨三郎卧马坪、杨四郎探母厅、逐鹿涧、杨家将研究馆和杨清钦纪念馆,将杨家将的人文轶事和故事传说进行了实景体现,再现杨家将血战沙场、精忠报国的光辉业绩。景区开发采取一个景点景区一种植被一种特色的办法,现已栽植了松、柏、杨、柳、榆、槐、桑、楂、桃、杏等100多个品种的树木和乔灌花卉,将昔日的400亩乱石荒滩开发建设为杨家将文化旅游产业园区。今后,代县将依托丰富的"杨家将"历史文化遗迹和非物质文化遗产,努力将景区打造成享誉海内外的全景式"杨家将"文化旅游区。

五是白人岩景区开发项目稳步推进。白人岩禅寺是世界佛教最大宗派——净土宗的祖庭,由净土始祖东晋高僧慧远首创,是慧远大师修身说法的第一道场。山风幽吹,禅意深邃,明朝的七省督师孙传庭和兵部尚书张凤翼都曾在此修读,并留下了诸多历史人文传奇。代县依托白人岩净土佛教文化和自然生态景观优势,先后完成了白人岩禅寺、远公塔、说法台、古南庵、仰天大佛等景点的修缮工程,在不远的将来,这里将成为华北旅游圈内独具特色、充满魅力的生态休闲精品旅游区。

2. 挖掘传统民间文化资源,打造具有地方特色的文化产业。

古建、泥塑、农民画、木雕、石刻、剪纸、刺绣、面塑为代县的八大重点特色文化产品。一是杨氏古建。山西杨氏古建筑有限公司以古建、木雕、石刻产品为主,公司拥有固定资产 3000 万元,年营业收入达到 2500 万元,上缴税金达到 120 多万元,公司业务遍及全国十多个省、市、自治区;旗下 2000 多能工巧匠走南闯北搞古建,参与了沈阳世博园、大同华严寺、雁门关、应县木塔等数十项省级以上古建项目,年创产值上亿元,年劳务收入达 6000 多万元。二是天顺昌泥塑。该公司泥塑彩绘业务遍及东南亚,在开封相国寺、广东南华寺、威海刘公岛等上百个寺院制作了上万尊泥塑彩绘,年创产值 200 余万元。三是刺绣培训。锦绣源和雁绣坊等刺绣公司已培养绣娘 3200 余人,年营业额上千万元,绣娘年人均增收 1000 多元。四是张俊农民画。以张俊为代表的农民画作品已入选小学课本。去年,共创作优秀作品 10 余件。张俊作为中国书画代表团成员赴澳大利亚、新西兰和英国进行文化交流,获"中澳文化交流贡献奖"和"中英文化交流贡献奖"。五是面塑技艺。面塑艺人张桂英在太原成立代县面塑研究中心,推广代县面塑,已取得可喜成绩。六是饮食文化。挖掘农耕文化和饮食文化的精华,发展了代州酱菜、雁门八宝、雁门山珍、代州杂粮等土特品产业。与此同时,各种旅游文化产品、纪念品的开发也逐步趋向产业化,商品化,琳琅满目,受到了广泛青睐。

(三)产生了明显的经济社会效益

2012 年,全县各大景区旅游门票收入达到 2200 万元,游客人数突破 130 万人次;文化旅游产业增加值达到 12.6 亿元,占 GDP 比重为 23%。将文化融入旅游开发之中,累计建成旅游公路 50 公里,星级酒店 5 家,旅行社 2 家,出租汽车公司 2 家,发展旅游表演团队 3 支,演艺中心 2 个,30 多家旅行社将代县纳入固定线路,特色旅游商店达到 30 多家。三产服务业、金融业、新型产业迅猛发展,各项优势产业的发展为特色文化旅游产业发展溶注了强劲活力。文化综合实力和竞争力显著提升,文化市场日益繁荣,历史文化名城的知名度和影响力越来越大。人民群众的文化水准不断提高,人居环境有效改善,社会文明程度越来越高,违法犯罪率明显下降,人民生活幸福指数不断提升。

三、存在困难和问题

一是旅游和文化的结合还不够，没有真正形成强大合力；二是缺乏大项目、大资金的带动，改革成本投入不足，旅游景点整合力度不够，文化旅游资源没有形成完整链条，带动力不强；三是对特有的雁门文化的深度挖掘整理不够，缺乏像"乔家大院""白银帝国"那样具有轰动经济效应和社会效应的经典文化产品；四是文化旅游基础设施还比较薄弱；五是文化旅游产品项目包装、对外促销宣传力度不够；六是人才不足，从文化旅游产业的创意、策划到文化产品的生产、包装以及市场的拓展、营销等各个环节都缺乏相应的人才。所有这些，都需要我们在以后的工作中解决和完善。

四、发展特色文化旅游业的决策思考

深入挖掘弘扬以雁门文化为代表的文化资源，全面实施"文化强县"战略，加快推进五大景区建设步伐，创造具有轰动效应和经济效益的经典大作，增强旅游和文化的强势结合，以文化产业化促进旅游规模化，着力打造具有国际影响力的旅游文化品牌，将文化旅游产业培育成为县域经济的支柱性产业，推动代县由文化旅游资源名县向文化强县大跨越。

（一）创新管理，提供确实保障

建立党委领导、政府实施、相关部门配合落实的领导机制和工作机制。实施《代县文化产业发展纲要》，在文化旅游业发展、产业项目实施、文化旅游综合实力提升等方面作出详细规划。建立健全目标责任制，将文化旅游业发展纳入各级领导班子和领导干部的考核体系。财政加大对文化建设的投资力度；专门从每吨铁精矿粉销售额中提取一元钱成立雁门文化发展基金，年筹集基金600余万元，支持和促进文化旅游业发展。拓展投融资渠道，鼓励、引导和支持社会资本进入旅游文化领域，按照"谁投资，谁受益"的原则，采取冠名权、租赁经营等方式，千方百计撬动民间资本投入景区基础设施和配套设施建设；吸引战略投资商参与文化旅游开发和经营。

（二）综合开发，提升文化旅游品质

一是保护与开发并重。在文化旅游业的发展中，坚持对文化资源的严格保护、合理开发和永续利用，既将丰富的历史文化资源优势转化为经济优势，又注意保护文化生态环境和历史文化资源不受破坏。加大非遗产保护工作，挖掘和培养非遗传承人。

二是文化产业与旅游产业发展并重。高起点开拓文化市场，促进文化产业和旅游产业和谐发展。深入挖掘文化遗址的文明内涵，历史人物的精神内涵，使旅游产业更

加闪烁出文化的光芒。三是特色旅游文化产业与公益文化事业发展并重,不断满足人民群众日益增长的文化需求。四是旅游文化产业与其他优势产业发展并重。近年来,已累计投资7亿多元,建成了全向辣椒、金九洲水果玉米、丰裕农产品、四达黄酒、小杂粮等农产品加工龙头企业20多家。依托矿产资源优势,以铁为基,全县规模以上企业达到78家;500万吨钢铁项目开工建设,成为推动代县转型跨越发展的最大翻身项目。在此基础上,全面推进41个重点项目建设,全力推动各项优势产业发展,为特色旅游文化业发展溶注强劲活力。

（三）强力推进,加快品牌打造步伐

一是强化对特色文化旅游业的扶持,促进优势发展。健全政策扶持体系,简化投资兴办文化旅游企业的办事程序,开辟"绿色通道",在法律、法规、政策许可范围内,文化旅游业项目用地科学规划、超前选址、优质供地。放宽文化旅游业注册资本限制。落实文化旅游业应享受国家规定的减免税费政策。文化旅游企业在投资生产确有资金困难时,县各有关部门优先投放创业贴息贷款予以支持。二是强化节庆文化效应,增加知名度和吸引力。近年来,代县大胆探索,积极实践,以举办节庆活动为载体,加快推进文化产业发展,成功举办了两届"雁门关国际文化旅游",2013年举办了元宵节灯展,每年按期举办孔子、关公文化节,白仁岩净土文化节,民间举办各种庙会。特别是"雁门关国际文化旅游节"已成为对外宣传和招商引资的平台,边塞文化成为代县响亮的文化名片。要进一步通过举办各种节庆活动,丰富群众的文化生活,打造知名文化品牌,推动文化旅游业的发展,带动文化旅游业整体实力不断壮大。三是强化项目建设,带动特色文化旅游业发展。打造以五大景区为重点的旅游文化产业,以传统民间艺术为核心的地域文化产业,要紧紧依靠项目拉动,详细制定项目规划,积极落实项目资金,强化项目跟踪管理,稳步推进项目建设,开展"大干项目年"活动,大项目创大效益,有效带动特色文化旅游业的发展。使五大景区文化含量不断增加,杨氏古建、锦绣源刺绣、天顺昌泥塑、艺术剪纸等特色产业随着项目的实施,不断做强做大,成为带动经济发展的强大力量。

（作者系中共代县县委书记）

关于大力推进特色经济林产业发展的思考

王 源

偏关县地处晋西北黄土丘陵沟壑地区,北靠长城与内蒙古清水河接壤,西临黄河与内蒙古准格尔旗隔河相望,南与河曲、五寨相连,东与神池、平鲁毗邻。境内山多坡广,沟壑纵横,水土流失严重、风沙危害严重、气候干旱严重,是黄河沿线生态环境脆弱县,也是国家贫困县。全县辖4镇6乡,248个行政村,459个自然村,总人口12万人,其中农业人口9.5万人。

近年来,偏关县委、县政府深入贯彻落实科学发展观,以全面落实"十八大"精神为抓手,按照省、市总体部署,紧紧围绕赶超跨越这条主线,强力推进"双五"发展战略,经济社会发展取得了新成绩。主要经济指标增幅明显、农业基础设施明显加强,新农村建设有序推进,市政建设亮点迭出,旅游事业稳步提升,生态文明建设力度空前,保持了经济建设较快增长、民生事业不断改善、社会和谐稳定的良好势头。2012年,全县生产总值完成23.7亿元,同比增长17.1%;财政总收入完成3.43亿元,同比增长19%;农民人均纯收入4224元,同比增长18.5%。

一、基本情况及发展思路

全县国土面积250.1万亩,其中:林业用地167.92万亩,占总土地面积的67.14%,非林业用地82.23万亩,占32.86%。据县林地落界数据显示:截至2009年底,全县森林覆盖率9.25%,林木绿化率21.05%。就全县的林业资源的总体情况看:在现有林地面积中,生态林占到98.76%,经济林仅占1.24%。生态林大部分属油松、柠条、灌木等经济见效慢的林种,农民直接从林业中得到的收入甚微。如何在贫瘠的土地上拓宽农民增收的渠道,让老百姓从林业生态建设中增收盈利,实现"产业富民,林业增效"的目标,成为全县林业生态建设中的重要课题。基于上述情况,我们着眼县情,立足长远,为了扭转"大林业、小产业"这种被动局面,创新提出"一整合、两转变"林业工作思路。"一整合"就是统筹整合可利用涉农资金用于生态建设。"两转变"就是由过去大量种植柠条、灌木等向栽植经济林转变、由远山上增绿向城郊、通道绿化转变。按照既定思路,县委、县政府因地制宜,把重点放在发展杏树经济林上。连续三年,组织林业以及乡镇领导和部分农民先后到河北蔚县、甘肃天水市,本省阳高、繁峙县进行观摩学习,提高了干部群众的直观认识,进一步解放思想,调动了农民群众发展经济林的积极性。

二、发展杏树经济林的独特优势

优质杏树是由普通实生苗经过嫁接培育成鲜食和杏仁为主的两大类。具有抗旱、耐寒、耐瘠薄、适应性强等优点,而且栽培管理简易、挂果早、能丰产、收益高,它既是我国北方地区特有的经济林树种,也是重要的木本粮油资源。优质杏仁(甜杏仁)具有很高的食用价值和药用价值,属国内外市场紧俏的高档商品,具有广阔的市场潜力和发展前景。同时,杏树还是优良的造林绿化树种,树冠整齐,抗逆性强,可适合于城镇街道、厂矿绿化树种;能吸收土壤和空气中的有害物质,净化环境;开花与生长基本同步,其花、果、枝、叶具有较好的观赏价值。偏关县发展杏树干果经济林具有明显的地域优势。

1. 有适宜的气候条件。杏树是在山地大陆性气候条件下形成的树种,生长和发育平均需要有效积温 2500℃,其开花结果都要求平均气温在 10℃以上,生长适宜温度在 20℃左右。偏关属温带大陆性气候,冬季寒冷少雪漫长,夏季短促而降雨集中,春季干旱多风,全年四季分明。年气温平均在 5—8℃之间,由西向东递减。据县城多年气象观察,极端最高气温曾达 38.1℃,极端最低气温曾降到 -31℃。全年 ≥10℃积温 3290度。无霜期 110—140 天,初霜冻出现在 9 月下旬,晚霜冻在 5 月 10 日前后。多年平均降水量为 419.5 毫米,其中七、八、九三月占全年的 60%,发展杏树经济林具有独特的气候条件。杏树属偏关乡土树种,有上百年的栽培历史,在全县各地均有栽培,主要分布村旁零星地块, 且生长挂果正常。据县林业部门果树资源普查:全县现有杏树约15029 株,挂果株数约占 50%,由于粗放经营,自生自灭,收入甚微。

2. 有充足的土地资源。据县林地落界资料显示:全县现有林地 86.65 万亩,全县有耕地 55.74 万亩,农村人均占有耕地 5.87 亩。其中:15—25 度缓坡耕地 48.54 万亩,占 87.1%;在于 25 度的陡坡耕地 5.56 万亩,占 9.97%。充分利用宜林荒地和低产坡耕大力发展经济林,具有充足的土地资源优势。结合我县"产业富民、实事惠民"发展战略的总体布局,全县拟发展经济林 10 万亩,旨在"让老百姓从沟沟岔岔能捡到钱"。届时全县农村人均经济林面积达 1 亩多,经济林面积比率由现在的 1.24% 增加到 5.9%。

3. 有良好的发展环境。随着国家生态林业、民生林业工程的实施和各项"惠农强农"政策的落实,为我县经济林发展创造了良好的发展环境。省林业厅把干果经济林作"山上治本、身边增绿,产业富民、林业增效"的重要内容,列入"双百富民"工程加以扶持。生态建设产业化、产业发展生态化已成为当今生态林业、民生林业的主旋律。

4. 有成熟的栽培技术保障。近年来,通过外出观摩学习,邀请省、市林业专家培训,组织林业技术人员攻关,在我县形成一套比较成熟的山地杏树衬膜旱作栽培及管理技术。加之政府出台的各项扶持政策一一落实,这使当地干部群众看到了希望,充满信心,大面积发展经济林的积极性空前高涨。

5. 有广阔的发展前景。优质杏仁(甜杏仁)具有很高的食用价值和药用价值,属国内外市场紧俏的高档商品,具有广阔的市场潜力和发展前景。仁用杏一般栽植后 3 年开始挂果,5-6 年进入丰产。据河北张家口及我省雁北、太行等各地经验,栽培仁用杏优一品种,在正常管理情况下,5~6 年生单株年平均产杏核 8~10 斤,亩产杏核(44 株/亩)在 320~400 斤之间。产地收购价 7 元/斤,年亩收入 2240~2800 元,扣除年施肥、耕作等管理费用约 200 元左右,年亩纯收入 2000~2600 元,和当地种玉米等经济作物相比,纯收入至少增加 2 倍以上。随着林木的生长,7 年以上的杏树进入盛果期,年亩产杏核达 600 斤以上,据河北涿鹿县介绍 10 年以上的仁用杏(优一)亩产能达到 1000~1500 斤,其收益更为可观,堪称山区旱涝保收农民增收致富的铁杆庄稼。

三、经济林发展现状

县委、县政府把发展经济林作为农民增收的新产业来抓,2010 年至 2012 年在关河沿线、旅游景点栽培肉核兼用的优质大杏 5000 亩,长势喜人,农民看到了希望。2013 年,县委、县政府把发展仁用杏干果经济林作为"实事惠民、产业富民"经济发展战略的重要内容来抓,出台了《发展仁用杏干果经济林的实施意见》。按照"县建片区、乡建基地,统一核算、县给费用,专业施工、保证成活,免费供苗、优化品种,亩补二百、连补五年,技术帮扶、确保受益"的 48 字方针,利用"山地杏树衬膜旱作栽培技术"在全县 10 个乡镇规模发展仁用杏优良品种 2 万亩,今年春季在持续干旱的气候条件下,所栽 2 万亩仁用杏平均成活率达 93%,且生长茂盛,前几年在关河沿线栽培的白水大杏陆续挂果。为全县今后大面积发展仁用杏产业奠定了良好的开端。

四、经济林产业发展的对策

1. 统筹规划,规模建设,实施区域布局。与新农村建设、生态林业工程、农综开发项目等相结合,利用低产坡耕地、宜林荒山地,增加经济林栽培面积比例,连续连片,规模发展。

2. 加强攻关,强化培训,实施科技兴林。依托省、市林业科技单位,加大科技支撑力度。重在栽培技术的普及提高,解决防冻、防虫、防病及修剪管理等方面的生产技术,新技术、新模式的适用技术引进。

3. 因地制宜,突出特色,培育自己的优势品种。组织县域内的杏树物种资源普查,筛选当地优良品种,作为母树培养接穗;利用现有苗圃、专业合作社,建立自己的优良苗木培育基地,保障杏树经济林发展苗木供应。

4. 正确引导,搞好服务,建立基础服务体系。多数果农缺少基本的果树栽培专业知识,经营管理粗放,重栽轻管、重产量轻质量的现象尤为突出,规模化管理和集约经营层次较低。从组织专门的管理队伍和覆盖全县的服务体系入手,并加以引导、逐步完善提高。

5. 灵活政策,创新机制,构建长效的扶持政策。在坚持现有扶持政策树样板、建基地的同时,进一步完善机制,鼓励机关干部、民营林业大户、农民专业合作社等多种形式栽培杏树经济林,在种苗供应、技术支撑等方面给以支持,形成支持杏树产业发展的环境氛围。

（作者系中共偏关县委书记、县长）

依托"三大"活动　创新社会管理
注重强基固本　构建和谐社会

李志安

加强和创新社会管理,是推动经济社会转型跨越发展的必然要求,也是维护国家长治久安、确保人民安居乐业的重要保证。今年以来,交城县委、县政府以"三大"活动为契机,以解决信访突出问题为突破口,以切实改善民生为落脚点,着力提高社会管理科学化水平,有力维护了全县和谐稳定。

一、我县加强和创新社会管理的主要做法

近年来,随着经济体制、社会结构、利益格局以及人们思想观念的深刻变化,社会管理与经济社会发展不相适应的矛盾日益突出。为有效解决这一问题,县委、县政府结合我县社会管理领域存在的问题和实际,确立了"围绕一个中心,坚持七抓七解决"的总体思路。"一个中心",即围绕"打基础、利长远、惠民生"这一中心,抓住"大排查、大接访、大化解"活动这一重大契机,全面提升社会管理水平,全面改善党群干群关系,全面提升群众幸福指数,全面巩固党的执政基础,全力打造和谐稳定、长治久安新交城。"七抓七解决",即抓思想,解决认识不高的问题;抓重点,解决工作不深入的问题;抓干部,解决精力不到位的问题;抓基层,解决基础不牢的问题;抓载体,解决内容不实的问题;抓发展,解决底气不足的问题;抓宣传,解决氛围不浓的问题。具体来讲,主要采取了以下措施:

(一)突出信访稳定,夯实创新社会管理的群众基础

1.深入排查摸底,全面掌握信息。加强社会管理,关键要及时了解民意,全力维护民权、民利和民安。工作中,县委、县政府将"三大"活动作为全面加强社会管理的有效抓手,确立了"访民情、送温暖、解难题"的活动主题,搭建了"千名干部进百村入万户"

的活动载体,县乡村三级干部大动员,深入全县 6 万余户家庭排查问题,化解矛盾,变管制、控制为协商、协调。全县累计排查出各类矛盾纠纷 28059 件,涉及农村干群矛盾、农村土地征用、村企村矿矛盾等 10 个方面,为进一步开展工作奠定了坚实的基础。

2. 强化任务分解,确保责任落实。县委、县政府建立健全了一整套矛盾调处、权益保障机制,对排查出的矛盾纠纷,逐级逐案集中研判,分级明确责任。按照"谁主管、谁负责"的原则,对 80 件疑难信访案件全部明确了责任单位和包案领导。对于跨乡镇、跨部门的疑难案件,由县活动领导组集中研判化解。在化解过程中,坚持因案施策,分类处置的原则,对特殊疑难案件,根据案件情况,逐个制订方案。对于村矿矛盾等共性问题,加紧制定出台房屋补偿、土地补偿等相应标准,通过政策性措施化解共性问题。截至目前,全县共化解各类矛盾 27219 件,其中村企化解 21714 件,乡镇、县直机关化解 5144 件,县级化解 361 件;息诉 26257 件,取得了阶段性成效。

3. 领导亲力亲为,难点集中研判。全县各级领导干部强化社会管理的责任意识,对群众急需急盼的事"零懈怠",县委、县政府主要领导每月至少抽出 2 天时间集中接访,县委常委、政府副县长每月接访时间不少于 5 天。对最难"啃"、最难办、最难消的 20 件信访案件分别由书记、县长亲自包案、亲自研判、亲自化解、一抓到底。对一些涉及面广、政策性强、化解难度大的疑难信访案件,书记、县长亲自牵头召开分析研判会,集中调处化解。针对夏家营、岭底信访问题较为突出问题,县委、政府领导经过分析研判,分别向两个乡镇派驻了由县级领导挂帅的调查组,抽调纪检、公安、检察、法院、农经等部门精兵强将,集中进驻解决相关信访案件,有效稳控了局面。

(二)突出改善民生,营造创新社会管理的和谐氛围

1. 坚持把加快发展放在首位。县委、县政府坚持将加强社会管理的过程作为推动发展、改善民生的过程,以发展促民生、促和谐。今年上半年,先后上马了煤炭、焦化、冶炼、装备制造等各类项目 43 个,累计完成立项 39 个、土地 37 个、环评 30 个,进一步夯实了加快发展的经济基础。着眼于群众关心的教育、医疗问题,与山医大一院合作,启动实施了投资 2 亿元、占地 200 亩、设置床位 600 张的区域性大医院工程,将有效改善全县及周边县市医疗条件;积极实施了机关幼儿园扩建工程和 4 所幼儿园新建工程,进一步缓解学龄前儿童受教育问题。

2. 全力做好社会保障工作。一是健全完善社会帮扶体系。制定了党政工干部"一对一"结对帮扶制度,将帮扶工作由应急救援发展为常态帮扶。同时,将帮扶情况列为干部年度考核内容,确保了帮扶工作收到实效;二是扎实推进"四大保险"工作。全县养老、工伤、失业、医疗保险参保人数分别达到78749人、5615人、8183人、20829人，覆盖城乡的社会保障体系进一步完善；三是加强双拥优抚安置工作。2011年，先后为5名优抚对象解决医疗费5.3万元，为98名病故军人家属发放一次性抚恤金8.9万元，将原8023部队、对越参战部队人员及配偶全部纳入农村低保范畴，帮助解决了生活、医疗、住房等实际困难。

（三）突出综合治理，构建创新社会管理的服务网络

1. 积极构建特殊群体管理服务网。在全县范围内深入开展了租赁房屋和暂住人口集中清理行动，对流动人口定期集中清理、动态化管理，全部建立电子档案。全县共登记流动人口14069名、外来人口8404名，实现了暂住人员信息互动对比，"以房管人、以信息管人"工作模式初见成效。

2. 积极构建社会治安防控网。按照"专群结合、人防技防结合"的思路，重新组建了公安局指挥中心，形成了接警、研判、处警、巡逻互动的警务运营新机制。在全县重点单位、小区、公共服务场所、城区主干道安装监控探头1580余个，城区治安视频监控网络初步形成。在平川大村全部建立健全了"两会一队"治安防范组织，实行了定时间、定人员、定任务、定地段、包安全的"四定一包"责任制和夜间巡逻机制，并与当地企业保卫组织联动，进一步完善了农村治安防范机制。

3. 积极构建虚拟社会管控网。一是组织公安、文化、工商部门对网吧严格管理，定期检查，严格监管未成年人上网，严厉打击黑网吧；二是安排专人专机每日对网上信息，尤其是本地贴吧、论坛进行严密监控，及时上报上级公安部门处理；三是对现有22家网吧进行网络安全审核，对经营者及管理人员进行法制教育，确保不从网吧上传非法不良信息。

4. 积极构建"两新"组织管控网。一方面着眼于维护劳动者合法权益，加强对"两新"组织贯彻落实劳动法等法律法规的监督和检查；另一方面着眼于提高劳动者地位，大力支持"两新"组织建立健全党团组织、工会组织，积极鼓励上述组织真正发挥作用。

（四）突出体制创新，形成创新社会管理的整体合力。

1. 全面实施重大事项社会稳定风险评估机制。针对征地拆迁、工程建设、企业改制等容易引发社会矛盾的特点，建立了社会稳定风险评估机制，对重大事项实施可能出现的稳定风险实行先期预测、先期研判、先期介入，坚决做到"三个不出台"：得不到多数群众理解和支持的政策不出台，可能引发群体性矛盾的政策不出台，与民争利的政策不出台。

2. 建立健全矛盾纠纷排查调处六级调解机制。建立健全了由村调委会,村综治维稳工作站,乡镇包村干部,乡镇综治维稳中心,乡镇书记、乡镇长,县矛排办组成的六级调解机制,力争将矛盾纠纷化解在基层,消除在萌芽状态。

3. 严格实行群众利益诉求信访维稳机制。一是设立了县委书记、县长公开电话。投资 10 万余元配置了办公设施,聘用了 9 名专职工作人员,进一步畅通了群众的诉求渠道。二是严格落实越级上访接返制度。县乡村三级在接到上级通知后,及时赶到现场将上访人员接返本地,坚决做到不滞留、不倒流、不复访,有效维护了正常工作秩序。三是认真落实领导包案制度。充分发挥信访联席会议职能作用,整合各方力量,会商研究,协调联动。对重大信访案件由领导包案,严格实行"五包"责任制,确保信访人息诉罢访。

(五)突出干部管理,强化创新社会管理的队伍保障

1. 加强教育培训,提高工作能力。县委、县政府高度重视对领导干部的教育、培训和管理,将其作为做好社会管理的重要保障。一是强化学习培训。组织农村两委主干120 余人赴省委党校举行了为期 5 天的社会管理集中培训,进一步提高了领导干部的工作素质和能力。二是强化宗旨教育。以"三大"活动和保持党的纯洁性学习教育活动为契机,在全县范围内开展了以"十讲、十反思、十表率"为主题的教育活动。组织县级领导和各乡镇、各系统"一把手"赴太原双塔寺开展了红色之旅活动,接受了革命传统再教育。三是强化作风建设。大力弘扬右玉精神,深入开展了领导干部下乡住村包村活动,科级以上领导干部定期抽出时间与群众同吃同住同劳动,进一步改进了工作作风,密切了干群关系。

2. 强化督察考核,加大问责力度。加强社会管理创新,必须建立科学的考评机制,引导和促进各级干部自觉主动地抓好社会管理。在"三大"活动中,县委始终坚持"三个同岗同责、三个调岗调职"的纪律要求,即乡镇书记与乡镇长,乡镇干部与驻乡镇工作组,驻村干部、干警与乡镇包村干部同岗同责;凡因工作不到位引发上访、拖全县后腿、出现问题的,一律对乡镇或部门相关责任人调岗调职。活动开展以来,共对 8 名履职不到位的干部给予了纪律处分,对全县干部产生了巨大警示作用。

二、加强和创新社会管理的几点体会

(一)加快转型跨越是加强和创新社会管理的根本

近年来,交城和全国其他地区一样,既处于重要战略机遇期,又处于矛盾凸显期,社会结构、社会组织形式、社会利益格局、社会思想观念正在发生深刻变化,经济社会发展不协调、城乡及地区之间发展不平衡问题仍然存在。要解决好这些问题，就必须坚持加快发展，推进转型跨越。只有既把"蛋糕"做大又把"蛋糕"分好，才能解决诸多社会问题，得到广大群众的衷心拥护。近年来，我县主要经济指标保持了持续稳定较快增长，三次产业结构趋于合理，以煤焦、化工、冶炼、铸造为主的传统产业优化升级，以煤化工、医药化工、生物工程、装备制造为主的新兴产业"异军突起"，城市建设日新月异，基础设施日臻完善，社会事业全面推进，全县经济社会步入了转型跨越发展的快车道。实践证明，经济社会转型跨越发展，居民收入持续增长，居民生活不断改善，绝大多数群众比较满意，社会和谐就有了较稳固的基础。

(二)改善民计民生是加强和创新社会管理的基础

科学发展观核心是以人为本，社会管理说到底是对人的管理和服务。要想搞好社会管理，就必须坚持以人民群众利益为重，以人民群众期盼为念，把人民群众满意作为根本出发点和落脚点。近年来，我县坚持每年为民办实事，使群众多方面受益；坚持健全完善基本养老和基本医疗保险城乡统筹制度，不断扩大养老、医疗、失业等保险覆盖面；连续多年出台增加群众收入的政策措施，逐步提高最低工资标准；统筹做好就业工作，城镇登记失业率控制在4%以内；狠抓教育、卫生等社会事业发展，群众的教育和医疗卫生保障水平日益提高。各项民心工程扎实推进，社会保障体系进一步完善，使困难群体得到了有效帮扶，使加强和创新社会管理具有更坚实的群众基础。

(三)夯实基层基础是加强和创新社会管理的关键

基层是维护社会稳定的第一道防线，基层稳则全局稳，基层安则全局安。加强和创新社会管理，重点在基层。近年来，我县扎实做好基层基础工作，积极协调好各种利益关系，理顺群众思想情绪，及时化解各类矛盾。在县委、县政府的积极努力下，圆满完成了县、乡换届工作，基层组织的基石进一步夯实；切实加大工作力度，强化社会矛盾源头治理，健全了群众利益协调、群众权益保障、社会矛盾调处、社会稳定风险评估机制；以群众工作统揽信访工作，严格落实了领导干部接访、下访、回访制度，推动了信访形势的稳定好转，为实现社会长期和谐稳定打下了坚实基础。

(四)干部风清气正是加强和创新社会管理的保证

领导干部担负着兴一方经济、富一方百姓、保一方平安的重要责任，是加强和创新社会管理的重要力量。从一定意义上讲，社会建设水平的高低、社会管理能力的强弱，是衡量和检验干部能力和水平的重要标志。而领导干部的作风好坏则是加强和创新社会管理的重要保证。近年来，我县高度重视干部尤其是领导干部的作风建设，深入开展了"作风建设年、狠抓落实年"、"弘扬右玉精神"等正风肃纪活动，大力弘扬"重发展、以交城发展论是非；重实绩、以工作实绩论英雄；重民生、以民生改善论成败"的"三重三论"选人用人导向。全县各级干部切实改进作风，埋头干事创业，真正把精力投入到深入联系群众，为交城发展想实招、办实事、求实效上，有力地推动了全县各项事业的顺利开展，对加强和创新社会管理也起到了巨大的促进作用。

（作者系中共交城县委书记）

柳林县推行"1+2"转型
跨越发展新模式的实践与探索

武跃飞

柳林县是位于吕梁山西麓的一个以煤炭为主的资源型县份,全县国土面积 1288 平方公里,辖 15 个乡镇 257 个行政村,总人口 34.2 万。全县煤炭资源十分丰富,已探明储量 54 亿吨,远景储量 100 亿吨,属全国三大优质主焦煤生产基地之一,其中 4 号优质主焦煤被誉为"国宝"。全县现有矿井 26 对,核定生产能力 2610 万吨/年,是远近闻名的煤炭大县。近年来,依托得天独厚的煤炭资源优势,柳林县经济社会发展突飞猛进,2012 年全县财政总收入达到 86.36 亿元,位居吕梁第一、山西第二;一般预算收入达到 25.35 亿元,位居山西第一。然而在县域经济快速发展的过程中,长期以来形成"一煤独大"的单一产业结构短期内难以根本扭转,经济转型成为摆在柳林县委、县政府面前的头等大事,也是县委、县政府全力攻克的一项重大课题。

在这历史性的关键时刻,2010 年 11 月,国务院批准设立山西省国家资源型经济转型综合配套改革试验区,2011 年底,柳林县又被山西省委、省政府确定为全省首批扩权强县试点县。这两项适时推出的重大政策,使柳林县迎来了千载难逢的转型发展机遇,柳林县委、县政府也清醒认识到必须牢牢把握好这次政策机遇,柳林经济社会才能真正实现转型跨越,从而团结带领全县人民以前所未有的豪情壮志掀起了一场轰轰烈烈的经济转型新革命,向着"三晋一流,全国百强"的总目标发起了强力冲刺。按照省委、省政府"以煤为基、多元发展"的转型发展战略,结合柳林县的具体实际,县委、县政府创造性地提出并实践了"1+2"转型发展新模式,通过近两年来的实践,成效日渐凸显,这一模式越来越受到社会各界的广泛关注,受到省市领导的充分肯定和高度评价。

一、"1+2"转型发展模式的内涵意义

"1+2"转型发展模式即要求全县所有煤炭主体企业和各驻柳企业都必须上马一个真正意义上的转型项目,同时领办或扶持一个农业园区。这里所说的"真正意义上的转型项目",是指真正"跳出煤、超越煤"的非煤项目,以此改变柳林"一煤独大"的单一产业结构,推动柳林经济转型跨越发展;这里所说的"农业园区",是指规模大、标准高,山水田林路综合开发、农林牧副渔全面发展的现代化大农业园区,以此推动农民增收致富。

一是"1+2"转型发展模式旨在破解"一煤独大"经济格局,实现产业的多元化发展。经过"十一五"期间的煤炭资源整合,柳林煤炭产业基本形成了 8 个民营主体企业和 2 个国有大型企业、26 对矿井的产业布局,煤炭基础设施和煤矿管理水平也得到了很大的提升,产能不断提高,经济效益非常明显,柳林一跃成为全省财政收入贡献最大的明星县之一。但令人担忧的是以煤为主的单一经济结构不仅没有彻底改变,而且二产的比重仍在扩大,煤炭经济的贡献率达到了 80% 以上。"1+2"转型发展模式的提出就是要通过政府为企业指引发展方向,帮助企业立足煤而超越煤,实现产业多元化发展。

二是"1+2"转型发展模式旨在解决三农问题,实现发展成果由人民共享。解决好三农问题是实现共同富裕的关键。柳林三农问题的主要体现:"五荒"土地有效利用率低;传统村落布局分散、基础设施落后;农民文化素质不高,就业率低;生活水平无法明显提高,人民幸福指数持续下降。这与煤炭产业的继续壮大形成了鲜明对比。"1+2"转型发展模式的提出就是要帮助企业在自身发展和社会责任之间找到一个结合点,以雄厚的资本和企业化的运作模式推动三农工作开拓新局面,构建以工哺农的长效机制,实现发展成果由人民共享。

三是"1+2"转型发展模式旨在留住闲置资金,助推本地经济发展。"十二五"期间,柳林县提出要以园区为承载、项目为支撑,着力构建人民满意的富裕、绿色、幸福"三大家园"。去年以来,县委、县政府多次组织召开党政企座谈会,研究全县转型跨越发展的出路。会上,党政企代表一致认为:企业作为煤炭经济的直接受益者,既有能力也有义务承担转型发展的重任。"1+2"转型发展模式是全县集体智慧的结晶,就是要通过政府引导,使煤炭企业把闲置资金优先投放到当地,助推经济发展。

二、"1+2"转型发展模式的实施情况

在实施中,县委、县政府主要领导带头走出柳林找项目,积极与中科院、清华大学等科研院校进行对接,为企业选择项目搭建合作平台、提供技术支持、出台引导政策,实现了资源型企业转型发展的"照单点菜",使"1+2"转型发展模式得到县内企业的积极响应和社会各界人士的充分认可。全县8个煤炭主体企业和2个驻柳国有企业上马了12个非煤转型项目,涉及物流、服装加工、印刷、旅游、建材及新材料产业,概算总投资58亿余元,全部建成投产后可实现产值1000亿元以上,安排就业2万人以上。与此同时,这10个企业还领办了9个农业园区建设项目,主要包括新农村建设、生态农业园区、种养殖业、加工业、农业观光旅游等方面,涉及8个乡镇35个行政村200余平方公里土地,概算总投资116.5亿元。9大农业园区覆盖8个乡镇、35个行政村的200余平方公里土地,全部建成后可实现产值300亿元以上,带动全县农民年人均增收3000元。

一是非煤转型项目全面铺开。汇丰兴业煤焦集团投资1.18亿元上马的年产7.5万吨碗团、4.5万吨芝麻饼技改项目,已建成投产。汇丰兴业煤焦集团投资1.1亿元建设孝柳铁路上白霜货物集运站,已开工建设。鑫飞能源投资集团投资2800万元上马的职业服装加工厂,已完成三通一平。年内可完成基础设施建设及设备安装。凌志能源集团有限公式投资8760万元上马的印刷包装项目,年内可完成基础设施建设及设备安装。森泽煤铝有限公司投资10.2亿元上马的60万吨阻燃剂三期技改项目,即将建成投产。东辉集团投资1.03亿元的瓦斯发电项目,主体已经竣工。联盛能源集团投资10亿元上马的留誉货物集运站、凌志集团投资12亿元建设的孟门货物集运站,已经开工建设。宏盛集团投资1.2亿元上马的煤矸石多孔钻项目、大庄集团投资1.2亿元上马的100万吨活性氧化钙项目、汾西矿业集团投资20亿元上马的黄河大峡谷旅游项目正在进行开工前的各项工作,年内将全部开工建设。特别是由柳林凌志能源集团和柳林森泽煤铝公司承载的400万吨煤矸石提取氧化铝、白炭黑及余热发电项目,计划投资200亿元,目前工业中试已经成功,400万吨煤炭石提取100万吨氧化铝项目已经启动,建成后可每年消化400万吨煤矸石,将成为我省资源型经济转型标杆项目。

二是农业项目加快推进。农业园区建设主要包括新农村建设、生态农业园区、种植业、养殖业、加工业、农业观光旅游等方面。这方面的典型代表就是联盛生态农业文化园区。该园区由我县最大的民营企业联盛集团承建,将我县最大的纯农业乡镇留誉

镇 18 个行政村 52 个自然村的 154 平方公里土地集中流转经营,涉及人口 19626 人、耕地面积 41477 亩。园区农民以户组成专业合作社,以土地经营权折价入股,以 4:6 的股份与联盛集团共同开发建设。园区总投资 100 亿元,建设工期为 10 年。重点打造以特色经济林栽植为主的生态产业、以特色农产品加工为主的循环产业、以特色宜居名镇开发为主的旅游产业、以发展现代物流业为主的服务产业"四大产业体系",发展白酒、钙果、核桃、苗木、物流"五大支柱产业"。建成后将形成年产值达 80 亿元、利税达 40 亿元的产业规模,可转化农业产业工人 1 万人,使园区农民人均年收入超过 5 万元,真正实现"农业产业化、农村城镇化、农民工人化"的目标。在此带动下,凌志能源投资集团投资 2 亿元上马了以设施蔬菜、生态养殖为主的生态观光农业园区。汇丰兴业集团投资 2 亿元上马了集林果业、养殖业、加工业、餐饮服务业、观光旅游业于一体的昌盛生态农业园区。大庄集团投资 5 亿元上马了以设施蔬菜、生态养殖、禽畜加工、农家乐宾馆为主的生态农业园区。东辉集团承担了孟门镇万亩核桃林园区建设。宏盛集团投资 4 亿元建设的生态农业园区,已完成 500 亩机修梯田、300 亩蔬菜大棚。森泽集团建设的王老婆山生态农业园区已完成 1 万亩核桃林栽植。鑫飞集团农业园区已建成 150 亩蔬菜大棚,栽植核桃林 1000 亩。双柳、贺西煤矿承担了三交红枣工贸园区建设,建成后将成为沿黄最大的红枣加工销售集散基地。

三、"1+2"转型发展模式的推进机制

一是政府主导。县委、县政府广泛调研,并在"1+2"转型发展模式初成之际组织召开了全县党政企工作座谈会。会上,政府部门、金融部门、企业主体就"1+2"转型发展模式进行了积极的讨论和交流,提出了各自对此发展模式的具体看法和远景设想,初步商定了推行此发展模式的步骤措施,统一了各方思想,并责成常务副县长牵头落实企业转型项目、分管农业的副县长牵头落实农业园区项目。座谈会后,政府分管领导、相关部门又多次与主体企业取得对接,敲定了各大企业所承担的具体项目和建设日程,使得"1+2"转型发展模式得到了更深一步的推进。

二是创优环境。为推进"1+2"发展模式顺利实施,县委、政府充分调动全县上下投身转型的积极性,县财政预算专门切块资金,同时整合以往各类扶持资金,设立了总额达一亿元的专项扶持资金,对转型项目、多元化产业给予重点扶持和奖励,此举对企业和个人迈开步伐、投身转型起到了积极的促进作用。同时,县委、县政府制定了严格的考核奖励办法,要求各乡镇、各职能部门围绕项目推进,全力跟踪服务。项目所在乡镇都成立了专门的项目领导协调组,帮助企业解决整地、拆迁等工作中的村企矛

盾;国土资源局、环保局、发改局等部门都成立专门的项目审批办理小组,帮助企业及时办理相关手续。

三是督促考核。为确保"1+2"转型发展项目的顺利推进,县政府确立了由县长总负责、分管领导具体负责、相关部门积极参与的多层次督导机制,把"1+2"发展模式列入了全县重点的议事日程。县、乡、企三级实行严格的考核机制,对工作不认真的部门和行动不积极的企业,县委、政府将在企业年检、部门评优方面实行"一票否决"。2012年6月份,县委、政府将组织专人就"1+2"转型发展项目的进展情况进行逐企业、逐项目观摩检查,根据检查结果奖优罚劣,并制定下一步推进措施,确保了"1+2"转型发展项目的高效推进。

四、"1+2"转型发展模式的启发意义

从整个社会经济发展的角度来说,全球化、共赢化是发展的趋向,在信息化社会里,信息的多元化、高速化也导致了经济发展的多元与交融,市场竞争成就的是具有核心竞争力的企业、地区、国家,而封闭的思想意识和经济发展模式,必定导致经济衰退。柳林县"1+2"发展模式的价值就在于其从内部经济体的转型和优化整合入手,形成核心竞争力,实现多元化发展的地域竞争力。具体来说,启发意义在于:

1. 将企业发展与地域经济发展的取向整合为共同的愿景,形成相融共赢的价值体系,实现资源的有效合理配置。

企业面对市场经济的发展要求,特别是去年以来世界经济低迷的状态,只有突破重围,才能发展的现实要求。可以说,转型,对于企业来说也是一种严峻的考验,而如何转型,如何合理配置并开发新的资源?正是企业的当务之急。柳林县"1+2"发展模式对于地区内的企业来说,无疑是一次转型中资源开发和优化配置的机遇,也是企业自身发展的客观要求。在柳林县的经济总量中,煤炭企业占据着主要地位,这是柳林县经济发展历史的客观现实,也是地域经济特征。然而,随着社会的发展,经济发展中依赖于不可再生资源的优势,逐步会走向精细化、环保化、集约化。这些"靠煤吃煤"的企业要想生存与发展,必然要走上一条转型之路。那么,转型之路也必然离不开自然资源和科技资源,不能离开现实的条件。在柳林境内的企业与其他地域企业的不同,就在于他们在转型中由政府主导策划项目。可以说,这是企业转型的一条捷径。于是,"1+2"发展模式,首先有了投资主体——企业的欢迎和落实。

对于柳林县来说,策划、扶持境内企业发展,既可以挖掘地域经济特征优势,又可以壮大境内企业规模,实现整合资源、开发资源,形成可持续绿色发展的态势,可谓一

举数得,岂不是科学的发展思路?

事实上,"1+2"发展模式,不仅仅是柳林县所确立的"一个企业上马一个非煤炭项目、领办一个农业园区"的简单的项目拖动推进经济发展,它的价值更在于"一个政府服务一群企业发展、建设一批具有可持续发展规模的产业园区,形成地域经济核心竞争力"。这就是政府与企业相融形成的共同愿景,实现共赢的价值体系。这个体系,是一种立体的互动,是一种生态的共赢,在世界经济不景气的条件下,尤为显示出其强劲的发展势头和活力。

2. "1+2"发展模式的价值,还在于其在世界经济低迷、投资去向不明确的情况下,找到了扩大投资促增长的路径。

当前世界经济低迷复杂,投资处于一种低潮状态。我国对经济增长的速度采取相对温和放缓的政策,正是解决目前经济发展困难的一个措施。不能否认,市场低迷,企业利润下滑等因素,造成了投资的不利因素。那么,在这种条件下,按兵不动,等待经济增长?这是一种消极的态度。柳林县"1+2"发展模式告诉我们一个道理:经济增长需要投资的良性循环,投资的科学合理和可持续发展是推动经济增长的必由之路。

纵观"1+2"发展模式所涉及的项目,我们不难发现,从总的思路上来说,一个是非煤产业,一个是农业产业,都是具有发展潜力和市场前景的产业项目。依靠煤,而不依赖煤,以煤带"非"、以煤带"农"的"1+2"模式,突破了煤的束缚,升华了煤的价值,扩大了地域资源优势,从而拓宽了转型跨越发展的路径,对于山西县域经济发展来说,具有极高的价值。

在经济增长的过程中,投资是一个快变量,可以起到立竿见影的效果,但是,投资如果没有科学性、合理性,就会有如打水漂,昙花一现、花落无声。柳林县的"1+2"发展模式,是一种科学的投资战略,其科学性就在于"1+2"模式具有长远性、长效性,合理开发生态资源,形成新的核心竞争力,扩大投资促增长的路径,彰显了柳林经济增长的活力和动力,这也是"1+2"发展模式的价值所在。

从柳林县"1+2"发展模式,我们可以深深感觉到综改试验、扩权强县在山西社会经济发展中的价值和作用。一方面,反映了"综改试验"、"扩权强县"对于县域经济发展的作用与价值;另一方面,说明了柳林县在转型跨越发展中解放思想、科学发展的思路和措施符合客观实际;第三方面,理清了发展思路,创新了发展路径,具有极高的推广价值。

(作者系柳林县县长)

着力培育新型经营主体
加快推进农业经营体制机制创新

中共晋中市委政研室、晋中市农委

创新农业经营体制机制,是应对农业生产发展面临的各种风险和挑战,推进农业现代化建设的根本出路所在。加快创新农业经营体制机制,着力培育新型农业经营主体是关键。根据市委、市政府关于在全市开展"进千村、访万户""三农"工作调研活动的统一部署,市委政研室、市农委组成联合调研组,围绕培育新型经营主体这一专题,于2013年4月初至5月中旬,深入各县(区、市)的30个乡镇、40多个村开展了专题调研。调研组走访了70多户农户和20多个农业企业及合作社,在实地调查和广泛研讨的基础上,形成如下调研报告。

一、我市新型农业经营主体的发展状况

上世纪70年代末和80年代初,随着以家庭承包经营为基础的农村基本经营制度的确立和实行,农户家庭成为我市农业生产中最庞大、最普遍、最基本的经营主体。到90年代中后期,在工业化、城镇化浪潮的推动下,我市农村劳动力转移规模不断扩大,农业生产经营方式逐步转变,各种新型农业经营主体开始萌芽、发育,涌现出了一批专业生产经营大户和农民经纪人。进入新世纪以来,我市农村劳动力转移加速,城乡居民消费结构升级,农业产业结构战略性调整加快,农业现代化、市场化水平不断提高,农民合作社、农业龙头企业、种养大户、家庭农场、农业经营性服务组织等新型农业经营主体快速发展,成为推动全市农业发展的重要力量,逐步形成了由家庭经营占主导向多元经营主体并举转变的农业生产经营新格局。

1.农民合作社蓬勃发展。2005年,我市率先在工商局注册了全省第一家农民专业合作社——榆次怀仁醋业合作社。此后,农民合作社如雨后春笋,呈现快速发展的

良好态势,并一直在全省处于"领头羊"位置。特别是《农民专业合作社法》实施以来,发展数量持续增长,合作领域不断拓宽,合作层次不断提升,出现了土地股份合作、资金互助合作、生产加工合作、联合社等多种合作形式,成为组织农户生产、发展农产品加工、对接龙头企业、开展市场营销的有效载体。截至今年一季度,全市依法登记注册的农民合作社达到 7040 个,入社农户 6.13 万户,注册资金 73.52 亿元。从产业分布看,种植业占 35%,养殖业占 40%,林业占 9%,服务业及其他占 16%,基本覆盖了我市传统产业、特色产业和新型产业。在注重发展数量的同时,我市狠抓合作社的规范提质,通过持续开展农民合作社示范社建设行动,培育了一大批经营规模大、服务能力强、产品质量优、民主管理好的示范社。其中,国家级示范社 62 个,省级示范社 108 个,市级示范社 310 个,县级示范社 955 个,形成了国家、省、市、县四级农民合作社示范引导体系,各类农民合作社在带动散户、组织大户、对接企业、链接市场方面发挥了积极作用。

2. 农业产业化龙头企业不断壮大。上世纪 90 年代初期,我市在全省率先提出并实施农业产业化经营,并把其作为创新农业经营体制机制的重要抓手,引导大量工商资本和民营资本投向农业产业开发,大力发展规模效益农业,培育壮大现代农业经营主体,大批农业产业化龙头企业应运而生,形成了以榆次工业园区、左权农产品加工科技工业园、平遥王家庄村等为主的农产品生产、加工、流通产业集群,成为带动农户进入市场、实行"产加销、农工贸一体化"的一支重要力量。截至 2012 年底,全市农业产业化龙头企业达到 345 家,其中,省级以上重点龙头企业 18 家,市级重点龙头企业 168 家;全市龙头企业销售收入 111 亿元,在推进农业产业化经营和带动农民增收中发挥着骨干作用。

3. 种养大户方兴未艾。上世纪 90 年代中后期,我市萌生了一批以种植和养殖为主的专业生产经营大户。进入新世纪以来,全市种养大户呈现快速发展势头。在种植业领域,随着土地流转规模的持续扩大和各项政策的支持,种植大户大量增加,经营规模不断扩大,集约化水平日趋提高。据不完全统计,全市目前种植面积 100 亩以上的种植大户有 140 多户, 总种植面积 4.8 万余亩。其中, 种植面积 500 亩以上的 16 户,总种植面积 2.5 万亩。在养殖业领域,专业大户快速发展,成为我市畜禽产品供给的重要力量。截至 2012 年底,全市共有万头以上猪场 40 个,千头肉牛场 9 个,千头以上奶牛园区(场)2 个,500 只以上羊场 75 个,10 万只鸡场 47 个。

4. 家庭农场初具规模。家庭农场是一个舶来名词,原是指欧美国家的大规模经营农户。在我国,它类似于种养大户的"升级版"。2008 年党的十七届三中全会首次提出

"有条件的地方可以发展家庭农场等规模经营主体"以来,我市一些种养大户在不断扩大土地经营规模的基础上,积极采用先进生产技术和市场化经营方式,生产经营模式渐具家庭农场雏形。从我们调查了解的情况来看,这种经营主体以家庭成员为主要劳动力,从事农业规模化、集约化、商品化生产经营,农业收入是家庭的主要收入来源,具有经营规模大、劳动生产率高、商品化程度高的特征。这些经营主体虽然目前还没有依据进行统一认定,但与当前国内各界普遍认同的家庭农场的基本特征大致类似。按此标准衡量,据不完全统计,目前我市的家庭农场大致有 270 多个。

5. 农业经营性服务组织逐步兴起。改革开放以来,在农户成为独立的生产经营主体和原有政府服务机构改革的背景下,我市迅速发展起一批以农资购销户、农产品经纪人为主的经营性服务组织,填补了政府公共服务机构改革带来的市场空间。随着农业现代化水平的不断提升,各类专业服务大户(公司)、专业服务合作社等新型经营性服务组织进入农业生产性服务领域,在产前、产中和产后各个环节为农业生产提供多元化、多层次、多形式的专业化、社会化服务,解决了农户一家一户办不了、办不好的事情,既降低了农户生产经营成本,又提高了资源要素利用效率。截至目前,全市共发展各类农资经营户 670 多家,农机专业化服务大户 667 家、合作社 167 个,农产品批发市场 155 个,农民经纪人 3 万多人(其中,正式注册的有 3000 多人),成为我市农业社会化服务体系的新生力量。

二、我市新型农业经营主体运行的主要模式

谁来经营、如何经营,是创新农业经营体制机制的根本问题。近年来,为应对日趋激烈的市场竞争,我市各类农业经营主体逐步由"单兵作战"走向联合发展,各利益主体逐步形成"风险共担、利益共享"的共同体,农业生产经营模式由家庭经营为主向多主体、多领域合作经营模式转变。

模式一:合作社 + 基地 + 农户。合作社以生产基地为依托,指导农户生产,并按标准收购社员产品。平遥县晋伟中药材综合开发专业合作社通过股份合作、产销对接、资金互助等方式组织社员从事药材种植、收购、加工、销售一条龙生产经营,入社社员 2750 户,覆盖平遥、沁县、沁源、绛县、襄汾、榆社、左权、孝义、交城 9 个县(市),发展起面积达 2 万余亩的中药材种植基地。合作社统一为社员无偿提供种子、种苗及技术、培训服务,并实行保底价收购。同时,积极开展药材加工、社超对接、物流配送及资金互助服务,提高了中药材产业的经营水平,促进了平遥县中药材的产业化、规模化和专业化发展,使平遥成为全省乃至全国有影响力的优质中药材基地。

模式二：龙头企业＋合作社＋农户＋基地。这类模式一般由农业产业化龙头企业发起组建合作社，企业占合作社股份的绝大部分，社员交纳一定数量的会费，以劳动力或产品入股。合作社的法人代表多数由龙头企业负责人兼任。合作社通过生产基地，指导农户生产，并按标准收购社员产品。合作社架起了龙头企业与农民之间的桥梁，基地成了企业的生产车间，既为龙头企业解决了生产原料不足的难题，又带动了广大农户特别是低收入农户增收致富。太谷县通宝醋业有限公司为建立健全农产品精加工的种植、加工、销售产业链体系，牵头组建了太谷县通宝高粱、玉米农副产品等7个合作社，入社社员350户，建成万亩绿色原料种植基地。合作社通过统一技术服务、农资供应、产品销售，开展产前、产中、产后系列服务。公司按订单以高于市场的价格收购合作社社员的产品，用于加工和销售，从而形成了稳定的产业链，社员亩均收入比非社员高出30%，农户增收效益明显。

模式三：村委会＋合作社＋农户＋基地。这种模式一般由村委会牵头组建合作社，将村委会政策引导、发动群众等优势同合作社在技术、信息、市场、资金上的优势有机结合起来，以有效抵御市场风险。太谷县小白乡白燕村结合村里产业发展实际，采取资金、技术、土地、劳力等多种形式入股方式，以"利益共享、风险共担"为宗旨，组建太谷县美园农林专业合作社，组织300多户村民加入合作社，连片种植苗木花卉3200亩，并依托太谷县绿美园林绿化工程有限公司包销产品，2012年合作社社员人均纯收入达2.3万元。

模式四：龙头企业＋联合社＋合作社＋农户。为了在市场上获得更多的话语权和主动权，一些经营同类农产品的合作社开始寻求联合，共同组成经营实体性的联合社，获得了与龙头企业的谈判权，初步形成了"龙头企业+联合社+合作社+农户"的产业化服务经营模式，使农民与市场主体的合作对接关系更直接、更平等，利益联结机制更稳定、更紧密。寿阳县胜利中绿蔬菜种植专业合作社联合晋龙农机服务、华强营林、银山农副产品购销、胜境农村资金互助社，组建了胜利农业综合开发联合社，与寿阳县科达蔬菜加工有限公司形成"公司+联合社+合作社"的合作模式。联合社组织社员从事日光节能温室蔬菜和干果、水果种植，并为社员提供产前、产中、产后及资金服务。目前已建成涉及5个村、1.89万亩高标准日光节能温室蔬菜及干果、水果生产基地。公司按保护价收购社员产品，进行统一储存、检测、加工、销售，形成了集生产、储存、检测、加工、销售、农机作业、土方工程施工和生产资料供应为一体的现代农业科技园区发展模式。

模式五：合作社＋家庭农场＋农户＋基地。一些家庭农场为增强抵御风险的能力,组建起合作社,实行联户经营,并吸纳更多农户加入合作社,形成专业化生产基地。太谷县侯城乡南咸阳村是太谷苗木花卉种植的发源地和生产基地之一,全村1080亩耕地全部种植苗木花卉。该村主任丰农林苗木花卉专业合作社发展社员70多户,种植苗木花卉2800余亩。其中,合作社成员吴照会家庭农场种植苗木花卉300亩,由3名家庭成员、4个长期雇工和50余名临时用工种植100多个品种,2012年家庭纯收入50余万元。

除以上经营模式外,我市近年来在创新农业经营体制机制上还有不少有益探索和成功实践。

一是以左权县为代表的"生态庄园经济",利用移民搬迁旧址遗留的土地等资源,多元化筹集社会资本,通过租赁、购买土地使用权等形式,进行规模化开发、商品化生产。从事生态庄园经济开发的经营主体,实施区域化布局、一体化经营,有的类似于种养大户、家庭农场;有的资本力量雄厚,实行企业化管理,类似于龙头企业、公司农业、资本农业;还有的是多种经营主体的复合体。二是近年涌现的和顺县"沟域经济",引进工商企业、种养大户和家庭农场等多种经营主体,在横岭等山区乡镇进行农业综合开发,实现了生态涵养发展区功能与发展山区经济的结合,显示出良好的发展前景。三是太谷县的"资本农业、公司农业、科技农业",打破了一家一户分散经营与现代农业集约化、标准化、市场化生产之间的对接瓶颈,是对生产要素进行有效整合,代表当地现代农业发展趋向的创新农业经营体系模式。"资本农业"是指以大量资本投入农业开发,一、二、三产业融合发展的经营开发模式,目前已形成的家庭型、园区型和综合型资本农业,为加快太谷现代化农业建设注入强劲动力。"公司农业"是实行企业化管理、集约化生产、市场化营销的经营模式,主要有加工型、包装型、工程型,为提升全县农产品附加值和农业经营水平发挥了骨干引领作用。"科技农业"以科技示范、科技引导和科技服务为主,培育形成的种苗型、营养型、保障型、服务型科技农业,为提升全县农业科技水平提供了有力支撑。

三、我市新型农业经营主体发展面临的制约和障碍

尽管我市新型农业经营主体发展总体态势良好,但在发展过程中仍然面临一些突出问题,仍然存在着许多薄弱环节,制约着农业转型升级和现代化的发展。

1. 从新型农业经营主体自身发展来看,存在运行机制不健全,层次偏低,规模化、集约化和产业化程度不高的问题。一是规模小、效益低。目前,我市农户家庭承包经营面积户均不足6亩,人均不足2亩。从新型经营主体规模来看,我市龙头企业年均销

售收入只有 3000 万元,年销售收入超亿元的龙头企业不到 10%;农民合作社社员平均不足 10 人,80% 的合作社社员在 20 人以下。此外,受多重风险的影响,我市无论是种植大户、家庭农场、合作社,还是龙头企业,经济效益普遍不高,可持续发展能力还不强。二是运行不规范。一些农民合作社内部民主管理机制不完善,产权不明晰,财会制度和利益分配制度不健全,运作管理随意性大;相当比例的龙头企业尚未建立现代企业制度,与基地农户只是买断关系,没有结成"利益共享、风险共担"的关系,因而不能形成长久的、互惠互利的合作机制,制约了现代农业的稳步发展。三是人才匮乏。目前,我市各类现代农业经营主体大都存在从业人员综合素质不高、适应市场经济的能力不强等问题,生产经营型人才严重缺乏。仅就农民合作社来说,占成员 95% 以上的农民,文化水平和经营管理水平普遍较低,懂技术、会管理的高素质复合型人才十分缺乏,对合作社的创新和发展形成较大制约。

2. 从新型农业经营主体发展环境来看,相关配套政策及扶持措施依然滞后,培育机制有待完善。一是土地流转缺乏内在动力,规模经营难度加大。随着农业机械化水平的不断提高,机械播种、收获作业的面积和范围不断扩大,农业生产的劳动强度大大降低。加上近年来国家的许多惠农政策,极大地调动了农民的种粮积极性,逆向刺激农民不愿转出土地。农民"不耕自得、不劳而获",惜地意识增强,恋土情节较重,转出土地特别是长期流转的意愿不强,新型农业经营主体获得集中连片、相对稳定的流转土地难度加大,成为制约发展的主要障碍。二是财政资金扶持有限,信贷政策瓶颈难以突破,资金短缺仍是主要制约因素。受经济实力的影响,我市财政资金扶持新型农业经营主体发展的力度还十分有限。目前,全市累计获得各级财政资金扶持的合作社只有 219 个,仅占合作社总数的 3.6%。2011 年,市政府出台了支持农村土地流转和农民合作社发展的文件,并每年安排 1000 万元财政专项扶持资金,但真正用于扶持农民合作社的资金只有 100 万元,且资金扶持的连续性和稳定性差,发挥的作用有限。相当比例的农民合作社由于法人治理机构存在缺陷,缺乏合格的抵押品和有效的担保机制,因而无法进行规范的信用评估和评级授信,很难获得金融支持,培育主导产业和扩大经营规模缺乏流动资金,发展后劲不足。三是农民合作社联合社法人地位难确立,发展受阻。农民合作社联合社是由多个合作社联合发展的一种更高层次的农民专业合作组织,与单纯的农民合作社相比,其最大的优势是整合资源、节约成本,引领农民抱团闯市场,具有提高农业组织化程度、提升农民市场谈判地位和话语权、提高农民合作社市场竞争能力等作用。我市早在 2010 年就在全省率先发展联合社,榆次锦宏奶牛合作社联合其他奶牛合作社成立犇牛联合社,共同与奶业巨头进行市场谈判,合力维护奶农合法权益,其做法和经验得到国家农业部的肯定,在全国农民专业合作社经验交流会议上被推广。到目前,全市自发组建联合社54家,加入联合社的合作社有416个,带动农户1.28万户。但是,目前大部分县(区、市)工商部门仍以没有具体的注册登记办法为由,不予联合社办理登记手续,54家联合社在工商部门注册的只有12家(左权、昔阳各6家)。法人市场主体身份难确立,影响了联合社的健康发展。榆次犇牛联合社就因注册不了、市场法人地位缺失而无法统一结算奶款,社员已由6市9县的23家合作社,萎缩到仅剩榆次区的6家合作社。这与各地促进联合社的快速发展形成巨大反差。

四、促进我市新型农业经营主体健康发展的对策建议

新型农业经营主体,是坚持和完善农村基本经营制度、创新农业经营体制机制、构建新型农业经营体系的骨干力量,是加快推进农业现代化发展、促进农业增效和农民增收的重要载体。当前,培育和发展新型农业经营主体,必须贯彻落实党的十八大精神,紧紧围绕建设现代农业的中心任务,以激发内部创新活力和优化外部发展环境为突破口,创新体制机制,健全完善政策,营造良好环境,鼓励改革探索,不断提高新型农业经营主体的经营管理能力和创新竞争能力,推动我市现代农业快速发展。

1. 加强规范管理,不断提升新型农业经营主体自身发展水平。要坚持以市场需求为导向,以农民生产为主体,以特色主导产业为依托,按照"边探索、边发展、边规范、边提高"的原则,引导各类新型农业经营主体积极完善内部运行机制,建立健全现代企业制度,不断提升自身发展水平,使其在现代农业发展中真正发挥组织带动农民、发展主导产业、开拓"两个市场"、提高经营效益、增加农民收入、助推农村发展的骨干作用。

2. 强化整合提升,不断增强新型农业经营主体市场竞争力。对现有的资本、人才、技术、品牌等要素进行有效整合,组建一批规模大、实力强、具有现代企业发展形式的经营实体。鼓励已具规模的经营主体以扩建基地、兼并重组等方式开展跨区域发展,不断壮大经营规模和整体实力。特别是在全面推进各类合作社加快发展的同时,着力推动合作社跨区域合作和同业联合发展,打造一批有较强发展实力和竞争能力的联合社;指导合作社兴办农产品加工、贮藏和物流等服务业,支持合作社信息化、品牌化建设,加快提升其生产经营水平和辐射带动能力。

3. 加强人才队伍建设,不断提高新型农业经营主体发展"软实力"。新型农业经营主体发展,必须依靠人才支撑。要尽快建立和完善有利于新型农业经营主体发展的人

才政策,积极鼓励农业龙头企业、农民合作社、家庭农场、专业大户和农业服务组织引进农业专业技术、经营管理人才,加强与大专院校、科研机构的紧密协作,不断提高经营管理和运用现代农业实用技术的能力;鼓励"一村一大"进入农业龙头企业、农民合作社,服务农村经济发展。在人才队伍建设上,各类经营主体应发挥主观能动性,舍得投入,想方设法引进各类适用人才。太谷县绿美园林绿化工程有限公司与山西林学院建立了长期校企合作关系,大量引进该校实习生挂职锻炼,通过采取实习期满一年后每年增资 6000 元、三年后实行基础工资+绩效工资等办法留人,已引进大学生 30 多名,通过持续培养,这些大学生已成长为公司的技术骨干,有的还走上了企业领导岗位。该公司积极引进人才的做法很值得借鉴。此外,应加强普通职业教育涉农专业设置,加大新型农民培养力度,为新型农业经营主体发展特别是家庭农场发展提供后备人才资源。进一步强化对现代农业经营主体管理人员的培训工作,培养一批懂农业、会管理、善经营的优秀人才。

4. 加大政策落实力度,不断优化新型农业经营主体外部发展环境。一是完善土地流转机制。在保障农民利益的前提下,鼓励农民以各种形式流转土地承包经营权,因地制宜、积极稳妥地推进土地流转,使更多的土地向农业龙头企业、家庭农场、专业种养大户等新型农业经营主体集中,为其发展拓展空间。二是保持财政扶持的连续性和稳定性。各级财政应将专项扶持资金纳入预算,并随着经营规模的扩张逐年增加扶持额度。三是积极引导农民合作社开展信用合作。培育资金互助社等农村"内生"金融合作组织,创新农村信贷担保方式,着力破解融资难题。四是尽快制定农民合作社联合社注册登记办法。为加快我市联合社发展,应着力解决联合社法人地位缺失,"无照经营"的问题。五是尽快建立家庭农场注册登记制度。结合我市实际,明确认定标准、登记办法,扶持家庭农场成为具有法人资格的市场主体。制定财政、税收、用地、金融、保险等优惠政策,为家庭农场的发展创造良好的政策环境。

"访民生、知民情、解民事"集中走访活动调研报告

孙永胜

"访民生、知民情、解民事"集中走访活动,是省委部署安排各级领导干部改进工作作风、密切联系群众的重大举措。活动开展以来,结合"全心全意解民忧、尽责尽职办实事"、"与百村书记座谈"活动,我轻车简从,深入农村,进行了认真、细致、全面的走访调研,感触颇多,收获很大。

一、走访看到农村呈现出新的发展气象

活动期间,我共走访了 7 个农村,20 多个农户,通过实地查看、入户走访、集中座谈、问卷调查等形式,向群众宣讲党的十八大精神和路线、方针、政策,查看新农村建设情况和农户生产生活现状,调研基层组织建设情况,听取了基层群众的意见和建议。

1. 惠农政策深受欢迎。近年来,中央、省、市、县制定出台和落实了减免农业税、退耕还林补助、粮食直补、"两免一补"、新型合作医疗补助等一系列支持"三农"的惠农政策,并不断提高标准,减轻了农民负担,让农民得到了实实在在的好处,增强了农民的主人翁意识,深受广大农民的欢迎,为农业的稳定生产、农村的经济繁荣和农民的持续增收提供了政策保障。在走访调研中,很多群众说:"现在的农民,种地领补贴,看病有补助,养老有保障,我们感谢党的好政策,很知足"。比如,惠农资金专户的设立,制度健全,专款专用,管理严格,得到了绝大多数群众的认可和称赞。

2. 现代农业稳步发展。近年来,我县突出特色,发挥优势,扎实推进"一村一品"、"一县一业"。大力实施"十企百区千户"现代养牛业工程,新建、改扩建标准化养牛园区 88 个,全县 10 头以上母牛饲养户达到 2153 户,母牛存栏 2.4 万头。新建绿和、宇

蕻、和牧三个千头规模肉牛育肥企业,大型肉牛育肥企业达到 8 个,龙旺公司肉牛屠宰生产线建成投产。特别是把双孢菇种植作为农民增收致富的产业来抓,今年双孢菇种植菇床面积达 60 万平方米,形成了"园区养殖+出口销售+屠宰加工+双孢菇种植+品牌市场"的产业链条。扎实推进新一轮扶贫开发工作,利用各类扶贫资金 3650 万元,受益人口 2.15 万人,8782 口贫困人口脱贫。

3. 基础条件不断改善。近年来,全省第一轮"五个全覆盖"改善了农村的基础设施,解决了农民基本生活需求,第二轮新的"五个全覆盖"工程让农民的生活更加体面、更有尊严。就我县来看,"五个全覆盖"两年任务一年完成,加之"三联五帮"和"500 科级干部下基层帮农促增收"活动对农村的帮扶,极大地改善了农村的面貌。走访中,很多群众高兴地说:"以前是'泥水路'、现在是水泥路,以前是'危房'、现在是'新房',以前吃'井水'、现在吃'自来水'……我们过上了几乎和城里人一样的生活"。

4. 农民收入持续增长。近年来,随着改革的深入和经济的发展,特别是"一县一业、一村一品"的强力推进,农民的增收渠道有所拓宽,收入得到持续增长,2012 年我县农民人均纯收入达到 3820 元,同比增长 14.86%。以下石勒村为例,经过几年的发展,走出了一条"养牛、苗圃、双孢菇、劳务输出"的增收道路,农民收入大幅增长,2012 年人均纯收入达到 5000 多元。而作为城郊村的凤台村,绝大多数村民通过到邻村的国有煤矿打工,获得了工资性收入,仅此一项,人均年收入就达 3000 多元。

5. 基层组织坚强有力。全县村级组织换届之后,农村"两委"班子年龄结构、学历结构得到不断优化,特别是"两保一奖三考核"、"三定双评四议三公开"、"党员活动日"等制度的落实,农村班子的凝聚力和战斗力明显提升,精神面貌好,干事劲头足,工作有实绩,群众的信任度和依赖度较高。

二、走访调研发现的问题

1. 农民增收较为缓慢。调研座谈和问卷调查显示,当前农民群众最渴望、关注最多的焦点集中在增收致富上,但现实的情况是,农民增收缺乏后劲,渠道不广的问题依然突出。比如,我调研的联坪、团壁、狐洼三个村,农民收入主要依靠种植,"靠天吃饭"的境况没有大的改变,一部分农民仍然处在较为贫困的边缘,生活困难。造成这种现状的原因主要有:一是缺乏增收项目和产业拉动,带动作用不明显。二是农民文化素质相对较低,打工、就业门路狭窄,掌握农业科技少,出现了广种薄收或丢荒现象,非农收入和农业收入水平均很低。三是农民组织化程度低,抵御市场风险的能力弱。四是各级政府对农业的补贴和支持力度有待进一步加大,服务水平仍需提高。

2. 现代农业发展不足。我县是一个农业大县,随着近几年农业结构不断调整、优化,产业化建设步伐不断加快,极大地促进了我县农业的现代化进程,但总体上农业小规模、高成本、低效益的传统生产方式并没有得到根本改变。在农业产业化上,传统产业和优势产品布局分散,没有真正形成"一村一品"的格局。县内集中连片的专业村和专业大户不多,产业化经营的规模不大、水平不高、后劲不足。同时缺少农产品深加工企业和带动性的龙头企业,像"龙旺"、"新马杂粮"等企业有待做大做强。在农产品市场竞争力上,主要体现在农产品资源多,适宜加工的少;低档产品多,优势产品少;初级产品多,深加工产品少;大路产品多,品牌产品少。在农业合作程度上,农民合作组织的规模较小、组织化程度不高,运行机制不健全,信息服务功能不足,合作组织的利益联结方式存在风险。

3. 集体经济基础薄弱。我在仪村调研的时候,问村支部书记,村里的河坝整理得挺好,但河道里全是垃圾,为什么不清理,美化村里的环境。他告诉我,村集体没有钱,"一事一议"筹资难,请不起人来清理。从面上看,目前农村集体经济还相当薄弱,主要表现为总体实力不强和发展不平衡,并具有一定的普遍性,其举步维艰的主要原因:一是发展集体经济观念弱化。比如,有的人对集体经济的理解比较片面、陈旧,认为集体经济就是集体办企业、上项目,集体经济集体管。二是集体经济结构和规模不合理,缺乏竞争力,效益低。三是制度执行不力导致集体资产在管理上存在漏洞。四是村级债务沉重,村级集体经济发展背上了沉重的包袱,主要是产业政策影响、经营性亏损、基础设施投资、各类达标升级以及非生产性支出等。

4. 社会管理仍需加强。一方面,随着城镇化的不断推进,农村的人口管理已经由"限制流动"向"鼓励转移"转变,农民群众的自主程度和自由程度越来越高,造成部分农民处于村级管理的边缘,村级组织对农民约束管理的难度不断加大。调研座谈中,许多村干部和群众反映,教育改革之后,村级学校被撤并,很多的青壮年不得不带着孩子到县城就读,这不仅增加了家庭负担,也是造成大量人口外流的主要原因之一,给村级管理带来了不便。另一方面,村干部工作方式不当、村务不透明等问题,也给农村带来了很多的不稳定因素。

5. 基层党建有待创优。调研和座谈中,我发现当前的农村基层党建工作存在一些不容回避的问题:从党建意识看,一些农村主干经济意识强,党建意识淡,总认为党建是虚的,可抓可不抓,甚至个别村干部说不出党建的基本概念,在农村出现了不抓党建、党建弱化的问题;从班子建设看,个别村"两委"职责不明,权责不分,甚至产生了不团结、扯皮、内耗的现象;从党员队伍看,党员外出多,留在本村少,队伍管理难,思想统一难,形成决议难,同时"后继乏人"的问题也比较突出。特别是在作用发挥方面,问卷调查显示,能够发挥先锋模范作用的党员只占到全村党员的70%左右。走访座谈中,很多老党员和群众反映,现在的党员,党性观念、宗旨意识和模范带头不如过去的党员;在领导方式上,一些村组织和党支部书记,仍然习惯于用计划经济年代的命令、强制的方法开展工作,不仅制约了农村民主政治建设发展,而且面临着亟待"转型"的问题。

三、几点思考和建议

习近平总书记指出"小康不小康,关键看老乡"。和顺作为国家级贫困县,与全国全省全市同步建成小康,最关键的就是8万农民的增收致富问题,也是全县最大的民生问题。通过走访调研,针对发现的问题,结合平常的一些思考,提出如下建议:

1. 不折不扣落实惠农政策,积蓄发展后劲。一是坚持农村土地承包政策。完善农村土地流转制度,坚持"依法、自愿、有偿"的原则流转和集约土地,大胆探索多种形式的土地流转方式;积极探索采取农村土地股份合作和租赁、承包等形式,发展适度规模经营。严格征地程序和补偿标准,坚持公开制度,确保征地补偿安置费及时足额到位。二是坚持财政对"三农"的稳定投入,既要保持财政每年对农业投入的合理增长幅度,又要确保粮食直补、良种补贴、农机补贴、培训补贴等各项补贴政策不折不扣地落实,真正使政策不缩水、资金不流失。三是积极争取金融机构对"三农"的支持,积极探索扶持和促进农业农村发展的新机制、新办法。

2. 积极稳妥推进农村改革,激发生机活力。一是深入实施农村税费改革的各项配套改革。二是健全农业社会化服务体系。按照国家扶持与市场调节相结合、无偿服务与有偿服务相结合、政府主导与社会参与相结合的要求,对乡镇农技、农机、林业、水利水保、水产、畜牧兽医等农业服务体系实行公益性与经营性职能分离,强化公益性职能,放活经营性服务,逐步建立起功能完善、机制灵活、运转协调的新型农业服务体系,提高农业综合服务水平。三是完善农村生产经营体制。积极鼓励和支持新型农村合作经济组织加快发展,大力培育多种形式的农业产业化经营组织,努力提高农民的组织化程度。四是扩大农业农村对内对外开放,进一步改革农村投资体制,放宽农业和农村投资领域。以政府投入为导向,鼓励和引导各种社会资本进入农村和农业,参与农村交通、能源、水利等基础设施建设和产业项目开发。

3. 坚定不移建设现代农业,促进增收致富。一是加快种植结构调整。围绕形成小杂粮、双孢菇、蔬菜、中药材、核桃、特色养殖、观光农业等农业产业集群,发展山区特色农业,规划"一村一品"专业村、示范村。"十二五"末,优势玉米生产规模达到 10 万亩,优势杂粮生产规模达到 6 万亩,中药材优势产品种植规模达到 2 万亩,蔬菜生产规模达到 3 万亩,其中设施蔬菜要达到 2 万亩以上。二是大力发展以牛为主的畜牧业。以省级肉牛养殖基地县建设为契机,继续抓好"十企百区千户"现代养牛致富工程,到 2015 年,全县牛饲养量达到 15 万头,年出栏 5 万头,人均养牛收入 3000 元,占到农民生产性收入的 50%。要坚持"以牛为主、全面发展",推进鸡、猪、鸭、兔多产业发展,使我县成为全省的养牛大县、畜牧强县。同时,大力推广养牛—沼气—双孢菇—有机肥生态养牛循环经济产业模式和"青贮饲草种植→养牛业发展→双孢菇生产→废料还田"的良性循环发展模式,新发展 1 个双孢菇加工龙头企业。三是培育农业品牌。到 2015 年末,肉牛、杂粮企业要培育 1—2 个国家级知名品牌,蔬菜、中药材、酒醋、干果企业要培育 10 个以上省、市级名优品牌,以特色创品牌,以品牌增效益。四是大力发展沟域经济。充分利用我县山大坡广、沟深林茂的沟域优势,结合新农村建设,以加强环境整治、生态治理、特色产业开发、基础设施建设等为抓手,大力发展山、水、林、田、路、种、养、加的生态庄园经济模式,以多渠道增加农民收入。五是拓宽农民增收渠道。主动适应以城带乡、以工促农的新趋向,把鼓励自主创业和实现充分就业结合起来,引导和支持农村集体和农民个人开发高效农业、休闲农业及乡村民俗游、农家乐,大力发展建筑、流通、包装、储运、加工及家政服务等非农产业。同时,大力开展职业培训,提高农村劳动力素质。

4. 千方百计壮大集体经济,夯实发展基础。一是发挥优势,合理利用资源,不断壮大村级集体经济。对于城镇及郊区农村经济结构,地理环境优越,交通、信息、人才资源丰富,兴办二、三产业的基础条件较好。要通过建立农副产品商贸市场、加工企业、兴办各类服务实体等多种途径,实现以场地生财、以区位聚财、以服务引财的目的,增强村级经济实力。对于边远贫困山村,要通过管理改造、合理开发集体自然资源等办法,或发展一些集体统一经营的种养业和农副产品加工业,或采取招标承包等形式,达到巩固和发展村级集体经济的目的。二是加大政策扶持,提升村级集体经济活力,不论是集镇郊区,还是山区农村,都需要政府在农业政策上给予大力的支持,尤其是山区村集体经济基础较差,举步维艰,更应加大扶持力度。支农资金要向发展村级集体经济项目倾斜,采取"扶两头,带中间"的办法,一头扶持贫困村,加大帮扶力度,增强"造血"功能,使其自我完善,自我发展,不断壮大。一头扶持富裕村,增强富裕村建设新农村的积极性,进一步发挥先进示范作用。三是完善村级财务管理制度,进一步强化开支审批、收支预决算、财务审计监管等工作,把农村集体资产管理纳入法制轨道,提高农民群众对集体经济的信任和支持,促其健康发展。

5. 多措并举兴办公益事业,改善生活条件。一是贯彻工业反哺农业、城市支持农村的方针,以"三联五帮"等活动为载体,加大对农村公益事业的反哺和支持力度。同时,探索建立农村公益事业多元投入机制,鼓励农民及社会力量兴办农村公益事业。二是集中捆绑使用各个渠道的财政支农资金,指定相关部门牵头制定农村公益事业发展规划,把分散在各部门的支农项目资金集中起来,解决一批乡村的重点公益事业项目建设,提高资金的使用效率。同时,逐步改变支农项目资金的投入方向,减少对生产经营环节的支持,支农资金应主要用于改善农村生产生活条件,即水、电、路等基础设施建设和教育、科技、卫生、文化等公益事业。三是规范和完善"一事一议"筹资制度,按照公开、透明、自愿、协商原则,在村民会议讨论同意的基础上,引导农民开展自己直接受益的基础设施建设和公益事业,改善自身的生活生产条件。

6. 创新方式强化社会管理,促进和谐稳定。一是不断引深"500 科级干部下基层"活动,边总结,边提升,切实发挥好"第一书记"和工作队在促进农村和谐中的作用。二是要坚持推广和运用好"三定双评四议三公开"制度,加大党务、村务公开力度,尤其是村级账务、农村宅基地、低保发放、计划生育等,做到应公开全公开,定期公开,如实公开,"让群众明白,还干部清白"。三要不断完善"一事一议"制度,推进农村民主建设,尊重群众的意愿、知情权、发言权和监督权。四要抓好平安创建。发挥农村调委会、治保会的作用,及时化解各类民间纠纷,确保小事不出村,大事不出乡镇。五要加强社会治安综合治理,严厉打击和防范各类邪教组织非法活动,及时应对和处置各种突发事件和群体性事件,确保农村社会大局稳定。六要开展丰富多彩文化活动,加强农民思想道德教育,形成健康向上的新风新貌。

7. 全面加强村级组织建设,提高科学水平。一是选好配强"领头雁"。要注重多渠道选人,拓宽选人渠道,从农村致富能手、农民经纪人、农民专业合作组织负责人、复员退伍军人、外出务工返乡的农民党员中选拔村党支部书记。鼓励优秀民营企业经营管理人员,县乡机关、企事业单位退居二线、提前离岗或退休干部职工中的党员回原籍担任村党支部书记。积极探索村党支部书记跨村任职,采用强村带弱村、大村带小村的办法建立联合党组织,从中择优选拔村党支部书记。提倡村党支部书记和村委会主任"一人兼"。要通过集中培训、组织外出考察等形式,加强对农村党支部书记的教育培训力度,提高其政治素养和工作本领。同时,要继续落实"两保一奖三考核"机制,加强对农村党支部书记队伍的管理。二是保持队伍纯洁。要严把党员"入口关",探索发展党员公示制、票决制、责任追究制,严格发展程序,决不能发展"别有用心的党员"、"亲戚党员"、"关系党员",从源头上保证党员队伍的纯洁;要疏通党员"出口关",对于那些不履行党员义务、不符合党员条件的党员,要及时帮助教育,促其改正,经教育不改的,要按照党章和党内有关规定做出处理。要加强对流动党员的管理,努力减少"口袋党员"。要注重对困难党员、老党员的帮扶力度,体现党内温暖。三要完善落实各项制度。认真落实"党员活动日"、"三会一课"、民主评议党员、民主集中制、村"两委会"联席会议等各项规章制度,规范党组织活动行为,规范村级组织运行。四要实现工作"转型"。规范和引导村级组织,从以行政手段为主向提供服务为主转变,寓管理于服务之中,多采取说服教育、示范引导、典型引路的方法,实现领导方式的转变。五要以即将开展的"为民务实清廉"群众路线集中教育活动为契机,进一步密切党群干群关系,夯实党在农村的执政基础。六要完善村级组织活动场所建设,加强管理使用,切实发挥村级议事中心、党员活动中心、农民教育培训中心和群众文化娱乐中心的综合功能。

（作者系中共和顺县委书记）

振兴工业是阳泉加快转型跨越发展的必由之路

洪发科

工业是现代经济的标志与支撑,是经济发展的基础性产业,也是一个地区经济社会发展和综合经济实力的集中体现。阳泉作为典型的煤炭资源型城市和老工业基地,工业在整个城市发展中的地位、作用尤为特殊和重要。工业兴则阳泉兴,工业强则阳泉强。阳泉能否抓住国家发展的重要战略机遇期,打破制约、走出困境、实现转型跨越发展,必须把振兴工业作为主攻方向,坚定不移地实施工业强市战略,走出一条资源型地区和工矿型城市以工业赶超振兴带动全市经济赶超振兴、以工业转型跨越支撑整个城市转型跨越发展的新路子。

一、振兴工业是阳泉转型跨越的必然选择

阳泉的转型跨越关键是工业的转型跨越,没有工业的转型跨越和赶超发展就没有阳泉整个城市的转型跨越和赶超发展,振兴工业是阳泉加快转型跨越发展的不二选择。

首先,工业是阳泉的立市之本、发展之基。阳泉因煤而立、因煤而兴,也因煤而困。丰富的煤炭资源以及以此为基的煤炭能源工业是阳泉这座城市的脊梁与命脉。建市60多年来,累计生产原煤 18 亿吨,在为国家经济建设和能源安全做出重要贡献的同时,自身城市也得到长足发展,尤其是按照国家对阳泉作为山西能源重化工基地组成部分的发展定位,阳泉以煤炭能源产业为主导的工业得到快速发展,并逐渐形成了煤炭、电力、冶金、机械、建材等多门类的工业体系,也成为全国最大的无烟煤生产基地、全国重要的铝矾土和耐火材料生产基地,创造了阳泉发展的历史辉煌。长期以来,阳

泉工业在全市经济社会发展中始终处于主导地位,左右着阳泉发展的质量、水平和趋向。在三次产业占比中,改革开放初期二产曾达到75.5%,之后经过大力调整经济结构,也基本保持在60%左右。2012年,第二产业产值占到全市生产总值的58%。其中,工业达到53%,工业提供的财政收入占到全市的62%,从业人数达20.64万人,占到全市就业总人数的34.57%。工业成为名副其实的发展之基、财源之基、民生之基,也是社会稳定之基。但是,作为典型的煤炭资源型城市和老工业基地,长期以来积累的深层次矛盾较多,不仅一煤独大、产业粗放、结构性矛盾突出,而且长期的高强度开采也造成了地表塌陷、水土流失、生态破坏、资源环境压力加剧,加之煤炭保有储量的逐年减少,整个城市可持续发展面临严峻挑战。综合分析上述问题,不难看出,不论是产业结构问题、发展方式问题、资源环境问题,还是就业再就业引发的社会问题等等,都与我市工业发展息息相关,更多的是工业发展中的矛盾和问题。这些问题最终也必须通过发展振兴工业来逐步解决。

其次,工业是阳泉发展的优势所在、出路所在。阳泉在全省11个市中,辖区面积较小、经济总量不大,但矿产资源丰富、产业基础较好、城镇化水平较高、区位优势明显、交通四通八达,发展工业有着得天独厚的优势和良好的基础条件。境内不仅有优质无烟煤资源,还有铝矾土、硫铁矿等50余种矿产资源,并依托资源优势,培植了煤炭、电力、冶金、建材、机械制造等优势产业,发展了阳煤集团、煤炭运销、阳光发电等一批大型骨干企业,引进了国开投、百度、冀东水泥等一批全国知名企业,初步构筑起了融汇资金、吸纳人才技术和先进管理理念、推进生产要素流动重组的平台和载体。阳泉工业化、城镇化水平较高,2012年城镇化率达到63.04%。城镇化率高本身就是社会化大生产、专业分工协作、工业化集聚效应的体现,工业化和城镇化互联互动、相互促进。城镇化的加速发展为发展工业、加速工业化创造了基础和平台,拓展了空间,保障了生产要素配置和人力资源供给。阳泉位于太原、石家庄两大省会城市之间,可同时参与太原、石家庄的经济协作分工;也处于京津唐、环渤海经济圈的辐射之内,又是东部沿海先发地区向中西部地区产业、资金、技术转移的通道;再加之,阳泉公路、铁路四通八达,交通便利,发展工业的条件优越充足。

第三,工业是一个国家或地区强盛的内在动力。在人类历史发展中,往往一个国家和地区的工业强盛,这个国家和地区就强盛,工业生产制造能力始终是一个国家和地区兴旺发达的核心和关键,这是人类社会发展的普遍规律。英国领先世界120多年,依靠的是工业革命;美国成为世界强国,最主要是制造业全球最强;德国、日本二战后迅速崛起靠得也是工业实力。从全国来看,上海经济实力最强,其根源也是工业全国第一;北京最有条件发展服务业,反而始终把工业牢牢抓在手上;就连一直靠文化旅游立市的"人间天堂"苏州、杭州也大力实施工业兴市战略。工业如同一只会生蛋的鸡,是一个地区和国家经济社会发展的强力引擎。工业化是任何一个地区和国家现代化建设必须经历的历史阶段。

二、坚定不移地实施工业强市战略,全面推进工业振兴计划

振兴工业是阳泉转型跨越,建设"千亿百万"的迫切要求,是这座城市全面实现可持续发展和繁荣昌盛的必由之路。为此,要把振兴工业作为当前乃至今后一段时期经济工作的首要任务,着力调整优化经济结构,转变发展方式,提高自主创新能力和科技水平,坚定不移地走新型工业化道路。重中之重是要抓住产业壮大、企业发展、创优创名、科技兴工、素质提升等关键环节,深入实施工业振兴计划,努力实现"十二五"末全市工业增加值达到 650 亿元的奋斗目标。

一是大力实施产业壮大计划。坚持工业第一,最主要的是坚持产业第一。要始终把发展壮大产业作为工业振兴发展的重要基础和主要抓手,立足我市矿产资源优势和产业基础,围绕建设新型能源和新型材料基地,加大改造提升传统产业的力度。加快发展新型产业步伐,促进传统产业新型化,新型产业规模化。立足产业基础,举全市之力培育发展煤炭、电力、化工等六大百亿产业,从根本上消除我市工业产业单一、一煤独大带来的市场风险,形成以煤炭能源为主导的多元化支柱产业发展格局,不断增强城市经济发展的协调性、稳定性和可持续性;立足阳泉城乡统筹发展的实际,坚持工业与农业互动,特别是要用工业的理念发展农业,工业化生产推进农业,着力发展规模畜牧养殖、蔬果种植等农副产品加工,不断提高农业生产工业化水平,加快建设现代农业,做精做特农业产业;立足服务工业,促进工业与现代服务业的融合发展,围绕服务工业生产,重点发展现代物流、电子商务、信息咨询、技术服务等生产性服务业,做大第三产业规模,提升发展质量和水平,推动产业的合理布局和结构的优化升级。

二是大力实施实体经济发展计划。抓工业就是抓产业、抓企业。一个企业就是一座城,一个企业就能带动一座城,因此,必须把培育发展大企业、大集团作为振兴工业的头号工程,聚焦全社会力量,合力攻坚,全力推进。培植发展大企业、大集团,重中之重是依托产业优势骨干企业,培植一批产业龙头,打造销售收入超 10 亿、20 亿,甚至过百亿的阳泉旗舰企业。要有计划地选择优势骨干企业,通过资源整合、业务流程再造、资本运作上市融资等多方式,发展一批核心竞争力强、市场前景广阔、规模效益明

显、处于行业领先地位的大企业。培植壮大企业要与扶持发展中小企业有机结合,联动实施。其根本途径在于以资本为纽带,通过兼并重组、引入战略伙伴等形式,推动生产要素向优势骨干企业流动重组,尤其是要注重推动市、县属国有集体企业闲置低效资产向优势企业流动重组,最大限度地激活存量资产;以产业关联度和工业生产协作分工为纽带,按照专业化协作、社会化分工的要求,以产业优势企业为龙头,加强产业链条延伸,扶持、鼓励大中小企业发展生产联盟,促进产业上、中、下游企业共同发展,形成以大带小、联动发展的生产组织结构。

三是大力实施创优质名牌产品计划。振兴工业不仅要落实到具体产业,还要落实到具体企业、具体产品。产品是企业参与市场竞争的拳头,也是企业生存发展的命根子。要大力鼓励企业加强经营管理,提高产品质量,实施品牌战略。支持优势企业创建全省、全国乃至国际知名品牌产品,引导社会资本特别是煤炭领域的民间资本投入我市优质品牌产品生产;鼓励有条件企业依托品牌优势,通过收购、兼并、控股、联合和协作加工等方式,整合提升品牌产品生产能力;鼓励龙头企业在优势产业中不断开发附加值高、关联性强、市场潜力大新产品,发展一批名优产品,形成优势产品链条,增强品牌效应和规模效应。

四是大力实施科技兴工计划。推进科技创新和技术进步是加快工业转型升级和振兴发展的关键环节,也是工业内涵式发展的重要支撑。要抓住当前高端制造、新能源、信息技术、生命科学等多领域孕育的新一轮科技革命机遇,着力提升自主创新、原始创新、集体创新和引进消化再创新能力。要落实和强化企业技术创新的主体地位作用,围绕向产业链高端攀升,加强技术攻关;围绕急需紧缺技术,加强技术引进;围绕提升现有企业技术水平,加强技术改造,不断提高企业的自主创新能力。要培育和完善企业为主体的技术创新体系,鼓励和推动大中型企业建立研发中心。要围绕优势主导产业,深入开展产学研结合,建立产业创新战略联盟。要加快推进信息化与工业化的高度融合,充分发挥信息技术在改造升级传统产业、提高资源利用率、降低成本、增强产品竞争力中应有的作用,创新信息技术推进机制,促进信息技术广泛应用,实现信息化带动与工业化良性互动。

五是大力实施素质提升计划。人是企业发展之本、工业振兴之本,是生产活动中最活跃、最能起决定性作用的因素。因此,要把提升员工素质作为振兴工业的根本举措,大力实施企业经营管理人才、科技创新人才、高技能人才培养工程,进一步加快企业家队伍建设,努力造就一支有世界眼光和战略思维,懂经营、善管理、敢创新的企业家队伍,加大高端人才、紧缺人才和创新人才的引进力度。提升员工素质,解决人才制约问题，最根本的是要积极发展与阳泉产业发展以及加速新型工业化相适应的各类大中专职业技术教育，造就一支数量充足、面向阳泉发展、适应产业特点的经济技术实用人才，为振兴工业、加快转型跨越发展提供人才保障。

六是大力实施环境保障计划。加快转型跨越，改革创新是根本，优化环境是保障。首先，要进一步强化和完善鼓励支持工业发展振兴的配套政策、奖励措施和扶持办法，围绕企业科技创新、技术改造、新品开发、创优创名、节能减排、兼并重组、淘汰落后产能等，制定完善相应的扶持政策和奖励办法。认真落实好国家相关支持企业发展的财政投入、税收扶持、要素保障、招商引资等方面的优惠政策，着力优化政府公共资源配置，促进生产要素向优质企业倾斜集聚。特别是落实好国家促进中小企业发展的各项政策措施，加大对中小企业财政支持力度，扩大对中小企业金融信贷支持，进一步健全完善中小企业服务体系，促进中小企业健康发展。其次，要强化优化服务，切实加强对工业经济的领导，拓宽思路，未雨绸缪，强化工业运行情况预警分析，抓好工业生产土地、资金、人才、能源、技术等要素保障，全力帮助企业增产扩能、转型升级、做大做强。切实转变工作作风，增强服务意识，提高服务质量，建立健全市、县领导联系工业、联系企业、联系工业项目的"三联系"制度，有针对性地开展"企业服务年""进企业摸实情解难题"等活动，在全市营造人人关心企业发展、支持企业发展、服务企业发展的良好氛围。

三、积极探索推动阳泉工业转型升级振兴发展的有效途径

工业振兴发展，关键是要推动工业经济转型升级、赶超跨越，实现由主要依靠资源开采、初级加工向资源深度开发、深度加工转变，由主要依靠增加投入、规模扩张的外延增长向调整结构、提升质量效益的内涵发展转变，由主要依靠过度消耗能源资源的单一线性粗放增长向高效、低碳、集约、多元、循环发展转变，走出一条科技支撑、创新驱动、高效集约的发展路子。

一是走好以煤为基、多元发展之路。阳泉发展的优势在煤、潜力和希望也在煤。煤炭不仅是能源资源、材料资源、也是发展新兴产业的重要资本。阳泉调整经济结构、发展新型产业决不能离开煤炭另辟蹊径，必须围绕煤炭的开发利用来推进，不仅挖好煤，更要用好煤，不仅做好煤炭本身文章，更要做好煤炭延伸和相关产业的文章，在提升煤炭产业整体水平，推动煤炭安全高效生产的基础上，推动煤炭加工转化，不断延伸煤电铝、煤化工等产业链，提升科技含量和产品附加值，大力发展与煤炭产业紧密关联的电力、冶金、建材、机械制造以及现代物流配置等产业，走出一条以煤为基、以

煤兴产、以煤兴市、多元发展的路子,把单一煤炭优势变为多个产业优势和多元发展优势。

二是走好加工转化、循环发展之路。循环经济既是一个资源利用再利用的产业资源化、生态化的过程,也是一个产业链技术开发由低端向高端延伸、产业价值链由低端向高端攀升、资源利用最大化的过程,这为我们资源型经济衍生增值提供了发展空间、扩宽了发展途径。发展循环经济在我们阳泉不仅前景广阔,而且是大有可为、大有希望。因此,必须坚定不移地走加工延伸、循环发展的路子,就是要按循环经济的内在要求规划发展工业产业,重点推进煤炭延伸加工、煤炭伴生品综合利用、资源型材料产业间的系统整合和配套协作,构筑若干循环经济生产链条。

三是走好园区承载、集约发展之路。园区是产业集聚的重要载体,现代工业发展和建立现代产业体系的内在要求,是实现工业规模效应、集约高效发展的必由之路。要对全市产业园区建设情况全面调查摸底,特别是对市委、市政府确定的十大产业园区的发展定位、产业特色进行重新审视梳理,进一步完善园区规模布局,明确产业定位,促进企业集聚、产业集群,形成优势互补、重点突出、特色鲜明的工业发展格局。积极探索跨县区、跨园区的协作管理、联合开发、绩效考核与财税分配制度,形成统筹规划布局、协同开发建设、引进项目分成、经济利益共享的产业园区发展模式。按照产城联动、综合配套的要求,加强基础设施、生活设施和公共服务体系建设,全面提升园区承载功能、集聚功能、服务功能,建设一批产业集聚、人口集中、功能集成、资源集约的工业发展大平台。

四是走好节能减排、绿色发展之路。把节能减排环境保护和生态修复放在更加突出位置。把关停淘汰落后产能与发展新型节能产业结合起来,通过上大压小、等量淘汰、差别电价等,坚决抑制高耗能、高污染产业增长。落实财政支持、税收返还的政策,鼓励太阳能、煤层气、煤矸石发电的新技术、新产品、新产业加快发展。严格落实节能减排领导责任制,综合运用经济、法律、技术和必要的行政手段,促进污染排放达标和节能减排。强化源头控制,严把产业准入关,坚决杜绝高污染、高排放和低水平重复建设,大力推广节能降耗、清洁生产和新技术、新工艺,推动工业走低碳绿色发展的路子。

五是走好开放引进、借力发展之路。在市场分工协作日益细化、经济全球化深入发展的背景下,扩大对外开放加强招商引资是一个国家和地区快速发展的捷径。我们必须把扩大对外开放、大力招商引资作为振兴工业的攻坚重点和主要抓手,舍得在招商引资下决心下工夫下本钱,打好资源牌、感情牌、辛苦牌,做好以资源换项目、换技术、换资金、换市场的大文章。主动融入京津唐、环渤海经济圈,大胆参与长三角、珠三角乃至更大范围的协作分工,依托我们的能源资源和区位优势,紧跟国际国内产业转移新趋势,深入广泛开展招商引资活动。要主动与央企、省企对接,与全球全国500强企业联姻,力争引进一批科技含量高、市场前景好的大项目好项目,推动工业经济在更高层次上加快发展。同时要紧靠产业前沿,紧跟市场走向,紧抓政策导向,加大工业项目谋划储备建设力度,着力推进一批"高大强"、"好优新"项目,以项目做大工业总量,调优工业结构,振兴工业经济。

(作者系中共阳泉市委书记)

选好路径、换好车型、用好司机
让郊区发展乘上转型综改的快车高速前进

苏秀瑞

阳泉郊区是典型的资源型农业县区,拥有丰富的煤炭、铝矾土等矿产资源,多年来为国家建设做出了巨大的贡献。但长期高强度的资源开发,导致支柱产业单一粗放、生态环境破坏严重、资源利用水平偏低、资源枯竭问题逐渐暴露,资源型经济发展的深层次矛盾和问题日益突出,严重地制约着全区经济社会的可持续发展。可以说加快经济结构的战略性调整势在必行、迫在眉睫。2011 年,郊区被列入全省 11 个转型综改试点区之一。对于全区的转型跨越发展来说,这是一次重大政策机遇,对于加快全区的产业结构调整、转变增长方式、提升发展质量具有十分重要的意义。

面对机遇我们要干什么、怎么干,如何抢抓机遇抢占先机、赢得主动、争先转型、率先跨越,是当前一个亟须破解的课题。近年来,在推进经济社会的转型跨越发展方面,可以说我们已经做了大量的有益尝试。作为郊区区政府区长,在抓好政府各项目标任务落实的同时,我也对郊区的转型发展进行了深入的思考。在我看来,推进转型综改,必须要从思路、机制、队伍三个方面入手,思路好比是路径,必须要选对路、选大路;机制好比是车型,必须要换好车、换快车;队伍好比是司机,必须要会开车、能开好车。只有选好路径、换好车型、用好司机,才能确保转型综改的有序推进。

首先,要选好路径,打破思维定式、拓宽转型出路

好的思路源于科学的分析。跳出郊区来看郊区,郊区的本位优势主要体现在以下四个方面:

从资源的角度来看,郊区不仅有煤,尤其以铝矾土资源储量大、品位高、易开采而著称,仅次于世界铝矾土王国圭亚那。资源的禀赋,造就了郊区耐火行业的品牌优势,是全国四大耐火基地之一。从区位的角度来看,郊区虽地处内陆,但是自古以来就是往来晋冀两省的通衢之地。特别是随着近年来高铁和高速公路的建设,境内交通十分便利,位于我省一小时经济圈的核心区域。从城镇化的角度来看,全区城镇化率达到了67.59%,在全省119个县中排名第十五位,已经接近刘易斯拐点,内需拉动和人口红利已经逐步显现。从政策的角度来看,郊区是我省11个转型综改试点先行区之一,省政府赋予了我们先行先试的权力,使我们郊区的发展有着其他地区无法比拟的政策优势。

基于以上分析,我们明确了全区综改工作的思路为:全面贯彻落实党的十八大精神,以科学发展观为指导,以富民强区为主题,以转型跨越为统领,大力实施园区带动、项目带动、新城带动、创新带动"四带"战略,全力打造资源节约型、环境友好型、社会和谐型"三型"郊区。可以说,这个思路基本上涵盖了转型综改的四大任务即产业转型、生态修复、城乡统筹、民生改善四方面的内在精神,是郊区实现科学发展、绿色发展、统筹发展的必然途径。

其次,要换好车型,形成良好机制、切实对症下药

"一打纲领不如一个实际行动"。推进转型综改,必须要有实实在在的项目来支撑。而在此方面恰恰是我们郊区的短腿,受困于项目投资拉动不够,带动转型的大项目、好项目偏少,全区产业结构转型步伐一直快不起来。为此,今年我们针对性地提出了"五创五破",通过加快招商引资、企业融资、土地管理、企业扶持、项目服务等五个方面的机制体制创新,破解项目推进建设的瓶颈,推动经济社会的转型跨越发展。

一是创新招商理念,破解开放引进不足的难题。就是要牢固树立政府"不求所有、只求所在"、企业"不求控股、只求做大"、社会"不听口音、只听福音"的理念,实行"五位一体",狠抓招商引资。一是定向定位招商,紧盯阳煤、南煤及煤运等大型集团,主动对接、积极互动,努力使这些企业的转型项目落户郊区。二是以企引企招商,通过加快金隅通达、华润燃气、冀东水泥等大型企业的产业链条延伸,积极吸引上、下游产业集聚发展,做到互利共赢。三是激活民资招商,出台优惠政策,积极引导和鼓励民间资本发展产业转型项目。四是创优环境招商,做到既要费心招商、还要诚心富商、更要悉心安商,真正使郊区成为投资热土、创业旺地。五是亲情友情招商,充分发挥和利用各种人脉关系,通过"一班人",抓好"一层人",带动"一群人",在全区上下形成人人参与、全民招商的浓厚氛围。

二是创新融资平台,破解建设资金紧缺的难题。设立区金融办公室,统筹抓好融资平台建设。鼓励创办小额贷款公司,充分利用社会闲散资金,集中小钱办大事。发挥农发行、信用社的支农作用,支持农业产业化发展和重点项目推进实施。成立融资公司,按照资源资产化、土地资本化的动作模式,积极探索以土地所有权作抵押、政府信用担保申请银行贷款的新途径。设立1000万元政府风险补偿金,通过"助保金贷款"方式,加大信贷资金对转型标杆项目的扶持力度。

三是创新土地管理,破解建设用地紧张的难题。制定出台耕地保护、土地储备、用地供应、土地交易、推介招商、增减挂钩、征地拆迁、集中安置等"八统一"管理办法,创新土地管理和使用机制。充分发挥土地储备中心作用,盘活土地存量,拓展用地空间,利用关闭矿山、企业及拆迁村等废弃地恢复,置换新增项目用地,实现占补平衡。认真落实经营性用地公开出让制度,严厉打击非法倒卖土地,坚决收回项目落实无望的土地,保证重点工程建设用地。

四是创新政策扶持,破解企业抗风险能力不强的难题。设立科技创业基金,通过整合科技三项费用和吸纳企业、社会资金的方式,形成1000万元以上的资金规模,加大对高新技术项目的扶持引进力度。建立企业转型技改扶持基金,通过整合各类政策性资金和企业出资相结合的办法,形成1000万元以上的资金规模,为转型技改提供资金保障。探索建立企业市场风险联动基金,由政府、企业、银行多方出资建立专户,在企业生产经营困难时帮助共渡难关。

五是创新服务机制,破解项目建设效率不高的难题。健全工作机构,设立重点办,对重点项目进行统一管理、协调、服务、考核,做到特事特办,急事急办。提高办事效率,对投资项目实行"一站式"审批、"一条龙"服务。实行领导包保,认真落实重点项目"一名区级领导,一套服务班子,一笔专门经费"的保障措施。变招工为招生,项目签约时一并签订用工培训协议,项目开工即开始在区职高定向招生为项目培训高素质员工。三个特殊扶持,对主营业务收入、销售收入达到一定规模的企业和项目,进行特殊奖励,给予减免相关规费、实行挂牌保护等特殊政策,派驻企业特派员提供特殊服务。

第三,要用好司机,加强队伍建设、凝聚干事合力

"路线确定以后,干部就是决定因素"。推进转型综改,必须要加强干部队伍建设,真正打造一支务实有为、精明强干的干部队伍,才能确保工作的顺利推进。为此,必须要从以下几个方面切实加强干部队伍的建设:

一是考核 + 兑现,解决好干部想干的动力问题。想干,就是让干部对工作有一种

自觉的态度、对落实有一种主动的意识。今年,我们对各个乡镇实行了以照"镜子"、甩"鞭子"、给"票子"、丢"面子"、摘"帽子"为主要内容的"五子登科"考核办法。所谓照"镜子",就是对每月排名最后的乡镇,在下月的任务运行调度会上,由书记、乡镇长公开重温承诺;所谓甩"鞭子",就是对连续两个月排名垫底的乡镇,在全区通报批评;所谓给"票子",就是对每季度排名前两位的乡镇给予2–3万元奖励,排名后两位的处以2–3万元罚款,并由受处罚乡镇领导用所罚款项为获奖乡镇颁奖;所谓丢"面子",就是对连续两个季度排名垫底的乡镇,乡镇两位主要领导在新闻媒体公开说明情况;所谓摘"帽子",就是对全年排名垫底且没有完成年度目标任务的乡镇,对主要领导采取诫勉谈话等组织措施。这种"让自觉干事的人有动力、有实惠,让敷衍了事的人丢面子、丢帽子"的考核激励办法,使"要我干"变成了"我要干",基层抓落实的主动性得到了显著提升。

二是激励＋保护,解决好干部敢干的魄力问题。敢干,就是让干部对发展有一种敢为人先、敢闯敢试的精神。特别是对我们郊区来讲,是全省的11个转型综改试点先行区之一,保护好党员干部敢闯敢试的积极性显得尤为重要。对此,一方面必须要加强正面激励,在宣传上肯定、在政策上鼓励;另一方面,要积极引导在全社会树立宽容失败的意识,在此基础上尝试建立一种宽容失败、保护创新的工作机制,在政策和法律允许的范围内,为党员干部先行先试当好"保护伞"、系上"安全带",真正做到先干不争论,先试不议论,时间看结论。

三是教育＋引导,解决好干部会干的能力问题。会干,就是让干部对问题有一种正确的认识,解决问题能找到正确的途径。工作中,我们坚持教育广大干部要牢固树立"经营政策"的理念,倍加珍惜转型综改的难得契机,只要是不违反政策、法律的事都要大胆尝试,只要是符合群众利益事的都要勇于担当。同时,积极引导干部群众树立先行先试的权力意识、会行会试的能力意识、敢行敢试的责任意识和立行立试的效率意识,在尊重客观规律、把握区情实际的基础上,切实把先行先试着力点放到突破发展难点上来,把落脚点放到解决群众关注的热点上来。

四是放权＋服务,解决好干部快干的效率问题。快干,就是要形成效率优先的制度保障,时刻保持一种时间进度的发展意识。一方面,政府要尽快变"运动员"为"裁判员",大胆地简政放权,变领导为引导、变管理为服务,最大限度地减少干预、增加扶持,把市场能解决的问题全部交给市场解决,使市场在增进效率、优化资源配置中的基础作用得到尽可能地发挥。另一方面,要强化服务意识,在政府各部门广泛推行首问责任制、限时办结制?服务承诺制等,同时加大对部门不作为、慢作为、推诿扯皮、相互协调难等问题的整治力度,力促每一名政府部门工作人员都能清廉高效、公开透明地为群众办事、为投资者服务。

五是责任＋落实,解决好干部实干的作风问题。实干,就是有一种对工作讲落实、对责任要较真的意识。对此,必须要大力弘扬"踏石留印、抓铁有痕"的实干精神,切实通过细化目标责任、加强督查检查,切实杜绝决策与执行脱节、部署与落实脱节、讲话与办事脱节、台上与台下脱节、汇报与工作脱节、宣传与事实脱节、表面与实际脱节、承诺与兑现脱节,真正使广大党员干部以精心谋事、勇于任事、踏实干事的精神风貌和求真务实、开拓进取、奋发有为的工作状态来抓好落实,确保既定的各项目标任务真正落到实处。

总之,转型综改可以说是经济社会跨越发展的助推器,必须要有正确的思路、良好的机制、实干的队伍。只有三者齐备,发展才能真正乘上转型综改这辆由一流车手驾驭的高性能跑车,奔驰在宽阔的高速公路上高速前行。

(作者系阳泉市郊区区长)

建设国家高新区是加快转型跨越发展的强大引擎

王辅刚

高新区是国家实施创新驱动发展战略的重要载体，是以全球视野谋划和推动科技创新的基础平台。加快高新区发展是贯彻落实省委转型跨越发展决策部署和推动转型综改试验区建设的强大引擎。为充分发挥国家高新区在促进科技进步、转变经济增长方式、带动经济结构战略性调整的重要作用，国家 2007 年重启省级高新区升级战略，国家高新区由原先 53 个发展到现在 105 个。长治高新区作为山西省最早成立开发和全省省级高新区，在长治市委市政府的坚强领导和大力支持下，从 2011 年开始申报创建国家高新区以来，全区经济、政治、文化、社会和生态文明建设快速发展，同时，创建国家高新区也取得重大进展。

一、长治市创建国家级高新区是建设国家转型综改试验区和实现区域持续协调发展的现实选择

在长治市布局国家高新区对促进区域协调发展和加快转型综改试验区建设具有重大战略意义。

（一）长治市创建国家高新区是建设国家转型综改试验区的需要。长治市是一个典型的资源型城市，煤、电、焦、铁等传统产业占比高达 70% 以上。新中国成立以来，在享受煤炭红利的同时，长治市也付出了沉重代价，"因煤而兴、因煤而困"的困局亟须破题。保持资源型城市可持续发展，需要依靠科技创新，尽早选择和培育接续性产业。在山西省制定的转型综改方案中长治市被确定为新能源产业基地，建设国家高新区有利于促进转型综改试验区和长治新能源产业基地建设，使科技创新、产业发展和城市转型实现良好融合。一是促进创新资源向煤炭等传统领域集聚和整合，延伸产业链条，加快传统产业改造升级，不断提升产业竞争力；二是紧紧抓住科技创新主线，以高新区为主要载体和先导区,在世界范围内集聚创新资源,推动发展经济社会效益较好的高新技术产业;三是长治市处于东南沿海地区产业向中西部梯度转移的转移带,在长治市布局国家高新区,有利于对转移产业的承接,从而更好地嫁接和改造长治本地企业。

(二)长治市创建国家高新区是优化国家高新区布局的需要。建设国家高新区是我国抢抓国际科技发展机遇、转变经济发展方式的重要突破口,也是实施区域发展战略、引领区域发展的重要战略平台。长治市所处的重要战略位置和承担的重要发展使命,使其在创建国家高新区方面具有特别突出的战略意义。从区域发展格局中的独特属性看,长治高新区是山西省除太原高新区外唯一的高新区。从国家高新区战略布局意义上来说,目前国家高新区已经有 105 家,而山西仅太原高新区一家国家高新区,国家高新区布局明显不足,整个中西部国家高新区依然紧缺。长治高新区是长治市科学发展的先导区,是晋东南地区依靠科技创新实现快速发展的示范区,对周边区域具有重要的带动作用。在长治布局国家高新区,有利于优化国家高新区区域发展布局,更好发挥高新区对区域经济的拉动作用,促进区域协调统筹发展。

(三)长治市创建国家高新区是加快中部崛起的需要。国家发改委 2010 年《关于促进中部地区城市群发展的指导意见》明确提出"支持中部地区具备条件的省级开发区升级为国家级开发区",长治市是中原经济区重要的中心城市之一。中原经济区各地经济社会发展水平大体接近,所担负的区域职能和发展任务也基本趋同,都是我国重要的农业生产区和人口密集区,都面临着解决"三农"问题、统筹城乡发展的迫切形势,都处于加快推进工业化、城镇化的阶段,都处于亟待转变经济发展方式、推进产业结构升级的关键时期。在长治市布局国家高新区,将提升长治市作为中心城市的统筹协调和带动引领功能,推动本区域与中原经济区协同发展,为中部崛起和中原经济区建设发挥建设性作用。

(四)长治市创建国家高新区是加快太行革命老区发展的需要。革命老区在新形势下的发展建设,一直是党中央、国务院关注的重点。许多革命老区在国家大力支持下,通过加快开发区建设,带动整个区域实现大转型大跨越大发展。长治市是革命老区,在革命战争年代和社会主义建设时期,为国家做出了重大贡献。在长治市布局国家高新区,可更好地实施国家扶持革命老区发展的战略,进一步加快老区科技、经济、文化的融合,为老区脱贫和转型跨越发展注入新的活力,为长治市在全省率先全面建成小康社会创造条件。

二、强大的组织保障和政策支撑为创建国家高新区创造了良好条件

政府是建设开发区的主体,开发区是实现政府经济发展目标的载体。在长治市委市政府的坚强领导和精心组织下,全市各级各部门就创建国家高新区工作,形成了共识,化为实际行动,以强有力的举措全面推进创建工作。

(一)领导重视是基础。长治市从 2011 年开始创建国家高新区以来,国家科技部、山西省委省政府、山西省科技厅对长治高新区的升级工作给予高度重视和支持。长治市专门印发了《关于长治市创建国家高新区工作方案》,成立了以市政府主要领导为组长的创建工作领导组,举全市之力创建国家高新区。科技部、科技厅的领导和专家先后四次来长治高新区考察调研、指导工作。长治市委市政府多次专题研究高新区工作,从战略的高度给高新区今后发展和升级创建理清了思路、指明了方向、提出了要求,帮助高新区解决了许多制约发展的困难和问题。省科技厅、长治市政府主要领导多次专程到科技部就长治高新区升级工作进行汇报。长治市创建国家高新区具备十分扎实的组织基础。

(二)政策支撑是保障。山西省人民政府先后下发晋政发[1996]85、晋政发〔2004〕34 号、晋政发〔2011〕32 号三个政策文件,规定省级以上开发区享有"部分省级经济管理权限、市综合经济及部分行政管理权限"。根据省政府文件精神,长治高新区的组织架构按照副厅级建制进行设置,长治市政府 1998 年就成立了长治高新区一级财政。长治市委、市政府按照特区特管、特事特办和高定位、快节奏、有特色发展的指导思想,出台了一系列政策文件,给予高新区强大的政策支持。长治市委、市政府印发了《关于加快长治高新技术产业开发区科学发展的意见》(长发[2012]19 号),从高新区扩区、创建国家高新区、财政支持、金融创新、投资项目审批管理、规划管理、建设管理、土地管理、房地产管理、环境保护项目审批管理、工商登记、市政及园林绿化管理、人事管理和科技管理等方面出台相关支持政策。长治市创建国家高新区的政策支撑坚强有力。

(三)措施扎实是关键。长治高新区为了加快升级工作,从 2011 年开始深入实施"一二三五五"发展战略:围绕办好创建国家级高新区一件大事,抓住创优环境和招商引资两个重点,全力打造高新技术集聚区、新兴产业引领区、经济发展示范区"三区特色",坚持总量扩张与质量提升相统一、产业升级与技术创新相结合、基础开发与功能培育相适应、产业功能和城市功能相协调、体制创新和管理规范相融合,实现五个主要经济指标比"十一五"末翻一番。在这一战略的引领下,长治高新区对照创建国家高

新区的条件要求,从环境建设、基础设施、政策制定、招商引资、项目建设、城市建设等方面,深入系统地进行了全方位准备。与中国策划研究院就升级策划进行了合作。组织人员到安阳国家高新区等地进行了学习考察。向国土资源部递交了节约集约用地情况报告,国土资源部认为长治高新区用地情况满足了升级为国家级高新区的条件。组织编制了园区产业发展总体规划。科技部专家组认为:从启动创建国家高新区工作以来,长治市委市政府、长治高新区管委会党工委做了大量卓有成效的工作,总体上准备充分、组织有力、定位准确、目标清晰、基础扎实、措施可行,长治高新区具备了升级为国家高新区的条件。

三、长治高新区近三年突飞猛进的发展为创建国家高新区打下扎实基础

创建国家高新区既是重要的经济发展目标,也是加快高新区发展、提升高新区人员素质的重要契机。通过加快以升促建,长治市和长治高新区的各级干部对什么是高新区、怎样办高新区、办什么样的高新区等重大问题加深了理解,对高新区推动区域经济转型跨越的重要作用提高了认识,加快高新区发展和推动高新区升级,已成为社会各界的共识。长治高新区去年被科技部认定为国家级科技企业孵化器,被工信部认定为国家新型工业化产业示范基地,被评为亚太区最具投资潜力的开发区,长治市创建国家高新区取得显著成效。

(一)经济总量大幅度提升。长治高新区投资环境优良、服务设施配套、产业结构合理,在生物医药、先进装备制造、光电子、高档食品等方面形成了特色产业。全区经济持续快速增长,2011年和2012年,科工贸总收入分别完成280亿元、323亿元,增长43.59%、15.4%;地区生产总值分别完成155亿元、178.5亿元,增长50%、15.9%;工业总产值分别完成246亿元、283.6亿元,增长64%、15.7%;财政总收入分别完成28.18亿元、31.3亿元,增长13.9%、10.95%。2012年在全省开发区中,长治高新区的科工贸总收入、工业总产值、工业增加值名列前三名,财政总收入名列第一。特别是固定资产投资,2011年和2012年共完成45亿元,比建区20年来的前18年总和还要多13.6亿元。长治高新区在全市0.06%的土地上,产出了全市10%左右的财政收入和15%左右的GDP。长治高新区的经济总量持续快速增长。

(二)科技创新能力明显增强。近三年来,长治高新区为提高企业自主创新能力和科研水平,每年投入的科技研发经费占到财政总收入的1.4%,2011年、2012年两年投入达到8000余万元,加上企业自身投入的科研经费6.6亿元,长治高新区两年来用于科技研发的经费达到7.4亿元,为企业提高科研水平提供了强大的资金支撑。长

治高新区目前拥有国家级科技企业孵化器 1 个,国家级企业技术研发中心 3 个,省级企业技术中心及研发机构 9 个,市级企业技术中心及研发机构 8 个,高新技术企业 6 个。通过国家、省、市鉴定的科技成果 114 项,累计实施市级以上科技计划项目 97 项,其中,国家级 2 项,省级 15 项。特别是面向高端化、国际化、市场化全力打造现代化科技创新大厦,长治高新区科技孵化功能逐步增强,规模、质量、效益显著提升。

(三)高新技术产业发展迅速。长治高新区去年高新技术完成增加值 16.1 亿元,占全区生产总值的 76.7%。一是已建成的高新技术企业做强做大。依托德国西门子大型特种电机生产基地、中德合资博太科电气、德国独资山西贝克电气、钜星锻压、德国独资山西纳格尔、玉华再制造等企业形成的先进装备制造产业集群,呈现出强大增长活力。山西康宝生物制品股份有限公司作为高新区培育扶持起来的高新技术企业,与中国军事医学科学院积极合作建设基因工程疫苗项目,达产达效后可实现年销售收入 30 亿元。德国西门子大型特种电机有限公司,建设有 1 个省级企业技术中心、1 个电机及电频新技术院士工作站,部分产品达到国际先进水平或国内领先水平。长治钜星锻压负责起草和制定了多项国家行业标准,产品远销多个国家和地区。二是在建的高新技术项目茁壮成长。近三年来,在长治高新区孵化成长的山西玉华装备再制造、中信软件园、台资山西崧宇、山西福万达等投资 40 亿元的高新技术企业纷纷落地。三是即将落地的高新技术项目前景广阔。山西巨成车业、云计算数据与灾备产业园、香港清华同方科技孵化园、中国科技开发研究院长治分院等 4 个总投资 45 亿元的高新技术项目,建成后将大大推动长治市乃至山西省相关产业及技术的发展。国家科技部调研组认为,长治高新区近几年发展很快,而且发展趋势非常好,新上的项目数量多、起点高,都是国家要求产业转型急需的项目,长治高新区已经有了非常好的基础。

四、以加快长治高新区升级为契机全面提升长治高新区发展水平

创新驱动是高新区加快发展的动力源泉。面对国内高新区竞相发展的强劲势头,长治高新区紧紧围绕"发展高科技、实现产业化"的办区宗旨,以项目建设为突破壮大园区,以创建升级为契机扩大园区,以科技创新为主攻提升园区,以更加务实的态度和更加扎实的措施加快转型跨越发展。

一要明确发展定位。坚持以科学发展观为统领,根据党中央、国务院对国家高新区"四位一体"的战略定位(促进技术进步和增强自主创新能力的重要载体、带动经济结构调整和经济增长方式转变的强大引擎、高新技术产业走出去参与国际竞争的服

务平台、抢占世界高新技术产业制高点的前沿阵地），综合长治高新区的基础条件及发展优势，面临的内外部环境和国家及区域要求，把长治高新区建设成为中原经济区协同创新战略支点、山西省先进装备制造和新兴产业发展特色基地、长治市资源型城市转型发展科技新城。

二要集聚创新资源。发挥长治高新区的环境优势和区位优势，结合产业发展规划和城市化进程，集聚融合创新资源。建立高新技术项目与风险资本的对接平台；引进科研院所、重点实验室、工程研究院、企业研究中心等在内的国际国内知识载体落户园区或创建分支机构；大力引进高层次技术人才、企业家人才、职业经理人和适用技能人才；结合跨国公司高端价值链环节向中国转移的历史性机遇，大力引进区域总部、研发中心、高端制造和区域营销中心；加大对企业研发机构的扶持力度，引导园区企业设立研发机构。

三要加快企业成长。围绕先进装备制造、生物医药及新能源产业建设专业孵化器，鼓励孵化器的商业模式运营和探索；对于重点培育的高成长企业，从土地、资金、人才等方面提供全方位支持；根据园区产业发展导向和高端打造标准，先期以引进为主，后期自我培育，打造若干世界级的龙头骨干型企业，带动先进装备制造产业集群的发展；引导民营企业向专、精、新、特方向发展，形成一批专业化生产、社会化协作的中小民营企业集群。

四要建设科技新城。根据城市发展需要规划设计科技密集区、生活配套区等功能区域，建设集历史文化、科技创新、商贸商务、生态休闲、居住生活于一体的区域性高端城区。拉高规划坐标，瞄准国内一流，高标准搞好园区建设规划、园区发展规划、产业发展规划，高标准搞好城市化改造规划，高标准搞好公共配套设施规划，着力打造标志性产业、标志性企业、标志性建筑、标志性道路，叫响长治高新区靓丽品牌，真正建成大气优雅、满目葱翠、充满生机的生态家园。

五要实现发展目标。力争到2015年，完成工业总产值500亿元；高新技术企业数占到企业总数50%以上，高新技术企业营业收入占到总数80%以上；培育1家以上年销售收入超100亿元或2家以上年销售收入超50亿元的高新技术企业。形成以先进装备制造、生物医药、光电子等若干具有核心竞争力产业为主导的创新型特色科技园区。

长治市创建国家高新区符合党的十八大关于"加快转变经济发展方式，提高经济质量和效益"精神，符合党中央国务院关于"深化科技体制改革，加快建设创新型国家"和"打造中国经济升级版"精神,对提升长治市乃至山西省科技创新和转型跨越发展水平具有重大战略意义。必须抢抓契机、以升促建、加快发展,早日把长治高新区培育成为在山西乃至全国有魅力、有实力、有活力的国家级高新区。

（作者系长治高新开发区管委会主任、郊区区委书记）

破解发展难题　加快转型跨越

——长治县加快转型综改的探索与思考

裴少飞

长治县地处山西省东南部、太行山西麓、上党盆地南缘,与晋城市相连接,是长治市的南大门。东南部是丘陵山区,西北部为盆地平川,县域面积483平方公里,辖6镇5乡2区、254个行政村,人口34万,耕地38万亩,是山西省面积较小的县之一,人口密度每平方公里704人。近年来,我县紧紧扭住发展这个牛鼻子,牢牢抓住综改试验和扩权强县的历史机遇,先行先试,大胆突破,加快率先发展、转型发展、同城发展、文明发展,全县经济、社、会文化、生态、民主法治等各项工作稳步推进,三年跨了三大步,在2012年全省综合考核中,取得了第三名的好成绩。

一、牢牢抓住项目建设不放松,着力打造产业转型升级版

煤炭产业"今天离不了,明天靠不住",要想加快发展,必须加快转型。在项目转型上,我县按照"以煤为基、多元发展"要求,重点围绕"六大主导产业",狠抓"双百"项目工程,构建"三大企业方阵",积极构建"四大园区",着力打造经济产业多元支撑的产业转型升级版。

一是构建"六大主导产业"。近年来,我县通过与全国知名院校、科研机构合作、出台优惠政策鼓励煤炭企业上马非煤项目、加大选商选资力度等措施,积极引进高科技和高就业"两高"企业,抢占行业制高点,提高市场竞争力,已经在全县形成以煤炭、机械制造、生物医药、现代农业、文化旅游、现代金融业为主的六大产业集群,而且全部都是环保项,目低能高效,绿色环保,符合十八大提出的生态文明的新要求。

二是全力推进"双百项目工程"。从2012年开始,我县连续两年实施了"双百"项目工,程即投资1000万元以上项目100个,投资1000万元以下项目100个。2013年,

我县确立的县级以上 200 个重点项目中,省级重点项目 14 个,市级重点项目 75 个,总投资 549 亿元,2013 年计划完成投资 148 亿元。通过实施"双百项目"工程,不断加快我县产业的转型升级。

三是发挥"千亿航母"引领作用。以"千亿航母"为引领,把优势项目做大做强。在高科技项目上,重点打造易通集团这艘"千亿集团";在高就业项目上,重点打造太行山农产品物流园区这个千亿项目。通过工业农业两大千亿元项目的引领带动,不断把我县的优势项目做大做强。

四是"三大方阵"助推发展。汽车制造、生物制药、机械制造、光伏玻璃等产值 100 亿以上的龙头企业集团加快发展;晟龙玻璃、捷成数控、惠丰特车、中德型材、森特重机等产值 10 亿以上的企业进展顺利;潞安安太机械、黛威斯建材、华泰水泥等产值 5 亿以上的企业快速推进。初步构建起 10 个百亿元、20 个十亿元和 100 个五千万元以上的"三大企业方阵",形成了大企业"顶天立地"、小企业"铺天盖地"的发展格局。

五是"四大园区"集聚效应显现。科工贸产业聚集区,现在已有入园企业 30 家,13 家企业投入生产运营。其中,成功集团一期工程完成建设,投入批量生产,下线汽车达 8000 辆,二期工程无极变速箱生产线项目前期准备工作已经就绪;易通集团与天津大学合作的工业余热低温发电机组项目进展顺利,11 台样机已分别在山东、北京、天津、湖北、山西长治建设 6 个示范工程,两个工程已投入试用,用八年时间,建成千亿元产值的高科技企业;日盛达太原能集团累计完成投资 4.7 亿元,一期光伏玻璃 6 月 20 日正式点火,10 月 17 日开始试生产,截至 11 月底,共生产光伏玻璃 122.4 万平米;晟龙玻璃投入批量生产。太行山农产品物流园区,蔬菜水果、禽蛋肉奶、粮食油品、花卉农资等五大板块 15 个专业功能区今年陆续达效,截至目,前入园企业完成交易额 17 亿元。同时,带动全县蔬菜大棚种植、设施农业达到 6 万亩。新型创业园区,入园企业项目投资力度加大,年产 1000 万平方米的雅瑞地毯项,目一期工程完成投资 2.5 亿元,即将投入批量试生产;年产 120 万盏无极荧光灯管项,目完成投资 7500 万元,一期工程厂房已竣工,设备正在安装,投产达效后能生产灯具 80 万盏,产值达到 11.2 亿元。振东科技园区,药品和家庭护理产品等项目按照投资进度加快推进。

二、牢牢抓住同城发展不放松,着力加快新型城镇化步伐

我们利用与长治市区"零距离、无缝隙"的区位优势,把全县 483 平方公里当作一座城进行规划,确立了"一轴两区三带"的发展布局,建设长治市区向南发展的核心区。

"一轴"即城际快速通道。目前已全线贯通,成为连接长治市区至长治县城—荫城镇的城市通道。

"两区"即北部城市区和南部城镇区。北部城镇区"五纵十横"道路框架搭建完成,在科工贸产业聚集区,通过三换(即宅基地换新楼房,原住房换钱,农村土地承包权换保障)、三创(即免费配置一处创业商铺,发放一辆创业车,开展一次创业培训)、一补(即对未参加城镇职工养老保险的转户对象,每月发放一份最低生活补助)的办法,实施"撤村并区",24个村将集中在五个城市社区,置换出4000亩土地用于项目建设和城市发展。通过完善城市功能设施,全面与市区实现无缝对接。南部城镇区以荫城镇为中心,按照集聚10万人口的规模,与西火、南宋、振兴新区组团发展。

"三带",以城际快速通道为轴线的城市经济带,全县的城市资源全部配置在这条主轴线两侧,全县三分之二的人口将集聚在周边,形成一条人流、物流、信息流、资金流的城市大通道。以长陵路为轴线的产业经济带,四大园区全部配置在产业经济带之上,与城市经济带相呼应,与城镇化相配套,成为我县不断发展的产业支撑。以陶清河流域为轴线的生态经济带。从今年开始,我县全面开启总投资30亿元的"扮靓母亲河、美丽长治县"陶清河生态治理工程,着力打造绿树环绕、山水相依的绿色生态经济带。

在推进城镇化过程中,我们在尊重群众意愿的前提下,本着全面开花、以点带面、分步推进的原则,按照不同的办法,在全县选择了5个城镇化建设示范点重点建设。目前,产业集聚区24个村"撤村建区"已开工楼盘30栋,完成投资2.1亿元;西申家庄村的"中心村集聚",按照"一村并七村"规划稳步推进,一期住宅楼6个高层已经全部完工,二期住宅楼开工建设;县城周边城中村、城边村改造以及塌陷村整体搬迁工作全面铺开,长治县城乡一体化安居就业城奠基在建;荫城镇次中心城建设高标准实施;振兴新区13栋1000户的和谐小区开工兴建,就地城镇化步伐加快。通过五个点的示范幅射,带动城乡一体化建设,实现城市田园化,田园城市化。

三、牢牢抓住先行先试不放手,着力破解发展中的瓶颈问题

综改试验最大关键是用改革的办法解决制约发展的瓶颈问题。我县牢牢抓住机遇,先行先试,大胆突破,在招商引资、土地、资金、人才等方面采取了一系列有效举措,加快了全县的经济社会发展。

一是在招商引资上,实施科技驱动的战略。始终把科技创新作为第一要务,在招商引资上,我们不盲目承接沿海地区"腾笼换鸟"换下来的"落毛鸡",而是立足已有的

产业优势,变招商引资为选商选资,始终坚持与国内知名大学、科研院所联合,引进处于中国乃至世界科研前沿的"科技鸟",提升全县产业的科技含量,保持发展潜力。几年来,我们先后与南开大学、华南理工大学、湖南大学、海岸大利亚阿德莱德大学等多所国内外知名高校签订战略合作协议,实现高端对接,服务我县的产业升级、科技转型。一方面发挥高校"智力库"的作用,为县域经济提供人才、科技、智力支持;另一方面,高等院校的知识成果在我们县里得到实践的检验。我们先后在城市规划、工业布局、新型材料、机械制造、生物医药等多个领域加强了合作。

二是在土地问题上,抓好两大试点,以土地流转解决土地瓶颈。我们在北部科工贸产业聚集区,通过 24 个村的撤村并区,可以置换出近 4000 亩土地用于新上项目和城市建设。在南部振兴新区,以企带村、村企合并,全部土地进行流转,可以流转出3500 土地,集中使用。

三是在解决资金问题上,采取多种途径解决融资难题。我们坚持用今天的钱,办明天的事;用煤炭的钱,办非煤的事;用其他地方的钱,办我们长治县的事。主要措施有:1.鼓励企业上市融资。我们出台扶持政,策凡申报上市的企业,一次性给予 50 万元奖励扶持;申报成功在主板融资 10 亿以上,给予 1000 万元奖励扶持。在振东制药深交所上市、华南纸业天交所挂牌后,又扶持日益康食品在香港 OTC 挂牌。2.要求煤炭企业必须上马一个非煤项目。我县内的煤炭企业必须上一个转型的非煤项目,如果没有上马非煤胡萝卜,交纳转型基金,由政府负责上马非煤项目。3. 成立黎都村镇银行,政府出资 6 亿元为大股东,12 月 5 日,长治黎都商业银行挂牌开业。4. 与中国建行、远东国际、渤海证券投资银行合作,采取租赁、风投等办法,一期辞行资 5000 万元,用于发展;二期大规模辞行资正在深入洽谈中。

四是在解决人才问题上,实施了"万名人才引进培训"五大战略工程。一是高端人才引进工程。相继引进海归、博士、硕士等高端人才 180 多名,引进高技术及各种专业人才 2500 余名,服务于高科技企业。二是大规模人才培养工程。在全县建立了 18 个培训基地,累计培训全县支村两委主干、致富带头人、农业科技能手、合作社专业人才,达到 50 批 3000 余人。三是采取"政府买单、企业用人"的创新模式,公开选聘 100名大学生"企官",选派到企业服务企业成长,为企业引进业务骨干。四是校企定向培育工程。五是干部培训提长工程。全县党政干部每年两次培训,一次理论学习,一次实践考察。先后到清华、复旦、南开、浙大等全国知名高等学府进行专门培训,赴天津、上海、广州等地参观考察,收到了良好效果。

五是在项目建设上,建立健全"项目集中审批周"制度。为了加快项目建设进度,我们探索建立了"项目集中审批周"制度,由县纪委牵扯头,土地、环保、供电、发改等单位参加,峥今年"双百"项目中新开工建设的 102 个重点工程项目进行了专项审批,一周内全部办结相关手续。将项目审批周制度化,程序化,通过并联审批、限时办结等制度,实行"流程再造",打造审批周期最短、审批程序最简、审批效率最高的发展环境。

(作者系中共长治县委书记)

加快旅游资源整合步伐
打造休闲旅游度假基地

李全心

旅游业是最具发展潜力的朝阳产业,是推进转型跨越发展的绿色产业。太行山大峡谷景区是壶关县的一张重要名片,也是壶关县吸引名人、捕捉商机、张扬亮点、延伸产业和开发高端产品的重要平台。去年以来,壶关县以建设休闲旅游度假基地为目标,明确了旅游业发展的方向,找准了旅游业发展的路径,加快了旅游业发展的步伐,使旅游业成为壶关县转型跨越发展的一个亮点。

一、建设休闲旅游度假基地的现实意义

壶关县的旅游业起步于上世纪 90 年代后期,经过十几年的持续开发,景区建设日益成熟,基础设施不断完善,接待能力大大提高,综合效益逐步显现。2011 年,全县共接待游客 98 万人次,实现门票收入 1480 万元,旅游社会总收入 13.21 亿元。但由于种种原因,全县旅游业发展也面临不少困难和问题:一是旅游开发体制不顺。主要表现为已经建成的几大景区各自为政,各抓各的景,各打各的牌,不仅浪费了旅游资源,而且影响了大峡谷的整体利益。二是旅游链条衔接不紧。表现为旅游基础设施还不尽完善,"吃住行游购娱"的旅游六要素之间还没有真正形成联动效应。三是宣传促销力度不够。表现为各景点单独宣传、小打小闹、盲目性大、效果不好,没有形成大峡谷景区整体宣传营销的格局等等。针对这些问题,县委、县政府进行了认真调研,紧紧围绕打造休闲旅游度假基地的目标,以太行山大峡谷旅游区为依托,在现有旅游开发的基础上,整合旅游资源,完善旅游设施,丰富旅游内涵,提升旅游档次,力争把太行山大峡谷建设成为全省一流、全国有名、全球慕名的旅游景区。这一目标的提出,对于加快旅游开发步伐,推进转型跨越发展、建设小康壶关都具有非常重要的意义。首先,

打造休闲旅游度假基地是推动转型跨越发展的重要载体。壶关是一个山区县、农业县,矿产资源少,工业基础差,转型跨越发展的任务十分艰巨。在这种情况下,发展旅游业就成为壶关县转型跨越发展的希望和出路,打造旅游品牌基地就是要把旅游业作为新兴支柱产业来抓,通过发展旅游业推动转型跨越发展,增加财政收入,增强发展后劲。其次,打造休闲旅游度假基地是增加群众收入的重要途径。旅游业是一个带动大、辐射广的产业,在扩大社会就业、促进农民增收等方面具有不可替代的作用。打造休闲旅游度假基地,不但可以直接提供就业岗位,而且能有效带动旅游区周边的餐饮、住宿、娱乐、运输等行业,促使本地农民向非农产业转移,实现就地转化、就地增收。第三,打造休闲旅游度假基地是提升对外形象的重要举措。旅游业是眼球经济、注意力经济,打造休闲旅游度假基地就是要提升旅游区的知名度、影响度和美誉度,让更多的人走进大峡谷、走进壶关,感受峡谷风情,体验峡谷魅力,同时要促进旅游与体育、新闻、影视等产业的联姻,扩大旅游的影响力,积极举办体育赛事、文艺采风、影视创作等活动,多角度、多渠道宣传大峡谷,宣传壶关,使大峡谷的名声响起来,使壶关的名气大起来。

二、打造旅游品牌基地的优势分析

从我县来看,打造休闲旅游度假基地,存在五个方面的优势条件:

一是有丰富多彩的自然景观。太行山大峡谷旅游区总面积 100 余平方公里,整个景区以五指峡、龙泉峡、王莽峡三大峡谷为主线,串联真泽宫、紫团洞、十八盘、青龙潭、"猫路"险道、"天桥"奇观等风景名胜,配以林海、怪石、飞瀑、流泉、幽洞、古庙、峭壁、深潭等景点景观,构成了以雄、奇、险、幽为特色的太行山大峡谷自然风光,有自然景观 400 余处、景点 44 个。区内动植物资源丰富,有享誉全国的紫团参、红豆杉等珍稀植物 300 余种,有金钱豹、黑鹳、金雕等国家保护动物 130 种。

二是有积淀深厚的历史文化。大峡谷每个景点景区几乎都是一段历史故事、一个历史人物、一篇历史传说的精彩演绎。如羊肠坂景区,三国时期曹操从此北上太行,留下了"羊肠坂诘屈,车轮为之摧……"的千古悲吟;如十八盘景点,《史记》有晋献公派太子申到此平息赤狄族部落犯边的记载;此外,王莽峡、阁老陵、万佛寺、真泽宫、紫团洞这些景点景区,都与众多的历史人物有着千丝万缕的联系。所有这些,都为太行山大峡谷增添了神奇的色彩。

三是有生动多彩的民俗风情。在数千年历史的演绎中,壶关县形成了许多别具特色的民俗民情。诸如饮食习俗、婚嫁习俗、喜庆习俗、节庆习俗、信仰习俗、生产习俗等等。这些风格迥异、特色鲜明的民俗民情文化,都可以进行挖掘和开发,形成特色旅游项目,丰富旅游内涵,增强无限魅力。

四是有异彩纷呈的文物古迹。壶关历史悠久,文物古迹和革命遗址遍及境内13个乡镇区,目前已发现不可移动文物537处,其中省级文物保护单位4处,县级文物保护单位24处,有古遗址、古墓葬、古建筑和琳琅满目的馆藏文物,有抗大一分校旧址、朱德总司令旧居、窑洞保卫战遗址等颇具纪念意义和教育意义的革命文物,这些众多的文化遗址和历史古迹构成了一幅幅绚丽的人文景观。如果把这些与旅游业合理嫁接,全县旅游业的档次将会大幅提高。

五是有前所未有的发展机遇。目前,太行山大峡谷旅游区已经拥有国家"4A"级景区、"国家森林公园"、"国家地质公园"、"中国最美的十大峡谷之一"、国家攀岩基地和"中国青少年科学考察探险基地"、"中国新闻摄影学会创作基地"等头衔,不但是长治市旅游业的头牌景区,而且在山西省和周边省、市也有一定的影响。特别是省、市对大峡谷的旅游开发非常重视,已经列入了发展规划之中,大峡谷旅游开发的前景非常广阔。

三、打造休闲旅游度假基地的路径选择

建设休闲旅游度假基地,要遵循"循序渐进、量力而行"的原则,找准切入点,选好主攻点,抓好关键点,做大峡谷旅游品牌,提升旅游综合效益。

一是高起点规划。旅游总体规划是旅游业发展的基础和前提,没有规划就没有目标,旅游业就难以做大做强。高起点规划,就是要严格按照《长治市太行山大峡谷风景旅游区总体规划》进行开发,一张蓝图绘到底,致力把太行山大峡谷打造成国家"5A"级旅游区、国家级风景名胜区和全国一流的休闲旅游度假基地。

二是高品位开发。硬件建设是旅游业的基本要素。硬件建设跟不上,景区的品位就会大打折扣,影响和滞缓旅游业的发展。高品位开发,就是要进一步改善旅游环境,抓好精品景区建设,对现有景区进行深度开发,围绕"吃、住、行、游、购、娱"旅游六要素,年内建成大峡谷旅游循环路、八泉峡大坝、大峡谷游客中心并投入使用,远期规划建设"一坪一轨一道一院",即直升飞机停机坪、专线火车路、高空索道和大型影剧院,形成谷顶游、谷底游、栈道游、火车游、飞机游、索道游、水上游的全方位、立体化旅游格局。

三是高水平管理。旅游体制机制是旅游业发展的关键所在。对于太行山大峡谷来说,没有2001年的大拍卖,就没有今天的大繁荣;没有今天的大整合,就没有明天的

大效应。我们必须以改革的手段,按照全市太行山大峡谷旅游资源及产业整合工作会议要求,加快资源整合步伐,实行统一规划、统一开发、统一管理、统一宣传,实现大峡谷旅游"一票通"。积极探索整合旅游资源的新路子,逐步形成"一个规划、一个公司、一张门票、一体化管理、多元化开发"的旅游格局。一个规划就是景区开发必须遵循总体规划,实行整体开发,坚决杜绝低品位开发和重复建设;一个公司就是组建成立太行山大峡谷旅游股份公司,县政府以资源和历年宣传、基础设施建设等投入参股,各景区通过资产评估以资产参股,建立现代企业制度,实行按股分红,利益共享,风险共担;一张门票,就是由旅游开发管理区负责制定旅游线路、门票价格和结算办法,在南平头坞和东川底两个游客中心统一售票,实行景区"一票通";一体化管理,就是在管理上实行以旅游开发管理区为主、县旅游中心和桥上乡为辅的三位一体管理体制;多元化开发,就是采取政府支持、引进外资、社会投资等多种方式,有效解决制约旅游开发的资金瓶颈问题。

四是大力度宣传。宣传促销是推介大峡谷的重要手段。就是要将景区产品集中打包、统一销售,改变以往由景区分散促销效果欠佳的现象。加强与新闻、体育、文化、影视界的合作,举办好各种重大节庆、体育赛事、影视拍摄、文学采风等活动,积极参加各种旅交会、推介会,形成平面媒体、电视媒体、网络媒体等全方位、立体化、大投入的宣传格局,大力度、大投入宣传大峡谷景区,进一步提高大峡谷的知名度和影响力。

五是大文化提升。要大力实施文化强县、旅游兴县战略,发展峡谷旅游特色文化,进一步增强峡谷旅游的影响力和吸引力。要组织有名望的"笔杆子"、有影响的"大秀才",收集整理大峡谷、县城神山等绿色文化,常行窑洞保卫战、大井划界等红色文化,真泽宫、三嶕庙等古色文化,编写全县旅游文化书刊,真正做到一座山就是一个动人故事,一条沟就是一个美丽传说,一棵树就是一个独特风景,一块石头就是一个旅游项目。要精心编排体现壶关地方特色的文艺节目、大片大作,打造高水平演职队伍,全方位、立体式展现壶关文化内涵,让游客来大峡谷旅游,白天看风景,晚上看演出,领略自然美景,呼吸新鲜空气,享受田园风光,感受特色文化。要定期推出全国性的诗歌赛、书画展等文化项目,全力办好七夕情人节、漂流节、攀岩赛等节庆活动,吸引一大批知名作家、记者、演员到壶关体验生活或从事创作,积极打造全国有名的影视拍摄基地、文艺创作基地。

(作者系中共壶关县委书记)

勇当综改先行者 争做转型排头兵

田志明

全球金融危机的爆发,煤炭市场的持续低迷,让所有以煤为主的资源型地区"风光不再"。作为山西的典型"缩影",襄垣同样面临着因煤而兴、为煤所困的局面。去年以来,我们乘着全省综改试验区建设和扩权强县试点的强劲东风,大胆探索,勇于实践,举全县之力,聚各方要素,着力打造"中国新能源新材料基地",在资源型地区转型发展的道路上进行了有益尝试,在综改试验区建设的实践中迈出了坚实步伐。

抢抓机遇融入转型大潮

资源型地区转型发展,没有现成道路,没有一定之规,更没有灵丹妙药。追溯历史、探寻规律,抢抓机遇、先行先试,积极融入转型发展大潮,无疑是最佳选择。

18 世纪 60 年代,蒸汽机与煤炭的结合,拉开了第一次工业革命的序幕,人类进入"蒸汽时代";19 世纪 70 年代,电力与计算机的交汇,第二次工业革命隆重登场,人类进入"电气时代";当前,以互联网和新能源相融合为主要特征的第三次工业革命初露端倪,人类进入"信息时代"。沿着历史发展的轨迹,我们不难发现,人类社会的每一次大跨越无不与科技革命息息相关。科技革命往往伴随产业升级,进而带动经济社会深刻转型。

在产业升级和社会转型上,国外也不乏成功的先例。鲁尔区作为德国最重要的煤炭和钢铁基地,从 20 世纪 60 年代开始,陆续遭遇了"煤炭危机"和"钢铁危机"。面对危机,德国政府积极应对,着力推动产业结构调整与城市功能转型,经过四十多年的艰辛探索和不懈努力,较为成功地完成了对传统工业区的改造,实现了对传统经济增长方式的根本性变革,基本实现了从传统煤钢工业基地迈向现代欧洲文化之都的转变,也为全球资源型地区转型发展提供了可供借鉴的范例。

在转型发展上,襄垣除了把握发展规律、借鉴先进经验外,当前更重要的是面临千载难逢的发展机遇。2010年我省被列为国家资源型经济转型综合配套改革试验区,2011年襄垣被列为扩权强县试点县,为我们带来了先行先试的重大利好,搭建了政策创新、机制变革、产业发展以及投资机遇的良好平台。

省委袁纯清书记指出,建设转型综改试验区的目的是为资源型地区经济转型发展开路,解决好清洁发展、绿色发展、低碳发展、安全发展、可持续发展的问题。这也是资源型地区转型发展的必然选择。作为长治乃至山西的煤炭大县、经济强县,决定了襄垣必须以舍我其谁的使命担当,以先行先试的胆识勇气,以时不我待的紧迫意识,积极主动融入转型综改试验区建设的伟大实践,着力转变经济发展方式,努力培育新的经济增长点,走出一条资源型县区转型发展的新路子,当好综改试验先行者、转型跨越排头兵!

立足县情明晰发展定位

资源型地区能否科学发展,能否顺利转型,定位的准确与否非常重要。而要准确定位,必须对自己的家底有一个全面、正确的认识,必须找准自身的比较优势。否则,就有可能南辕北辙,事与愿违。

襄垣有什么优势?通过深入调研,科学分析,认真审视,我认为襄垣与其他县区相比,至少有四大优势:一是资源优势。襄垣有丰富的矿产资源和水资源。其中,煤炭储量75.8亿吨,可开采40亿吨;每年地表水有1亿立方,过境水有7亿多立方,属华北地区相对富水县。二是区位优势。太焦铁路、太长高速、国道208线、省道榆长线以及即将建设的霍黎高速穿境而过。三是产业优势。经过多年的发展和积累,襄垣奠定了较为扎实的工业基础,以煤为基的产业布局初具规模。在襄垣及周边,集聚着潞安集团、三元集团、天脊集团、潞宝集团、襄矿集团、七一集团等一批积淀深厚、技术领先的大型企业,专业技术人才密集,煤化产业高度集聚。四是人文优势。长期以来,襄垣人民形成了开放包容、思维活跃、敢为人先、积极进取的精神风貌,是推动襄垣经济社会发展的内生动力。

基于对转型发展的深刻理解,基于对形势机遇的基本判断,基于对县情实际的全面把握,我们确定了襄垣今后一个时期经济社会发展的基本原则:树牢"以煤为基、多元发展"的理念。按照"立足煤、延伸煤、超越煤"的发展思路,高端定位、超前谋划,采用先进技术,发展前沿产业。坚持园区式、集群式、链条式发展方式。坚决摒弃一味扩能扩产、单一依赖挖煤卖煤的思维定式,严格限制煤炭产能,科学谋划下游产业,逐步实现原煤全部就地转化,地面产业超过地下。整合要素打造产业基地。打破行政区划和地域界限,集聚产业发展的各种要素,多方合作、资源共享,优势互补、互利共赢。立足优势精心招商选资。不搞全民招商,不盲目承接落后淘汰的产业和产能,坚持以规划招商、以产业招商、以商招商,全面提升引资上项的质量和效果。创新机制向改革要红利。抢抓综改试验和扩权强县的政策机遇,先行先试,快行快试,敢行敢试,科学制定相关配套政策,努力在重点领域和关键环节实现新突破。

立足转型发展,争做开路先锋。在这些原则的指导下,襄垣转型发展的目标定位日渐清晰:以新型工业化为主攻方向,重点发展以精细煤化工为基础的新能源、新材料产业和低碳、环保、高附加值的高新技术产业,用三年左右时间,全面铺开总投资1500亿元的重点工程项目,全力打造"中国新能源、新材料基地"。

找准路径加速转型步伐

资源型地区转型发展,必须牢牢抓住项目建设这个根基,必须把转型的效果体现在实实在在的园区、产业和项目上。围绕打造"中国新能源新材料基地"这一目标,我们重点规划一园两区,做强三条产业链,建设十大标杆项目。

一园两区:就是依托我县的资源优势和煤化工产业基础,和周边县区联手,以襄垣的王桥园区、富阳园区和侯堡镇区为核心,规划建设一个占地200—300平方公里的全国最大的精细煤化工园区。东部王桥新型煤化工产业示范区主攻以精细煤化工为基础的新能源、新材料产业,西部富阳高新技术产业示范区主攻低碳、环保、附加值高的高新科技产业。

三条产业链:就是煤基合成油产业链、焦炉煤气制甲醇烯烃产业链、煤制乙二醇聚酯建材产业链。

十大标杆项目:围绕以上三条产业链,今年我们集中启动了一批成长性好、引领和带动作用强的重大转型项目,总投资988亿元。其中十大标杆项目总投资871亿元。一是总投资318亿元的潞安高硫煤清洁利用油化电热一体化项目;二是总投资275亿元的七一鸿达煤基多联产项目;三是总投资38亿元的襄矿20万吨合成气制乙二醇项目;四是总投资35.8亿元的20万吨碳酸二甲酯及10万吨丙烯酸项目;五是总投资31亿元的山东水泥集团400万吨水泥项目;六是总投资20亿元的新加坡胜科集团污水处理项目;七是总投资18亿元的美国AP公司空分装置制气项目;八是总投资23亿元的襄矿瑞恒化工60万吨聚氯乙烯项目;九是总投资66亿元的襄矿至德百亿安时电力储能及电能重型机械设备制造项目;十是总投资46亿元的中冶集团 20 万吨高性能取向硅钢项目。其中,美国 AP 公司、新加坡胜科集团、中冶集团、山东水泥集团都是全球 500 强企业,全部在一个月之内集中落户我县。

先行先试蹚出改革新路

加快资源型地区转型发展步伐,推进重点工程项目建设,必须把改革创新作为重要动力。我们紧紧抓住先行先试这把尚方宝剑,在统筹规划、政策引领、体制创新、金融支撑等方面大胆尝试,重点从"五规合一"规划统筹协调、创新地方金融发展机制、深化行政审批制度改革、煤电一体化改革、用地管理改革、循环经济试点县建设、撤县设市等 14 个领域集中谋划、破解难题,收到了比较明显的效果。

一是规划创新。聘请国内一流专家团队,编制完成了新型煤化工产业、战略性新兴产业、县城建设、文化旅游产业、农业产业"五大规划",保证了农业、工业、三产服务业的统筹协调,互促共进。

二是政策创新。着眼于煤化工园区的做大做强和新能源新材料产业的发展壮大,目前我们正在抓紧研究制定四方面配套政策:一是引进高端人才的激励政策,二是培育研发新技术新产品的鼓励政策,三是吸引项目落地的土地、财税、服务等投资环境配套政策,四是煤炭企业新上地面产业的项目配套政策。

三是金融创新。组建了漳江投资经营有限公司、城市投资公司、保障性住房运营公司和村镇建设投资公司,初步搭建起城乡一体的投融资建设主体平台;组建了认购规模 10 亿元的全国首家私募基金,建立了金融服务对接县域经济的新机制。

四是机制创新。一是搭建了土地收储平台。由县国土部门负责,入轨运行建设用地收储工作,实行"复垦一块、收储一块、安置一块、开发一块"。2012 年投资 3458 万元,复垦土地 3010 亩;今年计划投资 1800 万元,复垦土地 2000 亩,完成土地占补平衡 2400 亩。二是新建了政务服务平台。下大力气打造一流的政务服务环境,投资 3000 余万元新建了 7000 平方米的行政服务中心,开通了项目审批办结"绿色通道",实行"一窗口受理、一条龙服务、一站式办结",明显提升了行政审批规范化水平。三是组建了重大项目协调推进平台。突破领导分工界限,跨行业、跨领域整合力量,组建了重点工程项目"六大推进办公室",完善了"一个项目、一位领导、一套班子、一抓到底"的"四个一"工作法,强化了领导组、指挥长、办公室三级调度,现场办公解决各类困难问题,齐抓共管加快项目建设进度。

改革激发动力,发展彰显活力。目前,十大标杆项目中,潞安 180 万吨煤基油、七一鸿达煤基多联产、中冶 20 万吨硅钢、襄矿 20 万吨乙二醇、60 万吨聚氯乙烯二期、百亿安时储能及重机设备制造等六个项目已经开工建设，其余项目正在紧张有序向前推进。特别是 20 万吨冷轧硅钢项目，实现了当季签约，当季落地，当季开工建设，创造了项目建设的"襄垣速度"。这十大项目全部投产达效后，可实现年产值 1809 亿元、利税 236 亿元，解决就业 6 万余人。与此同时，我们认真谋划精细煤化工上下游的产业链条，联系引进了一批煤化工产业配套延伸的关联产业和项目。其中，总投资22 亿元的贵州山力公司百万米橡胶机带、pvcpe 管材、180 万吨电石渣制水泥等项目已经开工建设，投资 50 亿元的电能重型机械制造和投资 45 亿元的华润风力发电项目已经正式签约。

资源型地区转型之路任重道远，不可能一蹴而就。但我们坚信，有全省域转型综改试验区建设的政策机遇，有我县得天独厚的发展煤化工产业的充足底气，襄垣打造"中国新能源新材料基地"的梦想一定会如期实现，襄垣的转型发展之路一定会走得更扎实，走得更稳健，走得更精彩！

（作者系中共襄垣县委书记）

对全县 100 口人以下村庄实施
移民搬迁的调查报告

吴小华

移民搬迁是针对居住在山庄窝铺、生存条件恶劣的贫困人口所采取的一项根本性扶贫措施,是从根本上改善贫困人口生活、生产条件的有效途径。为进一步了解和推动我县百口人以下村庄的移民搬迁工作,我们先后深入到东寺头、杏城、龙镇、虹梯关等乡镇 20 余个扶贫移民点进行了调查了解。通过实地考察、座谈交流、入户访问、个别交谈等形式,对扶贫移民搬迁进行了比较深入的了解和探讨。

一、全县扶贫开发及 100 口人以下村庄的基本情况

平顺县是一个典型的干石山区、国家扶贫开发重点县。全县总面积 1550 平方公里,辖 5 镇 7 乡、262 个行政村,总人口 17 万,农业人口 13.6 万,贫困人口 6.7 万,贫困人口占总人口的 39%,贫困发生率达到了 49.4%,不仅高于全国 36 个百分点、全省 30.65 个百分点、全市 30 个百分点,而且高于壶关、武乡等兄弟贫困县,具有贫困发生率高、贫困面广、贫困程度深等特点。

据统计,截至 2012 年,全县农民人均纯收入才达到 3677 元,全县 262 个行政村都是贫困村,其中有 114 个农民人均纯收入低于 3000 元的村、2 个低于 2300 元的村,而 100 口人以下村庄涉及全县所有乡镇,共 86 个行政村,457 个自然庄,4565 户共 13 644 口人。据不完全统计,这些村庄人均纯收入在 2000 元以下的有 39 个,最低的只有 260 元。

这些村庄生存条件恶劣、居住分散。全县 100 口人以下村庄有 85 个行政村、454 个自然庄,其都处于山区地带,其中 80% 以上集中在杏城、虹梯关、东寺头、龙溪、北耽车等干石山区和高寒冷凉山区,或者是经济发展滞后,或者是省界、市界、县界等交界

地区的偏远山村,易发洪涝、地质等自然灾害,抗御灾害能力弱,群众生命财产安全没有保障,致使返贫现象时时发生。

这些村庄大部分是空壳村。人口主要是以空巢老人、孤寡老人、光棍和留守儿童为主,低保、五保、老弱痴呆人员居多。特别是有的自然庄只有 1 户或 2 户,1 个或 2 个人,且都是 70 岁以上的孤寡老人,由于远离主村,导致村委不仅不能照顾他们的生活,而且管理非常困难,特别是护林防火压力很大。从近年来发生的火情火警来看,大部分都是由这类人群烧荒、烧茬造成的。

这些村庄山高坡陡、缺水少土、土地贫瘠、资源匮乏、交通不便,生产生活条件差,基础设施和公用事业建设落后,很多人一辈子都没有走出过村子,过的还是"原始社会"的生活,与世隔绝,存在吃水难、行路难、用电难、上学难、就医难、通讯难、通广播电视难、结婚难等问题,有些地方吃水还主要依靠旱井储蓄降水,有些村好多年都没有娶过媳妇,姑娘到结婚年龄后都选择嫁到外地。

这些村庄的群众科技文化水平低,思维观念落后,自我发展能力不足,收入方式主要以农业收入、林业收入和外出务工为主,科技含量低,依然是"靠天吃饭",抗风险能力低。土地类型大多都是梯田、条块状坡耕地,面积小、产量低、人均耕地少,像青羊镇回源交的向阳条、小回源人均只有 5 分地,且不利于机械化作业;种植种类主要是玉米和马铃薯,只有杏城、东寺头、石城、阳高、北耽车、中五井部分地区种植有小麦,部分乡镇的部分村间或种植谷子,而且产量不均,玉米最高亩产 1000 公斤,最低亩产仅 150 公斤。林业收入主要以中小药材、花椒、核桃、柿子为主,其中在青羊、东寺头、西沟、虹梯关等乡镇,所占比例较低;在石城、阳高、东寺头、虹梯关部分地区较高。当遇到风调雨顺年景时,农业、种植业丰收,农民收入就高,特别是中小药材、马铃薯和花椒产量较高,一户农民可实现收入近 3000—4000 元,农民人均纯收入可达到 2000 元左右;如果年景不好,就像今年春天旱情严重,又遭遇倒春寒,农业生产和种植业就几乎没有,群众生活就更加困难,收入极不稳定。二、三产业和经营性收入更少,所占比例仅为年收入的几个百分点。在这个过程中,外出务工收入就显得极为重要,据统计,我县百口人以下村劳务收入最高可达 20 000 元,最少的也在 600—700 元左右,可增加人均纯收入 1000 多元。这样算来,有一大部分百口人以下村庄人均纯收入都在 2000 元甚至 3000 元以上,但是由于地理位置偏僻,基础设施落后,部分农民收入虽然较高,但文化娱乐生活极度匮乏,教育、医疗、社保等无法覆盖,群众生活幸福指数依然不高,与全面建成小康社会的目标仍有较大差距。

在走访调查中,我们对已实行易地移民搬迁群众现在的生产生活状况和 100 口人以下村庄群众对易地移民搬迁的看法作了详细调查。经过调查发现，近年来，我们根据平顺的发展现状和产业布局，按照"搬得出、稳得住、能致富"的思路，坚持政府引导、群众自愿、科学规划、注重实效的原则，结合土地合理使用、城镇规划建设和产业持续发展，因村而宜，因户而宜，采取移民新村建设、本土分散搬迁和外地投亲移民等办法，多渠道安置移民取得了非常好的效果。截止2012年底，全县共移民搬迁16 500人，使原来的1370个自然庄减少到960余个，并使迁出群众基本做到了与产业结合、与城镇化结合、与社会保障结合，人民群众的生产生活条件明显改善。以青羊镇刘家小区为例，其和县城主城区合二为一，与县城居民享受同等的生活环境和生活条件，房屋结构全部是三间两层加一个院子，家家用上了暖气、煤气灶和数字电视，生活质量显著提升。

通过调查还发现，现在群众对易地移民搬迁都持开放态度，尤其是中青年群众，他们思想开发，有过更好生活的向往和理想，对于异地移民搬迁比较积极。家里有到适婚年龄子女的中老年人也对异地移民搬迁比较积极，但更倾向于让子女搬迁，特别是了解了省、市的优惠政策后，更坚定了他们的信心。但是年龄较大尤其是独身、孤寡老人的积极性不高。

二、实施100口人以下村庄移民搬迁的有利条件

一是有政策保障。党的十八大为加快农村发展绘就了宏伟蓝图，也为推动农村发展，加速城乡一体化进程提供了政策依据和制度保障。《中国农村扶贫开发纲要（2011~2020年）》就易地扶贫搬迁作了详细要求，并明确了完成标准和政策保障。今年刚刚出台的《山西省农村扶贫开发总体规划（2011~2020年）》，明确要求到2015年，要基本消除农民年人均纯收入5000元以下的县，基本消除农民年人均纯收入2300元以下的村，一半以上贫困人口实现脱贫，基本完成山庄窝铺移民搬迁任务。市委十届五次全会原则通过了《关于组织骨干企业对贫困重点县进行产业扶贫开发的实施意见》，全面启动了三年内百口人以下山庄窝铺特困村整体搬迁工程。一系列政策措施的出台和实施为我县完成百口人以下村易地移民搬迁提供了良好的政策保障。

二是基础设施建设和公共基本保障更加完善。经过近几年的持续努力，我县路、水、电等基础设施建设和教育、卫生、文化、社会保障等公共建设取得了长足的发展。长平高速公路、河潞线经改造已经通车，全县所有行政村都通了水泥路和公共汽车，现在随着中南铁路、国道平顺到长治二级路的通车，长期困扰我县的交通问题将得到彻底改善。与此同时,通过不断加快城镇化发展步伐,教育、医疗、文化、养老等社会事业加快发展,县城和各乡镇中心镇的承载能力和城市功能日益完善。这一切都为提高移民群众生活奠定了坚实的基础。

三是增收致富渠道拓宽。我县具有独特的资源优势,自然景观奇特秀丽,区位优势得天独厚,农副土特产品种类多、品质优、分布广。随着我县打造"一地两区"、建设"三宜"美丽平顺战略的实施,我县的旅游产业、新型工业化和农业现代化进入到了全面提升阶段,航天工业园、高新技术产业园区、通天峡景区等重点工程的建成投产,都为移民群众提供了极大的就业空间,可极大地推动他们就近向第三产业有序转移,实现"移得出、稳得住、能致富"的目标。

四是中小城镇化人口规模小。截至 2011 年,据县公安局数据显示,全县人口为 15.5 万人,县城人口仅为 3 万多人,其余各乡镇各中心镇人口都在几百人左右,这与其他周边地区相比,规模较小,与市委建设"一核双圈"战略,县城人口达到 10 万人,中心镇人口达到 1 万—3 万人的标准还有很大差距,而需要进行易地移民搬迁的群众只有 1.3 万多人,人口基数少,使人员更有利于转移和安置,土地更有利于集中,城镇辐射带动作用将更加明显。加之近几年,通过积极开展易地移民搬迁,为今后继续向城镇转移积累了经验。同时,近年来通过加大劳务输出力度,全县富余劳动力外出务工人数逐年增加,2011 年输出劳动力达 2.4 万人(次),实现劳务收入 9251.54 万元,农业人口中近一半劳动力实现了外出务工就业,也为今后移民群众进行产业转移奠定了基础。

五是建设资金较为充足。近年来,国家、省、市不断加大扶贫开发力度,特别是这次省、市实施了 100 口人以下村庄移民搬迁与企业对接扶贫相结合的方法,选择企业参与贫困县移民搬迁工程,更进一步保障了扶贫资金。据初步计算,现在国家移民补贴资金为人均 5000 元左右,企业补贴移民群众人均 1.5 万元,住建部门有以移民扶贫为主要内容的危房改造每户 1.1 万元—1.4 万元,发改部门每年有用于移民小区基础设施建设资金每人 7000 多元。几项资金捆绑起来平均每户(每户 4 口人)将有建设资金 11.9 万元—12.2 万元,资金明显比以前更充足。按照现在水泥、钢筋、建材及人工费用,要建一个三间两层住房大约在 15 万元左右,这样群众自筹部分只占总建设资金的五分之一,对于大部分群众还是可以接受的。

三、群众反映的问题及实施 100 口人以下村庄移民搬迁存在的问题和困难

1. 搬迁土地难审批。"有土搬迁"是移民搬迁的基础。目前严格的土地政策和环节诸多的涉林审批制度,严重制约了扶贫移民搬迁工作。特别是由于近年来移民搬迁任务逐年加大,可规划利用的荒地及其他闲散土地,特别是符合农户搬迁意愿的目标地段越来越少,加之国家土地政策日趋严格,产业发展需要建设用地严重不足,致使扶贫移民安置用地指标减少、选址难,农民习惯建设的猪圈、鸡舍、厕所等更是没有土地指标建设,一定程度上制约了搬迁工作的正常开展。目前,全县仍有不少移民新村土地手续尚未完善。

2. 传统观念难转变。许多年纪较大的群众由于祖祖辈辈生活在同一地区,存在"恋村"、"恋家"思想,不愿远离故土,外迁欲望不足。有些农民长期从事农业生产,传统的农民种地意识根深蒂固,传统的生活方式固定成型,意识很难改变。有些村虽属山庄窝铺,但自然气候条件较好,具备基本的生产生活条件,长期生活在其中的农民,不愿与在外工作的已结婚子女共同生活,或因相处不和谐,且靠种植和养殖,不仅可以自养,甚至还能补贴子女,所以不愿搬迁。

3. 搬迁费用难筹措。虽然此次各类扶贫资金较多,但要筹集剩余的资金对于一些贫困户而言仍然相当困难,特别是一些鳏、寡、孤、独、五保户以及因病致贫的特困户等,很难实现及时搬迁。

4. 整体规划欠周详。过去实行的移民搬迁欠缺整体性的规划,有很多移民小区规模小,或者仅仅是迁入主村,造成相应医疗卫生、教育、文化等相关配套设施没有落实,有的地方虽然已经易地移民了,但是整体人口数量仍然较少,整体生产生活环境仍然较差,根据国家、省、市的移民搬迁要求,面临着二次移民的问题。

5. 生活习惯难适应。部分群众,特别是年龄偏大的一些人,很难改变常年固有的生活方式,又没有其他务工特长,甚至脱离土地生存困难,更无法适应县城生活,不愿离村,拒绝搬迁。有的群众由于已经习惯了自由自在的生活,对于换拖鞋、铺地板砖等城镇生活难以适应。

6. 后续产业难保障。土地是农民赖以生存的重要资源。由于新迁入地本身人口数量较多,加之我县耕地紧缺问题本就严重,新迁入人口如果仅靠迁入村提供土地显然无法满足移民基本生活所需,同时移民占地在一定程度上挤占了建设用地空间,导致产业发展空间依然有限。尽管大多数移民户外出务工可以增加收入,但从事建筑、餐饮、家政、产品加工等行业的务工人员,收入很不稳定。

7. 原有土地难利用。由于我县处于太行山深处,许多自然村都分布在深山峻岭之中,地处偏远,交通不便,群众移民后留下的宅基地对于发展现代农业、设施农业、大规模种植业、养殖业都有很大困难,而且现在农村村民建房存在"建新宅、不交旧、占耕地"的现象,虽然宅基地不属于移民户了,但是原宅基地上的附属物仍属于移民户,要复垦置换还需要大量赔偿,导致我县形成大量的空心村和废弃宅基地,土地资源浪费严重,致使城乡建设用地增减挂钩复垦实施难。

四、对实施 100 口人以下村庄移民搬迁的建议和意见

移民搬迁是一项系统性、长期性的扶贫工程,但在实际操作中往往存在较大困难。因此,在实施中不仅要切实做好群众工作,尊重群众意愿,维护搬迁户现实利益,更要充分考虑移民群众后续生产生活问题和移民新村持续健康发展等长远利益。为此提出如下建议:

一要做好移民搬迁整体规划。易地移民搬迁必须有大手笔、大动作。各级有关部门对列入移民规划的新村,立项时要注重把上级各项基础建设投资进行集中捆绑,确保移民新村水、电、路、广播电视等设施配套完善。在规划搬迁方式时要区别对待。对于经济条件较好的群众,要尽量在县城附近规划移民集中安置区,充分利用实施保障性安居工程的有利时机,解决部分移民群众住房问题,力求从生存环境到公益设施建设都能有效完善,让贫困群众实现安居乐业。对于条件不太好的,可就近并入基础设施、经济状况较好的乡镇所在地或大村;对于处于道路两旁,生活生存条件较好的,但是人口在 100 以下但接近 100 口的村庄,比如阳高乡侯壁村东交自然庄,有 91 口人,就可以将附近需要搬迁的人口并入,并在征用土地、解决口粮田、提高补贴标准等方面给予更多优惠政策和扶持资金,加大这些地区教育、医疗卫生、文化娱乐、社会保障等公共文化服务建设,并逐步消除与县城的差距和界限,提高这些中心村的辐射能力。这样使他们既享受到了国家的优惠政策,改善了生活条件,又没有远离故土,耕地不足的还可以回原住所耕种,没有降低收入水平。

二要将移民搬迁与产业有机结合。实施移民搬迁必须与县域主导产业发展相结合,并配套实施整村推进、产业扶贫等政策措施,确保贫困村农民既能搬得下,又能尽快脱贫致富。通过调查摸底可以看出,移民搬迁后,除青羊、龙溪、中五井、北社、杏城和北耽车部分村庄外,大多数村庄都适合发展种植、养殖、旅游开发和中小药材种植等项目,这就为我们与企业对接产业扶贫、帮助移民户就近就业提供了可能。对于搬迁地较远的群众,就我县产业发展状况来看,要与我县有资源优势、又要大力发展的旅游开发、中小药材种植、新能源、农副产品加工、设施农业、工业园区、第三产业等相结合,特别要增强移民搬迁与旅游开发、园区建设、第三产业等人员密集型服务类行业的结合,努力消除"零就业"家庭,切实增加群众收入。据统计,旅游产业每 1 个人就

业就可带动5个人就业;工业园区建成后,也需要大量的工勤人员和各类后勤补给,这都是增加群众就业的良机。需要注意的是,在旅游景区周围的移民小区,要主动与景区融为一体,从建筑风格上保持一致,形成整体效应。同时要加大移民群众的职业技能培训,使其掌握一技之长,加快产业转移步伐。只要能增加农民收入,就能实现搬得出、稳得住、能致富的效果。

三要做好迁移户原有耕地、林地的使用。进一步挖掘迁移村土地用途,发挥农村专业合作社的作用,对迁出地耕地、林地及宅基地复垦后纳入统一经营范围,对于可以进行农业开发的,可以通过反租倒包等形式,进行适度规模的特色化经营,比如育苗、种植中小药材、核桃等经济林。迁移到县城或较远地方的,农民可以收取租金;就近迁移的,企业还可以雇佣农民到原耕地进行耕作。易地搬迁后,原有林地权属不变。这样可使部分农民即使离开土地在城镇定居也不会丧失土地的受益权,以维护农民土地承包经营30年不变的合法权益。

四要创新土地管理方式。在我国现有的土地法律、法规和政策允许的框架内,实行扶贫、土地等部门的联席会议制度,逐步建立废弃宅基地退出机制,对移民搬迁户宅基地信息实现互通共享,以便及时开展宅基地回收。在今后的工作中,无论农村村民因何原因申请另一处宅基地时都要做到:"建新交旧,由村集体收回宅基地使用权,重新安排,合理利用。"

五要多渠道解决扶贫移民安置用地。一是要进一步加大年度计划指标申请力度,增加对易地扶贫用地的倾斜力度,确保移民小区用地要求;二是实行城乡建设用地增减挂钩,加强原有移民户宅基地的复垦力度,特别是要采取统一标准,对宅基地上移民户自建的附着物进行补偿,确保宅基地复垦的顺利实施,置换移民城镇建设用地;三是国土、住建部门在对移民小区进行规划的时候,要充分利用未利用的低丘缓坡、荒坡土地建设移民安置区。

六要多形式进行移民搬迁。家庭人口较多的人家,根据政策进行统一规划,建设移民小区。对于部分年纪较大的老人,子女在城镇有住房且子女愿意老人同住的,可给予一定补偿与老人同住;没有子女或子女不愿与老人同住的,可规划建设一个规模较大、设施齐全、在原居住地范围内的敬老院,让老人特别是鳏、寡、孤、独、五保户能集中供养。这里有一个原则就是对于外迁、本地搬迁和集中供养等不同的搬迁方式,要采取不同的补偿方案。

七要制定扶贫移民搬迁的各项配套政策。党委、政府应研究制定统一的涉及扶贫移民搬迁工作的优惠政策。这些政策主要应包括异地移民的土地征用和调整政策、涉林补偿政策、减负优惠政策、移民户籍转移管理政策、移民户子女入学政策、搬迁后原有耕地的流转政策等。

（作者系中共平顺县委书记、县长）

科学破解城市交通拥堵难题

政协晋城市委员会

晋城市地处山西东南部,是我国中部地区最具发展活力的城市。晋城 1985 年建市,现有常住人口近 230 万,市区建成面积 33 平方公里,常住人口近 50 万。近年来,在经济社会的发展的过程中, 城市化水平不断提高, 城市框架得到了很大的拓展延伸,道路路网结构也有了长足的发展,城市交通管理也日趋规范。但是,和全国大多数城市一样,随着人民生活水平的提高,全市机动车保有量已达到 29 万辆。驾驶人员 32.6 万人,道路建设远远跟不上机动车的增加,人、车、路之间的矛盾日益突出,行车难、停车难成了困惑群众出行的主要问题,也成为影响晋城市经济社会发展的一个重要因素。

随着经济社会的深入发展,城市功能的更加集聚,特别是华润、富士康金匠工业园等一批重点项目落地晋城,城市人口进一步增加,城市发展空间面临更大的挑战,晋城市的城市交通问题将会更加严峻。因此,晋城市政协组织委员实地调查了市区道路交通状况,按照建设"方便、温馨、开放、现代"城市的思路,广泛征求各方面的意见和建议,吸纳广大群众的真知灼见,形成了此调查报告,为市委、市政府提供决策参考。

一、交通拥堵现状及原因

(一)近年来车辆数量增长快,城市建设和道路发展滞后于汽车的发展

1. 城市道路的增长速度远远低于汽车增长速度。城市车和路的矛盾是一个带有普遍性的问题, 是昨天的问题今天凸显。这里有一组数字可以看出车与路发展的变化:晋城市城区居民机动车保有量由 2004 年的 5.1 万辆增加到 2011 年的 18.5 万辆,汽车每年以 15% 以上的速度递增。道路总里程由 2004 年的 150 公里增加到 2011 年

的 179 公里,增加不到 0.2 倍;人均道路面积由 9.82m² 增加到 10.87m²,增加 0.1 倍。可以说,近几年汽车的发展速度超过过去几十年的发展速度,是人们所预想不到的。而今后人们的购车欲望和能力将会进一步增强,据了解,2012 年 1—5 月,全市新增 1.8 万辆汽车。

2. 城市道路系统得不到循环。市区道路九纵九横,除泽州路、凤台街,新开通的兰花路、红星街外,多为断头路,导致道路不畅。如已经规划了的建设北路迟迟得不到建设,车流得不到疏通,导致北环街、西环路不能发挥一级公路的功能,造成新市街、书院街车流量增大,加大了市区道路的承载压力。

3. 路网结构不顺畅。现有道路体系的功能得不到完全发挥,城市外围道路的交通分流作用有限,而且支路比例低,很多街巷侵占现象严重,丧失了基本的通行功能,因此很难组织大范围的微循环交通系统,以提升路网交通容量。存在一些多路交叉的畸形路口,如七星广场、人民广场等,给交通流运行增大了组织难度。

4. 停车位明显不足。按国家规定,停车场用地面积按规划人口每人 0.8—1 平方米设计,一座写字楼 100 平方米的建筑面积配备机动车位的指标是 0.5 个,娱乐性质的配备车位指标是 0.5—2 个,餐饮性质的配备车位指标是 2.5 个,按此标准,市区对公共停车泊位需求最低为 5600 个,目前,而市区提供的公共停车泊位数(包括路外停车和路内停车)只有 3763 个,即使公共停车泊位全部用上,还有约 30% 以上的停车无法满足。而且,停车泊位分布不均匀,许多大型建筑配建的地下停车场有的闲置不用,有的挪作他用。车辆与停车相互之间发展不协调、不同步,使得"停车难"的问题呈逐年加剧趋势。

(二)主城区功能过于集中,拥堵现象尤为严重

1. 行政事业单位都聚集在主城区。由于历史原因,市级、城区、泽州县、开发区四个党政机关及各行政、事业单位都设在相距不到 5 公里的区域内,机关上下班和来往办事的车辆众多,严重影响了道路通行能力的发挥。

2. 老城区交通需求与道路能力不匹配。晋城市的商业、学校、医疗、娱乐等都设置在城市中心区域,一条新市街,除了大大小小的商场外,还有两家大型医院,多家宾馆饭店,出入车辆多,经常造成拥堵;东西大街是老城的一条主要街道,不到 2 公里长,集中了晋城市一中、二中、晋师附小、城区二小、三小等几所重点中小学,上万名学生,而路面宽不足 6 米,不但交通拥堵,而且潜伏众多的安全隐患。

3. 对外交通枢纽设置在城市中心区域。例如:省运、市运汽车站位于老城区内,且相隔很近,周边出入道路狭窄,进出客运站的车流给周边路网带来很大压力,是造成红星街、新市街、瑞丰路拥堵的主要原因。

4.老城区改造中土地容积率过大。在老城改造中,开发商为了平衡土地运作资金,通过房地产开发提高土地的容积率,人口和就业功能更加集聚,交通吸引强度更高,交通压力也更加巨大。

(三)公交发展水平落后,难以成为市民出行主要交通工具

1.公交线路安排不尽合理。从客观上讲,城区范围不大,城市道路密度较低,道路宽度相对狭窄,等级不高,公交不能像大城市一样有大的发展。从晋城市公交本身讲,也存在着问题:公交线路安排不合理。公交车3、4、5、6、12路等都走新市街,特别是平常下班时间和节假日、双休日的傍晚,光是公交车就拥堵得水泄不通。而其他线路的公交车辆较少。所以,"有车族"还是以小汽车为主要交通工具。

2.公交车辆总量不足。市区人口近50万人,按每万人拥有10台公交车算,我们应该达到500辆。但目前,市区内运行的只有309辆公交车,而且还有一些公交车车况很差,已不能正常运营,有199辆公交车已到报废程度。尽管2011年增加了40辆新车,2012年又新增70辆,但这些车辆都基本用于更新旧车,公交车总量还是有很大的缺口。

3.公交服务水平不高。一些司乘人员素质低,对待乘客态度不好。在路上强开强超,经常造成剐蹭,影响交通。一些主要线路的公交车经常扎堆,而有时又好长时间等不来一辆,给市民乘车造成不便。

4.缺少公交场站。目前公交公司只有两处停车场,其余停车、首末站用地都是租赁,基础设施缺乏统一规划,给公交正常运营带来困难。

(四)一些市民的文明交通意识较差,执法环境得不到优化

1.不遵守交通法规。晋城1985年建市,作为一个新兴发展城市,一些市民和暂住人员交通意识、城市意识、文明意识一时跟不上城市发展的需要,普遍存在着遵章率低和法制意识淡薄的问题,如行人随意横过马路、车辆在没有交警和监控的路口闯红灯,一些无牌无证的拉客三轮摩托在街上横冲直撞等。有的市民认为交警在路面上对交通违法行为处罚,罚多罚少就是交警说了算,交警罚谁就是和谁过不去,不能正确理解是在执行《道路交通安全法》。致使交警在路面执法时,经常遇到交通违法者不服管理,打架,甚至袭警案件频频发生。

2.随意停车现象严重。市区临时占道停车随处可见,加上多数人存在"人到哪车停哪"的传统观念,缺乏规范停车意识,不管是道路或空地,只要能停就随意占用,造成城区停车混乱。不但影响道路的畅通、居民的出行和生活,也造成道路通行能力的降低。

3. 驾驶人员的素质对交通畅通造成影响。在道路行驶中，一些驾驶人员不讲文明、不遵守交通规则。有的不顾及左右，随意挤占车道；有的技术差、速度慢；有的路上越堵，越见缝插针往里挤，这些都是人为造成拥堵的因素。更有甚者，在市中心"汽车行两边，摩托走中间"的怪现象时有发生，影响道路畅通，给交通安全带来很大的隐患。

（五）道路交通管理权未理顺，交管系统投入不足。

1. 交通管理权分散。如市区街面，台阶上由行政执法局管辖，台阶下由交警部门管辖，管理权的分散直接影响到管理的力度和效率。如在省运门口的人行道上，卖早餐的摊位占着整个人行道，行人不得不挤占行车道，经常造成严重拥堵，甚至成为安全隐患。市民多次反映到城市行政管理执法部门，但一直没有解决。另外目前晋城市停车管理由行政执法部门和交警部门共同管理，晋城市的停车管理缺乏统一的收费标准，造成了停车设施的利用不均衡，例如圣亚广场周围的停车场有的为免费停车场，有些是收费停车场，收费标准的不统一造成了停车场使用效率的差别。

2. 交管投入不足。现有的交通管理科技装备存在部分设备年久失修、配套基础差，缺乏一些高科技的交通信号装置，制约了快速反应和疏堵保畅能力的提高。

3. 交通警力严重不足。随着经济建设的快速发展，人口、道路里程的增长，车辆、驾驶员的增长，交通警卫任务的增加，造成警力严重不足，长期超负荷工作，有效警力下降。交警往往得不到法定的节假日休息，长期繁重的工作，风吹日晒、空气、噪音等严重地损害着民警们的身体，交通管理的劳动强度已达到了承受的极限。

二、对策与建议

面对经济社会发展，晋城市委、市政府确立了建设"区域中心城市、门户城市、宜居城市"的城市定位，加快中心城市区际道路建设，晋城市规划了"两环四射六横七纵"的城市路网，拉大中心城市框架，加强各片区的联系与融合，拓展城市发展空间。根据晋城市十二五规划，我们经过调查研究和综合分析，提出以下建议：

（一）做好城市总体规划，重视城市建设项目的交通影响评价

1. 提升老城区的主体功能。要着眼城市的长远规划，按照"六区联动、组团发展"的思路与老城区的功能定位，加快老城区改造的步伐，将其目前集中布局的行政、事业等功能向其他功能区疏散，既增强其他功能区的活力，又降低城市中心的对外吸引强度，为老城区减负，增强中心城市的通达性、舒适性、健康性、安全性。

2.严格执行停车场配建标准。要强化停车场刚性规划，制定公共停车场建设目标，科学选址，促进公共停车场的合理布局和有效利用。开发商、产权单位应承担建筑工程停车场配建方面的社会责任，配套建设的停车场应当与主体工程同步规划、同步设计、同步施工、同步交付。建议按照公安部和建设部制定的《停车场建设和管理暂行规定》，在制定城市总体规划上组织编制公共停车设施专项规划。

3.尽快建立健全城市道路交通管理工作协调机制。政府要定期组织有关部门对城市建设项目进行交通影响评价，通过交通影响评价对拟建项目进行严格审查，避免项目建成后留下交通拥堵隐患。公安交警是政府的职能部门之一，对道路交通管理工作掌握了大量、具体的情况信息，要积极参与到城市的总体规划及交通规划中，使相关规划的编制具有主动性、前瞻性，与社会经济发展相匹配。同时也要参与到城市道路交通设施的建设过程中，努力将交通管理的理念和措施体现到建设方案中，避免后期改造受到制约。

(二)加快城市道路交通建设,逐步完善交通配套设施

1.科学规划城市道路。对城市道路交通规划要与城市规划"同步进行，同步实施"，甚至是超前，不能单纯地就交通而抓城市交通,零打碎敲,重复建设,造成人、财、物的浪费。要设法控制和减少城市道路"一年一小修,三年一大修"的"拉链"马路的现象。

2.加快城区道路建设和改造工作。要按照《晋城市城市道路工程专项规划》要求，下大力气改造旧城区道路和断头路建设。加快打通前进路南段，与中原街相通;尽快打通白水街并投入使用;已规划的建设北路要与小东河治理一并开展,尽快开通,以缓解新市西街的交通压力,同时也改善城市环境;结合老城区改造,拓宽东西大街,使之成为市区一条交通主干道。

3.完善主城区周边道路的规划与建设。在城市规划和建设上，立足长远交通规划,考虑在外环和"六区"连接的地方修建立交桥。进一步完善中心城市与城乡结合部,主次干道与小区道路的系统规划和建设,多位一体地促进交通大发展。

4.尽快建设城市道路的辅助设施。在商业集中地区和大型公共活动场所可以设置过街人行天桥或地下通道,例如凤台西街市政府门前、新市西街银都商厦门前等,同时在新市街、红星街等商业区道路设置高隔离栏杆,有效避免行人、非机动车与机动车之间的交通冲突。

(三)优先发展公共交通,提高公交服务质量

1.加大对公交的投入。研究制定对公交企业的科学合理的财政补贴、补偿机制,体现公交的公益性。如对市运输公司所承担的公交任务,政府要本着公平的原则,给予妥善解决。要不断更新、增加公交车辆,使公交成为市民的主要出行交通工具。要健全公共交通行业的法规体系,明确管理主体和权责,规范监管。

2. 提高公交车服务水平。提高司乘人员素质,延长公交车服务时间,改善公交车乘车环境。同时针对公交驾驶员劳动强度大、工作要求高、工资待遇低的现状,要考虑到他们的实际困难,降低劳动强度,在收入上给予一定的提高。

3. 提高城乡公交一体化水平。统筹城乡发展,在市域范围内大力发展公共交通,建立城乡公交一体化格局。组建股份制公交公司,打破城乡地域分割,组建并经营城市和乡村公交线路的股份制公交公司,实现政府管理一体化、公交运营一体化。对于市区内部的公交线路,合理规划公交网络,实现"短、小、快"运营策略,提高线路的运输能力和服务水平。

4. 增设公交场站。在晋城市十二五规划中,将建设综合公交场站5个,公交枢纽10个;新建、改建公交停车站点设施380处。确保公交停车场站用地,统一建设枢纽站和首末站以减少换乘次数。在这个前提下,在旧城改造与新城开发时要预留公交场站及相关配套设施的用地。将市客运站尽早迁出,可以考虑将现有场地用作城镇公交的停车场和始发站,做好周边城区公交线路的调整,更好地与之换乘衔接。远期在城区周边如北环街、西环路建立大型换乘枢纽,将城镇公交和城区公交进行外围换乘衔接,减少对城区交通干扰。

5. 改善公交道路通行条件。根据实际情况,对车流密度过大,严重影响公交车辆运行的路段和交叉口,给予公交车优先通行权以确保公交车辆的正常运营。在今年凤台街改造中,已开辟了公交车专用道,在此基础上,可考虑在泽州路、黄华街上再开辟公交专用道。在无条件采用公交优先措施的路段,采用一些交通改善措施给予公交优先通行,包括路面停车和停靠限制、道路标志标线、交叉口交通信号的改善,以及改进公交停靠站的设置形式、修建港湾式的停车点等,真正体现"公交优先"。

6. 加强对出租车行业的监管。出租车是公共交通的必要补充,既要满足居民的乘用需求,又要控制出租车数量,优化配置稀缺的城市道路资源,避免由于盲目进入导致供给过剩。要规范出租车市场,取缔无证经营。同时,要提高出租车驾驶员队伍的整体素质和出租车行业的服务水平。

(四)发挥科学交通管理的作用,强化交通系统功能

1. 增大智能化系统投入。全面推行交通信号智能化控制,对部分道路实行"绿波带"协调控制,并在交通"潮汐"特征明显的路段设置"智能可变导向车道",有效提升路面通行效率。根据管理需求,对相关路口路段进行精细化交通设计,通过对标志标线设计、信号设施、沿线出入口等进行规范化协调设计,提升路网的通行效率。增强智能化道路指挥控制中心的系统功能,建设集电视监视、信号控制、综合信息系统、有线和无线通信、调度指挥等系统于一体,并辅之以智能化决策系统的交通指挥中心。

2. 发挥路网建设的功效。为了更好地发挥路网效能,将对城区道路功能结构进行进一步梳理,充分挖掘支路街巷的通行能力,以解决交通系统的整体功能很差、通行效率很低的问题。在现有单行管理基础上,扩大实施范围。

3. 科学合理解决停车管理问题。建议在老城区商业中心区域内规范停车管理,利用经济杠杆调节停车需求,以达到减少停车、缓解拥堵的目的。可以参照大中城市的"区别收费"做法,在城区范围划定几个区间,按照交通密集度,在不同区域和不同时间段实行差额收费。要加强停车规划和收费管理,做到人钱分离,杜绝乱收费、乱吞停车费、人情收费等现象的发生。同时,建议政府出台制定停车管理办法,解决停车管理权分散的问题,明确交通停车主管单位,归还交警部门管理人行道的执法权。由交警部门建立对城市所有建设项目停车的静态和运态交通影响评价分析制度,在现有停车位的基础上,科学施划停车位线,确保车辆有序停放,实现规划、建设、管理一体化要求。

4. 有重点地试行错时上下班制。为缓解城区交通运行压力,结合市区交通状况,在保证正常工作时间的前提下,可在一些单位试行错时上下班制度,以缓解上下班高峰时段拥堵。有些商场也可延长营业时间,避开下班高峰,以减轻同一时间段内的人流车流压力。

5. 加强交通管理上的警力队伍建设。尽快解决警力不足和交警队伍年龄老化问题,建议市政府及有关部门可以地方事业编制招聘交警工作人员,缓解警力不足的压力。

(五)提高全社会参与意识,倡导方便快捷环保公平的交通理念

1. 提高公众的文明交通素养。结合晋城市文明城市创建,提高市民的文明交通、文明出行意识。各级人民政府和有关部门应当经常开展文明交通教育宣传,增强公众的道路交通安全意识。强化新闻媒体对交通公益宣传的力度,可以通过媒体新闻报道、制作专题节目、播发文明交通公益广告等,开展形式多样的宣传,交通公益广告可实行免费。要开通交通广播电台,通过交通路况信息的及时播放,吸引广大开车者的关注,设置交通说法类的电视专栏节目,通过现场说法、以案说法等多种形式,向市民宣传交通违法的危害,宣传文明出行应注意的事项。对不文明的交通行为要予以曝光,规范人们出行行为,做到文明出行,营造良好的交通环境。同时,交管部门要通过严管,强化人们对遵守交通规则的认识,养成遵守交通规则的良好习惯。

2. 推动公共自行车工程在晋城市的实施。科技智能管理系统为"城市公共自行车交通"提供了条件。过去我们说,实行城市公共自行车,不好管理。而现在,由于科技智能化的提高,使得这一利民便民工程成为可能。晋城市可率先在全省实施这一工程。公共自行车就要突出其公益性,由政府投入或企业资助,这样,既能使广大群众受益,也在一定程度上缓解了城市交通压力。

3. 引导小汽车合理使用。逐步使小汽车从"高拥有、高使用"转变到"高拥有、低使用"。我们要在全社会倡导绿色交通,包括步行交通、自行车交通、常规公共交通和轨道交通,尽量减少小汽车的出行。领导干部和行政机关要做出表率,按照国务院要求,每周少开一天公车。要积极进行公车改革,实行货币化车改。这样,既能减少道路车流量,缓解城市交通拥堵,又可减少公共财政支出,还能转变机关工作作风,密切与人民群众的关系。

交通拥堵是城市发展到一定阶段的必然产物,是我们必须要面对的结果。交通拥堵问题已不可能用一两项"灵丹妙药"就能立竿见影获得解决。只有"综合治理,多管齐下",软件硬件一起抓,在实践中不断探索有效方法。在与交通拥堵的博弈中,城市交通系统对社会、经济活动的承载能力也总是在一次次地大幅度提高,并在更高的水平上支撑着城市持续向前发展,使我们的城市向着宜居之城、活力之城、幸福之城的目标迈进。

把握规律　坚定信心
努力开创城区转型跨越发展新局面

张利锋

"十二五"以来,城区深入实施转型跨越发展战略,经济社会各项工作步入了科学发展的轨道,并保持了平稳、快速、健康运行的良好态势,特别是 2012 年以来按照区委、区政府提出的"三个坚定不移、三个全市领先"的总体要求,全区干部共同努力,在项目建设、招商引资、社会管理创新等各项重点工作上取得重大突破,使城区进入全面提升的关键时期,如今正在全力为以非资源类产业五年再造两个新城区的宏伟目标奋进。这一进程中,我们对城区发展的特殊性和规律性进行了深入的思考和研究,进一步明确了城区加快转型跨越的思路和方向,更加坚定了实现"十二五"奋斗目标的信心和决心。具体讲,进一步做好城区工作,必须把握好四字要求,构建起五大体系支撑,集中抓好六方面重要任务。

一、把握四字要求

一是着眼一个早字。形势一日千里,机遇稍纵即逝,早行动才能早主动、早获益。城区作为全市政治、经济、文化中心,作为城市创建的主战场、排头兵,应该在各条战线、方方面面始终保持一种先行先试的劲头、抢抓机遇的意识和主动进取的姿态。特别是市委、市政府高瞻远瞩提出了"争先综改、竞逐中原"战略目标,城区更应立足早字,抢先一步,占尽先机。

二是注重一个实字。空谈误事,实干兴区。无论谋划工作,还是推进发展,都要在实字上下工夫、出成效。尤其是要高度重视和认真解决好影响群众切身利益的实际困难和制约城区转型跨越发展的现实问题。靠求真务实的行动和实实在在业绩树立政府的形象和权威。

三是突出一个高字。高度决定视野,角度改变观念。目前城区正在大力度开展城中村改造、项目建设、招商引资等工作,无一不是事关未来全区乃至全市长远可持续发展的大计,面对繁重的任务和严峻的考验,必须以对历史、对人民高度负责的态度,始终坚持高起点规划、高品质设计和高标准要求,不干则已,干就干到最好,体现出最高水平。

四是体现一个细字。细节决定成败,细节体现水平。目前全区改革发展稳定中出现的很多问题,实践证明并非事情本身有多难,都是由于不细致、不深入、不了解所致。部分基层干部,在面对新生事物和工作时,往往习惯于人云亦云、照抄照搬,吃不透形势和政策,吃不准问题和办法,抓不住工作的关键环节,打不开发展的新局面。所谓抓细节核心就是要直面问题,实事求是地研究分析问题,并拿出行之有效、可操作性强的具体措施。

二、构建五大支撑体系

一是人才。国以才兴,政以才治。人才资源是第一资源,事业成败关键在人。当前,公务员队伍不足和专业人才短缺是制约城区健康可持续发展的突出问题之一。去年以来,我们从政府机关部门入手,在强化人事人才管理方面进行了积极有效的探索,取得了一些经验。如对安监局、住建局、交通局三个部门的编制进行了规范,从安监局抽调 11 人到基层安监站,解决了人浮于事的问题的同时又进一步夯实了基层基础,还有统计系统、教育系统优秀专业人才的充实等等,尽管只是解决了一小部分问题,但为我区人事人才工作奠定了良好开端。今后我们要积极适应"十八大"关于人才工作的新部署,进一步提高工作的针对性和实效性,切实增强选人用人的科学性和规范性。当前主要是紧紧围绕城区工作实际,进一步摸清底数,抓紧制订方案,根据各部门实际和轻重缓急情况,按照公开、公平、公正的原则,把急需的人才补充到位,做到人岗相适、人尽其才,保证工作的正常、高效开展。

二是政策。政策就是效益,用好用足政策就是最大限度地创造效益。今年以来,我们积极争取和充分利用国家、省、市适时出台的一系列稳增长、惠民生政策措施,千方百计扩投资、促消费、促转型,促进了经济社会协调可持续发展。比如我们出台了扶持中小企业的政策,帮助企业渡过难关;圆满完成新五个全覆盖任务,促进了农村生产生活环境的极大改善;创新社会保障工作,城居保和新农保工作成为国家级试点,等等,但是仍然存在政策把握不够和作用发挥不够的问题,比如综改试验区建设就是最大的政策机遇,但这项工作进展效果并不明显。特别是生态修复方面,城区范围内采煤区沉陷问题相当严重,每上一个项目都要先进行采空区治理,耗资巨大,然而一直以来却未享受到应有的政策,要求我们必须紧抓转型综改区的宝贵机遇,加大部门对接力度,争取享受到应该享受的政策和资金,进一步拓展城区转型发展的空间。

三是职能。职能不全一直是制约城区发展的短板,体制不顺是最根本问题。经过一年来的积极争取,主动反映,我们在理顺市区财政体制上取得重大突破,市区财政管理体制调整的意见已经市委、市政府研究通过,从2013年1月1日起实施。同时发改、住建、物价等部门的体制调整工作初见成效。实践启示我们,对于一切不符合城区转型跨越发展要求的体制、机制和观念,我们都应敢于质疑,敢于改变,敢于突破;应发扬坚持不懈、锲而不舍的精神,把市区体制调整规范工作一抓到底,按照职责对等的要求,为城区又好又快发展争取更多的职能。

四是规划。规划重点指项目的规划,钟家庄社区城中村改造项目引进建设金融财富广场的成功实例告诉我们,只要项目起点高,设计理念新,就不愁得不到相关部门和群众的重视和支持。参与该项目的起初开发商起点很低,计划修建一个快捷酒店,待到上海考察后理念大变,计划修建218米、47层的商业综合体,成为山西省的标志性建筑,并且经过争取,该项目的容积率也得以提高,属于晋城市最高。这一方面,城区仍然必须要进一步解放思想、转变观念,提升认识,特别是要紧盯华大时代二期、红星美凯龙、城中村改造以及程颢书院开发等重点项目,严格把好规划设计关,做好充分的前期论证,确保不留遗憾。通过我们的积极努力,树立更多的典型样板,将城市发展水平也将我们的思维层次提升到新的高度。

五是土地。可用的土地是项目落地的基础和前提,目前全省各地都在想方设法做足土地文章,推出了城乡用地增减挂钩、废弃工矿地开发利用等行之有效的新机制,但城区受狭小的地域空间和特殊的区位环境所限,注定这方面不占优势,而且随着城市化进程加快,土地拓展空间会越来越少,项目落地难度越来越大。这种情况下,我们必须增强危中寻机、迎难而上的意识和本领,要在打通向上向下两条渠道上下工夫、求突破。一方面要向上级争取支持,获取土地;另一方面要想方设法进行造地。比如通过城中村改造,科学规划,集约用地;或者借鉴兄弟县区的成功经验,在利用土地新机制方面能够有所动作,争取走出一条新路。眼下当务之急是要进一步加强用地指标的规范化管理,坚决清理用地指标闲置不用或者随意乱用的现象。要着眼于未来用地需求,按项目的成熟程度,项目的贡献大小进行排队,优先满足重点项目的用地需求。

三、抓好六方面重点工作

一要加快转型跨越发展的步伐。坚持把项目建设作为推动转型跨越发展的第一抓手,坚定不移统筹推进各个领域、各个方面的项目建设。围绕去年着力实施的总投资 560.7 亿元的 81 个重点项目完成情况,抓好巩固和提升,并着眼新的发展形势再谋划、策划、推进一批投资规模大、经济社会效益好,对加快全区跨越式发展产生重大带动作用的重点项目。特别是要按照市政府关于非资源类主导产业集群发展的要求,突出抓好商贸物流为主导的服务业项目的引进建设,通过规划引领、品牌招商、园区集聚等多种途径,真正做大做强城区的商贸物流业,建成山西南部和中原城市群重要的区域性商贸物流中心。

二要提升城乡一体化的水平。把城乡发展一体化作为解决"三农"问题的根本途径。继续落实好各项支农惠农政策,巩固提升五个全覆盖成果,扎实推进扶贫攻坚和新农村建设,千方百计促进农业增效、农民增收、农村进步。突出抓好"一村一品"和城中村改造两方面工作。"一村一品"要以牛山生态旅游开发、司徒都市农业园、摩登大地农庄等项目为抓手,提档升级,体现示范带动作用。同时要着眼于长远可持续发展,做好现代农业发展的科学规划,根据市区、城郊等不同区域,因地制宜,因村制宜,根据特色、品种、规模,划分近期、中期、远期目标,并结合农民增收目标,制定具体配套措施,确实收到实效。城中村改造要坚持按照"政府主导、市场运作、整村拆迁、安置优先"的原则,与城市建设和产业发展相结合,与完善城市功能和提升城市品质相结合,与方便人民生活和提高群众幸福指数相结合,积极稳妥地加以推进,确保改造一处,成功一处,提升一处。

三要落实民生改善的宗旨。继续按照"旧账不欠、新账渐补"的原则,在财力增加的同时,布局更多的民生实事,让人民群众能够共享改革发展的成果。特别是要在教育、医疗服务及水、暖、气等民生事业和城乡基础设施改善提升方面,给予更多的倾斜和关照。加快创业型城区建设,鼓励全民创业,有效带动就业,扩大社保覆盖面,提升保障层次和水平,努力让人民群众的日子过得更加殷实,生活更加幸福,对未来更有信心。

四要打造美丽城区的名片。美丽城区,美在城市功能的完善,美在生态环境优雅,美在文化名片的靓丽。要借助迎接市政府迎接建市 30 周年大搞城建开发,加快主城区扩容提质步伐的契机,集中力量抓好北石店新区建设、西北片区改造。其中,北石店新区建设要打造成集聚中高端服务业,面向晋煤,辐射巴公、高都、金村的核心商圈。

西北片区 7 平方公里改造项目,由华润置地投资 150 亿元建设,将打造成集居住、消费于一体的现代生活服务中心。生态文明建设要以城市周边造林绿化和沉陷区治理为重点,以实施白马寺山周边生态修复、苇匠垃圾填埋厂封场整治、白水河治理、北石店河治理、吴王山生态区建设等五大生态工程为抓手,全力改善城乡生态环境。文化建设要以程颢书院保护开发为契机,加大文化投入力度,促进旅游与文化的有机融合,文化事业与文化产业的共同进步,致力建成文化强区。

五要夯实安全稳定的基础。近年来,全区的安全形势总体保持平稳,为做好全区的各项工作,奠定了坚实的基础。但安全生产永远是动态过程,要求我们不可丝毫麻痹大意,特别是不能高估安全生产的平稳形势,不能高估干部群众对安全生产重要性的认识,不能高估计当前安全生产管理的能力和水平,始终要保持战战兢兢、如临深渊、如履薄冰的心态,抓好安全生产各项工作。要继续抓好各项安全制度的落实,巩固好安全的成果,进一步夯实基层基础,强化安全责任,力保安全生产水平持续稳定提高。要以社区网格化管理为抓手,加强和创新社会管理,加快形成党委领导、政府负责、社会协同、公众参与、法治保障的社会管理体制,形成党委和政府与社会力量互联、互补、互动的社会管理和公共服务体系。完善社会治安防控体系,严密防范和依法打击各种违法犯罪活动,广泛开展平安和谐创建活动,建设平安城区。

六要营造真抓实干的氛围。全面建成小康社会,关键在领导、关键在干部,关键在真抓实干。要继续深入开展学习型、研究型政府创建活动,突出抓好"十八大"精神的学习宣传贯彻,在学以致用、用学相长上下工夫、求突破,做到真学真懂真信真用。要认真贯彻新一届党中央关于改进工作作风、密切联系群众的八项规定,领导带头转作风、改文风、变会风、强党风、树新风。要积极培树典型,打造亮点,强化督察,严格奖惩,使全区上下各级各部门学有榜样,追有方向,赶有动力,营造一种争先创优、对标一流的浓厚氛围,引领和带动全区干部素质大提升、思想大解放,作风大改进,推动工作大创新、大落实,以优异成绩向党和人民交一份满意的答卷。

(作者系中共晋城市城区区委书记)

绿色崛起　多元发展
奋力走出欠发达地区转型跨越发展新路

石云峰

党的十八大开启了实现"中国梦"的伟大征程,怀着对"中国梦"的无限憧憬,围绕贯彻省委办好"两件大事"和晋城市委"一争三快两率先"的战略部署,顺应全县人民过上更加美好生活的新期待,雄居"太行屋脊"的陵川县,用老区人民特有的朴实和坚韧,正在奋力走出一条追赶型、跨越式、可持续的发展路子,生动诠释着绿色崛起、多元发展的美好愿景。

一、走出欠发达地区转型跨越发展新路,要在历史回顾中总结经验,增强自信

在 35 年改革开放的历史进程中, 陵川人民在中国特色社会主义理论指引下,充分展现老区人民不甘落后、自强不息的进取本色,大力发扬与时俱进、开拓创新的时代精神,取得了一个又一个辉煌的成就,书写了一部摆脱贫困、加快发展的创业史,开创了全县政治安定、社会稳定、经济发展、各项社会事业兴旺发达的新局面。

35 年的发展历程,陵川人民形成了一个强烈共识:发展是解决陵川一切问题的关键,发展首先要抓好经济发展。改革开放特别是 1980 年代中期以来,陵川县先后确立了以农村工业为主体,以林果、畜牧为两翼的"一体双翼"飞鸟型经济格局,作出了建设"八大基地"、实施"通道战略、产业对接战略、科教兴县战略"以及建设畜牧、中药材、旅游、文化"四个大县"的战略决策,目前全县人民正在深入实施生态立县、工业强县、开放活县的"三县"发展战略。全县工业经济经历了改革开放初期小煤矿、小化工、小冶炼、小水泥、小水电"五小"工业的蓬勃发展期,1980 年代乡镇企业的快速崛起期,1990年代工业企业技术改造和新产品开发期,2000年以来"关小上大"的整合期以及近年来的重点骨干项目加速建设期,目前形成了以煤炭、冶铸、化工、建材、农副产品深加工为支撑的工业经济体系;农村经济在始终稳定粮食生产的前提下,先后出现了果树、蚕桑、畜牧、中药材、小杂粮等产业的健康发展期,目前形成了以草食畜牧业、道地中药材、干(鲜)果经济林、优质小杂粮和专用玉米为特色的农业产业体系;旅游经济从1997年县委、县政府作出旅游开发决策以来,以2003年为分界线,实现了由行政推动、自主建设为主向引进外资、全面开发为主的转变,目前建成了以王莽岭、棋子山、黄围山、凤凰欢乐谷四大景区为龙头的旅游产业体系。通过不断完善发展思路,持续深化结构调整,推动了产业结构上档升级,增强了县域经济综合实力,全县三次产业比例由改革开放前的49:31:20调整到了2012年底的14:36:50。

35年的发展历程,陵川人民认识了一个先决条件:解放思想、创新思维是推进陵川科学发展的先决条件。陵川与兄弟县(市、区)特别是先进发达地区的发展差距,从表象看是受制于经济基础薄弱、地下资源匮乏、基础设施落后、原始积累很少等客观因素,但从内因决定外因的角度分析,陵川贫困落后的根本原因是人们的思想不够解放、思维方式僵化,小富即安、小进即满的小农意识根深蒂固。为此,改革开放35年来,历届县委、县政府坚持以党的创新理论为指导,致力于解决干部群众思想不够解放这一制约陵川发展的根本问题,力求以思想的大解放推进经济社会的大发展。改革开放初期,通过深入开展真理标准大讨论,认真贯彻党的十一届三中全会精神,实现了工作重心的转移;1980年代,通过学习宣传党的社会主义商品经济理论,鼓励农民发展多种经营,改善了群众生活条件;1990年代,通过深刻领会邓小平南行谈话精神,消除了姓"社"姓"资"的困惑,积极实施了国有集体企业改制,推进了民营经济发展;进入新世纪以来,通过不断掀起学习"三个代表"重要思想新高潮,组织开展了"解放思想、更新观念、改进作风、创新环境"主题学教活动,为改革开放和县域发展奠定了坚实的思想基础;2011年县第十一次党代会以来,通过牢固树立和认真落实科学发展观,极大地调动了干部群众绿色崛起、多元发展的激情,全县呈现出经济发展、社会和谐的喜人气象。

35年的发展历程,陵川人民坚持了一条强县之路:坚持深化改革,努力扩大开放,持续增添促进发展的内源动力。陵川35年的发展事实雄辩地证明,改革开放是推进科学发展,实现全面建成陵川小康社会的必由之路。35年来,我们积极推进经济体制改革,1983年落实了农村家庭联产承包责任制,调动了农民发展农业生产的热情。1980年代,启动了以放开企业经营自主权为主的企业改制,释放了企业经营活力;

1990 年代,实行了兼并、重组、股份制、出售等多种形式的企业改制,推动国有集体企业改制迈出了实质性步伐;2002 年以来,在更大范围内和更深层次上加快了国有集体企业改制步伐,先后对关岭山煤矿实行了托管经营,完成了降解塑料厂买断职工身份和资产整体租赁,成功拍卖了饮食服务公司,对外整体租赁了永飞水泥厂,全面完成了化肥厂、化工总厂两个化工龙头企业的改制。35 年来,我们稳妥推进政治体制改革,大力发展社会主义民主,加强法制宣传教育,着力实现政企分开和精简机构,不断完善民主监督制度,巩固了全县安定团结的政治局面。35 年来,我们努力扩大对外对内开放,特别是近年来,通过制定并落实更加有利于吸引资金、技术、人才的优惠政策,建立健全公开、公正、透明、高效的行政运作机制,规范和维护了开放搞活、公平竞争、诚实信用的市场经济秩序,引进并开工建设了一批超亿元项目,2012 年完成签约项目 43 亿元,完成招商引资到位资金 17 亿元。

35 年的发展历程,陵川人民秉持着一种优良传统:继承和发扬艰苦奋斗这一立业之本、取胜之道、传家之宝。改革开放 35 年来,全县人民在党的领导下,继承艰苦奋斗的优良传统,并赋予其与时俱进的时代内涵,凝聚起了攻坚克难的强大精神力量,创造出了许多人间奇迹。基层组织建设的一面旗帜——杨村党支部,全国民主法制建设示范村——小召村,艰苦奋斗精神的缩影——锡崖沟,自强不息的特殊群体——盲人曲艺宣传队,领导干部的榜样——杨志勇,勤勉敬业的楷模——张国旗,农村基层干部的优秀代表——吴文忠等先进典型,正是陵川人民不甘落后、穷则思变的生动写照。实践证明,只有实现艰苦奋斗与开拓创新的有机结合,才能推动陵川在基础差、底子薄的条件下,不断取得新的更大的成就。

35 年的发展历程,陵川人民实现着一个世代梦想:加强基础设施建设,改善生产生活条件。为突破发展瓶颈制约,改革开放 35 年来,陵川人民用战天斗地的壮志,坚持不懈地加强公路、水利、电力、通讯、生态和县城建设,着力构筑了保障发展的良好平台。为冲破大山阻隔,提升通达水平,陵川人民不断掀起公路建设攻坚战,打通了出境公路,修建了通乡(镇)油路,实施了"村村通"工程,全县公路通车里程目前达到 1562 公里,每百平方公里公路密度达到 89.2 公里,分别是 1978 年的 2 倍和 3.1 倍。为引水龙出山,畅通发展命脉,我们围绕"农村供水城市化、山区供水稳定化、城乡供水一体化、全县供水网络化"目标,大力实施东水西调工程,构建了以磨河、台北、浙水三大集中供水工程为龙头,六大机井为辐射,旱井、水窖、小泉小水为补充的供水格局,自来水入户已惠及 345 个村、22.8 万人。为缓解电的制约,保障电力供应,我们坚持连通大电网与发展小水电一起上的发展路子,有效改变了"末梢电"的困境,2012

年,全县年供电量 3.73 亿千瓦时,售电量 3.54 亿千瓦时,分别是 1985 年的 6 倍和 7 倍。为连通五湖四海,融入外部世界,我们着力加强通讯基础设施建设,推动电信业实现了由人工向自动、模拟向数字、单一业务向多样化业务的转变,移动和联通人口覆盖率目前已分别达到 95% 和 90%。为巩固提高生态建设成果,我们把自主造林与借助国家、省级重点工程造林结合起来,坚定不移开展造林绿化,全县 35 年共完成封山育林、社会造林和各类工程造林 70 万亩,使全县森林覆盖率达到了 52.07%,国土绿化率达到了 60.3%。为完善县城功能,提高承载能力,我们突出规划、建设、管理三大要素,在 35 年间先后三次对县城进行了大规模改造建设,提升了县城品位和综合辐射带动能力,初步建成了以旅游服务为特色的宜居宜业宜游生态园林城镇。

35 年的发展历程,陵川人民实践着一个和谐图景:发展社会事业,共享发展成果。在增强县域经济综合实力的同时,我们大力发展各项社会事业,努力把发展成果更多地惠及全县人民。坚持优先发展教育事业,通过优化教育资源,调整学校布局,增加教育投入,提升教育质量,促进了全县教育事业均衡发展,形成了幼儿教育、基础教育、职业教育、成人教育协调发展,结构合理,功能互补,农科教结合,全社会参与的大教育格局。2012 年,全县小学和初中入学率分别达到 100% 和 98.6%,高中阶段毛入学率达到 88.5%。着力强化科技支撑,全县 35 年共立项并组织实施市级以上各类科技计划项目 332 项,累计引进应用新技术、新工艺、新品种 105 项,有力地支持了县域经济发展。积极营造优良人文环境,通过加强文化市场管理和基层文化阵地建设,丰富了群众精神文化生活,推出了一批精品力作,挖掘和整理了民间优秀文化资源,推动了文化事业的繁荣发展。逐步完善公共卫生体系,通过改善县级卫生机构基础条件,推进乡镇卫生院标准化建设,实施村级卫生所达标改造,初步完善了城乡公共卫生和基本医疗服务体系。2012 年,全县医疗机构和医务人员分别达到 471 个和 1288 人,千人均病床 3.2 张,有效缓解了群众"看病难、看病贵"的问题。不断提高社会保障能力,在做好就业和再就业工作的同时,坚持广覆盖、保基本、多层次、可持续的指导方针,以社会保险、社会救助、社会福利为基础,以基本养老、基本医疗、最低生活保障为重点,以慈善事业、商业保险为补充,不断完善了覆盖城乡的社会保障体系。始终加强社会管理工作,健全完善了三级信访网络,不断强化安全监管力度,严格落实社会治安综合治理责任制,深入开展"平安陵川"创建活动,有力维护了社会稳定。

35 年的发展历程,陵川人民依靠着一个坚强核心:千难万难,依靠党的组织就不难。改革开放 35 年来,我们坚持以改革创新精神全面推进党的思想、组织、作风、反腐倡廉和制度建设,成功锻造了凝心聚力的坚强核心,使各级党组织和广大共产党员始终成为推进科学发展的"主心骨"和"引路人"。改革开放初期，我们认真开展了县乡村三级整党，结束了"文革"造成的派性对立和意见纷争局面，实现了工作重心转移。2000年以来，我们先后组织开展了县级领导干部"三讲"教育、农村"三个代表"重要思想学教活动和保持共产党员先进性教育活动，使广大共产党员坚定了理想信念，强化了宗旨意识，加强了党性锻炼。十八大召开之后，我们坚持用马克思主义中国化的最新成果武装党员、教育人民，高度重视做好抓基层、打基础的工作，全面加强了农村、企业、社区、学校等基层党组织建设，为夺取全面建成陵川小康社会新胜利提供了坚强的组织保证。

二、走出欠发达地区转型跨越发展新路，要以创新的精神完善思路，赶队前行

纵向看，陵川经济社会发展取得了很大进步，但陵川作为省定贫困县的基本县情没有变，经济总量不大、产业结构不优、群众收入不高的基本状况没有变，陵川正处在加快发展的关键期、攻坚期、爬坡期，呈现出机遇良好、优势明显、挑战巨大、潜力无限的新的阶段性特征。

机遇良好的主要表现是：陵川作为综改试验区天然"金左脚"的一员，作为中原经济区的一员，拥有背靠山西、竞逐中原的双重机遇。特别是十八大报告提出，国家要加大对农村和中西部地区扶持力度，采取对口支援等多种形式，加大对革命老区、贫困地区扶持力度；十八大报告强调，坚持把国家基础设施建设和社会事业发展重点放在农村，深入推进新农村建设和扶贫开发；十八报告指出，必须树立尊重自然、顺应自然、保护自然的生态文明理念，努力建设美丽中国。这些重大战略部署、重大战略安排和重大理论创新，为陵川加快发展提供了战略机遇、描绘了美好图景。

优势明显的主要表现是：全县森林覆盖率为52.07%，国土绿化率为60.3%，东部地区森林覆盖率更高达80%以上，加之夏季气候清凉，具有别的地区无法比拟的、增强生态产品生产能力的生态资源优势。把这种生态资源优势转化为经济发展优势，有助于陵川率先走出对煤、铁资源"短期离不了、长期靠不住"的发展困境。

挑战巨大的主要表现是：现阶段陵川仍然面临着经济总量小、综合实力弱、财政保障能力差、社会事业发展滞后等突出问题。发展中仍然面临着缺资金、缺人才、缺技术、缺创意等诸多困难。其欠发达的突出表现是农业基础不稳、处于靠天吃饭状态，工业经济不强、缺乏带动力强的骨干企业支撑，以旅游业为龙头的三产服务业发展不活、传统服务业占主导地位；其欠开放的突出表现是发展的外向度低、市场化程度低、技术引进与转化率低。

潜力无限的主要表现是:从发展阶段看,陵川进入了产业转型期、城镇化加速期、开放提速期、文化事业繁荣期和社会建设创新期。只要全县干部群众以自信自立的精神和行动,抢抓机遇,真抓实干,就一定能战胜发展中的困难,陵川的快速发展也是可预期的、有保障的。

基于对县情的深刻把握和对形势的准确判断,在 2012 年召开的县委中心组"贯彻落实十八大精神,陵川如何发展"座谈会上,县委明确提出了"围绕一个目标,实施三县战略,突出四项重点,加快五化共进"的总体发展要求。

围绕一个目标。就是在发展定位上,要紧紧围绕"中原地区最具影响的生态休闲旅游健康度假中心"建设目标,坚持生态文明建设发展方向,通过优化产业空间布局,加大生态环境保护力度,着力转变经济发展方式,到 2020 年,实现地区生产总值和城乡居民收入倍增,达到或超过全国平均水平。

实施三县战略。就是在发展指引上,要深入实施"生态立县、工业强县、开放活县"三大战略。生态立县就是要遵循"既要金山银山,更要绿水清山"的发展理念,通过拓展生态立县内涵,大力发展生态农业、生态畜牧业、生态林业、道地中药材、生态旅游业等产业,在保持良好生态环境的基础上,促进生态产业深度开发,逐步释放丰富生态资源蕴藏的巨大经济潜力。工业强县就是要针对工业化滞后这个最突出的问题,按照"延伸农业链条抓工业、提升传统产业抓工业、承接梯度转移抓工业"发展思路,搭建起工业经济多元支柱发展框架,推动工业产业优化升级,真正挺起县域经济新脊梁。开放活县就是要下决心破除基础设施"瓶颈"制约,下决心做好降低门槛、简化程序、优化服务、提高效率等工作,打造投资兴业"凹地",激发全民创业热情,增添县域发展活力。

突出四项重点。就是在发展措施上,要持续加大"招商引资攻坚、质量效益提升、城乡环境整治、行政效能建设"推进力度。通过招商引资攻坚,重点引进科技含量高的产业、劳动密集型产业、生态产业、以及休闲娱乐康体新兴服务业项目,力争在绿色崛起中挺立起一批大项目、好项目。通过质量效益提升,大力改造传统产业,积极发展新兴产业,着力推进集群化发展。通过城乡环境整治,加大中西部乡镇造林绿化力度,大力实施县城见缝植树、见缝插绿行动,集中抓好县城和高速公路、县乡干道沿线村庄保洁,让绿色、干净、清凉成为陵川的靓丽名片。通过行政效能建设,进一步完善行政审批工作机制,规范行政执法行为,加快建设服务政府、责任政府、法治政府和廉洁政府。

加快五化共进。就是在发展重点上,要着力加快工业新型化、农业特色化、旅游产业化、城乡一体化、民生普惠化发展步伐。工业新型化以链条拓展、园区集聚、提质增效为重点,把政策扶持、产业引导、投资重点放在非煤产业发展上,有序推进了煤炭资源整合,逐步壮大了非煤产业。2012 年 12 个重大工业项目完成投资近 4.5 亿元,礼义铸造园区获得省经信委批复。农业特色化突出强特色、创品牌,大力推进了"一村一品、一乡一特"建设。2012 年新上农业调产农民增收项目 600 余个,促进了特色种植业、规模健康养殖业、道地中药材、绿色林产品、乡村旅游业五大特色产业规模和效益同步提升。旅游产业化通过加大生态休闲旅游开发力度,推动旅游产品转型升级,拓宽了旅游市场空间,保持了强劲发展势头。2012 年接待游客首次突破 100 万人次,门票收入突破 3000 万元,旅游总收入达到 4.25 亿元。城乡一体化以基础设施建设为载体,推进了县城、产业强镇、新农村建设,形成了以城带乡、城乡互动的新格局。民生普惠化坚持量力而行、尽力而为原则,认真做好了各项民生民计工作。2012 年财政用于与民生相关的投入占到公共预算支出的 80% 以上,农村新的"五个全覆盖"全部完成。

三、走出欠发达地区转型跨越发展新路,要靠全面提升基层党建科学化水平凝聚力量,强化保障

走出欠发达地区转型跨越发展新路,加快全面建成小康社会进程,核心在党,根本在干。这其中,最关键的是要认真学习宣传贯彻落实好党的十八大精神,在全县党员干部中强化三种理念,强化四种意识,强化四种支撑,调动、保护和引导好全县上下干事创业的激情。

强化三种理念。就是要强化解放思想、共识共进的理念。通过转变思想观念和思维方式,营造一切为了陵川发展的浓厚氛围,积极构建服务市场主体的机制,大力精简审批项目、推进流程再造,创造公平竞争的市场环境、以人为本的务工环境、公开透明的法制环境、稳定可预期的政策环境。强化提升素质、竞逐中原的理念。以崭新的面貌、更加开放的理念,在更大空间、更高层次上,优化配置陵川资源,真正做到对内搞活与对外开放并举、"引进来"和"走出去"并举、招商引资和招才引智并举,特别是要认真研究、弄懂、用好中原经济区的核心政策,加快陵川与中原城市群的沟通融合,力争在旅游文化、城市互动、产业转移、交通体系、商贸物流、金融服务等方面实施全方位开放、无障碍流动、多层次协作。强化改进作风、激发活力的理念。牢记"打铁还需自身硬"的道理,细化落实"八项规定"的具体举措,督促党员干部从我做起,从现在做起,从点点滴滴做起,身体力行、率先垂范。

强化四种意识。就是要强化大局意识。想问题、作决策、办事情从大处着眼,始终围绕省、市委的重大决策,落实好县委的工作部署,齐心协力把陵川的事情办好。强化忧患意识。面对各地你追我赶、争先进位的强劲发展态势,不改变陵川的发展现状,不迎头赶上,要有愧意。强化责任意识。就是要通过明确任务、严格考核,解决部分干部责任意识不够强、关键时候表现得更明显的问题。强化创新意识。就是要集思广益、集聚众智,学习借鉴别人的成功经验,从发展理念、工作方法、行为方式等方面来一次深刻的变革,大到招商引资、项目建设,小到行为方式、接待礼仪,都要出新招、增实效。

强化四种支撑。就是要强化和倡导艰苦奋斗、团结协作、求真务实、攻坚克难的四种风气。把艰苦奋斗作为做好工作的传家之宝,把团结协作作为做好工作的力量之源,把求真务实作为做好工作的态度之基,把攻坚克难作为做好工作的取胜之道。强化和倡导四种风气,根本是要牢牢把握加强党的执政能力建设、先进性和纯洁性建设主线,大力建设学习型、服务型、创新型的基层党组织。要巩固扩大创先争优成果,牢固树立各级书记抓党建理念,进一步推进各领域基层党组织建设。要持续引深"三联一住"活动,真正把问政于民、问需于民、问计于民内化于心、固化为制、外化于行,始终与群众心连心、同呼吸、共命运。要以党的先进性、纯洁性标准严格要求党员干部,抓好班子建设,带出过硬队伍,对工作不力、作风不实的人,及时进行诫勉约谈,防微杜渐,防患于未然。要认真落实党风廉政建设责任制,规范权力行使,纠正不正之风,真正做到干部清正、政府清廉、政治清明。

(作者系中共陵川县委书记)

以项目建设为突破口
奋力推进转型跨越　建设美丽临汾

罗清宇

近年来,我们始终坚持把项目建设作为推进转型跨越发展的突破口,坚持"四位一体"统筹推进转型跨越,用大招商、大项目、大建设推动经济社会的大发展。今年是党的十八大开局之年,临汾正处于加快转型跨越的关键时期,必须集中精力干成几件大事,进一步推动临汾大步向前发展,这对于临汾未来一个时期的发展至关重要。

首先,重点抓好"百里汾河新型经济带"建设

"百里汾河新型经济带"是我市转型综改标杆项目,我们要围绕汾河两岸 3600 多公顷生态绿化带这条中轴线,打造 18 个大型工业园区、10 个大型现代化农业园区、6 个物流园区、17 个文化旅游景区,建设 2 个中心城市、4 个大县城、19 个重点镇。到"十二五"末,在百里汾河新型经济带区域内,城镇人口达 120 万,占全市城镇人口的 60% 以上,经济总量和财政收入分别达 1300 亿元、240 亿元,均占全市的 70% 以上,绿化覆盖率达到 45% 以上,成为支撑全省城镇化布局的三大城镇集群之一。

去年以来,我们重点实施了汾河河道治理和生态修复工程,市区段已全部完工,洪洞段、襄汾段正在顺利推进;对沿汾两岸产业布局进行了调整,赵城煤化工业园区、曲沃优特钢循环工业园区和侯马高新技术电子工业园区等七个工业园区已有 42 家规模以上企业入驻。今年要按照"六位一体"总目标,在重点项目上储备 12 000 亿元,签约 2000 亿元,落地 1800 亿元,开工 1300 亿元,建设 1200 亿元,投产 1300 亿元,真正把"百里汾河新型经济带"建设作为统筹全局的龙头工程。一是抓好各项体制机制的落实。一方面要充分利用转型综改区的政策机遇,加强顶层设计,推进产业、财税、金融、土地、科技等方面的机制创新。另一方面要抓好我们出台的领导包联、定期考

核、责任追究、政策落实、金融支持等 9 项推进机制的落实。二是争取提升这一工程在全省乃至全国的层次。要加快总体规划编制工作,按照统筹规划的要求,以科学规划统领"百里汾河新型经济带"建设,突出发展定位、功能分区和产业布局,争取上升为全省乃至国家战略。三是加快各项工作的推进步伐。滨河东路城市快速通道今年上半年要全线贯通,汾河生态深度治理洪洞至襄汾段今年要全部完工,重点产业园区建设要全面铺开,形成集群化、板块化推进态势。

第二,重点抓好山西国际陆港园区建设

山西国际陆港园区是我省转型综改试验区首批产业转型标杆企业,是我市全方位、宽领域、多层次扩大对外开放的战略决策,力争通过五到十年的努力,把其打造成辐射半径 300 公里的中西部地区物流集散中心、生产性物流配置中心和先进的制造业加工中心,成为晋陕豫黄河金三角地区集新兴产业、新型城市于一体的现代经济体,实现"千亿产值,百亿利税"的宏伟目标。

自去年 5 月份园区管委会成立以来,我们对园区实行统一规划管理、统一项目准入、统一用地审批、统一制定优惠政策、统一开展招商推介、统一建立融资平台、统一基础设施建设的"七统一"管理新模式,对园区建设工作给予许多政策支持,先后拨付 5000 万元,注册成立"山西国际陆港综合保税园区投资开发建设有限责任公司",园区新上项目五年内市级留成部分全额返还,一次性给予园区土地规划指标 7000 亩,落实建设用地 1000 亩,全面启动了方略二期工程建设。

今年主要抓好以下几方面工作:一是充分利用好综改试验区先行先试的政策。要以整合区位、资源、产业基础、人文环境、市场辐射等优势为突破口,以机制体制创新和技术创新为动力,抓住我省作为综改试验区的历史机遇,力争把园区建设成为全省综改工作的先导区和排头兵,探索出一条综改试验区内充分利用市场机制的转型跨越新模式。二是为入驻企业提供高效优质服务。各级部门要从大局出发,为入驻园区的企业、项目提供一个优质的发展环境,在土地、税收、管理等方面给予支持与帮助,减少干预企业发展的行政性行为,积极协调企业在发展中的问题,鼓励企业做大做强,在全省转型跨越中发挥作用。三是争取成立钢铁产销联合体。充分利用国家赋予山西的"保税物流"特殊功能和优惠政策,使过去在我市消化而计入沿海、沿边的进出口贸易额大部分转回到我市,大幅度提高全市外贸进出口量,直接和间接带动我市绿色税收 10 亿元以上,这对于推动国际陆港园区建设,拉动我市钢铁及相关产业发展,作用不可低估。

第三,重点抓好以推进生态文明为主的美丽临汾建设

党的十八大把生态文明建设纳入"五位一体"总布局,强调"把生态文明建设放在突出地位,融入经济建设、政治建设、文化建设、社会建设各方面和全过程"。近年来,我们在生态文明建设上下了很大力气,城乡环境不断改善,环境污染有所遏制,摘掉了重污染城市的帽子,特别是去年开展了"环境建设年"活动,效果不错,群众反响很好,但污染反弹、生态脆弱的压力依然存在。因此,今年,我们要以创建国家环保模范城为抓手,大力推进生态文明建设,建设美丽临汾。一是加大财政支持力度。要不断完善公共环保设施,加快实施城镇集中供热供气和污水处理,加紧实施城中村和城郊村改造,为群众营造清洁的环境。二是加快经济发展方式的转变。要以生态文明建设为突破口,把解决环境问题作为着力点,强力推进节能减排,坚决关闭取缔不符合国家产业政策和环境标准的高耗能、高污染企业,切实推进经济发展方式转变和经济结构调整。三是坚持走绿色发展道路。要大力度实施造林绿化和生态修复,搞好荒山绿化、通道绿化、城市绿地建设,不断推进绿色发展、低碳发展、循环发展,促进人口、资源、环境与经济社会全面协调可持续发展,扎实开展汾河深度治理,努力建设天蓝、地绿、水净的美丽临汾。

第四,重点抓好"三农"工作,推动城镇化建设

党的十八大再次强调,解决好"三农"问题是全党工作重中之重,并提出"四化同步"的战略思想。我们要紧紧抓住工业化和信息化高速发展的黄金机遇期,围绕我市确定的"一带两圈多点"的城镇格局,加快推动城镇化进程,通过提升城镇化率来减少农民,以此来推动农业现代化进程。一是要实施"龙头带动、基地拉动、品牌推动"的"三农"发展战略。大力扶持龙头企业。强力推进"393"工程,延长农业产业链,促进农产品加工转化,着力培育一批规模大、品牌靓、效益好的龙头企业。加快推进现代农业特色基地建设。以"一村一品"、"一县一业"为主攻方向,继续大力打造西山以鲜果为主、东山以干果中药材为主、平川以蔬菜为主的三大特色农业板块,加快推进"四个百万亩"特色农业基地建设,夯实农民增收的产业基础。大力实施农产品品牌战略。围绕我市特色产业,积极发展无公害、特色农产品,努力培育和创建绿色生态农业品牌,围绕吉县苹果、隰县玉露香(梨)、曲沃蔬菜、永和红枣、古县核桃等特色产品做文章,进一步提升质量和品质,努力开发全国叫得响、有明显市场优势的品牌产品。二是实施"中心城市带动、'大县城'拉动、'小城镇'推动"的城镇化战略。推进尧都、洪洞、襄汾

同城化发展,打造大临汾都市圈;加快侯马、侯马开发区、曲沃同城化和 12 个大县城建设,不断提高人口集聚力、产业承载力;加快重点镇和特色小城镇建设步伐。市区要坚持"建设新城、疏散老城"的方针,新城扩建与旧城改造同步推进;人口 15 万人以下的县要力争有 50% 的人口住在县城、发展在县城,不断增强"大县城"在产业集群、人口集中、物流集聚等方面的辐射力;择优培育、重点发展一批基础条件好、发展潜力大、具有一定吸引力的中心镇和特色镇,切实发挥中心镇和小城镇对农村人口的吸纳作用,大幅度增加城镇人口。

第五,重点抓好以文化旅游为主的现代服务业体系建设

现代服务业的发展水平是衡量一个国家、一个城市经济社会发达程度的重要标志。我市历史遗存丰富、文化底蕴深厚,推进文化旅游业发展有着得天独厚的条件。山西是全国宋元以前地上文物资源最丰富的省份,占到全国的近 70%,而临汾占到全省的 30%,各级文物保护单位达到 3000 余处,其中,黄河文化、根祖文化、尧文化在全国都有影响。因此,在我市大力发展以文化旅游为主的现代服务业,是推动我市转型跨越的可行路径。

去年,我市完成旅游综合收入 160 亿元,实现旅游招商引资 155 亿元,加快推进广胜寺景区、云丘山景区、七里峪景区等一批旅游项目的建设。今年重点做好以下几方面工作:一是做大做强文化旅游业。文化旅游业是智力与知识密集型的高增值产业,是与知识经济、信息时代相适应的朝阳产业,也是与现代大城市功能相匹配的都市产业,具有巨大的发展潜力。要加快推进晋国遗址、广胜寺、七里峪等重大旅游项目建设,打造精品旅游线路。规划实施"赵城金藏"经典复制、寺观壁画开发传承等工程,发展新型文化旅游业态。要搞好市场运作,吸引煤焦领域资本进入文化产业,培育一批具有市场竞争力的文化企业。二要提升现代服务业聚集水平。集聚现代服务业是加快现代服务业发展的重要举措,是转变经济发展方式、实现社会经济可持续发展的根本途径,有利于实现产业结构优化,减少对自然资源的依赖,减轻对环境的压力。要进一步加快发展以大旅游产业、大文化产业、金融服务业、商贸与物流业、房地产业等为重点的现代服务业,尤其是发展电子商务和物流配送,建设区域性物流集散中心、仓储中心、配送中心,把临汾建成中西部现代物流重镇。三是要提高服务业的发展层次。要加快改造宾馆餐饮、文化娱乐、商贸流通等传统服务业,突出发展金融、社区服务、科技服务、软件和信息服务、服务外包等新兴服务业,大力推进专业化、企业化、社会化运营,做大做强做优服务业,构建高增值、强辐射、广就业的新型服务业体系,充分

发挥服务业在转型跨越中的重要作用。

第六,重点抓好以改进作风为主的党的基层建设

作风问题关乎人心向背,决定事业成败,作风正,则人心齐、事业兴。去年我们确定了"四个年"活动,其中"作风转变年"活动集中开展了狠刹"三股歪风"、整治"吃拿卡要"、治理"慵懒散浮"等活动,建立起22个廉政教育基地,健全"四级"监督管理责任机制,探索"制度+科技+创新"工作模式,切实在公路"三乱"、教育、卫生等民生领域,解决了一批群众反映强烈的突出问题。今年,要扎实开展好"夯实基础管理、落实工作责任"集中教育整顿活动。利用4月份、5月份两个月的时间,在全市深入开展集中教育整顿活动,全面构筑起分级负责、层层落实的制度体系和责任体系,促进全市各项工作的程序化、规范化、精细化,确保经济持续健康发展、社会和谐稳定,实现临汾长治久安。

一是要坚持正确的用人导向。要进一步树立正确的选人用人导向,坚持选人用人重品行、重实绩、重公认、重基层;要进一步创新选人用人机制,健全民主推荐、民主测评、民意调查制度;要进一步完善干部考核评价制度,创新办法措施,强化奖惩机制,做到能者用、好者上、庸者下;要进一步引导广大党员干部把全部心思用在抓工作、抓落实上,用在解决实际问题、推动转型跨越上,形成奋发有为、干事创业、竞相发展的工作局面。二是要拥有苦干实干的精神。近年来,临汾转型跨越的实践中,我们深深感受到,区域间的竞争越来越表现在各地干部群众在精神和作风上的比拼。临汾还是欠发达地区,这样的现实决定了我们每前进一步,都要付出比别人更多的心血和汗水。这就要求各级党员领导干部务必勤奋工作、真抓实干,务必坚定信心、敢于担当,务必明确责任、勇挑重担,坚持对历史负责、对发展负责,切实把真抓实干作为第一追求,讲责任、讲担当,有干劲、有作为,团结一致、全力以赴把临汾的事情办好。三是要保持清正廉洁的品德。要进一步严明党的政治纪律、组织纪律、工作纪律,绝不允许"各唱各调",搞"上有政策、下有对策",特别是在事关临汾转型跨越的事情上,一定要确保令行禁止、政令畅通。要进一步加强制度建设和创新,健全拒腐防变教育长效机制、权力运行防控机制、反腐倡廉制度体系,铲除滋生腐败的土壤和条件,从源头上预防腐败、保护干部。要更加严格的执行《廉政准则》,从小事做起、从点滴抓起,保持一个共产党人、一个领导干部的党性和情怀,以过硬作风和良好形象取信于民、凝聚力量,加快推进临汾转型跨越,建设美丽临汾。

(作者系中共临汾市委书记)

城镇化引领　产业化支撑
走出贫困山区资源型经济转型的新路子

任天顺

汾西县位于山西省中南部,临汾市西北部,全县国土面积880平方公里,属黄土高原残垣沟壑区,是以旱作农业为主的山区农业县,境内煤、铁、铝矾土、石膏等矿产资源丰富,是国家扶贫工作重点开发县,是革命老区。近年来,汾西县以城镇化为引领、产业化为支撑,在探索贫困山区资源型经济转型发展上做出了有益的尝试。

一、产城融合是资源型经济转型的必由之路

十八大报告提出,要积极稳妥推进我国城镇化。李克强总理多次表示,扩大内需,调整经济结构的关键在于推进城镇化,中国未来最大的发展潜力在城镇化;推进城镇化,要走工业化、信息化、城镇化、农业现代化同步发展的路子。山西省委、省政府站在全省经济社会发展全局和战略的高度,认真谋划、全面部署转型综改试验区建设各项工作,省委袁纯清书记在全省转型综改试验区建设大会上讲,要始终坚持经济转型这个主题,把握好综合配套这个原则,抓住先行先试这个灵魂,走出资源型经济转型新路。

在党和国家工作全局中,县一级处于承上启下的枢纽地位,是党的决策部署在基层得以贯彻落实的关键。如何将县域经济发展与十八大及省委、省政府关于资源型经济转型的重大战略部署有机结合,如何审时度势绸缪城镇化和全省转型综改试验区建设给我们带来的重大发展机遇,努力探索贫困山区资源型经济转型发展的新路子,是我们县级党委政府面临的一项重大任务。我们在深入调研、科学论证的基础上,在2011年换届工作中提出,十二五期间要大力实施"工业强县、农业富民、三产活县、城镇扩张、社会和谐"五大战略。随着形势的发展变化,特别是按照十八大和全省转型综

改试验区建设新的战略部署,我们在深化对中央、省市发展战略认识的同时,积极推进新型城镇化,大力发展工业农业产业,积极探索工农业产业与城镇化建设一体化的产城融合式发展的新路。

城镇化是转型的重要载体,城镇化涉及农村人口的转移、产业的集聚,特别是在当前经济面临增速下降和结构转型的关键时点,城镇化被摆在"四化"中的"引擎"位置,最具综合性。工业是转型的根本,对汾西来讲,首先就是要做好资源利用的文章,把我们的资源优势转化为经济优势;农业是转型的基础,也是转型的难点和重点,对我们来讲,就是要加快发展肉鸡养殖和核桃经济林等特色农业产业。

只有产城融合,农村才能城镇化,人口才能集聚起来,工业农业产业才能规模经营;只有产城融合,才容易实现基础设施和公共服务共建共享;只有产城融合,才能强化城镇的辐射力和带动力,才能真正构建起以工补农、以城带乡的发展机制。

二、汾西县资源型经济转型的实践

近年来,我们充分利用全县的矿产资源和农业生态优势,大力实施城镇扩张战略,拉大城市框架,努力扩大对外开放,积极招商引资,建设工业项目,发展农业产业化项目,促进了全县经济社会稳步健康发展。

(一)建设"三垣一城"大县城,推进城镇扩张。汾西县城镇化水平较低,特别是县城建设严重滞后。县城现建成区位于县域东北部垣面,四周为沟壑,南北平均宽约650米,东西长约5公里,总面积3.3平方公里,受地形限制,城市的发展空间基本趋于饱和。经济社会的快速发展,使得县城人口急剧增多,现有建成区容量过大,街道狭窄,城市拥挤。特别是随着人民群众生活水平迅速提升,落后的基础设施建设条件已经不能满足人民群众追求更美更好生活质量的需要。无论是从城镇化加速发展的重大机遇和发展趋势,还是从我县城市化发展的现状来看,实施城镇扩张战略已经十分必要,非常迫切。

按照"南连西扩、三垣一城"发展思路,构建旧城垣、古郡垣、府底垣"三垣合一"的"A"字形县城新框架。投资5亿元建设高速引线永安大桥,将旧城垣和府底垣连接起来,投资4亿元,建设6公里长、60米宽、双向6车道的汾西大道,将旧城垣和府底垣连接起来,使城区面积由3.3平方公里扩大到9.9平方公里。开发古郡新区,投资近2亿元,在古郡新区开工建设法院、检察院、档案局、武装部等部门的办公大楼,启动实施永安小区廉租房、消防大楼、望客隆仓储物流配送中心、卫生综合业务用房等建设项目。同时加快旧城区改造,投资1亿元,实施了县医院综合大楼、北街低矮房改造和廉租房建设续建工程,启动了垃圾填埋场建设工程,建设标准化公厕,对北环路北外环路进行拓宽改造,对城区供暖、供水、排水系统进行全方位改造。

(二)狠抓项目落地,推进工业强县。按照"引进大型企业,利用高新技术,开发优势资源,狠抓项目落地"的思路,积极与大型企业集团和科研院所对接联姻,与省市政府和部门联系沟通,大招商,招大商,狠抓项目落地,签约9大招商项目。工业项目落地后,围绕县城10公里周围选择厂址,以便于居民就业和在县城生活。总投资273.7亿元,涉及煤炭、石膏、硫铁矿、铝矾土、风能等资源开发。投资6.6亿元的高端铝质耐火材料项目、投资9.7亿元的低品位硫铁矿强化富集与酸铁联产项目、投资15.2亿元煤矿资源整合大矿井基建项目、投资1.5亿元石膏加工项目已具备开工条件,正在积极筹划、抓紧开工。总投资145.5亿元的四川其亚铝系产业项目选址在县城西8公里,被列为省重点工程,资源配置和项目用地工作正在加紧落实。

(三)发展特色产业,推进农业富民。汾西县境内平均海拔1000米左右,日照时间长,无霜期短,盛产优质核桃和苦荞。大力发展核桃经济林,坚持一手抓管理,一手抓发展,全县核桃栽植面积发展到12.9万亩,总产量318万斤,总产值达到3180万元,农民人均增收186元。在古郡新区组建了晋西核桃食品有限公司,加工生产核桃露、琥珀桃仁等核桃系列产品。在古郡新区组建了茏荞生物科技有限公司,加工生产苦荞茶、苦荞面粉等产品。晋西核桃食品有限公司和茏荞生物科技有限公司这两个农业产业化龙头企业无污染,选址在新开发的古郡新区,便于新进城农民就业,有力带动了全县核桃经济林和苦荞种植业的发展。大力发展肉鸡养殖产业,2012年底已建成肉鸡养殖大棚265个,年出栏2000万只,总产值5.6亿元,农民人均增收500元,汾西县被省政府确定为"全省一县一业肉鸡养殖重点县"。在永安镇太阳山村组建了洪昌养殖有限公司,该公司集饲料生产和屠宰加工于一体,有力带动了全县肉鸡产业快速发展。

三、几点启示

转型需要创新发展观念,更需要坚定不移的实行。当前,新形势、新任务对县域经济转型提出了新的更高的要求,实现县域经济健康转型,既包括思想观念的转型,也包括产业结构的转型,还包括体制机制的转型,在推动转型发展的大潮中,必须充分谋划,勇于担当,力说力行,争取主动,才能闯出一条资源型经济转型发展的路子。

(一)解放思想是转型发展的前提基础。思想的大门打不开,发展的大门也打不开,思想有多远,发展就有多远。就贫困山区来讲,制约转型发展的,不只是在资源禀赋和区位优势方面，更重要的是思想不解放的问题。如果不能在解放思想上有新突破，就不可能在事业发展上有新突破，也就不可能实现转型发展。要放开胸怀，开阔眼界，向外部看，向高处看，向未来看；要立说立行，勇于担当，放开思想，敢于争先，冲破一切影响和制约发展的思想心结和体制障碍，以务实的举措从资源依赖中解放出来，以真正的行动从封闭守成、小农意识、畏难情绪中解放出来，最大限度地发挥自身的主观能动性，准确判断形势，创新工作方法，始终保持干事创业的激情和奋发有为的精神状态，既明辨是非，又不畏首畏尾，放开手脚，甩掉包袱，先行先试，敢冒风险，敢担责任，大胆地干事，勇敢地创业，通过不断的探索和创新，以思想境界的转型来推动经济社会发展的转型。

（二）产业规划是转型发展的基本路径。一是要以工业新型化为重点，抓好重大工业项目落地建设工作；要搞好项目筛选储备工作，选定一批带动力强、支撑长远的重大产业培育项目进入项目库，积极参加国家和区域性招商活动，推介项目，洽谈合作；要优化服务环境，实现服务零距离、零等待、零障碍，提升优惠政策的影响力和投资环境的吸引力。二是要以农业产业化为重点，抓住地方特色与市场需求的着力点，培育产业链条，壮大产业规模，打造具有鲜明地方特色的农业产业，以特色参与竞争，用特色带动经济发展。三是要以城镇化建设为重点，积极推进工农业产业与新型城镇化一体化发展，全面提升城市的综合承载功能和辐射带动能力，科学规划建设集镇商贸加工产业，引导农民合理向城市和小集镇有序转移。

（三）干部队伍是转型发展的关键所在。"政治路线确定之后，干部就是决定的因素。"尤其是作为引领者和组织者的各级领导干部，其思想精神状态至关重要。正因为如此，实现转型发展就必须全面加强干部队伍建设。要以转型发展需要为重点，加强领导干部、优秀人才队伍建设；要以素质提升为重点，加强领导干部能力建设；要以操守养成为重点，加强领导干部廉政建设；特别是要以振奋精神、扎实苦干为重点，全面加强领导干部作风建设。

转型发展对山区资源型经济县份是一次重大的历史机遇，也是一个任重道远的宏大课题，需要我们付出更多的艰辛和努力。只要我们立足县情，敢闯敢为，就一定能够在推进转型跨越发展进程探索出成功的新路子。

（作者系中共汾西县委书记）

强力推进五大战略重点
加快运城转型跨越发展

王茂设

党的十八大提出了到2020年全面建成小康社会的宏伟目标。运城作为一个主要经济指标与全国平均水平差距较大的内陆地区,加快发展的任务异常艰巨。为此,我们结合运城实际,提出大力推进工业新型化、农业现代化、市域城镇化、城乡生态化和文化旅游产业"五大战略重点",促进经济转型跨越发展,为如期实现全面建成小康社会目标奠定坚实的基础。

一、加快推进工业新型化,壮大转型跨越发展的支柱

运城工业经过十年的快速发展,到"十五"末,总量已跃居全省第二位。但支撑这种发展的资源型、粗放式的经济模式,在全球金融危机的冲击下受到重创。到2012年,工业总量下滑到全省倒数第三,工业效益沦为倒数第一。严峻的形势警示我们,运城工业转型升级刻不容缓。转型升级必须按照党的十八大的要求和省委、省政府的部署,牢牢抓住工业新型化这个中心,以园区化发展、集群化招商为突破,坚持科技引领、循环发展、园区承载、项目带动,推进工业小市向工业大市转变。

一是全面改造提升传统产业。对全市传统的钢铁、铝业、焦化、电力等行业进行全面调查摸底、分析汇总,然后划分类型、分类施策。对设备老化、工艺落后的企业,积极引导他们引进先进设备,改进工艺流程,提升产业层次和生产水平;对处于行业领军地位的企业,支持他们瞄准产业前沿、把握市场动向,壮大研发队伍、强化自主创新,研发新产品、开拓新市场;对管理滞后、经营粗放的企业,帮助他们建立现代企业制度,创新管理方式,挖掘内部潜力,提升产品质量,实现降本增效;对产品、产业相关联的企业,鼓励他们通过内部资源循环利用、产业之间循环组合、关联企业兼并重组,完

善产业链条,实现优势互补,提高产业集中度和竞争力,推动传统产业,实现资源高效利用。

二是着力培育壮大新兴产业。立足产业基础,发挥比较优势,大力发展装备制造、医药保健、精细化工、食品饮料、纺织服装等新兴产业,不断提高新兴产业占工业总量的比重,提升引领带动能力。今年上半年,全市规模以上新兴替代产业完成增加值66.6亿元,占全市规模以上工业增加值的37.8%;实现利税14.8亿元,占全市规模以上工业利税总额的65.7%;实现利润9.4亿元,占全市规模以上工业利润总额的237%。食品加工业、汽车制造业、纺织业、木材加工制品业完成增加值分别增长41.9%、27.7%、18%、17%,新兴产业发展势头强劲,发展前景广阔。

三是加快发展高新技术产业和现代服务业。以中海金源、中磁科技等企业为先导,重点发展新型功能材料、铝镁合金深加工材料、稀土材料等新材料产业,着力扩大生产规模,提高市场份额;以闻喜大唐风力发电、平陆中广核风力发电和北京天润风力发电等企业为引领,重点发展风力发电、生物质发电、太阳能光伏等新能源产业,加快速度、扩张规模,建设国家新能源示范城市;以高端城市综合体为代表,重点发展现代物流、信息、金融、会展、咨询等现代服务业,充分发挥其在经济社会发展中的服务性功能,加快建设区域性物流中心、金融中心、信息中心、会展中心。

四是大力推进园区化发展、集群化招商。各县(市区)、开发区结合自身实际,明确产业定位,找准主攻方向,提升配套水平,加快园区建设,创新招商方式,推进集群招商,吸引国内外优势企业入驻园区,提高园区的产业层次、科技含量、经济规模。目前,河津铝工业园、平陆煤电铝一体化工业园、空港汽配产业园、永济机电制造园等一批空间集中开发、企业集中布局、资源集约利用、产业集群发展、服务集聚配套的工业园区正在形成。今年1—8月份,工业园区实现总产值433.4亿元,占全市工业经济总量的67.1%。今后几年,园区工业增加值力争年均增长20%以上,到2020年,对全市财政收入的贡献占工业的80%以上。

二、加快推进农业现代化,夯实转型跨越发展的基石

运城是全省农业第一大市、人口第一大市,农业人口比重高,农民人均纯收入低,到2020年要全面建成小康社会,难点、重点都在农村。我们充分利用耕地面积大、农业资源比较优越的自然条件,加快发展现代高效农业,大幅提高农民收入,推动运城由农业大市向农业强市转变。

一是推进产业融合,加快统筹发展。牢固树立"大农业"理念,推进农业现代化与

工业新型化、市域城镇化、城乡生态化、文化旅游产业融合发展。利用现代装备、人工设施,大力发展设施农业,实现现代工厂化农业生产、环境安全型农业生产,到2015年,全市设施农业面积达到150万亩;发挥饲草资源较为丰富的优势,大力发展畜牧养殖业,壮大"养殖-沼气-种植"循环农业链条,到2015年,全市养殖业产值要达到农业产值的1/4,"养殖-沼气-种植"循环农业在各县逐步推广开来;按照"产名品、创名牌"的思路,围绕汇源果汁、粟海肉鸡、忠民油脂、新绛蔬菜等,大力发展品牌农业,打造一批无公害农产品、绿色食品、有机农产品品牌,提升运城农业的影响力和竞争力,到2015年,优质、高效、品牌农产品要占到全市农业的30%;顺应当前城市居民对休闲、娱乐的消费需求,大力发展观光农业,改善农村生态环境,促进农民增收。

二是坚持龙头引领,加快全面发展。大力强化"扶持龙头就是扶持农业、富裕农民"的意识,以"一村一品、一县一业"为主攻方向,有序推进农村土地流转,鼓励兴办农民专业合作组织,大力推广"公司+基地(合作社)+农户"的发展模式,因地制宜建设一批特色鲜明、类型多样、竞争力强的专业村、基地乡、产业县,实现专业化布局、标准化生产、规模化发展、集约化经营。今年全市新增"一村一品"专业村288个,累计达到949个,截至8月底专业村主导产业人均纯收入达到4530元,占农民人均纯收入的67%;以龙头企业为引领,充分利用运城丰富的农业资源,大力推进农产品深加工,在245个市级以上农产品加工龙头企业中,重点发展100个辐射作用大、带动能力强的农产品加工龙头企业,促进农产品就地转化,提升农产品附加值。截至8月底,全市农产品加工企业完成销售收入135亿元,完成全年任务的71%。力争到2015年,农产品加工业产值超过农业产值,带动农业发展、农民增收的作用明显增强。

三是强化项目支撑,加快规模发展。把项目建设作为加快农业发展的重要载体和有力支撑,在全市范围内打造30个区域相对集中、基础设施完善、产业优势明显、科技运用领先、运行机制灵活的现代农业示范园区。今年以来,夏县格瑞特生态农业科技示范园、新绛丁村现代农业示范园、临猗庙上万亩红枣示范园等园区稳步发展、态势良好,初步形成了连片效应、集群效应、规模效应;积极开展招商引资活动,引进与农业特色产业相关联的食品加工、畜牧养殖、花卉苗木等基地型项目和大型企业;稳步推进"三引六扩河库成网"水系建设及小浪底引黄、禹门口灌区东扩等重点水利工程建设,扩大农田灌溉面积,改善农业生产条件。

三、加快推进市域城镇化,增强转型跨越发展的引擎

牢固树立"城市让人民生活更美好、文明让城市更美丽"的理念,加快推进中心城

市、大县城、小城镇、新农村"四位一体"协调发展,把运城建成山西省乃至黄河中游地区现代化区域中心城市,打造成外地人羡慕、投资者向往、运城人自豪的幸福家园。

中心城市——切实增强综合承载能力。按照"现代、生态、宜居、文化"的要求,围绕"百平方公里建成区面积、百万人口、百平方公里湿地、百平方公里绿色屏障"的"四个一百"目标,加快推进主城区、东部新区、运城经济开发区、北部高铁商务区、盐湖高新技术产业区、空港经济开发区、西部关圣旅游景区、南部生态区"八区联动",全力实施改造提升老城区、拓展建设新城区、打造治理生态区"三大核心工程",提升关公机场、盐湖、南部生态区、关圣文化建筑群、禹都公园、高铁、环城高速、姚暹渠"八大城市品牌",拉大城市框架,完善城市功能,提升城市品位。特别是按照袁纯清书记"绿坡、治湖、兴业"的要求,加快运城生态智慧城建设,将其打造成中心城市的靓丽品牌和标志性工程。目前,规划、建设、管理等各项工作正在同步推进,呈现出快速发展的强劲势头。

大县城——充分发挥辐射带动作用。把县城作为统筹城乡发展的突破口,加快实施"大县城"战略,强化县城与中心城市的衔接融合及对乡镇的辐射带动,打造县域政治经济中心。河津市、永济市、闻喜县要按30—40平方公里,其他县城要按20—30平方公里制定县城发展规划,根据区位、资源、人文、产业等特点,科学合理地确定县城发展方向,大力发展县域经济,强化产业支撑作用;认真抓好道路、绿化、亮化、供水、排水、污水垃圾无害化处理等工作,着力改善县城环境;精心打造一批推动县域经济发展、凸显民生服务功能、富有鲜明地域特色的重大标志性城建工程,提升知名度,扩大影响力。今年各县市共实施城建项目161个,总投资89亿元,1—8月份完成26.23亿元。

小城镇——着力凸显产业集聚功能。按照"人口集中、产业集聚、要素集约、功能集成"的要求,在彰显特色、发挥优势、做强产业上下工夫,加快建设一批特色鲜明、优势突出、设施良好、功能完备、环境优美的历史文化名镇、商贸重镇、产业大镇、经济强镇,带动全市特色城镇化建设,加快城乡一体化进程。目前,稷山翟店、永济蒲州、盐湖解州、闻喜东镇等15个基础条件好、发展潜力大的中心城镇,作为带动全市特色城镇化建设快速发展的"排头兵",正在科学规划、加快建设。

新农村——全面提高自我发展能力。按照农村向城镇化靠近、城镇向农村延伸的要求,扎实推进新农村建设,打造一批中心村、培植一批特色村、保护一批历史文化村;按照基础设施建设、公共服务体系建设和乡村文明建设协调推进的方式,重点抓好生态环境连片示范区建设、农村环境综合治理和扶贫开发等工作,不断改善农村生产生活条件;进一步加大财政保障农村公共事业的力度,逐步增加对农村社会事业发展、公益性项目的投入,使农民群众真正享受到新农村建设带来的实惠。目前,全市近90%的农村已经从环境连片整治、产业统筹发展、社会事业和乡村文明同步推进等方面进行规划和建设。

四、加快推进城乡生态化,提高转型跨越发展的承载力

坚持把生态文明建设放在更加突出的位置,融入经济、政治、文化、社会建设的各方面和全过程,牢固树立绿色、低碳、循环发展的理念,以创建国家园林城市、国家卫生城市、国家环保模范城市、省级文明和谐城市"四城联创"为引领,大力推进城乡生态化,努力把运城建成天蓝水碧、绿树成荫、空气清新、适宜人居的生态园林城市。

一是实施造林绿化工程。继续实施通道绿化、城镇绿化、企业绿化、校园绿化、"四荒"绿化、工业用材林、园林村建设等造林绿化工程,加快以防护林、生态林、景观林为主的生态林业建设,使全市的森林覆盖率每年提高一个百分点,到2020年,达到35%以上,超过全国平均水平,努力使运城发展成为一个城在林中、人在画中、身在园中的梦幻家园。今年1—8月,全市造林面积36.32万亩,栽植干果经济林21.12万亩,森林覆盖率达到27.16%。从今年秋季到明年春季,全市预计投资约10亿元,见缝插绿,全面实施造林绿化工程。

二是重点整治环境污染。坚持重点行业重点监理、重点企业重点管理、重点部位重点治理,对新上项目、新建企业严把环保准入关,坚决淘汰落后产能,大力发展低碳、环保产业;认真落实减排目标责任制,强化对排污企业和重点耗能企业的监测监管,严格控制主要污染物排放;加快城市集中供热、供气和污水垃圾处理设施建设,力争到2020年,全市城市集中供热、供气全面普及,生活垃圾无害化处理率和污水处理率均达到100%;持之以恒地抓好农村改水、改厨、改厕、改圈工作,不断提升"四改"水平,从根本上改变农村的生活环境;着力加强执法监管,健全责任追究制度,不断降低重大环境事件和污染事故发生率。

三是大力推进节能减排。严格落实国家循环经济标准化试点市建设任务,有序推进生产、流通、消费各环节循环发展,特别要加快煤焦、化工、冶金等传统产业循环发展和农业循环发展,实现清洁生产、低碳消费;坚持节约优先,全面实行资源利用总量控制、供需双向调节和差别化管理,重点加强土地用途管控和水资源管理,推进可再生资源能源利用,努力使循环经济成为运城经济发展的基本模式。

五、加快推进文化旅游产业，激发转型跨越发展的活力

文化旅游产业是朝阳产业、绿色产业、黄金产业。五千年历史文明造就了运城丰厚的历史文化积淀和星罗棋布的名胜古迹。围绕全市 90 处国家级重点文物保护单位和中条山、黄河等自然风光，把文化旅游资源优势打造成产品优势、产业优势和经济发展优势，力争用五年时间，将文化旅游产业培育成运城经济发展的支柱产业。

一是高扬龙头。紧紧抓住关圣文化建筑群被列为世界文化遗产预备名录第 5 位的契机，以关圣文化建筑群申遗为龙头，积极推进文本编制、景区基础设施建设、周边环境治理等申遗工作，加快运城旅游国际化步伐；今年 3 月和 6 月，我们以关公文化为主积极开展对外文化交流与合作，先后在台湾和福建成功举办关公祖庙圣像巡游活动，100 万人直接朝拜、近 400 万人间接参加，产生了巨大轰动，大幅提升了运城的知名度和影响力，使关公文化成为运城对外展示形象的一个最明亮的窗口；通过"文化+旅游"、"文化+创意"、"文化+科技"等发展模式，积极打造彰显运城特色、提升运城形象的文化旅游品牌，把国际关公文化节、永乐宫书画艺术节、普救寺爱情文化节、闻喜花馍文化节等节庆活动和夏县宇达青铜雕塑、闻喜"本命年"、绛州澄泥砚、云雕等文化产品做大做强。

二是深度开发。围绕关帝庙、鹳雀楼、普救寺、永乐宫、舜帝陵、李家大院等重点景区，积极推进顶层策划、高端创意，邀请专业策划团队，对景点设计、开发、包装和营销进行创意策划；积极推进资源整合、深度挖掘，打造根祖文化游、盐文化游、道教文化游、黄河风情游等经典旅游线路，开发特色工业文化游、休闲观光农业游、绿色生态养生游等文化旅游新业态；积极推进宣传推介、品牌营销，以打造国家中部地区新兴旅游目的地为目标，积极拓展市场半径，与武汉、上海、南京等地的旅游公司进行对接，并加强与西安、洛阳等景区的合作，加快西安、洛阳等地的游客向运城分流，线路向运城延伸。今年 1—8 月份，全市旅游总收入达到 134.8 亿元，同比增长 21.5%。

三是集群发展。围绕"五千年文明"的文化底蕴，大力发展文化旅游、工艺美术、包装印刷、演艺娱乐等四大支柱产业及设计策划、文化创意等新兴高端文化业态，建设一批特色明显、拉动力强的文化产业园区，实现文化产业规模经营、集群发展；积极推进招商引资，用丰富的文化旅游资源换项目、换资金、换技术、换人才，吸引投资商落户运城，助力运城文化旅游产业发展。在今年的山西首届文博会上，运城共 48 家企业200 余种产品参展，有 13 个项目签约，共融资 226.18 亿元；在第九届中国(深圳)国际文化产业博览交易会上，运城 8 家企业百余种产品参展，3 个项目签约，融资 1.85 亿

元;在第八届中国中部投资贸易博览会上,运城晋文化创意产业区项目融资50亿元。下一步,我们将通过山西在香港举办的文化交流活动,进一步展开招商引资,为文化旅游注入源源不断的发展活力。

(作者系中共运城市委书记)

以招商引资助推永济经济
转型跨越发展

陈 杰

近年来,永济市始终坚持把招商引资作为推动县(市)域经济发展的重要突破口,举全市之力大招商,集全民之智招大商,使招商引资成为我市经济转型跨越发展的"起跑器"和"加速器",全市主要经济指标始终保持了良好发展势头,转型跨越发展迈出了坚实步伐。

一、基本情况

永济市位于山西省西南端,地处晋陕豫三省交汇的"黄河金三角"区域中心,是山西省的西南大门。全市国土总面积 1221 平方公里,辖 7 镇 3 个街道,265 个行政村,总人口 44.6 万。在招商引资工作中,我们始终坚持"抓招商就是抓发展、抓大招商就是抓大发展、抓一批大招商项目就是抓跨越发展"的理念,牢固树立机遇意识、创新意识、实干意识,集中精力干事创业,坚持把招商引资摆在最突出位置,全民动员,主动出击,以前所未有的力度、深度、广度,全力推进招商引资工作。据统计,2011 年我市共实施招商引资项目 47 个,项目总投资 60.38 亿元,实际到位引资额 36.14 亿元,占运城市年初下达建议计划 21 亿元的 172.1%。年初, 我们又将今年确定为招商引资年,再次举全市之力推进招商引资,截至 9 月底,我市共实施招商引资项目 38 个,到位资金 39.3 亿元。

二、主要做法

我们始终把招商引资工作放在突出位置来抓,不断深化招商理念,创新招商方式,优化招商结构,招商引资工作取得了比较明显的成效。主要做了以下五个方面工作：

一是健全组织机构。专门成立了重点工程及招商引资考核领导组,组建了四个专业招商部门(招商一局、招商二局、招商三局和经信局),在人事调整中择优选拔了四名招商局长,并从市四套班子中抽调八名领导干部包联四个招商部门,由四个招商部门分产业、分区域、分类别进行重点招商。

二是完善招商机制。先后出台了《工业项目考核奖惩办法》和《工业项目招商引资奖励办法》,并采取引进项目单位牵头实施、"绿色通道"办公室代理手续、市四套班子联系和分管领导具体组织协调、所在镇街道和各职能部门密接配合的机制,从而形成了招商引资工作齐抓共管的局面。

三是搭建招商平台。经过审慎研究,我们对铝深加工园区、机电加工园区、化工园区、高新技术园区和农业产业化示范园区重新进行了全面科学规划。在此基础上,由财政出资,对三大园区进行了"三通一平"硬件基础建设;同时认真制定出了铝深加工业、机电制造业、农副产品加工等五大优势产业的产业发展规划,以及切实可行的扶持办法,为全方位招商引资奠定了良好的基础。

四是优化招商环境。我们始终把优化发展环境放在招商引资工作首位,专门成立了重大项目绿色通道领导组办公室,对招商引资项目开辟绿色通道,提供全程跟踪的"保姆式"服务,真正营造了"重商、亲商、爱商、富商"的良好氛围。近年来先后吸引落地了广东广亚集团、南京云海铝业、无锡麟龙铝业、龙行天下铝业、陕西贝尔特公司、新通源果蔬汁有限公司等一批大型外来投资项目。

五是建立招商项目包服责任制。结合今年省委、省政府开展的"项目落地年"活动,我们对6个投资上亿元、产业带动性强的标志性项目专门成立了重点工业招商项目包服工作组,实行一个项目由一个副县级领导挂帅、一套班子参与、一套人马负责的跟进协调包服的办法,加快项目落地步伐。到目前为止,总投资15亿元占地1100亩的广银铝加工园区、年产900万件的服装加工和千军铝业汽车缸体总成生产线建设等几个项目,已经进入了实质性实施阶段。

三、思考启示

当前永济发展正处在一个新的历史机遇期。"山西省国家资源型经济转型综合配套改革试验区"及"晋陕豫'黄河金三角'承接产业转移示范区"的批复设立,为我们带来了新的发展契机;同时,今年我市被确定为全省"扩权强县"试点县(市)之一。因此完全可以说,我们现在拥有"2+1"的政策优势。如果不在招商引资上快马加鞭,优惠政策就会成为一纸空文。如何抢抓历史机遇,加快招商引资,在实践中,主要有以下几个方面启示:一是要就产业转移示范区在全国范围内造势宣传。晋陕豫"黄河金三角"承接产业转移示范区的批复,带来的也许并没有多少政策优惠,但最重要的是给了我们这块国家级"金字招牌",只有用好这块"招牌",才能唱好发展"大戏"。当前首先要在国家级媒体和东南沿海主流媒体重磅宣传,尽快提升我市在全国范围特别是东南沿海地区的知名度和影响力,增强对客商的吸引力,在他们的思想上形成永济才是承接产业转移首选地的共识。二是建议构建黄河小金三角承接产业转移先行区。晋陕豫"黄河金三角"承接产业转移示范区涉及三省四市一千余万人口,范围大、牵扯面广、竞争性强,整体推进难度比较大,有必要设立一个承接产业转移先行区,发挥先行带动作用。山西永济、河南灵宝、陕西华阴三个县级市,区位相近、联系紧密,特别是旅游产业合作潜力巨大,国内一些经济专家建议在示范区内构建"永(永济)华(华阴)灵(灵宝)黄河小金三角承接产业转移先行区",努力把永济建设成运城市经济发展的重要增长极。上半年,我们已经聘请陕西省社科院著名经济学家,来我市进行"会诊型"的市域经济发展考察论证,并提出了相关的对策和建议。三是大力度优化招商环境。我市地处内陆腹地,既没有区位优势,又没有资源优势,只有在改善发展环境上狠下工夫,才能在激烈的区域竞争中吸引更多的企业来永济发展。所以要坚定不移把改善环境作为促进招商引资和全市经济发展的关键性举措,不断加强城市软硬环境和项目载体建设。进一步改进和加强招商项目审批服务,简化审批程序,全力营造高效务实的政务环境,确保每个项目引得进、留得住、发展好。四是要对重点招商引资项目实行政策倾斜。重点招商引资项目不仅能带来 GDP 增长、带来财政收入增长,更有可能带来一个新的产业和产业集群。所以对重大招商项目我们必须实行政策倾斜,特别是在项目的用地指标、环评审批等关键环节上要倾斜照顾,优先保障重点招商项目,全力促进重点招商项目尽快落地投产。

(作者系中共永济市委书记)

推进万荣有机农业发展的实践与思考

李尧林

万荣是传统农业大县,全县 44 万人、40 万农业人口,第一产业增加值占地区生产总值的近 1/3。为进一步提升农业效益、大幅增加农民收入、加快万荣由农业大县向农业强县转变、确保"两个翻番"目标顺利实现,近年来,我们依托万荣农业生产基础较好、环境污染较小等优势,探索发展有机农业,取得了初步成效。

一、万荣发展有机农业的有利因素及思路背景

有机农业是现代农业的一部分,它是人类在面临能源、环境压力和食品安全危机的形势下,大力提倡和发展的一种生产方式(不用化学品)、生态方式(保护环境)和生活方式(休闲、快乐之地),又称为"三生农业"。我们提出发展有机农业、打造"有机农业基地县",主要是基于四方面考虑。

一是现代农业发展的新趋势为有机农业发展提供了良好机遇

发展现代农业,既是转变经济发展方式、全面建成小康社会的重要内容,也是提高农业综合生产能力、增加农民收入的必然要求。《全国现代农业发展规划(2011—2015 年)》提出要坚持用现代物质条件装备农业,用现代科学技术改造农业,用现代产业体系提升农业,用现代经营方式推进农业,用现代发展理念引领农业,用培养新型农民发展农业,着力突破瓶颈制约,努力探索一条具有中国特色的农业现代化道路;2013 年中央一号文件专门提出"提升食品安全水平";《中原经济区规划》确立了中原地区"国家重要的粮食生产和现代农业基地"的战略定位;《山西省综改试验实施方案》将运城列为全省三大现代农业示范区之一;运城市委、市政府提出了牢固树立"大农业"理念,打造"山西乃至黄河中游地区现代农业基地"目标。这些都为我们加快发展现代农业提供了良好的政策机遇和思路指引。万荣作为农业大县,理应在现代农

业的发展中走在前列、有所作为。特别是万荣具有自成体系、相对独立的生态系统,十分适合发展有机农业。基于这一认识,立足实际,顺应形势,我们决定大力发展有机农业,在区域化布局、规模化生产、高端化销售上下工夫,努力趟出一条传统农业向现代农业转型发展的新路子。

二是万荣县良好的农业产业基础为有机农业发展提供了良好平台

有机农业是以传统农业为基础,在生物学、生态学、土壤学等科学原理的指导下,对传统农业反思后的新的运用。万荣位于黄河与汾河交汇处,属于中华农耕文明发祥地之一,有着历史悠久的传统农业,在精耕细作、用养结合、地力常新、农牧结合等方面积累了丰富经验,农业产业基础较好。目前,全县农业人口占到了总人口90%以上,完全适应有机农业这一劳动密集型产业对人力资源的需求;102万亩耕地、50万亩果树,人均1亩果树。16万亩原生态黄汾滩涂,已开发水产养殖1万亩,渔业年产值达到1.2亿元,规模优势和比较优势明显;"一乡一业、一村一品"健康发展,西村药材、万泉大葱、南张三白瓜等特色农产品知名度较高;成功注册了"万荣苹果"、"万荣大黄牛"、"万荣大黄牛牛肉"等3个中国地理产品标志商标,万荣大黄牛是全国五大地方良种黄牛之一,目前存栏6800头,居运城之首;相继实施北赵引黄、西范灌区改造、夹马口北扩等水利工程,全县农田灌溉面积"十二五"末将达到80万亩,农田综合生产能力持续提升;引进了汇源、华荣等一批农业深加工龙头企业,农业产业化水平不断提高。万荣被评定为全国苹果20强县、中国果菜无公害十强县、全国商品粮基地县、名特优经济林柿之乡。这些都为万荣发展有机农业提供了良好平台。

三是良好的生态环境为有机农业发展提供了有利生产条件

优良的生态环境是发展有机农业的先决条件。万荣传统工业少,环境污染小,土壤中长期不能降解的残留物少,土壤环境、水环境和大气环境基本符合有机农业生产条件,特别是县域东部被专家称为基本接近自然状态的"净土地带"。发展有机农业,自然条件有利。以发展有机苹果为例,万荣县境内最高海拔1400多米,苹果产区海拔600—800米,海拔高、温差大、日照长,土壤中有机质含量达到了2%,氮磷钾比例1:1:0.7,生产有机苹果自然环境得天独厚,是世界上最适宜栽培优质苹果的生态区之一。再比如有机水产养殖,万荣16万亩黄汾滩涂,处于尚未受到污染的黄河小北干流,土质适宜,饲草丰富,防洪标准高,面积集中连片,地下水资源丰富,水位埋深0—1.0米,全部为微碱性淡水水域,养殖水源为池塘底部沙土中渗出,水质良好,各方面条件十分有利于发展有机水产养殖。

四是广阔的国际国内市场为有机农业发展提供了强劲动力

有机农业能否获得好的效益、发展壮大,最终还要看市场。近年来,随着经济发展、科技进步,消费者的健康、环保意识日益增强,世界上已有130多个国家开始推广有机农业生产,全球有机食品市场正以年均20%—30%的速度增长。法国有机食品市场占该国整个食品市场的5%,婴幼儿食品基本上都是有机食品;美国等发达国家,1/3人会选择有机食品,国际市场空间巨大。从国内来看,人民群众逐渐注重生命质量、生育质量和生活质量,生活从吃得饱向吃得好、吃得营养、吃得健康转变,对纯天然、无公害、低残留、无污染的有机食品需求越来越大。而目前国内有机食品销售仅占食品销售总额的0.02%,与发达国家有机食品国内消费总额2%相比,相差达100倍,待开发空间很大。据预测,"十二五"期间,我国有机农业发展速度将保持在10%以上,到2015年我国将成为世界第四大有机食品消费国,国内有机农产品将达到248—594亿元的市场规模,有机食品有望占到国内食品市场的1%—1.5%,市场前景广阔。

二、万荣有机农业发展的实践及初步成效

在推进有机农业发展实践中,我们主要从五方面抓起,取得了初步成效。

一抓规划,确定了有机农业发展的思路和目标

有机农业是一项系统工程,必须科学规划、有序推进。2012年,我们按照"因地制宜、分类指导、市场运作、政府推动"原则,制定了《万荣县有机农业发展规划(2012—2021年)》。2013年,又根据全县有机农业发展情况,确立了"打造有机农业基地县"目标,制定了《实施方案》,提出到2017年建成10万亩以上有机农业生产基地及规模达5000头以上的有机大黄牛养殖基地的目标。同时,确定了"五坚持、五加快"的发展思路,即坚持发挥特色优势,加快发展有机苹果、有机水产等有机农业;坚持有机转换先行,加快推广秸秆还田、种养轮作等生态模式;坚持市场导向,加快开发有机产业新品;坚持产业延伸,加快推进有机农业产业化经营;坚持全程监控,加快实施有机农业配套工程。

二抓基地,培育形成了六个有机农业示范基地

基地是农业生产的基础和载体。有了标准化的基地,才能生产出标准化的农产品,才能辐射带动农户增收致富。实践中,我们按照"项目基地化、管理企业化、经营产业化"的要求,采取"企业+基地+农户"的运作模式,坚持"土壤质量达标、生态环境良好、自然隔离好、远离工矿企业、远离城镇、远离交通干线"的原则,加大土地流转,在全县规划打造了丁村有机小麦、南文有机小麦、贾村有机苹果、荆淮有机大葱、西苏冯

有机三白瓜、圣母湖有机水产等 6 个有机农业示范基地。2013 年，又启动 5000 亩精品苹果示范园、20 万亩国家级出口水果质量安全示范区、2 万亩滩涂有机水产养殖基地建设，并在 14 个乡镇分别规划建设 1000 亩有机农业示范基地。通过基地引领、以点带面，初步形成规模化、集约化、标准化的发展态势。

三抓科技，构建了有机农业科技服务体系

发展有机农业的根本出路在于科技进步，只有依靠科学技术的推广应用，才能实现有机农业的高产、优质、高效。我们多次举办有机农业专题培训，编印《万荣县有机农业知识读本》，并以农委为主力，抽调农业技术人员和大学生村干部参加，组建了有机农业专家团，深入田间地头，开展技术示范、技术咨询，提高了群众的有机农业操作力度；积极加强与高等院校和科研机构的合作，重点围绕有机苹果、有机水产，开展技术攻关。与山西农大建立战略合作关系，在汉薛镇南景村建立了有机苹果示范基地，推广有机果业生产技术；与江苏金坛农科站合作，成功培育出"圣母湖"大闸蟹，品质比"阳澄湖"大闸蟹还要好；与山西农业大学动物科技学院深入合作，邀请相关专家指导万荣大黄牛的培育和养殖，重振"万荣大黄牛"雄风；同时，加强对基地环境、生产过程、投入品使用、产品质量、市场及生产档案记录的监督检查，制定了《万荣县有机农产品生产技术规程》，建立了县、乡、村三级监测体系，确保禁用物资不流入生产基地、生产出合格的有机产品。

四抓龙头，培育了一批有机农业专业合作组织和生产企业

有机农业具有更高的自然风险和产出不确定性，机器化生产很难保证产品质量。具有农业生产经验的农民才是最合适的生产者。但一家一户的小生产难以与大市场对接，只有通过建立农民专业合作组织，才能保证规模生产的高质量，实现商业所需的规模化。在国外，有机农业生产的主体都是农民合作社。在国内，"公司+农户"经营模式也取得了初步成效。我们坚持"民办、民管、民受益"的原则，扶持培育了万荣县农业技术协会、万荣县科普惠农协会、丁村九曲农业种植专业合作社、山西红艳果蔬专业合作社等有机农业经济合作组织，带动近万名农民从事有机农业生产。同时，我们围绕有机农业生产，引进了上元春大黄牛养殖、凯丰机采棉种植加工、金丰水产养殖等一批有机农业龙头企业，着力把有机农业产业链向着加工拉长、向着农民拉近，依靠龙头企业闯市场、打品牌、增效益。

五抓品牌，万荣有机农产品初步叫响市场

品牌是产业发展的终端成果，是提高农产品附加值的有效手段。农业没有品牌就会"行之不远"。有了品牌，就有了抵御市场风险的能力；有了品牌，就有了丰厚的"油脂"利润。依托现有产业优势,我们提出了打造"有机苹果"、"有机水产"两大品牌的阶段目标,主动联系对接相关认证部门,帮助有机农产品规模经营主体成功认证有机水产 2000 亩、有机小麦 900 亩、有机苹果 200 亩;拿出专项资金,组建精干营销团队,积极参加中博会、农博会、深圳高交会等重点展会,并在太原举办特色产品展示推介会、在运城举办"圣母湖"大闸蟹品鉴会,有效宣传了万荣的有机小麦、有机三白瓜、有机苹果、有机水产等有机农产品。丁村九曲农业种植专业合作社的有机小麦、黄河滩地的"红缨子"高粱,受到贵州茅台酒厂青睐,被确定为优质原料;贾村、王显的"八仙过海"、"金陵十二钗"等文化果,走向高端市场,一个卖到了 20 多元;"圣母湖"大闸蟹,远销西安、太原、郑州等地,初步打响了万荣有机农产品品牌。

三、进一步做强做大万荣有机农业的思考

有机农业是一种非常具有发展潜力的朝阳产业,是一项开放性、知识性、原创性很强的工作。今后的工作中,我们要遵循发展规律、结合自身实践、借鉴先进经验、做好"六个结合"。

一要把发展有机农业与促进农业增效、农民增收相结合

"三农"问题的核心是农民增收问题。发展有机农业,根本目的是要摒弃传统生产经营方式,促进农业增效、农民增收。黑龙江五常市美裕有机农业农民专业合作社,通过土地入股、房屋估价入股等方式将 64% 股份让给农民,不仅负责有机大米的种植管理、加工销售,还为农民缴纳医疗保险,当地农民的收入实现了成倍增长。我们也要积极构建"龙头企业+合作社+基地+农户"的产业发展模式,抓好标准化、产业化、品牌化运作,大力发展订单农业,不断加强企业与基地、合作社、群众之间的联系,提高农民生产组织化程度和抵御市场风险能力。要加强监管,着力构建全程质量追溯制度,做到"生产有记录、流向可追踪、信息可查询、质量可追溯",保证有机农业生产的规范化和安全性,做到有标生产、有标上市。用"安全、健康、放心"的有机产品,实现农业增效、农民增收。

二要把发展有机农业与培育新型农民相结合

标准化生产是现代农业的前提和基础。发展有机农业,必须着力提高农民素质,培养新型农民。要整合农村现代远程教育网、阳光农廉网等教育培训资源,充分利用"科普惠农兴村计划"、阳光工程、再就业培训、农业开发培训项目和资金,加大对农民的技术培训,发挥龙头企业对农民的智力培训、基地示范带动作用,发挥农民专业合作组织、农村党员干部、农村能人对农民的带动作用,着力打造"政府帮扶、企业带动、

能人引领、协会帮助"的新型农民教育培养机制,促进农民群众熟练掌握有机农业生产技术和关键环节,成就一批有机农业"土专家",并以"土专家"为带头人,一户带十户,十户带一村,切实提高群众的有机操作力度。同时,要尽快总结出各类有机农产品生产的操作规程和综合技术应用模式图教给农民,加快促进有机农业的理念、知识、技术转化为现实生产力。

三要把发展有机农业与推进新型工业化相结合

抓农业的最高境界就是抓工业,就是抓农产品的加工升值。特别是有机食品原材料,价格相对较高,不易进入大众市场;而如果用于日用品、化妆品、服装等行业,则能带来更高附加值,也更易被大众接受。当前,我国有机农业还处于初级阶段,国内市场上初级有机产品占80%,加工产品占20%。而在国外,80%都是加工产品。有机农业大国—澳大利亚,采用有机原料制成的化妆品和服装,占领了国际高端市场。加拿大将有机大料、茴香、甘草、豆蔻等加工成清洁药材,用于日常保健,获取了高额利润。我们要按照新型工业化的思维来谋划有机农业,着力引进有机农业加工企业,拉长产业链条,创造更具附加值的有机商品。要以汇源农副产品加工园为载体,依托大中院校和科研院所,加大汇源、华荣等龙头企业的科技研发,在精深加工上下工夫,努力打造有机苹果深加工企业和行业领军企业;要加快推进凯丰机采棉种植加工一体化、"天天香"香菇深加工、上元春有机肉牛屠宰等项目建设,落实"真汉子"有机面食加工、有机微肥等项目,持续引进一批配套农机具、配套农资等有机生产企业,打造有机农产品生产基地、加工基地、贸易基地。

四要把发展有机农业与文化旅游产业相结合

在人类资源面临枯竭的现代社会,现代人的生活最短缺的不是工业产品、高楼大厦,而是生态产品和生态环境,生态和谐成为现代都市人的必然追求,有机农业和文化旅游的融合日益紧密。有机生态旅游已成为旅游业和农业的新亮点,成为旅游业的一支生力军,在旅游业中增长最快,年增长率达到30%。江西万载县依托"江南有机农业第一县"品牌,大力发展生态旅游,推出了"万载绿色生态一日游"等精品旅游线路,形成了"绿色、红色、古色"三大特色旅游,实现了有机农业与旅游产业的共同发展,开辟出了一条适合当地实际、富有竞争力发展新路。全国首批旅游农业示范点、江苏省有机农业基地县—溧水县,大力发展有机生态旅游,全县旅游业年收入达到了20.8亿元。我们要借鉴万载、溧水经验,围绕"有机苹果、有机水产"两个重点,以集中体现有机农业的科普、示范、展示和休闲功能为目标,以5000亩精品苹果示范园、20万亩国家级出口水果质量安全示范区、2万亩滩涂有机水产养殖基地建设为重点,大手笔、大规模、大气派集中建设"李家大院—后土祠"旅游路有机农业观光带、黄汾沿岸有机水产观光带、"运稷一级路"有机桃、有机苹果观光带,扎实推进万荣一产和三产融合发展。

五要把发展有机农业与特色城镇化建设相结合

十八大报告指出,要推进农业现代化和城镇化的同步协调发展。新型城镇化的推进,必然会为有机农业生产提供更大的市场需求;现代农业的发展,必然会使更多的劳动力从土地上解放出来,走进城镇,融入城镇。我们要在"美丽河东、大美运城"建设的大背景下,一方面积极推进土地流转,不断扩大有机农业生产规模,积极培育一批产业有特色、人口有规模的特色小城镇。比如王显、贾村、汉薛可打造有机桃果之乡,西村可打造有机药材之乡,光华、裴庄、荣河可打造有机水产之乡;另一方面,加快县城和乡镇专业市场建设,着力促进有机农业相关形象包装、营销策划、物流运输、高端卖场、大型会展等产业经济发展,打造有机农业商品集散地、信息集聚地和对外集中展示区,推进有机农业发展。

六要把发展有机农业与生态文明建设相结合

有机农业作为一种环境友好、资源节约型的生产方式,不仅为人类提供了健康、安全的食物,而且还改善了农业生产环境,有利于农业的可持续发展和人类的生态文明建设。党的十八大把生态文明建设提到了治国理政的战略层面,为有机农业的发展奠定了良好政策基础。我们要在有机农业推进中,大力发展循环经济、绿色经济,上项目、办企业、建园区,都要做到建设与绿化并进、经济与生态并重,让产业发展过程成为建设生态文明的过程;要建立清洁生产生活方式,从源头抓起,减少外部投入品使用量、减少污染物排放量,循环利用农作物秸秆、畜禽粪便、生活垃圾和污水,积极转变农业农村生产生活方式;要大力实施"蓝天碧水工程"、"安全工程",加快实施县城生态水系、南坡绿化、城东生态公园、鑫峰煤化热源站搬迁等项目,扎实开展城乡环境卫生大整治,努力把万荣建成"天蓝水碧、绿树成荫、空气清新、适宜人居"的生态园林城市,为发展有机农业奠定坚实生态基础。

虽然万荣县在有机农业发展上进行了积极的探索实践,并取得了初步成效,但还存在资金支持不足、技术服务不到位等困难和问题。《山西省国家资源型经济转型综改试验实施(2013–2015)》提出要在全省创建100万亩有机农业标准化示范区,这为有机农业发展提供了良好的机遇。希望省上能将万荣列入有机农业标准化示范区建设规划,并从技术、资金、政策等方面予以扶持,确保万荣有机农业先行先试、健康发展。

(作者系中共万荣县委书记)

企业篇

晋商银行小微企业金融服务经验与社会绩效调研

晋商银行股份有限公司

晋商银行挂牌运营以来，坚持在继承中开拓、创新中发展，经过四年多来的积极进取，已经从一家规模偏小、经营状况较差的市级城商行逐步成长为在全国城商行和全省金融同业中具有一定影响力的股份制商业银行。

一、晋商银行小微企业金融服务经验

(一)践行"诚信塑造品牌"的发展理念，打造"诚信为基"的小微产品体系

小微企业发展中面临的一个主要问题，是融资难。融资难的核心，是落实抵押担保难，融资成本高。传统信贷业务要担保、要抵押，相应产生的抵押物评估、登记费用、担保中介费用，对小微企业经营者造成不小的负担。而传统银行业务出于节约成本、降低风险的考虑，往往更倾向于"傍大款"、"垒大户"，对缺乏足值抵押物、处于经济金字塔最底层、最庞大的经济细胞——小微企业群体避而远之，远远无法满足小微企业"商机易逝"和贷款需求"短、小、频、急"的特点，成为小微企业发展的拦路虎。

如何才能破解这一难题？晋商银行汲取传承百年的"以义制利，义利相济"这一晋商文化精髓，在经济形势异常复杂的背景下，毅然决定以全新的思维、创新的手段，以承担起更多社会责任的决心，开发小微企业这片"蓝海"，寻求差异化发展道路，以客户诚信度为第一考量标准，为小微企业量身定做了"信义贷"、"义融通"金融产品。

"信义贷"金融产品，通俗讲应该称作"无抵押、无担保贷款"，是一种建立在客户诚信基础上的、以现金流还款来源为核心的"信用贷款"。

"义融通"金融产品，体现了"相知、相与、相共"客户至上的服务理念。包括了基于信用融资的"信融通"、基于知识产权融资的"智融通"，基于第三方信用担保的"保融

通"等多个子产品。

（二）践行"诚信赢得客户"的服务理念，打造"诚信为本"的小微服务团队

为了解决小微企业融资难的问题，晋商银行根据银监会提出的"六项机制"要求，针对小微企业融资需求特点，成立了小企业金融服务中心。我行小企业金融服务中心细分为小企业金融部和微小企业金融部，并贴近商圈和市场建立了多个区域服务中心和微贷团队。

为了全面推进小微业务，坚持以信义精神为主导，组建了一支近200人的讲求诚信、廉洁高效的小微团队。团队建设理念是"先做人，后做业务"。在提高业务技能的同时，更注重员工道德水平的提升。通过"晨会"、"夕会"和参加义工活动等形式把服务客户、回馈社会的理念根植于员工的思想之中。出台了客户经理廉洁自律的"十大禁令"等行为规范，坚守"不吃客户饭、不喝客户水、不坐客户车"的"三不"纪律，用不懈的努力营造"我为人人"的服务氛围。

为了做出小微业务的特色，晋商银行打出了"信义"的旗帜。"信义"既是对晋商银行小微业务的要求，用真诚帮助他人、平等对待各行各业的人，廉洁、高效地为包括社会基层民众、弱势行业在内的众多小微企业提供资金支持。同时，"信义"也是晋商银行小微业务对客户的要求，只有拥有好人品、好声誉的人，才能成为我行小微业务的客户，才能得到晋商银行的资金支持。可以概括为两句话："用我们的真诚换取客户的信任，用客户的诚信换取银行的信用"。

为了顺利推进小微业务，晋商银行建立了小微团队和分支行的对接机制，由分支行推荐大中型客户的上下游小微型企业。与省、市中小企业局签订战略合作协议，与信用担保机构签订贷款担保业务合作协议，搭建出一个良好的小微企业融资平台，或由专业商会推荐，为商圈、产业供应链、商会会员的商家提供融资支持。更重要的是，依靠小微金融服务团队的客户经理，挖掘第一手客户，上门送贷。我行发放的小微贷款最低额度为3000元，最高500万元。还款方式也根据客户的实际情况，灵活设置，真正做到了对小微企业的贴心服务和鼎力相助。此外，为了帮助小微企业解决金融知识掌握不全面，银企信息不对称等问题，主编并发行了《中小企业金融知识读本》，力求从文化和专业的角度宣传和普及金融知识，以诚信为基础，为银企沟通提供共同的认知标准和品牌语言，更好地促进银企之间的良好合作。

（三）践行"诚信创造价值"的经营理念，打造"诚信为根"的小微贷款流程

诚信创造价值，不仅体现在营业收入的增加上，更主要体现在经营风险的防控上。实践中，我们以合规文化建设为重点，建立了一整套以诚信为依托的风险防控体系。

在调查方法的选择上，采用了"望、闻、问、切、断"的五步法。望，就是看企业主和企业员工的精神和工作状态，企业和企业主的经营和办公环境，以及企业的设备、产品、库存等，做到眼见为实；闻，就是听其言观其行，多角度了解周边对借款人和担保人的情况反映，做到兼听则明；问，就是通过富有成效而且有针对性的调查，了解客户的经营状况、财务数据、经营技能、价值取向、经营历史及现状、经营计划等，做到知己知彼；切，就是运用得来的证据，验证客户所说的数据，掌握客户潜在信息，做到了然于胸；断，就是综合"望、闻、问、切"所得材料，最终判断客户的经营能力和还款能力，做到有的放矢。同时，把企业"当家人"的个人诚信，作为防控信用风险的基础手段。为了体现家庭和社会责任，晋商银行积极完善家庭信誉（道义）担保和多户联保，使更多的相关方体验诚信的价值。

在调查技术的把握上，实行了"二进二见三制表，两访三问三核实"的独特方法。简言之，就是进门店、进库房，见借款人、见借款人家人，制损益表、资产负债表、交叉验证表；访借款人、访借款人家人，问借款用途、问销售、问毛利，并通过现场调查直接核实三问的结果获得验证，然后整理和分析所需信息，测定借款人的负债偿还能力。此外，我们建立了客户经理 AB 岗决策、根据权限矩阵决策和贷前预审、单人审批，实行"一票否决制"。

在信贷风险的把控上，做到了"四关注三掌握"。即关注小微企业的经营背景、关注其实际控制人的信用记录、关注其贷款意图的真实性、关注资金需求的合理性；时刻掌握客户的经营发展变化情况、掌握贷后客户资金使用情况、掌握客户业务发展对资金的新需求。注重第一还款来源，并将第二还款来源作为安全补丁和定价的参考。同时，通过严格控制授信额度，从严管控信用风险。2012 年末，全行 486 户小企业平均贷款为 262 万元，2260 户微小企业的平均贷款为 26.87 万元。此外，注重坚守诚信道德底线，十分重视小微营销团队的道德建设，不断丰富合规文化内涵，专门设定了小微业务不良贷款容忍度指标，不良贷款考核扣分的"无限制"规则，通过考核机制规范员工行为，防范道德风险。

二、晋商银行小微企业金融服务的社会绩效

（一）明确了清晰的社会责任目标与使命

晋商银行小微企业金融服务有着明确的社会目标，即服务中小企业，扶持个体工商户发展，在中小企业信贷市场扩大影响力，培育小微企业信贷业务成为全行的重要

利润来源,切实履行社会责任。为实现以上目标,晋商银行成立了专门提供小微企业金融服务的专业机构——小企业金融服务部和微小企业金融服务部,确立了以小企业、微小企业以及个体工商户为主的目标客户定位,设计了信义贷、义融通等一系列特色产品,提供以信贷为主的综合化金融服务,为小微企业发展提供了源源不断的资金支持,缓解了小微企业"融资难"问题,优化了中小企业信贷环境,为履行社会责任贡献了一份力量。

(二)建立了员工培训与绩效激励机制

晋商银行较好地履行了对员工的社会责任。除了给予员工国家法律要求的工资福利以外,还给予了员工大量的人文关怀。这主要体现在员工的培育、激励和实现自我价值等方面。

晋商银行小微企业金融服务部门对员工实行"师徒制"的培养方式。师父需要将小额信贷业务详细地教给徒弟,并且师父对徒弟要负连带责任,也即当徒弟的贷款业务发生问题时,师父要承担30%的责任,这样可以帮助新员工尽快胜任独立开展贷款业务,同时,给予新员工三个月的保护期,实施较为宽松的业务考核,有利于员工成长,并且为员工制定了合理的转岗制度,当某一位员工不能胜任前台工作时,可以转入后台,灵活完善的转岗制度为员工工作提供了更多选择。

晋商银行为员工实现自我价值提供了良好的平台和公平的制度,通过绩效打分制度对员工进行考核,对于绩效优异的客户经理予以提拔升职。

除了以上考核制度,晋商银行还设立了晨会和夕会制度用以交流、共享经验,相互促进员工的业务水平提升。微小企业金融部还建立了"五必访"制度,适时对员工进行家访,关心员工生活,使员工获得归属感。

(三)实施了有效的客户利益保护机制

晋商银行小微企业金融服务部对客户经理信贷纪律有着详细严格的规定。在放贷之前,客户经理必须向客户出示《致客户书》,《致客户书》中明确列示了客户经理开展业务的有关禁令,客户详细了解后签署确认,有效防范了客户经理的各种寻租行为。此外,制定了良好的客户回访制度,对客户经理的信贷行为形成有效监督,避免出现损害客户利益的各种行为。

晋商银行专门制定了《晋商银行小企业客户关系管理办法》,较为明确地规定了为客户提供的各项服务。晋商银行的小微企业信贷部门可为客户提供多种咨询服务,包括法律顾问、税务咨询、融资咨询、财务咨询、管理咨询、信息服务等。员工与客户开展有效沟通,使客户充分了解银行产品、合同规定以及客户的权利和义务。晋商银行对客户信息保护做出了严格的规定,在未得到客户允许的前提下,其他个人或机构无法获得任何客户信息。这些措施使得客户与银行形成了良好互动的局面,增进银行与客户的互信,实现长期合作,共赢发展。

在客户信贷方面,为有效规避风险,晋商银行对员工放贷激励设定风险连带责任机制,以避免对单一客户的过度放贷带来风险,对于造成逾期贷款的客户经理要进行处罚,逾期本息金额占贷款余额在 1%—3%的,扣除绩效工资的 20%;超过 3%的,扣除全部绩效工资,有效避免了客户经理盲目追求放贷而忽视风险控制的情况,从而对客户形成了保护机制,防止小微客户因过度负债而造成现金流断裂、企业破产等严重情况。

另外,晋商银行中小企业贷款的利率均为实际利率,在贷款合同中据实写明,没有暗含价格以致对客户欺瞒的行为,对客户利益形成了有效保护。

(四)服务和支持了弱势群体

成立以来,晋商银行累计为 5465 户小微企业发放贷款 214.32 亿元,小微企业贷款客户不断增加,客户覆盖面不断扩大。从社会绩效角度来看,晋商银行小微企业信贷不断加大对中低收入群体、创业者、妇女等弱势群体的扶持力度,增加这些客户贷款的可获得性,缓解信贷约束,促进普惠金融的发展。晋商银行微小企业金融部通过与山西青创投资担保有限公司合作对下岗职工以及大学生创业提供贷款。在微小企业金融部贷款客户中,女性贷款客户为 662 名,大学生贷款客户 2 户,农民客户 3 户,下岗职工客户 2 户。此外,在员工招聘上,微小企业金融部重视为女性就业创造提供更多的就业岗位(微小金融部女员工占比 55%),有力保障了妇女权益。

转型发展让太钢焕发青春活力

太原钢铁(集团)有限公司

太原钢铁(集团)有限公司(简称太钢)始建于 1934 年,是集铁矿山采掘和钢铁生产、加工、配送、贸易为一体的特大型钢铁联合企业,也是目前全球规模最大、工艺技术装备水平最高、品种规格最全的不锈钢企业。近年来,太钢以理念创新为先导,以自主创新为驱动,以体制机制变革为抓手,使老企业焕发了青春活力,逐步走上快速发展的轨道。特别是党的十六大以来,太钢认真贯彻落实党中央提出的加快转变经济发展方式,调整优化经济结构,走新型工业化道路的要求,实现了跨越式发展。2012 年,太钢生产不锈钢 311 万吨,连续四年保持全球产销量第一;实现营业收入 1407 亿元,连续六年保持在 1000 亿元以上。在 2012 年中国企业 500 强中列第 82 位、中国制造业 500 强中列第 31 位。

一、推进技术创新,加快产品开发,向创新驱动型企业转型

技术创新是企业发展的不竭动力,也是实现转型发展的关键。太钢紧紧抓住技术创新不放,在消化引进技术的基础上,不断提高自主创新能力,提升产品的科技含量和档次,大力提高企业的核心竞争力。

(一)着力高端产品开发,提高关键钢铁材料的国产化水平

我国是钢铁生产大国,粗钢产量占全球的近一半,但还不是真正的钢铁强国,有相当数量的钢材品种还是空白,需要进口。产品品种质量关系到行业的竞争力,决定着企业的兴衰成败。太钢认为,面对钢铁业进入产能严重过剩、竞争异常激烈的微利时代的新形势,太钢要突破重围,闯出一条新路,关键是要提升科技创新能力,持续优化品种结构,让更多独有的领先的产品占领国内外市场。在实现企业转型发展过程中,太钢明确提出了一个目标,就是要把太钢本部打造成为以不锈钢、冷轧硅钢、铁路

用钢、高强韧钢为主的极具竞争力的高端精品生产基地。围绕这一目标,太钢充分发挥技术改造的后发优势,围绕推进关键钢铁材料的国产化和建设钢铁强国的要求,加快自主创新,提升品种质量,全力建设具有国际竞争力的钢铁企业。

这些年来,太钢围绕国家重点工程、新兴行业发展和高端客户需求,强化品种开发,形成了以不锈钢为核心,包括冷轧硅钢、铁路用钢、高强韧系列钢材在内的高效、节能、长寿型产品集群,批量进入石油、化工、造船、集装箱、铁路、汽车、城市轻轨、核电、"神舟"系列飞船等重点领域和新兴行业。目前,有 20 多个钢材品种的国内市场占有率第一,30 多个品种成功替代进口产品。

在不锈钢方面,太钢自主研发的双相不锈钢,应用于核电设备、热交换器管板、焦化项目、常减压蒸馏塔、甲醇反应器、不锈钢焊管、镍矿储罐项目等,其中核电用 S32101 中厚板、2205 宽幅热轧卷(板)成功替代进口产品;自主开发成功化学品船用不锈钢板,目前国产的 56 艘不锈钢化学品船全部使用太钢的不锈钢,有效替代了进口产品;成功开发出 CR1000 核岛主设备堆内构件用不锈钢厚板,实物质量达到国外同类产品水平,通过了核设计、核生产、核业主三方认证,并向秦山二扩、岭澳二期、阳江等核电项目提供核二、核三级不锈钢材料;在国内率先开发出 253MA 耐热不锈钢中板,用于电站锅炉行业制作循环流化床环保锅炉旋风分离器的中心筒,替代了进口。同时,自主开发的铁路货车用不锈钢板用于大秦铁路货车,与碳钢车相比,在减轻车体重量、延长车皮寿命、提高载重能力、降低维护成本等方面优势明显;成功开发铁路客车用钢,广泛用于北京地铁线客车车体制造,以不锈钢板使用于 4 号线客车面板为标志,我国城市轨道客车车体制造材料实现了完全国产化。

除不锈钢外,太钢加快开发高强韧系列钢铁材料。国内首家开发的百万千瓦机组用厚涂层高牌号冷轧电工钢,成功应用到超临界百万千瓦级发电机组,极大地提高了机组的功效水平,减小了机组的体积,实现了百万千瓦机组硅钢材料国产化;开发生产液化天然气(LNG)储罐用钢,成为该钢材的国内唯一供应商;累计向西气东输二线工程供应 X80 管线钢 40 多万吨,成为国内最大的供应厂家。同时,还成功开发出汽车用钢、工程机械用钢、压力容器等系列高强韧钢铁材料,市场占有率持续上升,为提升我国高端装备制造业的能力发挥着重要作用。

目前,太钢高效节能长寿型产品占到全公司钢材总量的 70% 以上,创造的效益占到 85% 以上。

(二)强化自主创新,使技术进步成为企业转型跨越的"引擎"和内在驱动力

优化品种结构,加快新品开发,提高产品质量,技术装备是基础,技术创新是支撑,技术人才是根本。太钢坚持以市场、客户需求为导向,以大专院校、科研院所为依托,以工程技术、制造技术和应用技术创新为主线,以加大科技投入、培育创新型人才为基础,加快创新体系机制、创新人才平台的构建,使技术创新成为推动企业跨越发展的"引擎"和内在驱动力。

太钢倡导"鼓励创新、宽容失败"的创新文化理念,持续实施"培养 50 名优秀管理人才、100 名优秀科技人才、500 名优秀操作人才"的"515 人才战略",打通科技人员成长通道,形成了以工程院院士为核心的科研人才队伍,为加快技术创新提供了智力保障。

太钢实施 SBU、课题首席负责人公开竞聘、命题承包、按效付酬等一系列措施,坚持按贡献参与分配,推动科技成果价值化。每年都在预算中安排 3000 万元用于科技成果奖,对有突出贡献的优秀人才予以重奖,激发了强大的创新活力。

2001 年以来,太钢研发费用占销售额保持在 5% 左右。先后建成了国家级理化实验室、博士后工作站、中试基地、16 个科研实验室、14 个产学研联合实验室。目前,太钢已经形成了 4 个政府创新平台,即山西省不锈钢工程技术研究中心、山西省铁道车辆用钢工程技术研究中心、先进不锈钢材料山西省重点实验室、先进不锈钢材料国家重点实验室。太钢先后承担了"863"、"973"等 34 项省部级以上重大科技专项攻关计划项目,其中高质量不锈钢板材技术开发、含氮不锈钢生产工艺及品种开发、以铁水为主原料生产不锈钢新技术开发与创新等三项成果先后获国家科技进步二等奖。目前,太钢技术中心在全国 575 家国家认定的企业技术中心中排名第二,居行业第一。太钢已经形成以不锈钢为主的核心技术 800 多项,其中近百项处于国际领先水平,科技对企业发展的贡献率达到 75% 以上。

(三)延伸产业链条,增强抗风险能力和产品竞争力

钢铁行业的竞争日益体现为产业链的竞争。按照构建具有国际竞争力的上下游产业链的战略部署,太钢运用企业的品牌、规模、资源等优势,加快建设资源保障基地和钢材延伸加工基地,积极推进发展方式的转变,向上下游延伸产业链,不断提升企业的竞争力。

在上游领域,太钢加快提高资源掌控能力,扩大自身资源优势。一方面,加紧建设吕梁袁家村铁矿项目,力争建成年产铁矿石 2200 万吨、铁精矿 750 万吨的国内一流的现代化大型矿山;出资收购土耳其铬矿资源,成为目前太钢乃至山西省最大的海外投资项目,也是中国在土耳其单笔投资最大的项目;同时,与中国有色金属集团共同投资开发缅甸达贡山镍资源,持续提高海外资源掌控能力。太钢还利用品牌和资本优势,构建紧密的产业链、价值链,推动煤钢战略联盟,实现钢铁企业与煤炭企业的互利双赢和可持续发展。"十二五"期间,太钢重要战略资源的自给率将达到50%以上,从而成为国内资源保障条件最好的钢铁企业,为竞争力的提升奠定了坚实基础。

在下游领域,太钢围绕做强做大做全做精不锈钢,太钢加快由"材料加工"向"加工材料"的转变。在不锈钢产品延伸加工上,作为全国首批新型工业化示范基地之一的太钢不锈钢工业园已引进40多家海内外知名制品企业,目前年加工转化能力25万吨,正在悉心培育城市建筑用不锈钢、居民家庭用不锈钢、不锈钢管及管配件、煤石化工用不锈钢、不锈钢加工中心及新材料等六大不锈钢产业集群,到2015年,不锈钢年转化量将达到80万吨,产值250亿元以上,建成世界级不锈钢深加工基地和新材料基地。在利用不锈钢工业园区继续做好不锈钢延伸加工的基础上,从2008年起,太钢加快实施不锈钢无缝钢管和高强度精密带钢项目。不锈钢无缝钢管项目和高强度精密带钢项目已陆续投产,产品投放高端市场。同时,推进与天津钢管集团股份有限公司的不锈钢冷轧薄板项目,与天津天管元通不锈钢制品有限公司合资设立了天津太钢天管不锈钢有限公司,在沿海形成年产40万吨不锈钢冷轧板的生产能力。同时,投资3亿元与天津钢管集团合资建设的焊管项目正在加紧推进,将进一步增强太钢的发展后劲和综合竞争力。

二、建设节能减排和循环经济示范工厂,向绿色低碳型企业转型

钢铁行业是二氧化碳排放的重点行业之一。太钢认为,作为山西省最大的工业企业,又是一个地处省会城市的大型钢厂,在以人为本的今天,必须增强社会责任意识,加快向绿色低碳转型。

(一)以生态理念为先导,确立循环经济路线图

作为一个地处省会城市的大型钢铁企业,太钢的污染物排放曾一度引起全市人民的关注,甚至有人提议太钢搬迁。太钢承受着巨大的生态环保压力。钢厂是城市的"异体",还是与城市和谐发展的"共同体"?太钢如何转变传统的"高耗能、高污染"发展方式,走出一条与城市的和谐发展之路?这些年来,从李双良治理碴山开始,太钢人以高度的社会责任感,从理念上、路径上努力破解这一难题。

太钢认为,发展循环经济,节约资源、减少污染是企业生存的前提、发展的基础,钢厂与城市是相互依存的统一体,钢厂应当树立正确的生态观和发展观,把发展循环经济作为企业自觉的意识和行为,作为绿色转型的内在动力。基于这一认识,太钢把发展循环经济、打造绿色工厂作为企业发展战略的核心要素之一,明确提出,要坚持

走绿色发展之路,大力倡导生态、环保、文明、低碳的生产和生活理念,让循环经济和绿色经济成为太钢新的发展方式、新的效益增长点和竞争力,全力建设冶金行业循环经济的示范工厂,"十二五"期间,太钢绿色发展的水平不仅要在国内领先,而且要在世界领先,要干干净净进入世界500强。围绕这一目标,太钢以循环经济产业链建设为主要路径,以工艺装备绿色化、制造过程绿色化、产品绿色化、厂容环境绿色化为基本载体,持续加强资源环境的生态保护和生态发展,实现了与城市的功能互补、和谐共融,成为创造价值、富有责任、备受尊重、绿色发展的都市型钢厂。

(二)以自主创新为驱动,打造循环经济产业链。

太钢以国内外优秀钢厂为标杆,建立起绿色发展对标体系,始终瞄准世界一流水平,加快推进工艺、技术、装备的集成创新和升级换代。"十一五"期间,太钢淘汰落后炼焦能力130万吨、烧结能力500万吨、炼铁能力60万吨、炼钢能力100万吨,建成了全球规模最大、工艺装备水平最高的不锈钢生产线,实现了全流程工艺技术升级和主体装备的大型、高效和节能环保。同时,为提高循环经济的科技含量和社会引领力,太钢还投资100多亿元,在自主创新的基础上,实施了100多个循环经济重点项目,率先在国内应用推广世界最先进的循环经济工艺技术,形成了具有"低能耗、低污染、低排放、高效益"的固态、液态、气态废弃物循环经济产业链,每年增加产值24亿元,增加效益9亿元。

——在固态废弃物循环利用方面,太钢采用国际最先进的富氧竖炉新技术实施冶金除尘灰资源化项目,每年处理含铁尘泥64万吨、回收金属32万吨;建成不锈钢渣处理线和普通钢渣处理线、年产30万立方米的粉煤灰混凝土砌块和2亿块蒸压粉煤灰标砖生产线,以及280万吨高炉渣超细粉生产线,实现了工业固体废弃物的100%循环利用,每年增加产值14.3亿元,增加效益2.6亿元。

——在液态废弃物循环利用方面,太钢采用先进节水工艺技术,建成膜法水处理、焦炉废水处理、中水深度处理工程,对废水实现百分之百循环利用,2012年与2000年相比,吨钢新水消耗由21.1吨下降到1.46吨,吨钢化学需氧量由2.47千克下降到0.027千克;建成了废酸再生工程,实现了盐酸、硝酸、氢氟酸的再生利用,每年增加产值2.8亿元,增加效益1.1亿元。

——在气态废弃物循环利用方面,太钢建成了焦炉煤气脱硫脱氰制酸、焦炉干熄焦发电、烧结烟气脱硫脱硝、烧结烟气余热回收发电、高炉煤气余压发电、高炉煤气联合循环发电、饱和蒸汽发电等项目,使吨钢二氧化硫排放由2000年的8.7千克下降到了2012年的0.5千克;二次能源年回收占总能耗的48%,余热余压年发电量占总用电量的 33%,每年增加产值 7 亿元,增加效益 5.4 亿元。

在经济效益与环境和社会效益发生矛盾时,太钢坚持把环境和社会效益放在首位,履行企业的社会责任。烧结烟气脱硫脱硝是国内钢铁行业的难题。2010 年,国内首个烧结烟气活性炭法脱硫脱硝与制酸一体化项目在太钢正式投运,该项目投入 7 亿多元,每年的运行成本 2 亿多元,项目投运后,每年可减少二氧化硫排放 15000 余吨、氮氧化物 2200 余吨、粉尘 2000 余吨,年回收二氧化硫再生浓硫酸 22000 吨,使烧结烟气得到彻底治理。经过近年来的努力,太钢的各项节能环保指标在中国钢铁行业已经处于领先水平。"十一五"期间,太钢的吨钢综合能耗下降了 21.2%,吨钢耗新水下降了 73.4%,吨钢化学需氧量下降了 92.6%,吨钢二氧化硫排放量下降了 94.3%;吨钢烟粉尘排放降了 75.6%。太钢的变化,为太原市环境的改善起到了至关重要的作用。

(三)以功能拓展为依托,创建循环经济新模式

太钢在打造企业内部三个循环产业链的同时,不断拓展企业在高能效产品制造、能源转换、废弃物消纳处理、绿化美化等方面的功能,加快推进由企业自身的小循环向城市的大循环转变,提升钢厂与城市的和谐发展水平。

在高能效产品制造方面,近年来,太钢大力实施精品战略,形成了以不锈钢为核心,包括冷轧硅钢、高强韧系列钢材在内的高效、节能、长寿型产品集群,一大批新型钢铁材料有效支撑了我国石油、化工、造船、集装箱、铁路、汽车、核电等重点领域和新兴行业的发展。初步测算,这些高能效钢材的应用,可帮助社会每年减排二氧化碳 300 万吨以上。

在能源转换方面,太钢回收生产余热,为太原市城区 800 万平方米居民住宅提供冬季取暖热源,可取代该区域所有燃煤小锅炉,每年减排二氧化硫 7000 吨以上;将回收的煤气并入城市管网,缓解了城市居民用气紧张状况,在节日保供、故障保供、峰谷调节中发挥着重要作用,成为城市服务体系中不可或缺的组成部分。

在城市废弃物消纳处理方面,太钢采用高新技术,率先对太原城北地区居民生活污水进行处理,日处理量达 5.5 万吨,年减少城市 COD 排放 2000 多吨;开展城市工业废弃物资源化利用工作,废旧机动车拆解再利用业务已初具规模,对城市生活垃圾及废旧轮胎、塑料、电池等的综合利用也在逐步实施,力争为城市和社会创造更大的价值。

在绿化美化方面,太钢搬走了渣山,在企业植树造林,种花种草,厂区绿化覆盖率达到了 38.24%,昔日灰头土脸的厂区已变成生态园林,市民到厂区参观后惊叹企业面貌巨变。

三、推动"两化融合",向智能制造型企业转型

近年来,太钢按照新型工业化的要求,高度重视信息化在企业发展中的重要性,坚持将企业信息化与技术改造、流程优化、管理进步、品种升级、节能减排有机结合起来,实现了企业管理水平的大幅度提升。

(一)瞄准国际一流,高起点实施技术改造

太钢通过实施 50 万吨不锈钢系统改造工程、40 万吨不锈钢冷轧薄板改扩建工程、新 150 万吨不锈钢工程及配套项目,以及无缝钢管、精密带钢、型材径锻机工程,在冶炼、精炼、连铸、热轧、冷轧全流程不锈钢生产线上,系统集成了当今世界最先进的工艺技术装备,实现了主体装备的大型化、自动化和现代化。太钢建成了具有行业一流水平的现代化铁矿山两座,年产精矿粉 560 万吨,铁矿自给率达到了 50%左右,尖山铁矿至集团本部两条分别长达 102 公里的矿浆输送管道为国内独有;炼铁系统建有国内容积最大的 7.63 米焦炉、国内最大的 450 平方米烧结机,4350 立方米高炉为国内最大的高炉之一,运行效率行业领先;炼钢系统建有世界最大、自动化控制水平最高的电炉、AOD 炉、转炉、LF 炉;轧钢工序拥有世界不锈钢行业最大的 2250 毫米热连轧机组,世界能力最大、最先进的 2100 毫米宽幅热卷退火酸洗生产线,国际最先进的 1650 毫米 20 辊森吉米尔冷轧机组,国内规格、品种最全的不锈钢无缝钢管、精密带钢生产线。这些先进设备为太钢的发展奠定了重要的物质技术基础。

(二)坚持"两化融合",打造数字太钢

作为国家特大型钢铁企业,太钢坚持将信息化与企业技术进步、管理变革等有机结合起来,走出一条具有钢铁企业特色的科技含量高、经济效益好、资源消耗低、环境污染少、人力资源优势得到充分发挥的新型工业化的路子,从而提升企业综合素质。

太钢以发展战略为指导,以快速响应市场和提高客户满意度为方向,以提高质量、效率和效益为追求,以增强综合竞争能力为目标,通过资源整合、集中管理,构建先进的管理模式和运行机制,实现"销产一体、管控衔接、三流同步"的目标,在国内首次提出了以不锈钢为代表的冶金企业信息化系统架构与实施路径以及具有特钢技术特点的技术解决方案。这是太钢成功实施的范围最广、技术难度最大、系统集成最为复杂的项目。

太钢信息化系统整体架构基本覆盖了钢铁行业的全部流程,目标是通过建立统一、集成、共享的信息平台,引进先进科学的管理模式,对整个集团的资源进行整合,

全面提升企业的管理水平和竞争力。主要做法:一是信息化项目统一规划、分步实施,最终形成了太钢信息化的总体目标、技术架构、实施路径、投资预算等总体方案,为信息化建设的高效有序实施奠定了基础。二是 MES 与 ERP 同步实施,新旧产线区别对待。新建产线和不锈钢冷轧旧线采用了成熟的 MES 套件;既有产线采用自主定制开发的太钢主线生产物流管理系统,有效发挥各产线的能力,加快了太钢核心业务一体化的管理信息化体系的建成。三是坚持自主创新,规范软件开发。坚持自主创新和技术合作并举,定制开发和套装软件应用并举,高起点、高标准推进信息化建设,高效实现管理水平的提升。四是推进管控衔接,实现系统综合集成。太钢高度重视基础自动化和过程控制系统的建设,在完成每一条新建产线和装备的同时,配套完成工艺装备和过程控制的自动化。各工序的计算机过程控制系统和数学模型的广泛应用,既提高了太钢工艺技术装备的自动化水平,也为信息化建设和绿色发展打下了坚实基础。五是与信息化建设同步,推进管理创新。太钢坚持集中一贯、一体化和整体优化的原则,在信息化过程中全面推进流程优化,实现生产计划一体化和集中采购,在组织机构、技术规范、管理制度等方面推进了企业管理变革。同时,依托信息化系统,对生产全线进行全面管控,利用系统自动生成的实时数据,进行分析改进,实现精益化生产,迅速提升企业管控水平、运营效率、产品质量,增强竞争力。

(三)"两化融合"使企业管理水平有了质的提高

2008 年,德国 SAP 公司派出专业顾问对太钢信息化收益进行了评估:资产利用提高 5%~10%;运营利润提升 10%~20%;财务效率提高 30%~40%;减少设备维修成本 5%~10%;原材料+废钢库存降低 10%~20%;备品备件库存降低 10%~20%。

据实际统计,太钢信息化建设实现的管理效果:销售订单交货周期(热卷)由 21 天减少到 18 天;热轧普卷制造周期由 10 天减少到 8.5 天;不锈冷板制造周期由 27 天减少到 23 天;质量追溯速度由 1 天以上缩短到单个批次几十秒,全过程 3 小时之内;采购计划传递时间由一周缩短到 2 天;财务月结 7 天、年结 20 天全部缩短至 1.5 天。

太钢信息化建设得到了国家有关部门的高度肯定和认可:2006、2007、2008 连续三年入选"中国企业信息化 500 强",2006 年度获得中国企业信息化"重大信息化建设成就奖",2007 年度"最佳管控一体化奖",2008 年太钢被评为年度中国信息化建设突出贡献单位。

四、依托钢铁主业发展新兴产业,向相关多元型企业转型

当前,钢铁工业已经进入了规模化、全球化、产业链竞争和绿色钢铁时代。太钢要

成为国内一流、世界著名的大型企业集团,既要坚持钢铁核心主业,也要大力发展多元产业,依靠多元产业形成新的业务亮点,助推集团整体规模和绩效的稳步提升。太钢明确提出,在业务发展上,要推进由钢铁产品制造为主向依托钢铁主业拓展新领域与相关多元经营的转变。

近年来,太钢坚持"依托主业、服务主业、与主业共同发展"的经营方针,发挥在品牌、资本、产品、管理、文化等方面的优势,积极实施适度相关多元化经营,加快发展新材料、工程技术、国际贸易、资本运作、房地产开发、医疗卫生、酒店服务业等相关多元产业,实现多元业务与钢铁主业的协同发展,形成新的效益增长点。

(一)加快新材料产业发展步伐

发展新材料产业,是太钢多元发展的重要内容。太钢已于 2010 年 9 月组建了新材料事业部,将新材料的研究、开发、采购、生产和销售等职能集合起来,形成具有较大经营自主权的业务单元,成为太钢新材料产品的产业化基地和具有成长性的新业务板块。

太钢充分发挥太钢拥有的"国家级企业技术中心"和"先进不锈钢国家重点实验室"两大平台的作用,围绕超级功能材料、非晶材料与磁性材料、镁合金板材、钛合金冷板等开展基础研究和应用研究,推进新材料的产业化运行,打造国内重要的新材料研发和制造基地,力争到 2015 年新材料产业实现年销售收入 100 亿以上,建成国内一流、世界知名的新材料产业化基地。

目前,太钢规划实施的新材料项目有:

——镁、钛合金深加工。山西是镁资源大省,有长期的原镁生产基础,太钢将与省内外资源优势企业合作,实现原镁的集约化、高效化供应。同时利用钢铁领域成熟的冶炼——铸造——热轧——冷轧一体化生产技术,研发镁钛合金的板材尤其是冷轧板材的生产工艺和设备,实现镁钛合金的深加工和精密成型,利用 2~3 年的时间,将建成国内领先的镁、钛合金加工基地。

——非晶磁性材料。非晶磁性材料是一种磁性能优良的软磁材料,已广泛应用于电力、电子行业,尤其是用非晶带材作铁芯的非晶配电变压器节能效果突出,已成为城乡电网变压器升级换代的首选。太钢正在合资引进有关专利技术,建设非晶磁性材料的规模化生产线,一期工程今年年底出产品。到 2015 年,建成 5 万吨级的现代化非晶材料基地,形成产值 30 亿元,成为非晶带材领域的国际先进企业。

——高温合金、耐蚀合金与精密合金。计划投资 20 亿元,利用 1~2 年的时间,建成万吨级产能,成为世界一流的特种合金生产企业,形成产值 30 亿元。

——蓝宝石晶棒。蓝宝石基板是制造 LED 的原料,随着韩国、日本、中国台湾等地区 LED 产能的迅速扩张,蓝宝石基板需求量也持续增长。而蓝宝石晶棒是制造蓝宝石基板的原料,正处于产品需求爆发性增长的初期。目前,太钢正在与相关方合作研发建设蓝宝石基板生产线。

——先进不锈钢材料。利用"先进不锈钢材料国家重点实验室"研究平台,重点围绕资源节约型不锈钢、特殊领域用高性能、高功能性不锈钢材料强化研发,推进产品的工业化生产。

(二)加快工程技术产业化输出

太钢在近年来的技术改造和项目建设过程中,通过集成创新,形成了一大批具有国际水平的重大工程技术。太钢将以信息与自动化技术、焦化工程技术、冶金工程技术、节能环保技术为重点,以交钥匙工程为标志,推进成套技术的输出,培育新的业态和效益增长点。

2010 年 6 月,太钢以设计院为主体,整合信息与自动化技术公司、焦化技术工程公司、冶金技术工程分公司的优质资源,成立山西太钢工程技术有限公司。作为山西省冶金行业唯一的甲级设计单位,该公司在工程技术总包、工程项目管理、计算机软硬件及网络系统研发、冶金新产品推广应用等方面,实现工程技术对外输出(EPC),向社会提供高附加值、高层次、知识型的综合服务。今年前五个月,已经中标黑龙江、天津、太原等地企业的活性石灰窑总承包、废水处理总承包、联合泵站自动控制系统总承包等 6 个项目,合同额近 2 亿元。我们的目标是,在未来三年内,通过工程技术输出创效 10 亿元以上。

此外,太钢在资本运作、国际贸易、房地产开发、酒店、医疗卫生等多元业务上都有较好进展。

"十二五"期间,太钢将以科学发展为主题,以转型发展为主线,以科技创新为动力,以能力建设为核心,以队伍建设为保障,坚持做强主业、延伸发展、多元发展、绿色发展、和谐发展,建设全球最具竞争力的不锈钢企业,到"十二五"末,营业收入达到2000 亿元以上,把太钢建成国内一流、世界著名的大型企业集团。

关于应对当前低迷煤炭市场调研报告

郭 海

受国内外经济形势影响,我国煤炭行业发展正面临前所未有的挑战:一面是国内煤炭产量的供大于求, 另一面是进口煤的大举压境。环渤海动力煤价格指数连续下跌,这让煤炭企业直呼"压力山大"。面对这一严峻形势,山西煤炭进出口集团(以下简称山煤集团)保持沉稳的心态,以必胜的信心、积极的措施和有效的手段,理性应对当前低迷的煤炭市场变化。

一、煤炭市场的形势

全国煤炭市场疲软,煤炭产能过剩、煤价持续下滑,煤炭企业经济效益呈大幅度下滑趋势,整个行业形势不容乐观。尽管山西煤炭企业没有大规模停产,但库存高企,量价齐跌,山西煤炭生产和运销收入大幅下滑。

只有审时度势抢占先机,才能不断取得大的突破。对于山煤集团来说,面对低迷的煤炭市场,在战略上坚持"以煤为基,循环发展",积极寻找贸易型企业转型发展的新路径。如今,经过不断努力和探索,山煤集团在转型发展上实现了实体化的转变、煤炭产品经营和资本运营并重的转变、产业多元化的转变、多品种国际经营的转变,在竞争中把握住了主动权。一是从遭遇发展瓶颈到走出一条新路,为科学发展破题探路,提供新的动力源泉。随着山西煤矿兼并重组整合工作的完成,山煤集团也完成了从煤炭贸易向产运销一体化的转变,形成了从煤矿-物流园区-铁路-海运-配煤中心-客户的现代煤炭物流体系。通过上游整合货源,形成了年产能 3000 万吨的动力煤、半无烟煤、无烟煤、炼焦煤四大煤炭生产基地,下游开辟市场,在内销、出口、进口三个市场组合营销的同时, 在主要消费地和出海口建立配煤中心, 中间打通运输通道,利用省内 80 座煤炭发运站点、沿海 8 个港口公司、60 万载重吨的太行海运船队,同时利用物联网等先进技术手段,建设了遍布国内重要运输线、占据主要出海口的信息通畅、独立完善的通道体系,最终形成了独具山煤特色的现代化煤炭物流体系。二是综改不是单一的行政体制改革或经济体制改革,而是全方位、综合性的配套改革组合。在搞好煤炭产品经营的同时,山煤集团注重资本经营,最大限度地实现国有资产的保值增值。2009年,成功实现了煤炭业务整体上市,利用上市融资平台,实现了55亿元定向增发。同时,山煤集团还积极探索资本运营新模式,开展了实业资本经营、产权资本经营与金融资本经营,形成了组合式的资本经营格局。三是从单兵突进到配套推进,探索具有普适性的经验和机制,发挥区域经济辐射带动作用。在做大做强煤炭主业的同时,山煤集团按照非煤贸易产业领域多样化、股权结构多元化的思路,鼓励和支持非煤贸易行业开阔思路、创新思维,多触角拓宽产业领域,广渠道寻找合作伙伴,全方位增强可持续发展能力,呈现出多头并进、合作共赢的良好发展势头,孵化和培育了如煤化工、房地产、酒店、贵金属贸易、IT 产业等一批有优势的非煤产业。

二、煤炭市场的变化原因

今年以来,由于国家宏观经济的增速放缓、国际煤价下跌冲击、煤炭产能过剩和新能源的大规模发展等诸多因素的影响,煤炭库存积压比较严重,整体价格普遍下降,通过调研分析,认为影响煤炭市场变化的主要原因有以下四方面。

(一)煤炭需求增幅快速回落

受世界经济持续低迷和国内经济下行压力不断加大的影响,国内主要用煤需求明显回落。今年前5个月,全国煤炭消费量15.8亿吨,同比增长1.5%,增速比2012年回落2.7个百分点,比2011年回落7.1个百分点。

(二)煤炭产能持续释放

新增煤炭产能的释放,打破了供需平衡,致使煤炭供大于需,从而造成了煤炭滞销,煤价下跌。"十一五"以来的7年间,煤炭行业共投资2.27万亿元,形成了巨大的煤炭产能,主要产煤省区经过资源整合与技术改造后的矿井陆续投产,产量不断增加,进一步加大了市场过剩压力。

(三)进口煤炭不断增加

由于受美国页岩气开采的影响,美国煤炭出口增加。而欧盟、日本的需求又没有大幅增加,这导致国际煤炭价格走低。另外,主要产煤国家主要为露天开采,生产成本低,到我国东部港口的到岸价相对比较便宜,不仅影响沿海地区,而且也影响了山东、河南、安徽、湖南、湖北等内陆地区煤炭市场。前4个月我国累计净进口煤炭1.06亿吨,加大了国内煤炭市场的压力。

(四)能源结构变化

水电和风电光伏等新能源发电挤压火电,严重影响了火电企业对煤炭的需求。2012 年以来,水电来水、蓄水情况较好,水力发电继续快速增长,由于水电对火电的替代作用,发电企业对国内煤炭的需求也很疲软。

只有落后的管理,没有过剩的市场。对于山煤集团应对当前低迷煤市的深层次原因是成本问题,现在煤炭形势不好,但是这个市场还在,山煤集团的煤炭生产企业成本比市场平均水平都低,而国内现在很多煤矿没有成本的优势,很多煤矿的煤炭成本从来都没有低于 400 多元每吨,这是其他煤炭企业面临的最大挑战。山煤集团今年设定了一个任务目标,每个矿每吨煤的完全成本必须控制在 300 元以内,基本上都能达到这个标准,晋北的低质煤矿井也能控制在 230–240 元每吨。

三、应对煤炭市场策略

面对国际经济形势持续恶化,国内经济增速放缓,煤炭市场需求下滑,价格一路下跌的不利形势,通过调研分析,山煤集团抓住结构调整和转型发展的机遇,积极应对市场的严峻挑战,认为需做好两方面的工作。

(一)在安全生产方面需做好"七个"抓大,即:抓大系统、抓大隐患、抓大素质、抓大追究、抓大文化、抓大标准、抓大变化。

抓大系统:就是要提高生产、工作系统的安全保障程度。安全生产工作是一项规模庞大、结构复杂、影响因素众多且带有变化性的大系统工作,要逐层级地对每一个细小系统进行安全评估和实施管控,确保所有生产、工作系统的通畅和安全可靠运行。

抓大隐患:就是要治大隐患、防大事故。隐患是潜在的事故,治理隐患是有效预防事故的前提,要对生产系统的各系统、各环节、各节点,按照"隐患排查、隐患治理、隐患责任追究"三项机制进行隐患排查与治理工作,重点抓好水、火、瓦斯煤尘、顶板、人员密集场所等可能存在的隐患预防工作,消除事故的形成条件,把事故消灭在萌芽状态或潜伏期。

抓大素质:就是要抓领导班子成员素质、员工队伍素质的提高,在集团全系统开展业务技能、安全知识、管理知识、山煤文化的培训,形成大培训之势,促进全员素质的提升,使全员的思想理念与企业的发展理念相一致,使全员的职业素养与企业的发展速度相匹配。

抓大追究：就是要抓好重大事故的责任追究和超前追究，做到对安全事故要追究、经济指标完不成的要追究、造成集团声誉影响的要追究、出现大安全隐患要比照大安全事故进行追究，以此提升干部的执行力和工作责任感。

抓大文化：就是要形成山煤文化大格局，各业务管理板块和基层单位要以山煤企业文化为主干，结合各单位经营实际，发展、延伸并建立起相应的企业文化，探索基业长青的企业文化内涵，以文化促企、以文化建企、以文化强企。

抓大标准：就是要深化、细化、严化各个行业标准，在集团全系统开展对标、立标工作，做到每个部门有标准、每个行业有标准、每个岗位有标准、每项工作有标准。

抓大变化：就是要抓住事物发展的变化规律，深入细致地研究生产经营活动中可能出现的变化，做到最大限度地控制变化、最有效地管理变化，在变化的过程中找规律、找措施、找办法，推行大超前的管理体系，从而掌控主动、以变应变、以不变应万变，做到超前地预测变化、科学地检测变化、有效地控制变化。

（二）在强化管理方面需做好"三保四强"，即"保安全、保生产、保工资、强文化、强管理、强考核、强执行力"。

在经济运行中做到"三保"。一是保安全，要牢牢把发展是第一要务、安全是第一责任作为本质要求，以七个抓大为抓手，强化三基建设，全力确保事关安全发展的资金投入，实现安全管理目标。二是保生产，要以圆满完成全年生产及经营工作的各项任务为目标，在安全生产方面做到提升产量、压缩成本、提高效益；在经营及非煤产业等方面做好销售成本控制，完成各项指标，实现经济效益最大化。三是保工资，把保证职工收入作为建设幸福山煤的根本点，确保职工收入，同时坚持"薪随效动"的原则，奖优罚劣，真正让员工共享企业改革发展的成果。

在具体工作中做到"四强"。一是强文化，构建"内化于心、外化于形、固化于制"具有山煤特色的企业文化大体系，进一步在广大员工中树立信心、提振信心、坚定信心，不断提升凝聚力，营造风清气正、共谋发展的良好环境。二是强管理，把管理作为企业发展的永恒主题，始终坚持"强管理、练内功"的工作理念，把精益求精作为强化管理的执着追求，大力推进精细化、标准化、一体化管理进程，做到向管理要效率、向管理要效益，保证企业高效运转。三是强考核，充分发挥考核评价的导向作用，把考核作为竞争、评比和落实的重要手段，加大实施力度，营造埋头苦干、奋勇争先的浓厚氛围，确保各项工作富有成效地推进。四是强执行力，把强化执行力与提升自身素质和加强管理紧密结合起来，特别是领导班子成员要率先垂范，坚决杜绝有令不行、有禁不止、有章可循、执纪不严、违纪不究等现象，形成一级抓一级、一级强化一级的良好氛围。

山煤集团通过大力推行精细化管理,提高发展质量和效益,加快产业结构调整,加快项目落地,加速转型升级步伐,着力做实主体、做大贸易、做活资本、做好项目,努力"跻身世界 500 强",向山西乃至全国真正具有竞争力和影响力的一流企业迈进。

(作者系山西煤炭进出口集团有限公司董事长)

以煤为基　优势转型　高端循环　多元发展
全力建设具有国际竞争力的能源品牌企业

李晋平

潞安集团作为省属国有重点煤炭企业集团之一,进入"十二五"以来,面对宏观经济复杂严峻的形势、煤炭价格下滑的态势和煤炭产能过剩的趋势,认真贯彻落实省委、省政府的决策部署,坚持以煤为基、多元发展,全面对标世界 500 强,大力实施"建设亿吨煤炭新基地、打造产业发展新高地、开创幸福潞安新天地、全面建设既强又大国际化新潞安"的"三地一新"发展战略,坚持"高端化、低碳化、国际化"和"循环型、创新型、效益型"的"三化三型"发展方针,深入推进"高碳能源低碳利用,黑色煤炭绿色发展",突出"以德治企、创新强企、绿色塑企、实干兴企",强化"对标、创新、执行",以国际视野和战略思维审时度势、高位谋划转型跨越发展,全面开创了建设具有国际竞争力的能源品牌企业的新局面。

一、优势发展,特色经营,构建以"金字塔"产业布局为主体、主导产业与辅助产业协同发展的新型现代产业体系

(一)"金字塔"的塔基是煤炭产业,始终把煤炭产业作为企业的基业、基石和基础,着力推进"双千工程"、建设"三大方阵"、完善"三区布局",打造"三大基地",全面建设亿吨煤炭新基地

推进"双千工程":从今年开始,确保每年煤炭产量增加 1000 万吨以上;从明年开始,每年建成一个千万吨的标志性矿井。2013 年煤炭产量达到 9000 万吨,2014 年建成亿吨级煤炭集团,2015 年煤炭产量达到 1.1 亿吨以上。

建设"三大方阵":打造王庄、常村、余吾等 12 个 800 万~1000 万吨级矿井,五阳、漳村、司马等 20 个 300~600 万吨级矿井和石圪节、慈林山、麦捷等一批 100~300 万吨级矿井。

完善"三区布局"：以长治本部为主体的核心区，今年产量 5200 万吨，2015 年 6500 万吨；以省内整合矿井为主体的增长区，今年产量 1300 万吨，2015 年 3500 万吨；以潞新煤炭提质分级利用新基地为主体的战略区，今年产量 1300 万吨，2015 年 3500 万吨。

打造"三大基地"：一是进一步发挥潞安喷吹煤的技术、品牌、环保和市场占有率高等优势，力争今年喷吹煤产量 2000 万吨，"十二五"末突破 2500 万吨，打造全国乃至世界最大的喷吹煤基地；二是进一步发挥潞安煤质好、市场信誉高、价格稳定、被电厂誉为"细粮"的优势，打造中国优质环保动力煤基地；三是积极开发利用高硫煤资源，构建废弃资源变洁净高效能源和精细化工产品的绿色发展模式，打造全球第一个高硫煤清洁利用示范基地。

着眼未来，潞安将构建煤炭销售利用"三个 1/3"新格局：在原煤中，用于生产优质环保动力煤的比例占 1/3，用于生产喷吹煤的比例占 1/3，用于煤炭转化的比例占 1/3。

（二）"金字塔"的塔身是立足比较优势，突出特色发展，以应对煤炭产能过剩、提高产品附加值为目标的"三个 1000"的产业布局

全力构建 1000 万千瓦以上装机容量煤电一体化产业格局。潞安煤具有低灰、特低硫、低磷、高热值的优势，深受电力用户青睐。潞安已经与山西国际能源集团签订协议，双方将合作建设 10 个煤电一体化项目，总装机容量 1202 万千瓦，煤矿产能 3030 万吨/年。同时，潞安正在与协鑫集团共同推进"晋电送苏"1000 万千瓦煤电一体化项目，积极探索与华能合作建设左权电厂二期 2×100 万千瓦项目。全力打造竞争力强大的绿色煤电产业集群基地，构建通道优良、煤电一体的新模式。

致力实现传统肥料增值 1000 元/吨以上的目标。近年来，潞安依托天脊煤化工集团，以硝酸为依托发展特色硝基肥料，以苯胺为依托发展硝基化工，努力打造全国最大的硝基肥料、硝基化工特色循环经济园区。目前，已经建成 13 万吨/年苯胺、25 万吨/年硝酸铵钙两个项目，正重点推进 2×30 万吨/年合成氨、27 万吨/年硝酸、2×15 万吨/年氨化硝酸钙三个项目。依托粉煤气化技术的突破，进一步降低成本、提高产品附加值，新开发的产品有稳定性复合肥料（缓释肥料）、新型纳米增效肥等，大量元素水溶性肥料比传统肥料增值 1000 元/吨，市场前景非常广阔，将实现精细化工的升级增值。

着力打造 1000 万吨级现代新型焦化基地。目前，潞安已经拥有 601 万吨/年焦炭产能，正坚持"以焦为基、焦化并举"，提升弘峰、羿神等现有焦化的运行质量，抓好潞安焦化一厂达产达效,加快潞安焦化二厂改造及三厂 120 万吨/年项目、新建 135 万吨/年项目、焦化园区配套铁路建设,新上焦炉煤气制甲醇及钴基 F-T 合成转化、30 万吨/年焦油深加工、10 万吨/年粗苯精制等项目。同时,积极落实省市配套的 400 万吨产能指标,力争总产能达到 1000 万吨以上,构建具有原料和铁路运力优势、与新型化工嫁接、产品捆绑销售的现代新型焦化产业。

(三)"金字塔"的塔尖是发展煤基合成油产业,推进产业走向高端、产品趋向终端,实现资源价值最大化和社会环境效益最优化

21 万吨/年煤基合成油示范项目建成投运并保持长周期稳定运行。2008 年 12 月潞安产出了全国第一桶钴基煤基合成油,2009 年 10 月铁基催化剂正式出油,潞安成为同时使用铁基、钴基两种工艺进行煤基合成油的企业。煤油循环经济园区把煤矿——选煤厂——煤矸石电厂——合成油示范厂融为一体,充分体现了"减量化、再使用、再循环"的原则。比如,将煤基合成油低热值尾气用于 IGCC(1.15 万千瓦)发电,年发电 9200 万度,年节约能源 3.3 万吨标准煤;利用示范装置排放的氮气,实现焦炉干熄焦工艺;利用示范装置富余的氢气、氮气和二氧化碳废气,年生产合成氨 18 万吨、尿素 30 万吨。整个园区每年节约标准煤 99.3 万吨,年可回收利用 19.6 万吨放空 N_2,减少 27 万吨 CO_2 排放。2011 年,时任中央政治局常委、国务院副总理李克强视察后,称赞潞安"把'臭煤'变成了'香煤',把废料变成了原料,把废品变成了产品,把宝藏变成了宝物,展示了循环经济发展的巨大魅力"。

潞安高硫煤生产清洁能源及精细化学品循环经济园区项目正有序推进。园区的主要特点体现在"三高":高技术集成、高效能循环、高品位展示,打造出中国一流、世界领先的高端新型接替产业,实现煤炭资源价值最大化和环境效益最优化。

高技术集成。主要特点就是以铁基、钴基自主创新技术为核心,同时引进、融合国际先进技术并进行集成创新的创新驱动发展模式。项目采用的是完全自主知识产权的具有国际先进水平的铁基、钴基费托合成油技术。其中,铁基费托合成吨催化剂出油在 1200 吨,南非萨索尔是 400 吨。钴基催化技术拥有自主知识产权,具有国际先进水平。气化炉采用的是壳牌,单台日消耗煤 3000 吨,是目前全球最大的粉煤气化炉,碳转化率达到了 99%,每小时生产的煤气是 30 万立方。甲烷转化采用的是德国鲁奇公司的低温甲醇净化技术。硫回收技术采用的是美国美景和奥地利公司的硫回收技术,具有世界先进水平。空分采用美国 AP 公司的技术,每套能力达到 8 万立方/小时。水处理采用新加坡胜科公司的技术。油品加工技术,尤其是高端的 PAO 润滑油、无芳溶剂油和高熔点费托蜡都是全国首创。

高效能循环。主要特点就是通过产业耦合,实现优势嫁接,建设大型高效循环经济园区。一是煤、油、化、电、热一体化的大循环。二是高硫煤的清洁高效利用。三是采用甲烷与二氧化碳的重整技术,用甲烷和二氧化碳转化成一氧化碳和氢气原料气。四是利用焦炉煤气的氢多碳少和煤制气进行耦合,生产出钴基的费托油和费托蜡。五是余热蒸汽回收发电,余热发电装机能力达到 115MW。六是利用空分的氮气进行干法熄焦。七是体现在废弃物的综合循环。八是利用多余的氢和氮气,进行合成氨,作为天脊的硝基化工原料。

高品位展示,体现在四个方面。一是高硫煤资源价值利用的最大化。按生产百万吨精油测算,所消耗的煤炭销售价值是 20 亿元,但生产成高端油和高端蜡,产值将达到 100 亿元。而且随着产品的开发,价值增值效应将更大。二是生产出了高端精细化工产品,有润滑油基础油、无芳溶剂油和高熔点费托蜡,都将填补国内空白,替代进口。三是生产出高清洁的特种油品,这种油品含硫量是 0.05ppm,是欧 V 标准的 1/200,目前国内国Ⅳ标准的 1/1000。四是用高硫煤制清洁能源与高端清洁化工产品,实现废弃资源变高效能源和高端精细化工产品,是全球第一家也是唯一的一家。

目前,围绕项目核准的 14 个专篇已取得批文,水土保持、区域环评、节能等 3 个专篇即将取得批复。正全力推进环保专篇和水资源论证,力争早日取得项目核准;把握关键节点、关键路线,制定了雨季、冬季、夜间施工以及平行、交叉、协同作业等专项措施,只争朝夕、全力以赴推进,全年预计完成投资 80 亿元,完成 13 个形象进度,为2014 年项目建成奠定坚实的基础。

(四)放大优势,融入发展,积极推进辅助产业的高端化发展

在光伏产业方面:潞安与华电、大唐等五大电力集团合作建设光伏电站项目总装机容量达 80MW,构建了集"产品营销、系统集成、工程承建"一体化的光伏产业发展新模式,形成了 600MW 光伏垂直一体化生产能力,潞安太阳能公司成为全省最大且具有完整的产业链条的光伏企业。目前,正积极探索集光伏发电、现代高效农业于一体的产业扶贫新路子;积极争取在长治建设全省分布式光伏发电规模化应用示范区项目;积极参与我省行政村街道太阳能路灯亮化工程建设,千方百计推广潞安太阳能产品,进一步拓宽光伏产业的发展路径,为潞安光伏产业在全国率先走出低谷蓄积了势能。

在现代高效农业方面:先后与长治郊区、武乡县、左权县、静乐县、岢岚县等县区签订了农业产业化项目合作意向书,正积极组建潞安现代农业集团公司,加快推进50MW 长治郊区光伏农业大棚、武乡双孢菇种植加工示范基地、晋中左权生态老陈醋、忻州静乐玫瑰、藜麦、岢岚红芸豆等现代高效农业项目,全力构建具有潞安特色的区域化布局、公司化运作、基地化生产、集约化管理、一体化经营的现代高效农业产业化新格局。

在装备制造产业方面:坚持装备制造与生产服务并重,加大集团内外相关业务整合力度,组建集团装备制造公司,实现装备制造规模化、新型化、高端化发展;山西防爆电机公司与西门子的合作建设大型特种电机生产基地实现交割,新公司已经开始挂牌运营,将填补国内空白,打造山西高端装备制造品牌;潞安在江苏宜兴的铜材加工项目即将投运,将逐步形成铜板采购——铜杆加工——铜杆拉丝——产成品销售产业链条,向铜材产品高端乃至终端方向迈进。

建筑建材产业方面:通过整合优化建筑建材产业,实现建筑建材新型化、一体化发展,构建了集房地产开发、绿色建材、矿井建设、物业管理等为一体的发展新模式。今年营业收入预计将达到 50 亿元。

物流贸易与金融服务产业方面:潞安物资贸易公司、国际贸易公司、煤炭经销公司发挥优势、拓展资源,经营规模快速做大,经营绩效稳步提升;潞安财务公司全口径资金归集度达到 53.9%,上海潞安投资公司成立十年,资产规模由 1 个亿增长为 14.6亿元,累计实现投资收益 4.69 亿元,实现利润 3.85 亿元,业务模式由单一证券投资业务,成长为证券投资、股权投资、房地产投资三足鼎立的业务模式。

二、培育活力,激发动力,深入推进企业由战略引领向价值引领、资源依赖向创新驱动、高碳能源向低碳利用三大转型

(一)坚持厚德承载,推进战略引领向价值引领转型

"小胜靠智,大胜靠德"。德的高度决定发展的高度,厚德才能承载更好的发展。潞安以"德"的建设为抓手,大力培育"为人至诚、为业至精"的核心理念、"以阳光的心开采光明,以感恩的心回报社会,以真诚的心造福员工"的核心价值。大力推进"文化落地工程",进一步规范各基层单位的行为系统,加大新建单位、新加盟企业、新整合矿井的文化宣贯力度,推进"潞安文化"的全覆盖,在全集团形成了知行合一、充满活力、共同发展的强大合力。

全力构建潞安核心道德体系。坚持厚德承载,重点涵养"三种美德":善良美德、勤俭美德、感恩美德;重点培育"三种品德":诚信品德、实干品德、担当品德。在员工培训中强化"德"的比重,将"三种美德、三种品德"具体化,进一步延伸到所有员工家属,实现全面对接、全面覆盖,在全集团形成了浓厚的"德"的教育氛围。同时,进一步加大典型人、典型事的选树和宣传力度,传递发展的正能量,将潞安人的高尚品德转化为企业亮丽的品牌。

加强对干部"德"的考核。大力倡导"最硬的关系是品德,最好的关系是能力",建立完善干部从业"德"的考评机制,实行"德"的考核结果同年薪、同干部调整使用"双挂钩",促进干部以德修身、以德服众、以德润人。建立了自上而下的诚信体系,各级干部签订的责任状要不折不扣地落实,对员工承诺的实事好事要办好办实,使诚信成为一种品牌、一种公信力、一种竞争力。进一步拓展"好人+能人"的标准,真正让"重德"成为潞安的一种风气、一种氛围、一种习惯,引导各级干部做思想回归的示范者、价值引领的实践者。

(二)提升"三大平台",推进资源依赖向创新驱动转型

创新激发更大的活力,创意产生更大的效益。围绕优势转型、特色跨越,潞安着力提升高端创新、持续创新、全员创新三大平台,全面推进创新资源集聚,优势放大,优势嫁接,提升智力资本,打造"智慧潞安"。

一是提升开放合作的高端创新平台。加快申报煤基多联产国家级重点实验室、绿色开采与清洁利用国家级工程中心、院士工作室等,筹备科技创新园区,推进技术创新与金融创新的深度融合,加强同英国 BP、荷兰 SHELL、美国 AP、胜科、万浦、惠生等国际知名企业的技术、经济合作,跟踪、掌握世界前沿信息和技术,积极与荷兰壳牌、南非萨索尔和神华宁煤等国内外一流的煤化工企业进行对标管理,通过学习借鉴,集成优势、嫁接优势,搭建高端创新的新平台。

在我省建设综改试验区的战略布局中,建设太榆科技创新城是一项标志性的工程、一个高端化的品牌,潞安紧紧抓住这个机遇,与中科院山西煤化所通力合作,在太榆科技创新城合作建设"煤基清洁能源及新材料中心"暨"山西煤炭转化工业研究院"。目前已完成土地四通一平,正在进行设计方案招投标,拟定于 2013 年 9 月开工建设。同时,积极推进山西轻工与海陆重工合作,建设高端煤化工装备制造项目,将于 8 月份建成。未来一个时期,潞安将在太榆科技创新城形成涵盖基础研究、技术中试、工业示范和技术集成与商业模式创新的发展布局,打造战略性支柱产业研发创新高地、高端人才培养与集聚高地,成为策动潞安以煤为基、高端循环、深度转型、多元发展的最强劲"动力源"。

二是提升内生驱动的持续创新平台。围绕建设科技型、创新型企业目标,潞安确定了"三个一",即集团班子成员每个人都要联系一个创新型项目、一所合作院校、一名行业知名专家或院士,带动创新型企业深入推进;突出各基层单位的主体地位,培育创新内生机制、跟进机制、集成机制和转化机制;大力推进了干部年薪50%同重点指标、重点工程、重点工作及创新工作、创新业绩、对标管理挂钩考核,构建创新调度机制,真正让创新内化于心、固化于制、外化于行,实现快速提升、系统提升,确保转型跨越发展高起点、高标准、高效能推进。

三是提升多元激励的全员创新平台。员工增值一小步,企业前进一大步。潞安积极为员工创新提供经费、技术、设备、项目、场地、配套机制等"六大支持";成立"动脑筋创新"小组,实施"金点子"工程,进一步完善激励机制,用员工名字命名创新成果,营造宽容创新失败的氛围,鼓励员工开展岗位创新、微创新和小改小革;形成"人人想创新、人人能创新、人人在创新"的浓厚氛围,让创新产生更大活力,让创意产生更大效益。

(三)把握"三个层面",推进高碳能源向低碳利用转型

坚持把发展循环经济作为企业应对市场变化、产能过剩、赢得未来竞争的必然要求和有效途径。站在世界500强的高度,实施绿色开采、绿色转化、绿色利用的"绿色大循环",大力推进"三个转变",提升企业的绿色核心竞争力,一是由企业内部小循环向融入区域、社会的大循环转变;二是由传统煤炭产业循环向新型煤基多联产产业循环转变;三是由低端循环向高端循环转变。

第一个层面:着力推进煤炭产业新型化。全面启动实施"绿色煤炭发展计划",将集约高效与精采细采、清洁生产相结合。实施绿色开采,提高资源回采率;加强配套洗煤厂的建设与改造,增加洁净煤的比重;加大村庄搬迁力度,加强充填技术推广应用;高河矿井乏风氧化利用项目10月份投运,五阳矿井乏风氧化利用项目、漳村井下超磁水处理系统加快推进;建立完善立体化的瓦斯抽采体系,实现煤层气产业由保证安全向商业化运行转变;开展煤炭地下气化技术攻关,实现资源利用高效化。及时跟踪、探索推进页岩气开发利用,进一步拓宽潞安转型发展的新途径。

第二个层面:着力推进园区布局循环化。用绿色理念引领发展,以循环发展为特征、园区化承载为标志、技术领先为保障,建设和布局21万吨/年煤基合成油高端化示范园区、180万吨/年高硫煤生产清洁能源及精细化学品循环经济园区、千万吨级绿色新型高端焦化园区、优势硝基肥料硝基化工园区、高河新型煤电一体化园区等十大"特色循环经济园区",促进资源循环式利用,产业循环式组合,企业循环式生产,矿区循环式发展。

第三个层面:着力推进关联产业耦合化。重点推进了下组高硫煤开发与特色煤化工的耦合发展,利用下组高硫煤粉煤气化技术,带动下组高硫煤规模化开发,降低煤基合成油、特色硝基化肥和硝基化工等产业的原料成本,将废弃的资源变成洁净高效能源和高端精细化工原料;推进了综合利用电厂与光伏产业的耦合发展,加大容海电厂、余吾电厂申报自备电厂的力度;推进了焦化产业与新兴产业的耦合发展,全面启动实施了钴基催化剂改造甲醇装置生产特种柴油及高端蜡产品项目,使废料变原料,废品变产品,以新兴产业带动传统产业升级增值。

三、强基固本,凝心聚力,构筑顶层设计与底线思维结合、立足当前与着眼长远结合、规模速度与质量效益结合的支撑体系

(一)安全保障体系

坚持把安全发展作为"员工的生命工程",以如临深渊、如履薄冰的态度抓安全,不断强化"赢在标准、胜在执行"的理念,着力构建完善以实质安全、本质安全为核心的高可靠性的大安全管理新体系,完善高标准的透明水文地质管理平台、动态的透明瓦斯管理平台和大超前的预警管理平台,突出扁平化的组织体系建设、垂直化的监管体系建设和系统化的运行体系建设。特别是进一步完善了安全监管体制,将安监局分设为安监一局和安监二局。安监一局主要负责所有煤矿的安全监管;安监二局主要负责长治地区所有地面企业、厂点的安全监管。同时,强化整合矿井的区域化监管,在忻州地区、晋中地区和临汾地区设立 3 个安监分局,业务隶属于安监一局管理。以高标准确保高安全,以大安全保障大发展。

(二)营销管理体系

坚持把营销作为"企业的生命工程",进一步完善以客户为中心的高效益的现代化营销新体系。继续发挥"潞安煤"的品种、品质和品牌优势,强化涵盖煤炭、新兴产业的优势客户管理,发挥营销工作的龙头地位,进一步落实"三保三争",即保质量、保货款、保价格、争运力、争市场、争效益,通过优化优势用户和大型战略用户管理,发挥战略装车点作用、提升自营铁路能力、强化物流贸易功能,构建"四位一体"运输格局,确保产、运、销平衡。通过"三保三争",实现了以增量保增长、以品种保增效、以增效促发展。今年 1~6 月份集团煤炭产量达到 4418 万吨,超去年同期 366 万吨,增幅 9%;喷吹煤产量达到 742 万吨,超去年同期 90 万吨,增幅 14%,均创造了历史最好水平。

(三)经营管控体系

充分利用好煤炭价格下滑的倒逼机制,对标世界一流企业,强化成本管控。坚持安全好、见效快和项目好、建设快的"两好两快"原则,对整合矿井进行经济效益评估。优化调整投资,安全推进,分类推进,高效推进,重点保证年内实现"5+6"目标,即 5 座

整合矿井投产,6座整合矿井具备联合试运转条件,新增产能390万吨。树立"过紧日子"的思想,强化全面预算管理,完善最优成本控制走廊。今年吨煤成本要在2012年降低20元的基础上,再降低10元;非煤单位可控成本费用在压缩10%的基础上,再压缩5%;物资采购继续保持平均价格降低15%;各单位的办公费、印刷费、差旅费、招待费、会议费等费用在上年的基础上再压缩5%,刚性考核,刚性兑现。进一步优化投资管理,坚持"三优先,三严控"的原则,即优先安全投入、优先主业后劲工程投入、优先标志性新兴产业投入,严控计划外投入、严控超预算支出、严控现金流支出。实施项目建设分类管理,停止非生产性的设施投入和无效益工程投入,努力促进投资最优化、收益最大化。进一步完善"三平台九渠道一公司"的融资格局,最大限度变间接融资为直接融资,进一步拓宽融资渠道,降低融资成本,优化资本结构,保障转型跨越发展的资金需求。

(四)人才队伍体系

潞安坚持把人才工作作为"一把手工程",突出人才"德"的建设、竞争性选拔和自我价值提升"三个重点"。围绕经营管理人才、专业技术人才、高技能人才"三支队伍建设",大力推进经营管理人才培养工程、高层次人才引进工程、优秀大学生选聘成才工程、首席专家和首席工程师培育工程、高技能人才培育工程等"十大人才工程",全力构建具有国际竞争力和潞安特色的人才管理体系。

尤其是加大了青年人才的培养力度,以钢铁般的纪律要求人才,以慈母般的关怀帮助人才,实施"特殊人才特别待遇,特别贡献特别奖励",强化组织、资金、平台三大保障,设立"三个1000万元"人才基金,打造潞安的"高级蓝领"、"金牌员工"。努力让各类人才拥有更大发展空间,赢得更多信任宽容,获得更多扶持帮助,在集团形成广纳群贤、人尽其才、才尽其用的生动局面。

(五)强力执行体系

潞安将职工代表大会和党委工作会确立的重点工作进行目标责任分解,全部落实到每一个班子成员、每一个单位和每一个部门的"一把手",并通过电视、报纸等形式,在全集团进行公示,接受职工群众的监督。工会定期组织职工代表进行巡视。新闻媒体开辟专栏对落实情况进行专题报道、跟踪报道和深度报道。纪检、监察、组织、企管建立联动机制,推进效能监察,对集团重大决策执行情况、重要工作落实情况、重点项目推进情况进行专项督查,确保各项工作不折不扣地落实到位。各基层单位对照工作目标进行细化分解和落实,形成了自上而下的强力执行体系,使"抓落实"成为一种机制,一种习惯,一种氛围。

特别是以项目建设为抓手,把今年确定为"项目攻坚年",对重点项目全部定目标、定责任、定措施、定时间、定资金、定考核,建立项目安全、质量、进度、资金、关键节点、标志性成果"六个关键"考核体系,关键路线、关键节点纳入集团大调度管理,一周一通报,一月一考核,一季一评价;对新投运项目,制订达标达产达效进度和网络,落实"纵向考核,横向考评"机制,强化运行考核;筹备项目落实项目储备、签约、落地、开工、建设和投产"六位一体"配套推进机制,实现分类推进、高效推进、科学推进。

(六)党建绩效体系

各级党组织是潞安战略发展的坚强堡垒,广大党员干部是潞安转型跨越的中流砥柱。潞安以十八大精神为指针,以党建工作绩效管理为主线,"德、新、和"为主要内容,充分发挥党的理论政策优势、党员队伍优势、组织协调优势、群众工作优势、保障监督优势等政治优势,着力构建具有时代特征、潞安特色的科学化党建工作新模式,全面提升党建科学化水平,努力将党建资源转化为发展资源,将党建成果转化为发展成果,将软实力转化成企业的核心竞争力。一是以危机意识、责任意识和引领意识"三种意识"教育贯穿思想政治教育全过程,全面加强学习型、创新型、服务型党组织建设。二是继续加强"四好"班子和党员干部队伍建设,坚持"好人+能人"导向和"德才兼备、以德为先"原则,重视和重用顾全大局、勇于担当、诚心实意干工作的干部;重视和重用埋头苦干、不尚空谈、肯干实活的干部;重视和重用善打基础、会抓根本、能出实绩的干部,真正让有真才实学、能真抓实干、对员工群众有真情实感的干部,有更广干事创业的平台、更多大展身手的机会。三是以加强干部作风建设为重要抓手,努力践行中央"八项规定",建立领导干部基层联系点制度,做到"三必谈三必访";继续深入推进干部作风转变,实现三分之一时间"走出去"、三分之一时间"走下去"、三分之一时间"走进去""三个三分之一";深入推进政治民主、经济民主和技术民主,继续扩大"公推直选"范围,探索在基层单位的科队试点推行支部书记、工会主席、班组长"竞选"制;大力弘扬艰苦奋斗的"石圪节精神",厉行节约,遏制浪费,并作为干部作风考核的一项内容;学习弘扬"右玉精神",以实干为荣、以实干为责、以实干为大,做出经得起实践和历史检验的业绩。

全省综改试验区建设如火如荼,潞安转型跨越发展正逢其时,站在新的更高的起点上,在党的十八大精神的指引下,我们将以更开阔的视野把握形势,以更有效的举措应对挑战,以更宏大的气魄谋划未来,奋力开创建设具有国际竞争力的能源品牌企业新局面,为"加快转型跨越发展,再造一个新山西"做出新的更大的贡献!

(作者系山西潞安矿业(集团)有限责任公司董事长、党委书记)

煤炭大集团营销体系改革初探

山西焦煤集团煤销公司

　　山西焦煤集团煤炭销售总公司(以下简称山焦销售)已经成立十年,逐步发展形成了较为系统的煤炭营销体系。随着形势急剧变化,营销体系中的某些部分和环节不同程度地表现出与形势要求和企业发展不相适应的状况。

　　为应对变化,服务发展,山焦销售对神华、山东能源、同煤、中煤、龙煤五家煤炭企业集团的煤炭营销体系开展调研,形成本报告,以期对疾风厉雨中坚定前行的所有煤炭大集团有所裨益。

一、所调研企业集团煤炭营销管理特色

(一)神华集团先行实现了销售公司子公司性质转型

　　所调研的 5 家煤炭大集团中神华集团先行实现了子公司营销体系转型,于 2011 年 5 月组建销售集团,注册成立子公司,赋予其独立法人地位,使之具备了完全经营资质和市场主体地位,完成了生产和销售物理分离、专业化管理,解决了责任权利相统一、效率效益相一致的问题,一切收入和支出全部为销售公司自我经营所得,逐步实现营销体系的自主经营、自负盈亏、自我约束、自我发展。

　　龙煤集团、山东能源集团、中煤能源集团、同煤集团均沿用脱胎于原传统计划经济体制下的分公司销售体系,集团实行统收统支、统负盈亏,销售公司是集团整体产销和利益链条的环节,一切收入和支出全部由集团统筹,没有真正意义上的经营性质和盈亏概念,仅拥有有限自主权,相对活力和动力不充分。可见的好处是相对平衡了集团公司与生产子公司的利益关系、集团所在地税务与子公司所在地税务的关系。

　　目前,中煤能源集团正在调研神华集团的法人体制,计划成立煤炭营销法人单位。

（二）普遍设立驻外区域营销公司

各集团普遍设立了驻外区域营销公司。其中,神华销售集团的5个贸易公司、中煤销售公司的6个驻外区域公司为法人经营单位,实行法人经营,责、权、利统一。经营灵活,除销售自产煤外,还可以经营其他企业的煤和其他业务,在降低费用、增加收入的同时,扩大了集团的销售收入和市场份额。

龙煤集团营销分公司设4个驻矿公司、山东能源煤炭营销中心设6个驻矿公司;同煤集团运销总公司、神华销售集团、中煤集团销售公司不设驻地公司。所调研单位普遍认为是否设立驻矿公司各有利弊。设立驻矿公司,销售公司的服务深入到一线,有利于产品数、质量监督,有利于销售公司掌握子分公司的资源和产品数、质量变化;不设立驻矿公司,有利于精简机构,减少人员,降低销售费用,减少环节,子分公司的销售部门直接与销售公司的业务部门衔接,有利于市场信息和市场压力的传递。

（三）销售公司班子与机关部室人员较少

班子与机关人员较少,大部分人员集中在采购和销售一线。龙煤集团营销分公司共1280人,其中:班子成员5人,占总人数的3.9%,机关部室110人,占总人数的8.59%,驻矿公司1015人,驻外公司150人。山东能源集团营销中心、山能国际两套班子共541人,其中:班子成员8人,占总人数的1.48%,机关74人,占总人数的13.68%,其余459人都在驻矿公司和驻外机构。中煤集团销售公司共1050人,其中:班子成员7人（包括3名助理）,占总人数的0.67%,机关部室73人,占总人数的6.95%,区域及驻外公司970人。

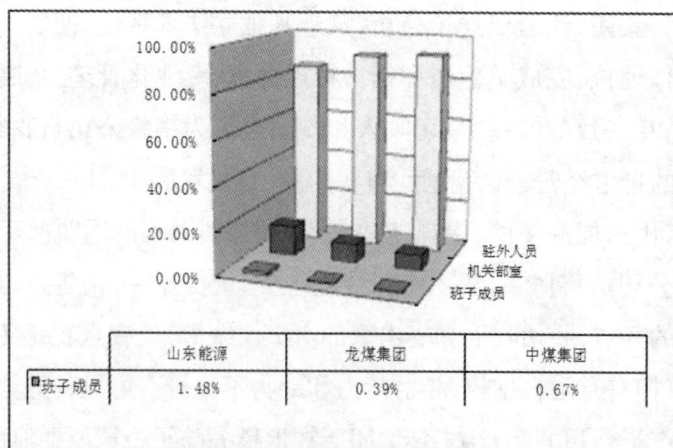

	山东能源	龙煤集团	中煤集团
班子成员	1.48%	0.39%	0.67%

（四）大都采用下管一级的干部任免制度

神华销售集团、龙煤集团销售公司、山东能源煤炭营销中心、同煤集团煤炭运销总公司、中煤集团销售公司,大都采用下管一级的干部任免制度。班子成员任免权在集团公司,处级干部任免权在销售公司,需向集团事前或事后备案,科级干部任免权归销售公司的二级部门,但需向销售公司备案。

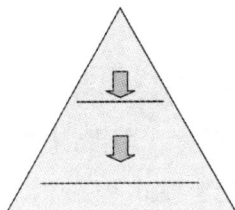

干部任免权下管一级,管人与管事相结合,使干部选拔任用更富效率,便于责权利相统一,压力层级传递,激励基层干部通过努力工作得到提升。

（五）业务集中、开放式办公

销售公司的主业务除市场开拓维护外,还包括合同、计划、调运、结算,为了提高工作效率,有的公司将合同、计划、调运业务划归到一个部门,财务结算一个部门,煤质独立部门;有的公司将合同、计划划归一个部门,财务结算一个部门,调运、煤质独立部门。有的企业推行开放式集中办公,合同签订、计划审批、发运安排全部在一个业务大完成,提高了工作效率,方便了客户。

龙煤集团销售公司合同、计划、调运归营销部,一站式办公,结算归财务部,质量归煤质管理部。神华销售集团合同、计划归销售部,另设调运协调部、煤质资源部、财务结算部。山东能源煤炭营销中心合同、计划、调运归运销管理处,实行业务办公大厅开放式办公,结算业务归财务部,质量归信息质量处。中煤集团的合同、计划归营销部,实行集中办公制度,结算业务归财务部,调运归物流部,质量归煤质部。

（六）较高的信息化管理程度

过衡的全自动轨道衡,储装运系统的全程监控信息化,生产、库存、销售、结算网络一体化,在提高数质量管理水平、减少商务纠纷的同时,使信息传递快捷高效,产销衔接更加紧密。营销管理的信息化是提升营销管理质量的重要手段,也是现代企业管理发展的方向。

山东能源集团实现了采掘一线、洗煤生产、采制化验、装车系统、港口码头的全部实时监控、联网,使得生产、库存、销售、结算网络一体化。同煤集团过衡全部采用全自动轨道衡,煤炭产品的数量纠纷极少。中煤集团从合同签订到物流运行再到货款结算,从日常管理到监督监察再到考核评价,使用的都是较先进的计算机管理系统,既利于提高效率,节约成本,又利于防范风险,安全运行。龙煤集团从客户的选择和管理、从合同的签订到回款、从煤炭的数量到质量、从售前到售后服务,从信息沟通共享到现场装车监控,几乎所有的运行都实现了计算机的管理。运行效率高、防控效果好、客户满意度强。

(七)购销方式各异

神华销售集团对全资子公司采取完全买断方式,销售集团的子(分)公司以买断的方式收购生产企业产品,再以市场方式销售,中间一般有 20~30 元/吨的利润。山东能源六大矿业公司原来煤炭产品销售模式不一样, 有的实行收购制、有的实行代理制。2012 年还延续以前的销售模式,下一步将全部实行收购制。实行收购制后,产品的数、质量将全部由营销中心按收购制的模式进行管理, 即在矿厂装车现场进行交接,装车前的数、质量归生产方,装车后的数、质量归营销中心。龙煤集团营销分公司采用模拟收购制,在驻地销售公司的收购一线放置大量计量、采制化人员,矿厂装车即为交货,后续工作全部由营销分公司承担。中煤集团销售公司、同煤集团运销总公司实行代理销售制。

(八)部分集团引入竞价销售模式

除传统的年度集中订货外,部分煤炭企业引入竞价销售机制。煤炭产品竞价销售是一种新的销售模式, 是传统的销售模式的补充, 它可以使煤炭产品价格完全市场化,竞价销售实现了价格的发现功能。同时,使客户不出家门即可掌握了解煤炭销售行情、走势,杜绝了"关系煤",消除了"关系户";在煤炭市场不好的时候,多样、简捷的交易方式可以弥补市场下行带来的部分损失。

山东能源通过中国能源矿产交易网建立网上煤炭竞价销售平台。同煤集团对新建矿井工程煤、本部各矿落地块煤、没有铁路运输条件和铁路运输无法满足生产需要地销补充的煤炭、特定需要销售的地销煤炭,实行竞价销售。

二、对煤炭大集团销售体制改革的思考

(一)改革销售体制,实现统一的大营销格局

1.实现管销分离。在煤炭大集团层面,强化销售战略管理,功能定位为负责大集团营销战略规划制定实施、审核确定大集团中长期煤炭产品价格、统筹煤炭产销和数、质量管控及其他销售管理职能。

2.成立煤炭销售集团。以现有分公司性质的煤炭销售总公司为基础,注册成立煤炭销售集团,为煤炭大集团的全资子公司,大集团各煤炭子公司生产的煤炭产品全部

由销售集团收购并统一组织对外销售。

3.取消驻煤炭子(分)公司销售公司。取消驻煤炭子(分)公司销售公司。成立销售集团以后,取消销售公司驻煤炭子(分)公司销售公司,驻煤炭子(分)公司销售公司目前开展的生产销售衔接业务移交给各煤炭子(分)公司,由煤矿子(分)公司相关部门直接与销售集团业务部门对接。

4.区域市场公司市场化运作。以现有区域市场公司为基础,推行市场化运作。前期可以实行子、分公司并存的运行模式,先在部分公司开展模拟子公司运营试点,采取完全独立经营的模式,积累经验,待时机成熟后全部转型为法人经营。

5.贸易公司全部纳入销售集团。将大集团所属从事煤炭主产品销售的贸易公司全部划为销售集团的子(分)公司,由销售集团统一管理、统筹销售。这样,一个面孔对外销售,有利于优化大集团销售格局和秩序,稳固大集团行业位置,提高在行业话语权,提升公司形象和做大做强。

对于贸易公司的经营,通过统一规划业务范围,避免了各自为政、业务重叠的局面,使大集团的贸易行为清晰有序,同时各煤炭子(分)公司也不用再同时面对多家贸易公司。

分出一部分规模较大的贸易公司完全不参与自产产品的经营,集中精力收购地方产品,有利于掌控资源量,在增加贸易额的同时,使大集团控制更大量的资源,间接扩大了大集团规模,真正实现大营销格局。

(二)优化再造销售机制及流程

1.重新设置机构,简化业务流程。对班子成员根据功能定位合理设置,总体上减量增效。将合同、计划、调运、结算主要业务部门合并办公,实行业务大厅开放式办公。将现有的质量管理与监督服务中心业务、人员一分为二,一部分归到大集团质量管理部门,一部分归到销售集团成立煤质管理部。四是设立销售运行和服务质量管控机构,强化营销管控。

对主业务以外的其他部室坚持:能少则少、能并则并,从控制总部的部室来减少总部人员和提高办事效率;在形式和内容上真正简化业务流程,同时制定科学的业务流程和防控制度,尽量以制度管理代替人的管理。

2.改变用人机制,优化人员结构。改变用人机制,抓大放小下放权力,大集团对销售集团的管理是大方向的、粗线条的。管理人事,只负责销售集团班子成员的任命和控制销售集团的总人数,销售集团二级单位的干部任用权和内部人员调动归销售集团;销售集团内部人事管理也是只控制分公司的人数,任命分公司的班子成员,分公司班子成员以下的干部任用和岗位调整归分公司,采用事前或者事后备案制度。

优化人员结构,销售集团应该尽可能的优化人员结构,机关总部人员管理不超过总人数的 10%,班子成员不超过总人数的 1%,区域市场公司的班子成员不超过本单位总人数的 15%。在控制人员总数和班子比例的同时,在销售集团内部实行双向选择与上级配备相结合的人员配备制度,尽量使人尽其才优化组合。

3. 改变采购方式,统一对外销售。

一是对内实行收购制。将现在代理销售制度变为收购制,大集团所有子(分)公司的煤炭产品全部由销售集团收购。每年年底,销售集团根据子分公司的资源情况,结合市场情况,提出下一年的产品收购数量、质量标准、收购价格(价格根据市场调整),上报大集团平衡后与煤炭子(分)公司签订收购协议,煤炭子(分)公司根据合同组织生产。销售公司在子(分)公司设数质量监督办事处,负责与大集团数质量部门共同监督子分公司的装车数质量,客户提出质量异议,由销售公司质量管理部门、子分公司与客户共同按规定处理,销售损失由子分公司承担。子分公司销售部门负责与销售集团相关部门对接合同、计划、调运、结算、商务纠纷等销售业务。

二是对外实行统一销售。对外实行统一销售,所有大集团对外销售的煤炭产品,全部由销售集团统一对外销售,其他贸易公司不得再与客户直接签订煤炭买卖合同,其收购的煤炭产品卖给销售集团销售;销售方式可以延续现在年初集中订货和根据市场变化变更合同的方式为主,竞价销售方式作为补充。

4. 客户管理机制。坚持大客户战略,销售集团根据煤炭子(分)公司资源和贸易公司收购的煤炭产品确定年度销售产品的总量和质量指标,汇总分析客户需求,争取战略性客户的销量占到总销量的 60% 以上;其余产品通过培养中小客户和中介代理户销售一部分,竞价销售一部分;销售集团制定一整套系统的客户评价管理办法,战略性大客户、中小客户、中介代理客户、竞价销售客户使用不同的销售政策和管理办法。

(三)强化管理手段,提高信息化程度

大集团将矿井采掘一线、洗煤生产、煤场库存等信息系统与销售的采制样化验、调度装车、港口库存装船系统联网,做到一条龙信息化监控管理,在销售业务方面,将资源情况、客户情况、合同签订、计划报批、车辆调运、数据和票据传递、结算、回款全部纳入销售信息系统,配以一站式办公,使业务流程高度信息化。

以销售集团名义,建立销售网站平台,使传统的销售模式与现代化的销售模式相结合。网站可设集团资源、销售政策、销售网络、可销资源、计划报批、车辆发运等板块。

大同煤矿集团公司
党建管理的探索与实践

张有喜

大同煤矿集团公司党委在深刻认识加强和改进新形势下党的建设的重要性和紧迫性的基础上,在实践中进一步丰富和发展企业党组织建设经验,努力提高党的建设科学化水平,推动党的建设不断创新,适应时代发展要求,把党的建设落到实处。

一、让党的建设成为实现企业战略愿景的根本保证

习近平同志在全国国有企业党的建设工作会议上指出,加强和改进新形势下国有企业党的建设,要坚持解放思想、实事求是、与时俱进,主动适应深化公司制股份制改革和建立现代企业制度的新要求,主动适应参与国际化竞争和扩大对外开放的新特点,主动适应企业党员职工队伍思想观念和利益诉求发生的新变化,不断提高国有企业党建工作水平,为实现国有企业科学发展提供有力保证。

2011年同煤集团提出了"建设新同煤,打造新生活"战略愿景。

新同煤,就是企业经营形态由传统型向国际化跨越,建设多元发展、开放创新、安全高效、实力强盛的国际化新同煤。多元发展是建设国际化新同煤的必由之路。就是要以做强煤炭主业为基础,形成"煤炭、电力、煤化工、冶金、机械制造、建筑建材房地产、物流贸易、文化旅游"八大产业多元发展的格局。开放创新是建设国际化新同煤的重要手段。要依靠创新激发活力、提供动力,驱动同煤的各项事业向前推进。安全高效是建设国际化新同煤的根本保障。要把安全生产放在高于一切、先于一切、优于一切的首要位置,要全面推进机械化、自动化、信息化建设,提高劳动效率,提升经济效益。实力强盛是建设国际化新同煤的最终目标。要不断做强煤炭主业,扩大在国内市场的占有率;同时,要积极做大电力产业,倾力打造全国最大的煤电一体化国际能源集

团。

新生活,就是员工生活在现有的基础上向现代化跨越,打造环境优美、民主和谐、文明快乐、殷实富足的现代化新生活。环境优美是现代化新生活的主要构成和外在形象。民主和谐是现代化新生活的先决条件和内在品质。要始终坚持"全心全意依靠工人阶级"办企业的根本宗旨,充分依靠各级组织、各级干部和广大员工的力量,抓好企业经营管理各项工作。文明快乐是现代化新生活的主要方式和重要体现。要营造积极向上、宽厚包容的环境氛围,不断提升快乐指数。殷实富足是现代化新生活的基本要求和现实愿望。

"建设新同煤,打造新生活"战略愿景还规划了同煤集团的产业布局:打造五条产业链,就是煤—电—建、煤—电—化(气)、煤—冶—机、煤—电—铝、煤—电—硅五条产业链;五大循环经济园区,就是以塔山园区为典范,建设东马潘(东周窑—马道头—潘家窑)、轩岗、朔南、白家沟5个产值超百亿的循环经济园区;形成八大产业,建设11个4万吨级矿井,就是形成煤炭、电力、煤化工、冶金、机械制造、建筑建材房地产、物流贸易、文化旅游八大产业;突出四大抓手,就是突出抓好煤炭做强、电力做大、资本做活、贸易做实。

要实现"建设新同煤,打造新生活"的战略愿景,必须以加快转变发展方式和调整优化结构为主攻方向,以深化改革和扩大开放为强大动力,以推动技术创新和管理创新为重要手段,以完善公司治理为关键措施,以加强和改进国有企业党的建设为根本保证。

二、让党的基层组织成为同煤集团改革发展的铜墙铁壁

大同煤矿集团公司现有20万员工、80万员工家属,103个基层党委、2557个党支部(党总支)、50452名党员,是山西省职工数和党员数最多的国有企业,先后荣获全国思想政治工作先进单位、全国文明单位、全国"五一劳动奖章"等荣誉。实践中,同煤集团从三个方面夯实党的建设基础,以党的赤子、共和国长子、煤炭工业骄子的情怀,努力提高企业党组织的创造力、凝聚力和战斗力,在发挥政治核心作用、服务中心工作、凝聚职工群众等方面进行了有益的探索和实践,在推动企业科学发展等方面取得了显著成绩,实现了企业科学发展和党的建设成果的"双丰收"。

(一)永葆赤子本色,夯实党建基础

1. 举旗帜,基础"打得牢"。把全面加强基层组织建设作为关键。在企业快速发展壮大的过程中,坚持"支部建在区队、党员遍布班组",仅"十一五"期间,新建党组织就

达657个,在百米深处建起了坚强堡垒,在千里之外筑起了钢铁长城(远在国外的土耳其项目部也成立了党支部),实现了党组织的全覆盖。今年,公司党委以基层组织建设年为契机,在2600多个党组织中全面实施"对标升级"系统工程,大力开展党组织有形化,各级党组织思想领先、责任当先、发展率先,成为引领发展的核心力量。

2. 做榜样,典型"叫得响"。以学有榜样、赶有目标为抓手,大力保持和发展党的纯洁性、先进性。先后选树出全国先进基层党组织——塔山煤矿公司党委和全国道德模范欧学联、党的十八大代表王雷雨等一大批享誉全煤、闻名全国的优秀共产党员。今年,又有两个基层党组织被推荐为全国创先争优先进基层党组织。十七大以来,共有77个党组织和172名党员受到市级以上党内表彰。企业先后荣获全国党建创新十大杰出贡献单位、全国企业党建文化建设先进单位,在全国创出了同煤党建品牌。

3. 敢担当,队伍"靠得住"。63年形成的优良作风和光荣传统,铸就了同煤队伍"听党话,跟党走;党有号召,我有行动"的显著特征。2008年胡锦涛总书记亲临同煤视察后,各级党组织和广大党员每天带领4万名员工全力奋战在井下生产一线,有力保障了南方雨雪冰冻灾区的电煤供应。汶川特大地震后,及时派出多支抢险队伍奔赴灾区,广大党员主动请缨前往抗险救灾第一线,踊跃缴纳特殊党费557.77万元,影响带动35万多员工群众捐款捐物价值4000多万元。2011年,同煤集团又两次为受灾地区合计捐款850余万元。

(二)永树骄子典范,夯实党建基础

骄子的豪迈,就是向前争一流。同煤集团坚持党的领导,把加强和改进党的建设与推动科学发展紧密融合。

1. 政治核心引领发展。企业党委充分发挥政治核心作用,把方向、谋全局、管大事,引领企业又好又快发展。"十二五"确立了"建设新同煤,打造新生活"的战略愿景,朝着全国百强,世界500强的目标阔步前行。2011年,企业总资产达到1230亿元、销售收入达到1130亿元;煤炭总量达到1.94亿吨、产量达到1.15亿吨,位居全省第一;安全实现了低控,达到世界领先水平。

2. 战斗堡垒保障发展。扎实开展"四好领导班子"建设,实行党政领导"一岗双责",围绕中心,服务大局,形成了党政同心、共谋发展的良好局面。针对煤矿企业安全为天的特点,构建起"党政工团齐抓共管、六员一防安全共建"的安全大格局。党员安全监督员率先垂范,力保安全,2011年,全公司1800名党员安全监督员共下井34万多次,企业党建工作牵住了"牛鼻子",发挥了大作用,彰显了新作为。

3. 党员队伍带动发展。坚持把党员队伍的先锋模范作用发挥在安全生产的实践当中,使广大党员成为推动发展的中流砥柱。深入持久地开展创先争优活动,以"跨越发展,组织引领;开创历史,党员先行"为争创主题,以"上百个'四强'党支部,上百名优秀党支部书记,上千名'四优'共产党员,上万名党员群众'一助一'帮扶对子"为争创目标,深入开展了"党员精品工程"、"党员攻关项目"等争创活动。在创先争优这个大舞台上,广大党员争当优秀员工,打造优秀产品,建设优秀企业,形成了组织创先进、党员争优秀、企业大发展的良好局面。

(三)勇挑长子重担,夯实党建基础

长子的责任,就是负重多奉献。作为党和国家培育起来的第一批大型国有企业,同煤集团始终以"共和国的长子"来要求自我,积极承担社会责任,不断改善员工民生,努力让全社会共享发展成果。

1. 一心向党,奉献社会。建企 63 年来,累计生产煤炭 22 亿吨,上缴利税 500 多亿元,是全国贡献煤炭最多的企业。认真履行社会责任,积极带动驻地经济繁荣。在建设和发展塔山循环经济园区的过程中,带动南郊区杨家窑村村民人均收入由 2004 年的 2100 元上升到 2011 年的 25000 元,成为山西省首个新农村建设的典范。大力改善周边地区村民生活环境,2011 年初步投入资金 14316.84 万元整体搬迁三道沟、荣华皂等一批村庄;去年冬季向大同、朔州、临汾、运城四市低收入农户供应取暖用煤 120 多万吨,价值 6 亿多元。据不完全统计,仅 2011 年企业就支出帮扶物资资金达 8.68 亿元。由于在公益事业方面的突出表现,同煤集团两次荣获全国公益慈善政府最高奖——中华慈善奖。

2. 血肉联系,惠及民生。始终以关爱员工、惠及民生为企业最根本的宗旨。连年提高员工工资,投资 151 亿元建设了全国最大的棚户区改造和采煤沉陷区综合治理工程——恒安新区,彻底改善了 10 万户 30 万员工家属的居住条件。去年,在恒安新区深入开展"党政工团大行动,环境治理献爱心"活动,投资 5000 多万元彻底改善了 15 个小区的环境面貌。构建了"一站两会一中心"惠民大工程,1227 个共产党员服务站点办好事实事 20 多万件;煤海阳光帮扶理事会、煤海希望助学理事会成立两年就发放帮扶资金 620 万元,1171 个困难家庭、572 名困难学生得到及时救助;青年就业指导服务中心帮助 2 万多名待业青年成功就业创业。共产党员服务站工作经验荣获全国首届基层党建创新优秀案例,"一站两会一中心,建设惠民大工程"被评为全省组织工作优秀创新项目。

3. 水乳交融,党群共建。始终贯彻党的群众路线,坚持依靠各级组织、依靠全体干部、依靠广大员工,党群共建取得显著成效。2011 年,集团公司工会和两个基层工会被山西省总工会评为"五星级基层工会",15 名个人荣获山西省"五一劳动奖章",集团公司荣获"全国五一劳动奖状";有 5 名青年矿工荣获首届"煤炭工业百名优秀青年矿工"称号,集团公司团委被授予"全国五四红旗团委"荣誉称号。群众工作的扎实开展,使党的群众基础不断扩大。

三、关于企业党建工作的思考

1. 基础最重要,基层最关键。国有企业党的建设重要基础,必须依靠企业党组织团结带领广大员工群众,坚定不移地"抓基层,打基础"。创新在基层,力量在基层,通过抓基层夯实基础,通过打基础加强基层。

2. 活力来自实践,党性自在民心。国有企业党的建设不能只存在于思想和口号中,科学发展的具体实践才是党的建设大课堂。必须以思想指导行动、用行动印证思想,在创先争优、对党忠诚教育、基层组织建设等党的实践活动中,以党性带动民心,用感情赢得民心,激发人民群众的强大活力。

3. 国有企业是创先争优的主战场、大基地。在国有企业,"组织创先进"就是要创出思想领先、责任当先、发展率先的"三先"品质;"党员争优秀"就是要带出争当优秀员工、打造优秀产品、建设优秀企业的"三优"风尚。

(作者系大同煤矿集团有限责任公司董事长、党委书记)

关于人力资源工作的考察报告

阳泉煤业(集团)有限责任公司人力资源部

为了进一步强化阳煤集团人力资源基础管理工作,促进整组提效工作的开展,近期,阳煤集团人力资源部组织二矿、五矿、新景公司、平舒公司、寺家庄公司的党委书记、人力资源部部长,一行共22人,先后对晋、陕、宁3省区4家煤业集团的6座矿井进行了考察学习,现将调研情况简要汇报如下:

一、所考察矿井的简况

本次考察主要是对神东集团保德煤矿、中煤集团平朔井工一矿、陕煤集团红柳林矿,以及神华宁煤集团灵新矿、红柳矿和石槽村矿等6座矿井的生产经营、机构设置、人员配备、劳动生产效率、安全结构工资等人力资源相关工作情况进行了了解。这6座矿井年生产能力从370万到1500万不等,有1989年开工建设的老矿井,也有去年新投产的新矿井,但基本上都属于高产高效矿井,整体上用人少,效率高,有很多经验值得我们借鉴和学习。(各矿井具体情况见附表一)

二、所调研矿井实现高产高效的主要原因分析

(一)生产布局合理,工艺水平先进

一是这几个矿井都是按一井两面设计,工作面都是大采长和大采高综采工作面,生产集中化程度较高,整个矿井系统比较简单,煤炭运输全部使用皮带,大型材料和人员等辅助运输采用防爆胶轮车。二是井下采掘装备是重型化的大功率设备,配套的辅助装备自动化水平也较高。在设备选型、系统功能、技术参数方面坚持高起点、高标准,很大程度上保证了煤矿的高产高效运行。如神东保德煤矿从工作面采煤到地面装

车实现了全程监控,主运输系统、主变电所、主水泵房全部实现集中控制自动化,工业监控、工业电视和信息系统覆盖了全矿。

(二)管理层级少,机构设置精干

各矿均实行"矿管队"的二级管理模式,基层不设井区一级机构,各生产及辅助队组由矿直接管理。各机关职能部门和基层区队业务职责明确、管理幅度合理,实现了组织机构设置的扁平化。特别是神东保德煤矿,在实行二级管理的基础上,对机关职能部室按照"大部制"原则设置,将传统煤矿机关专业性质和职责范围相近的科室进行合并,全矿机关仅设置"四办二中心一科室"7个机构,其中:党政办负责办公室和党群工作,经营办负责人力资源、合同、核算和考核工作,生产办等5个生产职能部门分别负责安全、生产、机电、调度等生产管理工作,避免了职权交叉、职责不明和政出多门,大大缩减了机关管理人员数量,提高了行政效率。

(三)定员管理科学,整体用人少

整体上定员标准先进,用人相对较少,所调研的6家矿井中,神华集团保德矿、平朔集团井工一矿和陕煤集团红柳林矿年产都在1300万吨以上,人员都控制在2500人以下(其中含使用的劳务派遣人员和外委工程项目使用的人员)。所调研的神东保德矿在管理人员配备上充分体现了精简高效、因事设岗、一岗多责、多岗兼职的原则。全矿机关部室仅有67人,包括部门领导在内人人身兼数职,如经营办主任既全面负责部门工作,又负责全矿绩效考核,副主任既协助主任搞好部门工作,又负责劳资、人事档案、社保和劳保等工作。

(四)人员增减的控制手段先进,管理严格

各矿及所在煤业集团均实行较为严细的人力资源管控制度。一是各单位的内设机构、科级职数配备、总定员由集团公司控制,二是人员的增减变动由集团公司下达计划,按具体条件招收或调剂,三是各矿工资按控制人数下达,职工工资水平也由集团公司控制;四是所有人员的个人信息、人员增减变动、工资发放等全部纳入计算机信息系统管理。

(五)专业化程度高

所调研的各矿都是由集团公司垂直管理,机构人员主要围绕煤炭生产设置和配备。煤矿的煤炭洗选外运,井下采掘工作面拆除,以及安装基本都是由集团公司派驻的相应专业化队伍负责。锅炉房、污水处理站、餐饮、保安、环卫等后勤服务工作全部外委,市场化运作,而矿本部主要是集中精力抓生产和安全工作。神东集团保德矿专业化程度更高,其对外协调、地质测量、物资供应等业务也由集团公司统一管理,井下的胶轮车运输也全部外委。

三、与调研单位相比阳煤集团煤矿单位存在的问题

(一)管理层级复杂

一是由于我们集团公司单位的管理层级多,安全生产管理上从集团一级到矿,由矿到井区,再由井区到队,信息通过层层传递,到达最基层后被逐级减弱,甚至走样,无形中使安全生产管理的执行力大打折扣;二是目前集团公司实行三级管理,矿内的调度会议队长不能参加,队里的安全生产情况不能及时反映给领导,重大的安全隐患得不到重视,更谈不上提前预控和处理。从三矿的"8·14"事故和新景的"6·19"事故教训中就可见一斑。

(二)管理人员配备多

一是从管理技术人员所占比例来看,神华集团保德矿、陕煤集团红柳林矿都保持在 8%左右,平朔集团井工一矿还不到 6%,而我们集团公司本部的主体矿平均水平达到 10%,其中最高的达到 12%,比平朔集团井工一矿的比例高出一倍。神华集团保德矿机关职能部室人员 67 人(含副总师以上领导 13 人),而我们集团公司十大主体矿机关职能部室人员平均达到 390 人。二是从职能部室人员的管理幅度来看,神华保德矿办公室和党群类机构的管理人员服务全矿人员的比例是 1:593,阳泉本部的主体矿是 1:65,管理幅度相当于我们集团公司本部主体矿平均水平的 9.1 倍,平朔井工一矿是 1:298,管理幅度相当于我们的 4.6 倍。神华保德矿人力和财务类机构的管理人员服务全矿人员的比例是 1:254,阳煤本部的主体矿是 1:80,管理幅度是我们的 3.5 倍,平朔井工一矿 1:373,相当于我们的 4.7 倍。三是从生产和安全机构管理技术人员管理幅度来看,陕煤集团红柳林矿生产技术科和安全监察科服务井下人员的比例是 1:99,平朔井工一矿是 1:107,管理幅度上分别是阳泉本部主体矿的 1.7 倍和 1.9 倍,生产安全机构管理人员管理幅度低主要是三级管理模式下生产井区这一级还有大量管理技术人员的存在。(详细情况见附表二、附表三和附表四)

(三)操作人员多

一是采掘开队组用人多,此次调研的神东保德矿采煤队每队平均 72 人,掘进队每队平均 59 人,班组长不设专职,全部兼机组司机。陕煤集团红柳林矿队组人员配备也比较精干,两个一次采全高工艺的采煤队设计定员都是 109 人,综采一队实际仅配备 102 人,综采二队实际配备 93 人,两个综采队平均 98 人。而我们集团公司十大主体矿回采队平均人数比保德矿回采队用人高出一倍还多,比陕煤的红柳林矿每队也

多出 50 多人。二是辅助岗位多采取看守制,如皮带工、电工、区域维护工,以及偏远地区的其他岗位工,这不仅多使用了人员,也给安全造成了一定压力。

(四)劳动生产效率低,平均工资低

所调研的 6 座矿井中全员效率最高的是平朔井工一矿,全员效率高达 10529 吨/人(2011 年矿井产量 1571 万吨,在岗人数 1492 人),相当于我们集团公司平均水平的 13.5 倍,是孙家沟公司(集团公司最高水平)的 3.4 倍。这 6 座矿井中全员效率最低的宁煤集团石槽村矿也达到了 2001 吨/人(2011 年矿井产量 371 万吨,在岗人数 1854 人),相当于集团公司平均水平的 2.6 倍。掘进人头效率最高的是神华集团保德矿,高达 97.5 米/人(2011 年掘开进尺 19330 米,掘开人数 198 人),相当于我们集团公司的 3.5 倍左右,是孙家沟公司(集团公司最高水平)的 1.7 倍,6 个矿是掘进人头效率最低的是宁煤集团的灵新矿(2011 年掘开进尺 9750 米,掘开人数 280 人),依然比集团公司平均水平高出 5.8 米/人。正因为所调研的各矿整体上效率高,用人少,企业利润高,也促成了较高的人均工资水平。神华集团保德矿、平朔集团井工一矿、陕煤集团红柳林矿人均工资都超过了 10 万,分别是 11 万/人、16 万/人和 18.5 万/人。宁煤集团的灵新矿、红柳矿和石槽村矿也都在 7 万-8 万之间。而我们阳煤集团煤炭单位平均水平 7.3 万/人,与这几个矿相比,基本处于最低水平。

四、下一步工作思路

从外出调研单位的情况来看,阳煤集团要做大做强,缩小与兄弟单位之间的差距,就必须走高产高效的道路。

1. 下决心确立"人少则安,无人则安"的安全理念。对新建矿井要一开始就从高产高效的起点进行建设,原有的矿井要通过技术改造、工艺革新和加强管理等手段,逐步实现高产高效。从根本上改变过去不计效率和效益,而单纯追求产量和规模的思想,彻底扭转人海战术和广种薄收的不利局面。

2. 理顺机构设置。一是四大煤炭管理公司重点抓安全生产的监管,其他管理职能集中到集团公司对口业务部门统一管理。二是下决心在各矿实行二级管理,取消生产井区、采煤工区和掘开工区,形成矿直接管队的扁平化管理模式。三是生产、安全、经营类机构全部实行大部室设置,强化统一管理和综合管理,减少机构总数。

3. 减少管理人员配备。一是各矿不再设立专职副总师,凡设立副总师的,要兼任基层部门领导。二是取消生产井区和专业化井区后,一分部人员分流到矿生产技术部,加强跟班和现场管理。另一部分直接分流到生产队组,强化主要生产队组人员技

术力量。三是通风、机电、运输、选煤依然实行集中管理,但主要职能是安全生产管理,把其他职能管理人员要进行剥离分流,工区不配党总支,强化队组支部作用,强化矿职能部门作用。

4. 加强岗位对标管理。一是以十大主体矿为主,与这次所调研的六个先进单位之间开展岗位对标,加强管理,缩小差距。二是未实行托管模式的选煤厂与新元公司选煤厂开展岗位对标。三是各联营兼并矿与孙家沟公司、景福公司两个标杆矿开展岗位对标。

5. 严格操作人员定编。一是回采、掘进、开拓定员标准,结合生产工艺、煤层赋存条件,按行业先进标准配备。二是井下辅助人员的定员标准充分考虑地质、瓦斯、运距等客观存在因素,在先进标准的基础上适当调整作为参考标准。三是总体上实现以效率定员为主的人员总量控制标准。

6. 推行专业化管理。一是建议集团公司以生产技术部门牵头,在阳泉本部、寿阳、晋北、晋东和晋南区域,实现回采、掘进工作面拆除、安装的专业化管理;二是根据目前各单位选煤厂用人多、效率低的现状,建议选煤处、煤质中心研究制定选煤的专业化管理方案,以减少用人;三是下一步积极研究供电专业化工作。

7. 加强信息化工作。根据本次外出考察情况,下一步辅助生产型岗位、服务行业的生产型岗位要充分利用工业化监测监控手段,减少用人。建议由机电部牵头,新闻信息、人力、通风、生产等部门协助,研究远程集中控制和自动监测如何推行和应用的方案,逐步推进值守制向巡回制,巡回制向无人值守的转变。

8. 发挥工资导向和激励作用。一是明年集团公司都要对各单位下达定员,各单位完不成定员控制标准的,不能新增人员。二是把各单位机构、职数、人员纳入 ERP 信息管理系统直接管理。三是以集团公司年初确定的效率指标反算定员,按定员下达工资基数,在此基础上,再结合单位效益指标完成情况和基数增长制原则进行考核,超定员的,按所超人数结合平均工资扣罚。四是加大安全结构工资,加大逐级管理人员的安全抵押。

创建"四强四优"党组织
做强企业发展硬支撑

丁永平

在转型跨越发展的新形势下,太重集团作为大型国企,在创先争优中深入开展好基层组织建设年活动,不仅是推进党建工作科学化的必然要求,而且是推进企业转型跨越、创建世界太重的重要支撑。

一、准确理解和认真落实中央和省委的决策部署

准确理解和深刻把握中央和省委的决策部署,是活动有效开展的工作前提和思想基础。太重党委高度重视、精心组织,充分结合企业实际,制定下发了《关于在创先争优活动中开展基层组织建设年的实施方案》。方案提出要围绕"突出一个主题,明确三个重点,贯彻四项要求,创建'四强四优',实现五个目标"的总体思路,科学组织"集成升级"行动,不断夯实党的执政基础,切实解决一批问题,把基层组织建设年活动贯穿到太重党建工作的始终,以活动的新成绩推进党建工作整体格局的新发展,以党建工作的新发展促进全年方针目标的实现和转型跨越的新进步。

突出一个主题,即要突出"强组织、增活力、创先争优迎接十八大"的主题。集团各级党组织和广大党员都要围绕这一个主题,争转型跨越之先、创世界太重之优,以实际行动发展太重、向党献礼。明确三个重点,即各级党组织要对照年度工作重点和"十二五"规划目标,着力在解决存在的突出问题,形成有力的体制机制,增强创造力、凝聚力、战斗力等三个重点上下工夫,切实发挥好党组织推动发展、服务群众、凝聚人心、促进和谐的作用。贯彻四项要求,就是要做到"抓落实、全覆盖、求实效、受欢迎",坚持一抓到底,使每个支部都行动起来,让每名党员都参与进来;扎扎实实办实事,解决突出问题,确保活动收到实效,使之成为党员、群众满意工程。创建"四强四优",即

要把各级党组织建设成为"政治引领力强、推动发展力强、改革创新力强、凝聚保障力强"的"四强"党组织,把党员培养成为"政治素质优、岗位技能优、工作业绩优、群众评价优"的"四优"共产党员,这是太重开展基层组织建设年活动的着力点。实现五个目标,一是要提升党组织战斗力,转化一批后进党组织,提升一批一般党组织,巩固扩大一批先进党组织;二是要提升党组织书记素质,不断拓宽选任渠道,加强教育培训,着力增强党组织书记服务发展、服务民生、服务群众的能力。三是要提升党员队伍生机活力,提高发展党员质量,加强教育管理服务,逐步完善激励关怀帮扶机制,增强党员意识和党性观念。四是要提升基础保障水平,不断壮大党务工作力量,加大经费投入力度,加强活动场所建设,深入推进党建工作信息化。五是要提升集团公司党建制度化水平,不断提高党组织工作规范化、活动经常化、决策科学化水平。

创先争优活动自 2010 年开展以来,第一年突出了推动科学发展,第二年突出了服务人民群众,今年抓住召开党的十八大的机遇,突出了加强基层组织这个重点。太重党委准确把握这一总体布局,把创先争优活动和基层组织建设年活动融为一体,着力推进"四强四优"创建活动,及早部署、严格执行、狠抓落实、确保成效,使得党建工作成为推进太重转型跨越的有力支撑,收到了明显成效。

二、深入推动"四强四优"创建活动

太重党委严格贯彻执行中央、省委关于开展基层组织建设年活动的总体要求,采取调查摸底,分类定级;健全组织,扩大覆盖;整改提高,晋位升级;学习先进,创先争优的方法步骤,有计划、有组织、分步骤地推进,坚持围绕转型抓党建、抓好党建促跨越,切实加强组织领导和考核评定,不断完善党建联系点制度,确保整个活动开局良好、组织有序、成效明显。

活动开展之初,我们严格方法步骤,在对现有 242 个支部进行细致的摸底分析和抽样调查的基础上,根据"三会一课"等党建日常工作情况、组织活动是否丰富以及抓党建工作的思路是否明确等进行了分类定级。由于太重多年来始终坚持"三个同步"(即坚持做到党建工作与生产经营工作同步谋划、同步安排、同步考核,党群组织和行政组织同步建立或调整,党组织领导成员与行政单位领导成员同步配备),所以今年新裂变组建的轧钢、锻压、矿山、焦炉等分公司都顺利组建了党组织,从而保证了党组织的健全和党员教育全覆盖。

在基层组织建设年活动中,我们坚持以抓好"四强四优"创建活动为抓手,在集团公司范围内开展了职工思想状况问卷调查,在全体党员中开展了"佩戴党徽、亮明身

份、做模范表率"活动,各级党组织分别开展了"我为公司献一策"、"员工接待日"、"亮点工程"、"降本增效,提高运行质量"、"我是党员,向我看齐"、"在我手上无次品"和"在我手上无差错"等特色活动,各部门开展了"一个支部一个亮点"活动,有的单位还建立了党建工作辅导室,组织了"红旗车"竞赛活动等,各级党组织的政治核心作用和战斗堡垒作用得到充分发挥,全体党员的先锋模范作用得到积极体现,带动了全体职工勇克困难、奋勇前进的工作积极性。5月份,党委对集团公司所有党组织进行了全面的评比检查,共评选产生 10 个先进党组织、19 个红旗党支部、10 名共产党员标兵、160 名优秀共产党员,并在"七一"前夕召开的纪念建党 91 周年暨"两创"评比表彰大会上进行了隆重表彰。今年上半年,在企业发展面临较多较大困难的形势下,太重除利润水平有所下滑外,其余各项指标均实现同比增长,发展成绩良好。

三、努力做强党建推动转型跨越的硬支撑

下一步,我们要把抓基层组织建设的科学方法和有效机制固定下来,通过总结经验,理清思路,解决问题,完善制度,不断把"集成升级"行动引向深入,全方位推进转型跨越的世界太重向前发展。

一是要进一步理清党建工作思路。党建工作如何围绕生产经营发挥作用是我们面临的重要课题。近年来,太重形成了以"11235"党建模式、"三个转化、一个融合"目标体系为主要内容的党建工作总体思路,对促进企业转型跨越发展发挥了重要作用。但面对新形势新任务,推进"转化融合"仍然是我们下一步的工作重点和努力方向。要构建"转化融合"平台,要着力推进七个转化,即把党的理想信念、思想理论、方针政策、组织优势、队伍优势、监督优势和群众工作等优势分别转化为企业的发展力、创新力、创造力、领导力、执行力、管控力和凝聚力。要推进"转化融合"工程,努力实现党的政治手段与经济管理手段相融合,党建工作模式与法人治理相融合,党的职能与行政职能相融合三个方面的融合。要实现"转化融合"目标,构建两大机制,即构建党群工作"大政工"格局下的网状管理机制和探索建立一体化绩效评价机制。

二是要积极为职工群众办实事、解难题。在建设年活动中,我们针对职工家属子女就业困难的实际,制定下发了《非指定院校专业大专及以上学历职工子女培训就业暂行办法》,在企业生产经营面临较大困难的情况下,下大力气解决企业职工子女就业问题,赢得了广大职工家属的信任。同时,还妥善解决了原山西机器制造公司破产后遗留的职工住房公积金、生育保险、采暖补助等问题,完成了兴业公司、太矿集团、太液公司等拆迁、搬迁安置工作,加强了"送温暖"、"金秋助学"以及慰问老党员、老干

部、困难党员的力度,真心实意为职工群众办实事,解决了一批突出问题,有力促进了和谐太重建设。要继续巩固基层组织建设年活动成果,更好地推进党的基层组织建设,巩固党的执政基础,增强企业凝聚力和向心力,认真探索和形成职工群众办实事、解难题的长效机制,争取每年都能解决一批突出问题。

三是要形成党建工作科学化的制度体系。提高国有企业党建工作科学化水平,是保持和发展党的先进性的必由之路,也是进一步强化党的凝聚力、吸引力和战斗力的必然选择。提升党建工作科学化水平,必须要用科学的制度来保障党的建设,这是开展党的基层组织建设年活动给我们的深刻启示。党的基层组织是党的全部工作和战斗力的基础,把各级党组织建设成为"四强"党组织是推进党建工作科学化的组织保证和制度基础。太重党委近年来相继制定了《党支部工作手册》、《发展党员工作手册》、《党委组织员工作程序》等一系列规章制度,但在增强组织活力、激发组织创新,尤其是党建工作融入生产经营等方面还缺乏一些政策引导和制度安排,需要进一步下大力气去研究探索。

四是要强化党建工作推动发展的硬支撑。党建工作是国有企业的软实力,是巨大的政治优势,而且在很多方面已经渗透进了企业核心竞争力。新形势下,尤其是要发展好企业党群工作这一软实力,使之转化为企业的核心竞争力,成为推动企业转型跨越发展的硬支撑,是新形势下加强和改进党的建设的必然要求。国有企业党群工作的指导思想先进、组织基础严密、工作领域较宽、群众基础广泛,党组织在职工群众中拥有很高的威信,能够发挥调动职工工作积极性、有效整合企业人力物力资源的积极作用。因此,要着眼于注重把党群工作固有的优势、资源、成果转化为企业核心竞争力,从推进企业转型跨越发展的宏观高度,不断挖掘和提升支撑企业科学发展的软实力。要按照"经营太重"的思路,不断提升企业的发展原动力、战略引导力、规划执行力、运行管控力、文化感召力、职工凝聚力和品牌影响力,努力从发展氛围营造、发展能力拓展、发展境界提升等多方面推进企业发展,以软实力强化硬支撑,以软实力的新提升促进硬实力的新发展。

(作者系太原重型机械集团有限公司党委副书记)

着力改革创新 致力选贤任能

张义平

政治路线确定以后,干部就是决定因素。太原局党委深入贯彻落实新一届部党组决策部署,致力于为推进全局科学发展选贤任能,按照"公开、民主、竞争、择优"的方针,积极稳妥地推进干部人事制度改革,实施公开招聘、缺岗竞聘、岗位交流、绩效考核等创新举措,进一步优化资源配置,激发队伍活力,提升干部队伍的整体战斗力。

一、分层实施干部公开招聘,拓宽平台,优中选优

坚持把竞争性选拔作为选人用人的重要途径,立足岗位需求,拓宽选人视野,为各类人才搭建竞争平台,让干得好的考得好、能力强的选得上、作风实的出得来。一是坚持广纳群贤,对部分副处级领导岗位实施公开选拔。按照《铁路企业公开招聘领导干部工作暂行规定》和定员编制的有关规定,先后选择客运、车辆、供电系统的12个副处级领导岗位,在全局范围内进行公开招聘,实时公布入围人员和工作进展情况,经过网上报名、资格审查、机考笔试、演讲答辩、现场评分、组织考察、集体讨论、公示任职等八个环节的精心选拔,为太原车辆段、太原客运段、太原供电段和侯马北供电段选拔配备行政副职11名,为局机辆验收室选拔配备驻段验收室主任1名。二是坚持凡进必考,对局机关一般管理和专业技术人员实施公开招聘。针对局机关各部门岗位缺编情况,把定期招聘与适时招聘相结合,把考试面试与组织考察相结合,把个人报名与单位批准相结合,严格入围条件,坚持全过程公开,实行差额考察,实现优中选优。去年以来,先后从生产一线为局机关37个处室招聘优秀人才192人,有效地提升了处室管理素质。三是坚持超前储备,对部分一线高铁管理岗位实施专项聘任。在太原站、大同站、介休车务段和侯马车务段设置21个高铁人才专项岗位,组织公开选拔,实行专项聘任。对太原站8个副科职岗位,由路局人事处(党委组织部)协调指导,

在全局范围内进行公开招聘,为提升高铁客运服务水平奠定了基础。

二、稳妥推进干部缺岗竞聘,竞争择优,激发活力

在实施干部岗位管理工作中,坚持不唯身份,不唯资历,对站段中层及以下管理和专业技术人员缺员岗位实行竞争上岗、公开招聘,让想干事的有发展,着力构建能上能下、充满活力的选人用人机制。一是公平公开,竞争择优。各单位根据管理岗位缺编情况,打破干部工人身份界限,分别依据《岗位说明书》,细化标准,规范程序,让生产一线技能人才、管理人才和专业技术人才在同一起跑线上公平竞争,并对人才总量不足、结构性短缺的单位,适当调整某些岗位的任职条件。去年以来,1199 人通过缺岗竞聘充实到一线管理岗位,其中 116 名一线班组长脱颖而出。二是畅通出口,动态优化。制定下发了《关于专业技术人员和中层及以下管理人员退出现岗位管理的指导意见》,明确界定退出标准,畅通自愿退出、组织调整、岗位落聘、考核退出、问责退出等出口渠道。对在年度考核、重大事件、重要问题和关键时刻不称职或有重大失误,不适宜现岗位的人员,实行周期性调整和即时性退出。今年以来,先后对 6 名岗位不尽责的干部予以解聘。三是放宽权限,激发活力。在推进干部岗位管理过程中,不搞"一刀切",允许基层单位在基本政策框架内,紧盯难点问题,结合实际情况,增加"自选动作"。同时,对基层单位中层及以下管理人员的晋职提薪,和领导班子副职及以下人员中、初级专业技术职务聘任的晋职提薪等工作,由基层单位自主办理,有效调动了各单位加强干部队伍建设的积极性和主动性。

三、持续加大干部交流力度,提升能力,优化结构

坚持把交流使用作为提升干部队伍能力素质的重要途径,优化队伍结构,加快干部成长,着力培养复合型的领导干部队伍。一是着力于现场需求,实行实践性交流。有计划地将德才兼备、年富力强的优秀中青年干部选派到艰苦地区、复杂环境和关键岗位进行挂职,依托关键技术攻关、急难险重任务磨炼干部。在去年展开的太中银安全标准线建设中,48 名专业技术人员岗位业绩突出,被破格聘任为高一级技术职务。二是着力于结构优化,实行互补性交流。在加强班子建设和干部选拔任用中,综合考虑年龄、经历、专业、气质、学历搭配,不断加大单位间、地域间、系统间、专业间、主辅间的交流力度。去年以来,全局交流调整领导干部 270 人次,其中上下交流 91 人次、党政交流 38 人次、跨单位交流 106 人次、综合与专业之间交流 15 人次、运输与非运输之间交流 20 人次,干部资源配置更趋合理。三是着力于岗位促廉,实行专业性交流。

突出廉政风险防控重点,实施《关键岗位人员管理办法》,严格定期轮岗制度,对任职年满三年的予以调整提醒,对任职年满五年的实行刚性交流。今年以来,重点对局运输处 5 名科长、人事处(党委组织部)10 名科长和调度所 4 名货调人员进行了调整,对局物资处 7 名物资采购项目负责人进行了互换,对太原地区 11 个站段的 4 名劳人科科长、11 名财务科科长进行了交流,对 56 名中间站货运负责人进行了轮岗。同时,推行纪委书记异地任职制,去年以来新提拔的 27 名纪委书记全部安排异地任职,全局立案 47 件,党纪处理 50 人,纪检监察和案件查办力度进一步加大。

四、全面加强干部绩效考核,传递压力,激发动力

坚持把严格绩效考核作为深化干部人事制度改革的重要一环,强化现场督查,规范考核程序,实施公开晾晒,着力在一线干部职工中强化盯控在现场、作用在现场、考核在现场的鲜明导向。一是完善定期考核制度。综合运用经营业绩考核、政治工作等级考评以及职代会述职、半年度履职报告等载体,综合考察基层单位领导班子和干部队伍建设情况。今年以来,借鉴部党组对路局领导班子调研评估的有效做法,建立了基层单位领导班子和领导干部定期考核制度,先期展开了对 34 个运输站段领导班子、342 名班子成员的调研评估,为路局、路局党委选准用好干部、加强基层单位领导班子建设提供决策依据。二是加强日常管理监督。开发运用"领导干部安全绩效考核信息平台",分层建立干部现场履职绩效排行榜,每月晾晒质量最优、最差《安全问题通知书》。完善了以关键时期专项督导、重点任务专题排行和周、月、季专门通报为主的干部作风专项督察制度,对各级干部安全履职情况、重点任务落实情况等进行动态监督,实时做出分析、预警和评价。2011 年全局纳入考核范围的 598 名领导干部人均下现场达 105 天,进一步提升了现场管理水平。三是严格关键时期考核。围绕安全大检查以及防洪、施工、春运等重点任务,建立实施领导包保、专业包保和重点包保相结合的现场包保网络,跟踪展开干部作风专项督查。去年以来,因作风漂浮和安全问题追责领导干部 78 人次,持续强化了真抓实干、管控风险的导向。

去年以来,全局干部人事制度改革工作在创新中推进,在改进中加强,在干部队伍中进一步激活了竞争力,提升了战斗力,增强了发展力,也为我们持续加强和改进干部选拔任用工作提供了有益启示。

一要始终着眼发展需求。为推进科学发展选贤任能,是当前干部选拔任用工作的根本任务。在深化干部人事制度改革的过程中,要紧紧围绕全局安全、经营、稳定、建设等中心任务和现场急需,因地制宜,求实求效,突出前瞻性,把握实践性,努力建设一支敢打硬仗、善打硬仗的干部队伍。

二要始终注重改革创新。改革创新是加强和改进干部选拔任用工作的动力源泉。在深化干部人事制度改革的过程中，要紧扣现场实际需求，着眼干部成长需求，认真总结、稳妥实施公开招聘、缺岗竞聘、轮岗交流等经验做法，不断健全完善干部选拔、培养和考评机制，着力提升干部队伍建设的科学化水平。

三要始终倡导任人唯贤。广开源头，方能广纳群贤。在干部选拔任用上，要进一步解放思想，打破身份界限，打破论资排辈，重学历而不唯学历，重经历而不唯经历，扩大选人视野，拓宽选人渠道，大力推行竞争性选拔，为能干事的广搭平台，为想干事的创造机会，努力营造各类优秀人才脱颖而出的生动局面。

四要始终坚持群众公认。对于干部的德能勤绩廉，职工群众最有发言权。在干部选拔任用和考核评价过程中，要始终坚持群众路线，吸纳群众意见，做到标准公开、过程公平和结果公正相统一，考试认定、群众评定与组织审定相结合，不断提高选人用人工作的公信度和满意度。

（作者系太原铁路局党委书记）

山西新华书店集团现代化连锁经营之路

山西出版传媒集团

  伴随共和国的成长脚步,新华书店走过了 70 多年的风风雨雨,从延安烽火中走来的新华人坚定地履行着自己的光荣使命,坚决地担当起自己的高尚职责,为国家发展、民族振兴和建设有中国特色的社会主义做出了突出贡献。

  在改革开放的大门尚未开启之前,有政策的保护和国家的扶持,新华书店借助发行权的独家垄断,牢牢地筑就了自己在出版发行领域的森严壁垒,树立了无可挑战的主导地位。直到社会主义市场经济时代真正到来,国家开始大力推进文化体制改革,图书市场分销领域向国内外所有资本放开;伴随科学技术的进步及全球性互联网技术的广泛应用和不断发展,网上书店风生水起、生机勃发,电子书等新媒介异军突起,新华书店终结了其一家独大的局面。被视为"基本口粮"的教材教辅的出版发行则跨过了招投标、限价令、免费供应、循环使用、学生人数连年缩减、教辅新政强力出台等一个又一个转折点,转入微利年代、保本阶段、公益时期;特别是互联网这一互动平台的广泛应用,已彻底改变了人们的消费理念、消费习惯和消费方式,各种新兴市场力量的介入,更是对传统出版发行发出了具有鲜明的时代特征和历史个性的市场信号,与之相对应的则是实体书店倒闭潮涌,一般图书及音像制品市场持续低迷、增长乏力、颓势尽显。无奈之下,缩短营业时间,减少营业面积,压控营业品种,拓展经营范围,扩大出租收益,收紧资金链条,或干脆关张另谋他路成了许多书店的常态、常事、常情。发行行业的寒冬效应持续发酵,国有新华书店在"寒冬"中一样无法独善其身或难以置身事外,发展途径短缺、盈利模式单一的状况已成为制约新华书店发展壮大的主要因素。陈旧的思想观念,落后的管理模式,凸显计划经济时代的"后遗症"、旧有机制体制的"肌无力",更使新华书店对政策的严重依赖,经营结构、产品结构的严重失衡,各级书店各自为战、单打独斗,运营成本畸高,信息严重不对称,资源利用不充分等一些积久的问题像退潮之后的礁石般逐渐暴露出来，已成为阻碍企业转型跨越发展的密集羁绊，迟滞企业创新发展的连环套索。

新华书店不得不开始面对市场机制和体制变革带来的种种阵痛和生存压力。是自我救赎还是无谓等待？是被动守成还是主动出击？新华书店的出路到底在哪里？

一、上下求索

在流通领域中，连锁经营作为大力提升企业的市场核心竞争力和内部管理水平、实现企业规模效益和可持续发展的一种全新的商业组织形式和现代经营方式，凭借统一的店名、统一的标识、统一的采购配送、统一的营销工具、统一的信息平台、统一的管理手段、统一的货款结算、统一的服务，逐渐展示出其独特的优势并取得了前所未有的成功。

纵观当今，连锁经营作为一种全球风行的经营业态，无论理论体系还是指导实践都已非常健全、非常成熟，其实质就是把现代化大生产的原理应用于商业流通领域，通过实施标准化、专业化、规范化建设，获得企业发展的高速度、高质量和高效益，它以一种强大的生命力和蓬勃的发展势头吸引着全球众多商家的眼球并赢得了他们的广泛认同。而既属于零售业又位于服务业行列的新华书店，一旦引入这一得到全球有力推广和普遍应用的全新的组织形式和经营模式，必将彻底实现新华书店从传统销售方式向现代营销方式、从分散经营向集约化经营、从简单分工向专业化分工的巨大转变。发展连锁经营，已成为山西新华书店集团发展历程中的必由之路和唯一选择。

早在2000年12月，经过多次的探讨，山西新华书店集团（其前身为最早的山西省新华书店）就正式决定实施全省连锁经营项目，并组织有关人员赴外省进行市场调研，开展项目可行性论证，最终形成了《山西新华书店集团连锁经营实施方案》。2001年，中央提出了大力发展连锁经营、加快出版物连锁营销体系建设的总体要求。之后，集团虽历经三任领导的更替，但在发展连锁经营方面，每一任领导都没有停止过严谨的思考、艰难的探索和价值的寻求。直到2009年，实施系统内全域连锁经营的大幕徐徐开启。集团公司在全面总结兄弟省级店开展连锁经营的经验和教训的基础上，决定对全省新华书店系统的发行资源进行规范的连锁整合，并按照规范的现代商业连锁经营模式，正式启动我省的连锁经营工作。

连锁经营对于山西新华书店集团、对于每个参与者都属新生事物，势必面临一场严峻的考验，因为既无前例可循，也无现成模型可以照搬；既缺少能够将实践与理论相结合的专业人才，又缺少业界专家学者的指导帮助。连锁项目组成员完全是摸着石头过河,在走一条自我解析、自我求证、自我探索、自我创新的路子。它属于一次前所未有、歧路重重、一切未可预见的远征,尽管前路坎坷、充满各种艰难险阻,但连锁推进项目组成员凭着过硬的工作作风,团结奋进、攻坚克难,最终取得了丰硕的成果。

二、基础之石

图书连锁经营是以经营一般图书、音像制品、电子出版物及其他文化用品为主的若干门店为支撑,以销售的标准化、管理的规范化、分工的专业化、网络的便捷化为标志,以商流、物流、信息流、资金流的一体化为运营基础,在连锁总部(公司)的统一协调、统一部署下,完成整个销售和服务过程的。如果把整个连锁体系比作一个人的身体,连锁总部就是包裹整个身体的"外衣",信息网络就是整个身体的"神经系统",物流配送就是整个身体的"四肢",门店作为实际支撑者,就好比是整个身体的"骨架";合理的业务流程、科学的管理体系和高素质、专业化的人才队伍是附着其上的"肌肤"。所有部分都是互相支撑、互相呼应、互相联动的,任何一个"零部件"出现问题,都会影响到整个身体的健康状况,甚至影响到"生命周期"的延续。

本着"做适量投入,保基本运转,留发展空间"这一基本原则和符合标准化和规范化、信息化和网络化、资本多元化和功能多元化的基本需求,山西新华物流中心于2008年初在山西出版传媒产业园正式启动建设。其建设方案及设计涵盖了物流中心建设规划、应用流程设计规划、物流信息系统规划、物流仓储设备规划多方面的内容,完全可满足公司现实需求及未来长远发展的需要。该项目被列入《山西省文化产业发展规划纲要(2008~2015)》中,又被省委宣传部、省发改委审核立项,列为我省加快推进现代服务业的"1+10"工程建设中的旗舰项目,使得山西新华物流中心的建设被提升到一个新的高度和地位,在政府政策倾斜和资金扶持方面获得优先权及优惠权。

在省委、省政府的大力支持下,经过两年多的艰苦努力,山西新华物流中心在2010年4月29日正式投入使用。凭借4.3万平方米的物流仓储面积,当年便入选2009年全国出版发行行业十大物流基地;其内部采用的由南京格敏思信息设备公司研制的高速自动存取拣选系统,技术领先,理念独特,工艺先进,流程科学,设备的安装和使用完全实现模块化,空间利用率高,维护成本低,具有很强的可操作性、可扩展性和严整的可靠性,可从作业流程上解决流程收货品种和拣货品种不能匹配,收货速度和拣货速度不能匹配,拣货作业低效率的问题;可根据业务发展需要扩展拣选模块和存储模块,控制后期建设成本,提高整体作业效率。系统通过适度的设备自动化和智能化,实现物流的劳动密集型向服务密集型、手工操作型向技术创新型转变。整个系统的运行比人工操作的效率提升了 5~6 倍,最多日处理业务工作量可达到 5000 件。公司的核心竞争力得到进一步强化,市场领先优势得到进一步巩固。

目前,系统在 2011 年经过升级、改造后,山西新华物流中心已成为山西面积最大、设施最为先进、客户最为认可的出版物配送中心,可同时为遍布全省 119 个市、县、区的 322 家直营连锁网点,提供全品种、全天候、全方位的配送服务。其满负荷运行后可实现教材、图书、音像、电子出版物、文体用品、数码产品年流转品种 30 万种,年流转包件 370 万件,年流转金额 30 亿元,第三方出版物物流流转金额 4 亿元。

现代管理必须依靠现代化的管理手段、管理工具。"四肢"有了,还必须构筑"神经系统",打造一个先进、科学的信息管理平台。所谓连锁经营、信息先行,业务需求、信息提升。信息的重要性首要解决的就是总部与门店的互联互通及信息互享问题。这个问题解决得好,就能使身处信息爆炸时代的人们,在处理海量信息的同时获取更多有价值的信息,并在瞬息万变的市场形势中,捕捉市场先机、赢得先发优势,借助外力博弈、降低市场风险。

在系统的选用上,山西新华书店集团并没有简单地采取"拿来主义",而是选择了联合开发之路。公司先后组织集团直属业务部门、连锁筹备办、上海 AMT 管理咨询公司及基层门店业务人员组成项目论证组,结合外省及本省书业信息化的现实状况和工作实际,对软件功能的开发、对各项具体内容的设置进行了逐条逐项论证和深入探讨,仅大大小小的论证会就举行了二十多次。最长、最集中的一次论证持续了半个多月。经过一年多的研发论证,包括商流采购模块、市场与销售模块、领导决策分析模块、物流模块以及连锁店模块等所有模块在内的商流、物流信息系统逐渐显现出清晰的脉络,一套成熟的 ERP 企业资源信息管理系统终于诞生。这套系统面向山西新华书店集团未来的组织架构和核心业务组合开发,支持和满足了未来所有主营业务的运作和发展需求,可实现四个目标,即四个一体化:财务业务一体化,商流物流一体化,供应链一体化,管理与操作一体化;达到四个标准:编目标准化,单据标准化,作业标准化,管理标准化;做到三个渗透:把制度、考核、核算渗透到流程中去;妥善处理四个关系:流程与职能、流程与管理、流程与岗位、流程与部门的关系,还要体现集团的连锁构想,即它是一个综合性连锁,既有直营又有加盟,同时还要解决基层区域性二级连锁各个方面的问题。而系统与高速存储拣选系统的高度集成对促进连锁分销渠道的优化,网络布局的完备,配送效率的成倍提升,更是创造了极为有利的条件,对提高新华书店在山西的市场占有率、品牌影响力和社会知名度,有效降低运营成本将发挥不可替代的作用。

企业规模不论大小、经营方式无论优劣、销售收益无论好坏，流程管理始终将贯穿整个经营过程。通过系统来定义流程的各种规则，可使流程控制成为指导连锁体系内的每个员工如何去做正确地事和如何正确的去做事的原动力和催化剂，最终实现职能的高度统一和集中，职能的有效合并和转换，实现粗放型管理向精细化管理的顺利过渡。

为此，山西新华书店集团引进国内专业的管理咨询公司——上海 AMT 管理咨询公司，在连锁筹备期，与集团连锁筹备办人员联合组成了"山西新华书店集团有限公司连锁规划项目组"。项目组的成立，标志着集团的连锁经营工作迈出了实质性的步伐。项目组循着既定的轨迹沉稳坚定、不知疲倦地向前运转起来。出工作方案、定采访文本、列访谈名单、拟谈话提纲，一系列准备和先期调研工作的目标就在于通过对系统内各主营业务发展模式和组织架构的理解、综合和分析，规划山西新华书店集团未来的连锁经营蓝图，并通过连锁核心业务流程梳理和论证，整理提炼连锁经营的信息化应用需求，进而为后续的连锁经营信息管理系统开发，以及今后的业务整合、资源整合提供管理规范和操作指导。

本土的才是合适的，适合的才是最好的。AMT 咨询公司以独立的第三方视角，按照以结果为导向的项目运作方式，将现场走访与发放调查问卷紧密结合起来，细致观察、缜密分析、坦诚讨论了全省各市县店在设施设备、业务运营、门店管理、绩效考核及财务管理方面存在的各种问题，重点了解了各基层门店的发展现状及对连锁经营的期望和要求。他们深入一线、深入市场最前沿、深入销售人员中间，含集团本部在内，累计访谈超过 68 人次，收集整理了各种基础信息和市场数据等大量的第一手资料，最终形成了 60 多份访谈纪要、17 份核心文件，为明确山西新华书店集团的连锁业务模式及连锁组织结构，规划山西连锁经营的宏伟蓝图，制定山西连锁经营的可行性方案，梳理连锁核心业务流程，形成连锁核心业务规则，奠定了坚实基础。

2010 年 8 月，上海 AMT 公司顺利完成山西新华书店集团有限公司连锁规划项目。《山西新华书店集团连锁规划项目核心业务管理信息系统 IT 需求分析报告》《山西新华书店集团连锁规划项目流程总体描述》顺利交付。其项目交付书围绕山西新华书店集团的连锁经营工作，构筑了合理的组织架构体系、先进的信息管理体系、规范的管理制度体系、科学的流程控制体系(关于连锁总部及门店并经过优化和再造的业务流程达 70 个)等一整套标准化的经营体系，从商品的选择与采购到商品的物流与配送、从市场化的销售与结算到终端门店的可复制建设，均以连锁经营的具体要求和实施细则为依据。

2012 年 9 月,集团又与 AMT 公司启动"流程优化及绩效考核项目",积极探索基于各项流程的绩效考核体系,建立直接有效、IT 固化的考核指标,全面动态监控各流程节点,深入保障各流程环节的有效运转,形成连锁经营各环节基于各项指标的牵引力、驱动力,以及基于考核的约束力、执行力,进一步提升经营考核的客观性、公正性和科学性。

几个项目的圆满收官为山西新华书店集团发展连锁经营明晰了目标,指明了方向,扫清了障碍,铺平了道路,具有里程碑式的深远意义。

山西新华书店集团物流中心的建成、高速自动化拣选系统的引进、企业资源计划管理系统的运行、管理咨询成果的交付,仿佛各具个性、各显特质的"四块基石"牢牢组成了山西新华书店集团科学发展、均衡发展、创新发展的坚实基座。

三、中兴之途

作为山西新华书店集团整体经营的一翼、业务构成的一极,一般图书的发行被置于集团有史以来最重要的位置。在多次论证和探讨之后,山西新华书店集团从整体发展战略和长远规划出发,决定正式组建山西新华现代出版物连锁有限责任公司,明确指出它是山西新华书店集团一人投资设立的专业子公司,实行集团董事会领导下的总经理负责制,独立核算,自主经营,自负盈亏,自我约束,自我发展并承担集团公司投入资产的保值增值及其投资收益责任。其定位为从事集团目录征订产品之外、市场产品经营的"连锁总部",是集团实施连锁经营的业务平台、管理平台和资源共享平台。

通过物流资源的全面整合,降低集团整体物流运营成本,同时拓展第三方物流业务,充分开辟"第三利润源",追求物流效益最大化;通过连锁经营,实施集团整体业务经营的有效整合,建立大中盘,提高进货的毛利水平,拓展终端销售网点,实现规模化经营,降低采购及退货成本,向规模要效益;通过技术创新,依托自动化物流设备和网络化信息系统,提升管理水平和运营效率,为今后多元业务的发展提供强有力的技术支撑。

公司在组织架构上,实施相同职能整合,经营与管理分离,设立两个管理中心、一个支持中心、一个服务中心和五个经营中心,全面体现了"精简、高效、必须"的原则。公司的管控模式、部门职责、经营范围也同时被明确界定。公司成立伊始的最大亮点,是采取分工与协作、进入和整合、规范和提升同步进行的思路,推出了公司"135 发展战略",即"三步走"战略——"一年组建整合,打基础;三年规模发展,要效益;五年经营成型,创品"。具体整合行为包括:公司内设机构的横向职能整合,外部产业链条的纵向业务整合,流通环节中共享资源整合(含物流、信息、渠道、业务等)。力度之大、范围之广,均属首开先河之举。

集团连锁经营推进遵循的是"坚持又快又好,坚持边实践、边分析、边总结、边提升,坚持先共性、后个性,先简单、后复杂,坚持整体规划、分步实施"原则,有了原则,就有了判断是非的杠杆和处理问题的准则,就会在对照中坚持正确的立场、方法、观点,就能保证个人行为和企业行为从任意妄行的轨道上脱离出来,使连锁推进工作不走弯路或少走弯路。

整个公司的组建方案由于提前谋划、超前思考、向前部署,涵盖了公司五年的发展规划,称得上是一份基础性、制度性、建设性的指导文件。

在保持原有业务不受影响,"两教"发货正常进行,农家书屋工程图书有序配发的前提下,新华现代连锁公司按照总体规划,完成任命班子、职能整合和人员调整(定员、定岗、定编)、清理资产、搬迁进入、物流设备安装、ERP硬件系统、物流辅助设备、货物运输项目公开招标、基层书店清理旧库存、确定连锁门店营销分类、配送模型,首批连锁门店业务流程、物流系统操作培训、全省连锁经营及股份制改造工作安排等一系列规定动作。在大力开展制度建设及业务指导方面,公司先后推出了《关于集团部分经营部门整合进入山西新华现代连锁有限公司的实施方案》、《连锁经营图书、音像制品配送方案》、《第三方物流业务代理方案》、《山西新华现代出版物连锁有限责任公司门户网站建设方案》、《关于做好连锁门店计算机设备规范配置的指导意见》、《山西新华书店集团图书音像连锁经营管理暂行办法》、《图书、音像制品、电子出版物营销分类法》、《连锁门店标准化管理体系》、《连锁门店店长手册》等,这些方案、办法、手册针对性明显,可操作性强,桩桩件件紧密围绕连锁经营而发布,使每个岗位、每个环节、每位员工都有对应的制度和职责要求约束,已成为指导全省连锁经营的纲领性文件和先导性意见,成为全省连锁经营工作的执行依据和行动指南,更为公司在下年度开展ISO9000族认证奠定了良好基础。

2010年8月30日,山西新华现代出版物连锁有限责任公司正式开业运营。省委常委、宣传部部长胡苏平,省政协副主席李潭生等领导出席了运营剪彩仪式。公司的运营是山西出版产业转型发展的重要成果,是山西出版发行数字化建设的重要标志。它标志着山西的出版发行业由传统发行业向现代发行业的跨越,由粗放型发行向绿色集约型发行的跨越,由独立分散经营向现代化连锁经营的跨越,由传统物流仓储向现代电子商务的跨越。从此,山西新华书店集团跨入了一个全面进步、全面复兴、全面发展的新时期。

连锁经营被列入书店集团 2010 年度工作中的第一要务。连锁推进时不我待、刻不容缓。为保证连锁推进工作高效进行、顺利实施、有力推进，公司采用"总部—中心门店—门店"三级和"总部—中心门店"两级相结合的连锁管理结构和渠道管控模式，先行试点祁县、平遥等六家书店的连锁后，在 2011 年 3 月，正式出台《山西新华书店集团关于加快全省连锁经营推进的实施意见》。整体连锁是以项目管理的工作方式，有序推进、分层执行，即由执行组与各市（县）级子公司共同完成市（县）级子公司系统连锁切换工作；由市级子公司推进工作组接受执行组的具体指导，完成所辖县级分公司切换工作。其具体步骤为：库存清底→重新立户→业务培训→设备调试→系统切换→运营对接→管理规范→建章立制→统一标识→正式运行。

整体连锁以目标管理的操作方式，实施总体协调、过程完善。在推进过程中，有观念的碰撞，有习惯的冲击，有思维的交锋，许多东西需要推倒重来甚至是颠覆性的破除，而接受新生事物往往需要一个艰难的过程。这个过程就是一次洗礼、一次变革、一次抉择。推进组人员每到一家书店便要开一次面对面的恳谈会，宣讲连锁的重要性、必要性和紧迫性，传播连锁经营的基本知识，介绍连锁业务操作的基本流程，对软硬件安装、门店盘点、信息对接、人员培训等做出计划，以统一思想、达成共识，协调行动、保持一致。其间，针对不同主题、不同内容及业务经理、超市主任、财务人员、业务人员及信息系统维护等不同岗位人员，公司采取"专家讲解+问题讨论+现场参观+实际操作"的方式，连续办了各为期一周的、三期"全省连锁经营培训班"。所有学员经培训和考核后，均拿到了集团颁发的结业证书，已成为我省实施连锁经营的中坚力量和骨干分子。公司还邀请已经实现连锁的门店，与各经营部门联合举办了三次"连锁回头看"座谈会，不断进行工作纠偏，不断校正执行轨迹，不断完善流程服务。事实证明，连锁推进的速度、质量和成效如何，执行者的因素最关键。为达到最佳效果，每次实施连锁，推进组人员都会划分工作范围，分解工作任务，制定工作目标并根据进度及时调配人员力量。并在工作中力求做到不错位、不缺位、不越位。这些人员中有的是新参加工作的年轻大学生，完全属于发行战线上的新兵，对图书发行业务知道的不多、了解的不够，但他们以老带新、以老促新，干中学、学中干，把理论知识和工作实践紧密结合起来，加上本人的谦虚谨慎、勤学好问，他们很快就以过人的智慧适应了新的行业、新的环境、新的岗位，成为独当一面的业务骨干。按照连锁进度计划表的刚性要求，他们每月必须完成七八家店的连锁任务，这就决定了他们只能像个陀螺一样不停地忙碌和运转,才能确保任务的按时完成。于是,逢年过节一律不休息成了他们的铁律。包括随队的司机在内,随时候命、随时出发、随时上阵都成了习以为常的事,节假日对于他们更是淡化为一个时间概念、甚至与家人一起看望老人、拜访朋友有时都成了一种奢望。但他们不讲条件,不计得失,不求名利,像一支精于攻守、善打硬仗的特种小分队,将他们的足迹印在了三晋大地的每一个散发着浓郁墨香的地方。各级书店领导和门店的职工也是一样,只有几月几号的概念而无星期几的概念,他们以个体服从整体、局部服从全局,牢固树立大局观念,迎难而上、协同作战,调动力量、主动配合。正是有了各级书店从人力、物力、财力上为连锁推进工作所提供的有力支持,以及对他们提出的合理化建议和宝贵性意见的不断综合,集团的连锁经营才能够扫清种种障碍、克服重重困难,如期推进并摘取累累硕果:从2011年3月份到10月份,短短8个月时间,超额完成上级交付的90%市县门店的连锁任务。至此,信息平台搭建完毕,商流物流实现对接,设备运行保持平稳,技能培训如期结束。全省102家连锁门店全部达到要求并全部走上了正常运行的轨道。

2012年,集团制定了连锁门店POS机销售3亿元的基础目标、4亿元的发展目标,并开始在全省实行POS机销售"双挂钩、双考核"制度,上至集团领导、下至普通业务员,一把尺子量到底,均按月考核兑现、按月排行公告、按月实施诫勉,这一管理模式和分配模式的创新,已在业内产生巨大反响。与POS机销售紧密结合,山西新华书店集团又接连推出了《子公司总经理荐书制度》等管理制度,编制了《子公司总经理推荐书目》、《励志类团购书目》、《领导干部书架》等基本书目。凡子公司总经理所荐图书在全省范围内单品种销售总量必须达到1000册以上,其中自销数量须达到500册以上。在首批73种荐书中,仅阳泉市新华书店总经理孔维华推荐的《煤矿操作规程》一书就销售达16000多册,码洋35万多元。总经理荐书制度的推出极大地激发了经营管理人员的市场意识、责任意识和服务意识,获得了空前的成功。而连锁门店信息管理系统在为集团提供业务数据、提高经营效率、实施绩效考核、强化管控能力上发挥了突出作用。2012年,先后有十几家兄弟省级店或出版集团的负责人来我集团调研学习,谈及山西的连锁经营工作,大家一致认为这是一个奇迹、一大创举,均认为这是书业连锁经营的一个成功范例和典型样本。

四、奋进之举

好的资源可以为企业实现腾飞插上有力的翅膀,但资源的利用和占有并不存在正比关系。发展连锁经营为山西新华书店集团提供了整合优质资源的契机。新华现代连锁公司及各连锁门店是集团市场资源最为集中也是最具整合价值的公司。连锁公司将自身的运作清晰、明确地定位为:文化产品服务平台。其要义就是不仅仅是做中盘,更重要的是做平台;不仅仅是做产品,更重要的是做服务。在平台之上,进行所有资源的重新排列组合、重新谋划布局,连锁经营的规模优势、渠道优势、网络优势、品牌优势便像最后的底牌一样揭示在博弈者眼前。

为实现市场产品经营的全面整合,集团与国内近 20 家品牌供应商签署了战略合作协议,以共同面对市场挑战、共同分享产业机遇,共同开展大范围、多角度、深层次的战略合作。至 2012 年初,集团已先后下发了《电子数码文体用品的整合意见》、《大中专教材发行的整合意见》、《馆配业务整合意见》以及《电子商务整合意见》,目的就在于让分散的细沙聚为稳固的沙丘,让各自作战的游击队转为装备精良的集团军,加大新华书店的市场话语权,降低集团内部运营成本,避免多头、重复投资,多方树立与上游供应商的合作权威和合作信心,获得 1+1>2 的最佳效果。

图书音像、大中专教材、馆配业务、文体用品、电子数码产品五项业务资源的强力整合、有效整合和全面整合,以集中采购、追求规模效益为目标,以整体协作、打造合纵新局为战略,为集团发展连锁经营、实行转型跨越发展奠定了坚实的基础。最明显的例子,公司的大中专教材发行业务在经过大力度、大范围、大动作的整合之后,2012年同期的销售比整合之前的 2500 万元整整翻了三番,达到创纪录的 8000 万元;馆配图书业务从无到有、从少到多,由寥寥几十万元业务上升到几百万元,原来失去的市场正被一点点收回;"第三方物流"业务也获得长足发展,仅山西省教委薄弱学校改造计划项目的配发任务,总额便达到 2 亿元,此举,使"企业物流"向"物流企业"转换的步伐迈出了关键的一步。

所谓整合出效益、整合见合力,在这些案例上得到了最有说服力的验证。集团在2012 年底前还将对网上书店、会员管理、储值卡销售实现全方面的整合,构成纵向线条、横向复合的销售网络,实现基于 EPR 平台的传统业务与新型业态的有机统一,供应链上、中、下游的有机统一,线上网上书店交易与线下实体书店交易的有机统一,使集团新华现代连锁公司真正成为市场产品经营的新支点、新平台、新领域。

好的体制是企业发展的前提,是企业振兴的保证。而体制的创新对企业产生的影响则更为持续、长远、巨大。作为一种自我选择、自我救赎、自我图存的战略举措,2010年 8 月 30 日,集团在全省系统掀开以一般图书及大文化产品为经营方向的股份制改造大幕。随着股份制改造在全省的深入推进、广泛实施、实质突破,山西新华书店集团各级公司正建立起完善的法人治理结构,先进的现代企业制度,真正成为自主经营、自负盈亏、自我发展、自我约束的市场竞争主体。

市场化产品的经营离不开门店,而门店的发展壮大要依托连锁经营来实现。连锁经营是股份制改造的强化剂和助推器,是股份制改造获得成效的基础保证和先决条件。"放水养鱼"是一种激励手段,"鲶鱼效应"是一种生存定理,"集群洄游"是一种自觉行为。作为股份制改造的指导者、执行者,新华现代连锁公司开始与各级公司携手,在集团优惠政策的扶持下,在发展连锁的带动下,以期靠市场产品来做大主业,靠多元经营来做强辅业,彻底扭转黄金地段不出黄金效益、长年捧着金饭碗要饭吃的被动局面。《山西新华书店集团关于对市场产品的经营实行股份制改造的实施意见》正式下发后,各级书店纷纷行动起来,30家市县子公司全部完成了方案报批、公司注册工作并正式转入运营阶段,在2012年初全省的股份制改造工作全部完成后,山西新华书店集团紧接着出台三项举措:一是本着和战略合作者资源共享、风险共担、利益均沾的原则,由新华现代连锁公司发起并共同投资成立的山西新华现代传媒股份有限公司和山西新华现代物流有限公司,2012年9月底,两大公司完成注册,开始以全新的机制、体制,以符合现代企业制度的管理手段和市场资本的运作方式,在探索新兴产业领域和经营新兴产品上,频频出手、动作连连;二是在2013年整合省城作为连锁旗舰店的山西图书大厦、外文书店和太原书城三大卖场,成立统一运行的联合书城有限责任公司,实现资本、业务、品牌的市场化运作,实现业务细分、市场细化、产业细耕。踏入市场的大门,集团在瞬息万变的市场形势下,在竞争愈来愈激烈的环境中,不断强化核心竞争力,扩大市场话语权,抢占发展制高点,使经营结构调整和产业升级"双轮"驱动,成为维护企业生存与长期发展的重要保证。

连锁经营是一项系统工程和创造工程,党工团建设和文化建设则是公司实施连锁整体运营的一个重要组成部分。集团新华现代连锁公司成立以来,召开了六次全体党员大会,发展了一批新党员、培养了一批入党积极分子,像连锁经营推进这样的重要业务项目、重大业务活动,总能看见一批共产党员的身影。公司通过职工民主选举产生了新的职工代表,保障了全体职工的民主管理权利。党支部、工会、团支部充分利用自身优势,积极为企业发展献计献策。公司还推出了全新的CI企业形象识别系统,创办的供系统内员工交流的内部刊物《现代快报》已出版100多期、设立了员工活动室,配备了活动器材;办起了职工阅览室,订置了大量图书报刊,开展了形式多样的入职培训、岗前培训和转岗培训活动,组织了公司内部两次"现代文体周"活动,参加了集团举办的歌咏比赛、元宵灯展及新春文艺会演,为大病困难职工发起爱心捐赠活动,丰富了广大干部职工的业余文化生活,员工凝聚力和归属感大大增强,促进了公司的健康、和谐、稳定发展。

五、未来之路

在国家不断出台振兴文化产业宽松政策并将文化产业作为"十二五"期间国家经济增长的支柱型产业的今天,党和国家领导人对文化企业注视的目光总是那么真诚、那么坦荡。山西新华书店集团直属新华现代连锁公司运行以来,便迎来了许多领导探访、考察、调研的脚步。原中央政治局常委李长春同志来了,留下了"三改一加强"的指示;中宣部部长刘云山同志来了,留下了再接再厉,抓住机遇,好好发展,取得更大业绩的殷切期望;省委常委、宣传部部长胡苏平同志来了,留下的是的对山西出版发行业的良好预期和深深关切,国家新闻出版总署副署长蒋建国同志来了,留下的是要把集团"做真、做正、做专、做新、做大"的重托……一幕幕动人的场景,体现了对新华书店的勉励鼓舞;一句句关心的话语,寄托了对山西新华书店集团发展的殷切希望。新华现代连锁公司今后的发展路子该如何走?

就是要在发扬新华精神、继承优良传统的基础上,坚定不移地落实山西出版传媒集团"六个转变"的战略思想,秉承"坚守诚信,追求效率"的经营理念和"责任、品质、超越"的公司精神,解放思想,改革创新,不断强化使命意识和责任意识,通过不懈努力和艰苦奋斗,全力维护好新华书店具有 70 多年悠久历史的金字招牌;就是要通过实施资源整合、业务重组、渠道拓展、多元经营、技术创新以及接轨资本市场、转变发展方式等战略性举措,依托现代化、自动化的物流存储拣选设备和先进的网络化信息管理系统,打造一流的文化服务平台,使公司成为市场产品网络的合格承载者、渠道的优秀运维商,努力实现竞争实力跃居同行前列,发展能力持续稳定增强,读者体现美好独特,相关利益稳步提升的知名连锁公司和以新华现代连锁、新华现代物流、新华现代传媒三大品牌为标志的名牌文化企业,为实现山西"文化强省"战略和山西文化产业振兴做出更大贡献。

按照山西新华书店集团连锁推进的整体规划,在 2012 年底、2013 年初通过连锁扩充和下沉,在连锁总部图书日常储备品种达到 15 万种以上后,实现全省综合性连锁,在发展直营连锁的基础上,以特许连锁、自愿连锁等多种经营组织形式,完成 50 家左右的社会网点连锁任务,让连锁业务进学校、进社区、进乡镇,力求在 2013 年底以前实现品牌连锁,打造"新华现代连锁"文化品牌,拓展无形资产市场价值,不断扩大出版物等市场产品连锁经营的规模效益,形成年销售达 10 亿元的规模,将市场产品培育成集团的主要增长资源和重要发展支柱。我们坚信,在政策暖风频吹,市场环境不断优化的背景下,新华人一定会向各级领导和所有合作伙伴、向全体职工交付一份精美的答卷。

后 记

　　《转型跨越的积极探索——2013 年度山西省优秀调研成果选》经过半年多的积极工作终于付梓出版了。中共山西省委政策研究室领导对本书编写工作十分重视，从征稿、选稿、编辑到校对、印刷等诸方面提出宝贵意见，进行具体指导。裴根长、成五虎、李晓谦、张振中、杨艳芳、赵三姣等同志具体负责编辑或校对等工作，室机关许多同志对本书的编辑出版提出了不少好的意见、建议。谨此，对为本书的正式出版作出贡献的领导和同志们表示衷心的感谢！受水平及时间限制，书中肯定存在许多不足之处，恳请各位领导、专家学者和广大读者批评指正。

本书编辑组

2014 年 1 月